Johann Freidrich Seyfart

Lebens- und Regierungs-Geschichte des allerdurchlauchtigsten

Kaisers Franz des Ersten

Johann Freidrich Seyfart

Lebens- und Regierungs-Geschichte des allerdurchlauchtigsten Kaisers Franz des Ersten

ISBN/EAN: 9783741168482

Hergestellt in Europa, USA, Kanada, Australien, Japan

Cover: Foto ©ninafisch / pixelio.de

Manufactured and distributed by brebook publishing software (www.brebook.com)

Johann Freidrich Seyfart

Lebens- und Regierungs-Geschichte des allerdurchlauchtigsten Kaisers Franz des Ersten

Lebens=

und

Regierungs=Geschichte

des

Allerdurchlauchtigsten Kaysers

Franz des Ersten.

Aus zuverläßigen Nachrichten und
Urkunden zusammengetragen

von

Johann Friedrich Seyfart,

königl. preußischer Regierungs=Referendarius.

Nürnberg,
bey Georg Nicolaus Raspe.
1 7 6 6.

Vorrede.

Ich habe bey Lieferung der Lebens-Geschichte des verstorbenen Kaysers meinen Lesern nur mit zwey Worten zu sagen, nach was für einem Entwurf ich gearbeitet habe.

Ich wolte für zweyerley Gattungen von Lesern schreiben. Zu diesem Ende machte ich theils kurze, theils weitläuftigere Anmerkungen, und führte entweder dasjenige an, welches die Geschichte zu sehr unterbrochen hätte, wenn ich es einrücken wollen, oder zeigte die Quellen an, aus welchen

chen ich geschöpfet, und in welchen Urkunden, Sammlungen oder andern Büchern weitläuftigere Nachricht von dem erzehlten zu finden ist. Ein Leser, dem an einer ununterbrochenen Erzehlung gelegen ist, wird also die Anmerkungen ungelesen lassen können, wenn sie einem andern in mehrerer Absicht nützlich sind.

Ich habe die mir bekannte Schaumünzen, welche auf merkwürdige Begebenheiten geschlagen worden, überall angeführet, aller anstößiger Ausdrücke und Beurtheilung der vorgefallenen Begebenheiten mich enthalten, und die Lebensbeschreibung nach der Verhältniß geliefert, in welcher ein Zeitgenosse mit der Geschichte, die sich vor seinen Augen zugetragen hat, stehet.

Weitläuftige Beschreibungen der Krönungs- Vermählungs- und anderer

rer Feyerlichkeiten habe ich der Kürze halber weggelassen, und wenn ich in Ansehung der letztern römischen Königswahl und Krönung zu kurz gewesen: so wird der merkwürdige Regierungs-Antritt Kaysers Joseph des zweyten, den ich in der nächsten Messe herauszugeben gedenke, mich dieserhalb entschuldigen, indem eine weitläuftigere Erzehlung dieser wichtigen Begebenheit eigentlich in dieses Buch gehöret.

Die untergelaufene Druckfehler können nicht auf meine Rechnung geschrieben werden. Der Ort des Drucks und meines Aufenthalts waren zu entfernt von einander, als daß ich die Durchsehung der abgedruckten Bogen selbst übernehmen können.

Die Beylagen enthalten nur die kayserliche Wahlcapitulation, nebst einigen andern Staatsschriften, welche

Vorrede.

che zu weitläuftig waren, als daß sie in die Anmerkungen gebracht werden können, und ich denke, daß man wenigstens den Abdruck der ersten hier wohl am rechten Orte angebracht finden wird. Hätte ich mich nur auf etliche Bogen einschränken wollen: so würde ich eine Lebensgeschichte nach französischem Geschmack schreiben können, ich würde alles nur obenhin berührt haben, bey keiner Sache stehen geblieben seyn, keine Quellen oder Bücher zum Nachlesen angeführt, und um rednerische Ausdrücke anzubringen, die Richtigkeit der Geschichte vernachläßiget haben, allein es fiel mir immer ein, daß ich nur für die Teutschen schrieb, und daß ich nicht leicht zu befürchten hätte, ins französische übersetzt zu werden.

Geschrieben Halle, den 4. April, 1766.

A. Hugo

des Klosters Lüders.

1. Guntram, der reiche Graf in Altenburg A. 938 - 959.

if zu Altenburg, starb A. 990.

if von Windisch, starb A. 1007.

Graf von Habspurg, starb 1096.

f von Habspurg, starb 1109.

Graf von Habspurg, starb 1163.

Graf von Habspurg, und Landgraf in Elsaß,

Graf von Habspurg, und Landgraf in Elsaß,

Albrecht IV. Graf von Habspurg und Land-
rb 1240.

raf von Habspurg, und Landgraf in Elsaß, Keiser A. 1273. starb 1291.

Herzog von Oesterreich, und Römischer Kai-

Lebens=Beschreibung des Kaisers Franz, des Ersten.

§. 1.

Von der Abstammung, den Eltern, und der Erziehung des verstorbenen Kaisers.

Da ich mir vorgenommen, von den Lebens=Umständen und der weisen Regierung des verstorbenen Kaisers Franz des Ersten, meinen Lesern einen kurzen Abriß zu machen: so wird man mir es verzeihen, wenn ich von dem Alterthum, der Macht und den Vorzügen des Herzoglichen Lothringischen Hauses, aus welchem derselbe entsprossen gewesen, hier nichts erwähne, sondern diejenige, welche

welche hiervon mehrere Nachricht verlangen, auf des bekannten Calmet Geschichte von Lothringen 1) und andere davon handelnde Schriftsteller verweise.

Leopold Joseph, Herzog von Lothringen und Barr, welcher den 27sten Merz 1729. gestorben, war der Vater des verstorbenen Kaisers. Elisabeth Charlotte, eine Tochter Philipp, Herzogs von Orleans, brachte denselben im Jahr 1708. den 8ten December zur Welt, und ich habe seine väterliche und mütterliche Ahnen in die beyliegende Stamm-Tafel sub A et B gebracht.

Der Abt von Vence, war derjenige würdige Mann, dem dessen besondere Unterweisung anvertrauet ward. Der Freiherr von Pfütschner 2) ward dessen Oberhofmeister, und beide wendeten die grösseste Aufmerksamkeit an, um den Prinzen in allen nöthigen Wissenschaften und ritterlichen Uebungen theils selbst zu unterweisen, theils unterweisen zu lassen.

Der

---

1) Im dritten Bande der Histoire ecclesiastique et Civile de Lorraine, hat der gelehrte Abt Calmet von den Wapen, Siegeln, Münzen, dem Titel Marchis, der Genealogie ꝛc. in besondern Dissertationen gehandelt, es ist zu bedauern, daß dieses prächtig gedruckte in 3. Folianten von meist 40. Alphabeten bestehende Buch, nicht in vieler Gelehrten Händen ist.

2) Der Freiherr von Pfütschner ward, als der Erbprinz zur Regierung kam, von demselben zum würklichen geheimen Rath ernennet, und soll noch in einem hohen Alter in Lothringen leben. Er genoß einem starken Gnaden-Gehalt, und ist noch 1741. zu einer Gesandschaft an den preußischen Hof gebrauchet worden.

Der verstorbene Herzog Leopold von Lothringen, nahm ihn bei allen Gelegenheiten auf kleinern Reisen mit sich, und in der Begleitung dieses würdigen Vaters, ereignete sich in den jüngern Jahren des verstorbenen Kaisers eine Begebenheit, welche in Ansehung des Gegenstandes und der Großmuth des Prinzen gleich merkwürdig ist, und eben um deshalb hier eine Stelle verdienet.

Es war am 13ten May des 1717ten Jahres, als der Erbprinz den regierenden Herzog auf einer Jagd in dem Walde, von der heiligen Anna begleitete. Der Graf von Vidampierre und des Erbprinzen Hofmeister, der Freiherr von Pfütschner, waren mit in dem Gefolge. Man traf einen jungen Hirten an, der die Kühe hütete, unter einem Baume saß, und das Theatrum Geographiae veteris, des George Hornius, bei sich hatte. Diese ungewöhnliche Erscheinung bewog den Prinzen, sich demselben zu nähern. Er beantwortete alle Fragen mit gutem Verstande, und zeigte, daß er in verschiedenen Wissenschaften schon einen guten Grund geleget. Der Prinz erbot sich, ihn in Dienste und an den Hof zu nehmen, allein er schlug es aus, und bath, nur ihm Gelegenheit zu geben, mehrere Bücher zu lesen und mehr zu lernen. Man brachte ihn also auf des Herzogs Veranstaltung zu den Jesuiten zu Pont-a-Mousson, und dieser gelehrte Hirte hat in der nachfolgenden Zeit durch unermüdeten Fleiß und Bemühung, ansehnliche Ehrenstellen und eine vorzügliche Stelle unter den Gelehrten unsers Jahrhunderts erworben, wie er denn auch als Kaiserlicher Bibliothecarius und Antiquarius, sich noch im Leben befindet, und wie aus seinen beigefügten Lebens-Umständen erhellet, der besondern Gnade des verstorbenen Monarchens sich zu erfreuen gehabt.

Dieser gelehrte Mann nennet sich Valentin du Val, und ist anjetzo Kaiserlicher Antiquarius und Bibliothecarius zu Florenz. Der berühmte Kantzler erzehlet die Begebenheit in dem Walde von Sanct Anna in dem zweiten Theil seiner neuesten Reisen (Ausgabe von Hannover 1751. in groß Quart) auf der 1336sten und folgenden Seite folgendergestalt:

Herr du Val ist eines Bauern Sohn aus Bourgogne, und kam als ein Kind nach Lothringen, woselbst sein erstes Amt darinn bestand, daß er vier Stunden von Nancy in einem Dorfe die Schaafe hütete. Von seiner Kindheit an zeigte sich in ihm eine sonderbare Begierde zu wissen, und da er solche noch mit nichts anders zu stillen wußte, so sammlete er Schnecken, Raupen und andere dergleichen Thiere, um solche öfters und genauer zu betrachten. Niemand war im Dorfe, den er mit seinen neugierigen Fragen, woher dieses oder jenes komme, und aus was vor Ursachen es also und nicht anders sey, verschonete; die Antworten waren, wie leicht zu erachten, gemeiniglich solchergestalt beschaffen, daß er nach denselben weniger als vorher wußte. Einsmals erblickte er bey einem andern Bauerbuben des Aesopi Fabeln mit Kupferstichen, die seine Begierde, etwas zu lernen, in ausserordentliche Bewegung setzten. Lesen konnte er noch nicht, und die andern Jungen, welche etwann ihre Wissenschaften bis aufs Lesen gebracht, hatten nicht allezeit Lust, ihm die in Bildern vorgestellten Sachen zu erklären. In dieser Noth faßte er den Entschluß, nicht eher zu ruhen, bis er lesen könnte. Zu solchem Ende sparete und sammlete er bei allen Gelegenheiten etwas Geld, und gab es andern und ältern Bauerjungen, daß sie ihn im Lesen unterrichten mußten. Als er hierinn seinen Endzweck erreichet hatte, kam er ohngefehr über einen Calender, worinn die zwölf Sternfiguren des Thierkreises gezeichnet waren. Diese suchte er am Himmel, und vermeinte auch würcklich solche Figuren daselbst gefunden zu haben; und ob er gleich sowol in diesen als mancherlei andern Punkten sich irrige Begriffe machte: so gerieth er doch dabei auch auf viele Anmerkungen, die andere kaum nach vorhergegangenen Unterricht recht zu fassen pflegen. Einsmals fügete es sich, daß er in Nancy vor dem Kaufladen eines Kupferstechers vorbei gieng, und daselbst eine ausgehängte Landcharte, welche die Erdkugel abbildete, bemerkte. Diese gab neue Gelegenheit zu speculiren, und, nachdem er sie gekaufet hatte, manche Stunde darüber zuzubringen. Anfänglich nahm er die im Zodiaco, schwarz und weiß unterschiedene, Gradus für französische Meilen an, da er aber überlegte, daß er schon aus Burgund nach Lothringen viele Meilen zurück geleget hatte, welche auf der besagten Charte einen viel kleinern Platz einnehmen müßten, als etliche solcher Abtheilungen austragen würden: so begriff er gar bald die Unmöglichkeit seiner ersten Muthmassung, die eigentliche Bedeutungen aber dieser und vieler andern Zeichen auf denen Landcharten, deren er sich nach und nach mehrere anschafte, konnte von ihm nicht anders als mit unglaublicher Mühe ausgeforschet werden. Unterdessen ward sein zur Stille geneigtes Temperament des Aufenthalts unter den wilden Bauerjungen müde, und er begab sich zu etlichen Einsiedlern, die eine halbe Stunde von Luneville im Holze wohnen, um ihnen aufzuwarten, und ihnen die sechs bis acht Kühe, welche sie unterhalten, zu weiden. Diese Hermiten waren selbst Ignoranten, du Val aber bekam bei ihnen Gelegenheit, verschiedene Bücher zu lesen, und von denen Leuten, die hinaus zu ihnen kamen, von einem und andern Dingen mehreren Unterricht einzuholen. Was er bei seinem geringen Dienste ersparen konnte, wurde auf Bücher und Landcharten gewendet. Unter etlichen von diesen letztern bemerkte er die Wappen grosser Herren, und weil unter selbigen Greiffen, doppelte Adler, Löwen mit gedoppeltem Schwänzen und andere dergleichen Wunderthiere vorkamen: so erkundigte er sich bey einem Fremden, ob dergleichen Creaturen in der Welt wären. Auf die erlangte Nachrichten, daß diese Zeichen zu einer besondern Wissenschaft gehörten, welche man Blason nennete, schrieb er diesen, ihm vorher unbekannten, Nahmen auf einen Zettel,

file=

eilete damit nach Nancy in einen Buchladen, und kaufte daselbst ein Buch von der Wappenkunst, durch dessen Anleitung er hernach, ohne fernere Beyhülffe eines Lehrers, diese Wissenschaft aus dem Grunde studirte. Bei jetztgedachten Umständen seines Lebens hatte er schon das ein und zwanzigste Jahr seines Alters zurück geleget, als er im Jahr 1717. im Herbste einsmals im Holze die Kühe hütete, und seinen Atlantem unter einen Baum bei sich hatte, da der damalige Prinz und jetzige Herzog von Lothringen auf der Jagd in dieser Gegend war, und es sich fügen mußte, daß der Hofmeister des Prinzen, Herr von Pfütschner, ein Mann von vielen Verdiensten, und der anjetzt unter den Geheimten Räthen des Herzogs in besondern Ansehen bei seinem Herrn ist, den Du Val in seinem studiren antraf. Ein gemeiner Hirt mit braunen und langen herabhängenden Haaren, in einem elenden leinenen Kittel unter einer Menge Landcharten schiene dem Herrn von Pfütschner eine so ungewöhnliche Sache zu seyn, daß er dem Prinzen Nachricht davon gab, welcher gleichfalls hinzuritte, und den Hirten über seinen Zeitvertreib befragte. Du Val beantwortete alle Fragen mit guter Vernunft, und zeigte dabei, daß er in verschiedenen Wissenschaften schöne Fundamente geleget habe. Der Prinz erbot sich, ihn mit nach Hof und in seine Dienste zu nehmen; Du Val aber, der in etlichen moralischen Büchern gelesen hatte, wie schlimm es bei Hofe zugieng, und der auch in der Stadt beobachtet hatte, daß

Lakayen von vornehmen Herren sich vollgesoffen, gezanket, geschlagen, und gefluchet, antwortete mit einer offenherzigen Freiheit, wenn er dem Prinzen aufwarten solte, so verlangete er nicht von seiner Heerde, und wäre ihm lieber, daß er bei seinem ruhigen und vergnügten Stande im Walde blieb; wolte man ihm aber Gelegenheit geben, daß er Bücher lesen, und etwas lernen könnte, so sei er bereit, einem jeden zu folgen. Die Antwort gefiel dem Prinzen, welcher diesen Hirten nach Hofe kommen ließ, und bei dem Herzoge es dahin brachte, daß du Val in das Jesuitercollegium zu Pont-a-Mousson geschickt wurde. Die Begierde, den Varronem de re rustica zu lesen, machte, daß er in kurzer Zeit der lateinischen Sprache mächtig wurde, und mit dieser Beihülfe war ihm nachmals nichts mehr schwer. Als er in Pont-a-Mousson mit vielem Ruhme seine Studia vollendet hatte, ließ ihn der Herzog nach Frankreich reisen. Seine vornehmsten Wissenschaften sind die alte und neue Historie, die Geographie, die Antiquitäten und alten Münzen. Ich habe ihn über das Reich der Carthaginenser lesen hören, und mich verwundern müssen über die Geschicklichkeit, womit er die Historie, Geographie, Sitten der Völker und merkwürdige alte Medaillen aufs gründlichste zu verknüpfen wußte. Die Professorstelle bei der Ritteracademie ist ihm erst kürzlich mit siebenhundert Livres Besoldung zu Theil worden. Als Bibliothecarius hat er tausend Livres und dabei freie Wohnung und freie Tafel am

Hofe

Hofe mit dem Beichtvater des Herzogs. Das rühmlichste an ihm ist seine Modestie und Höflichkeit. Er schämet sich nicht seines ehemaligen geringen Standes, sondern erzählet gerne, wie sich in seinem Verstande ein Begrif nach dem andern formirt, und er auch in seinen verächtlichen Umständen vergnügt gewesen. Er besuchet noch öfters mit guten Freunden die Hermitage, aus welcher ihn die Gnade des Herzogs gezogen, er hat seine Kammer noch daselbst, und ist willens ein kleines Haus dahin zu bauen. Seinen elenden Aufzug, worinn ihn der Herr von Pfütschner unter einem Baum im Walde angetroffen, nebst der eigentlichen Abbildung der Gegend, und wie er mit dem Prinzen in Unterredung gewesen, hat er in ein Gemählde bringen, und in des Herzogs Bibliothek aufhängen lassen. So weit gehet der Bericht des verstorbenen Keißlers. Der berühmte Hallische Professor und Doctor, Herr Johann Friedrich Joachim, hat in dem 1761. zu Nürnberg in Quart herausgekommenen ersten Theil des neueröfneten Münzcabinets, Seite 218. und folgende, von diesem besondern Vorfall noch folgende sehr zuverläßige Nachricht beigefüget:

„Der Herr du Val befand sich anfangs in dem Dorfe Clezentaines. Dies war der Ort, wo er lesen lernete. Es lieget derselbe sechs Meilen von Luneville. Er kam nachhero in die Hermitage de la Rochette. Diese lieget an dem Fluß Meurthe, sechs Meilen von Luneville.

Er blieb allda beinahe zwey Jahr, und dienete als Gärtner und Leser eines alten Einsiedlers, Palemon genannt. Dieser schickte ihn im Jahr 1713. nach der Einsiedelei Sanct Anna. Er würde hierbei untröstlich gewesen seyn, wenn man ihm nicht versprochen hätte, daß er wieder an einen angenehmen Ort kommen solte. Nachdem er von dem ehrwürdigen Bruder Palemon Briefe und Unterricht empfangen hatte, nahm er den Weg nach Luneville, als der damaligen ordentlichen Residenz des lothringischen Hofes. Als er durch den Wald von Modon gekommen, und nunmehro an dem war, allen Glanz dieses prächtigen Aufenthalts zu entdecken, bemächtigte sich seiner das mit Verwunderung und Respect vermischte Erstaunen, welches die grossen Gegenstände gewöhnlich denjenigen eindrücken, welche sie zum erstenmale erblicken. Er betrachtete das grosse und prächtige Schloß, und sahe dasselbe als den Mittelpunkt des Vergnügens und der zeitlichen Glückseligkeit an. Eine halbe Meile von Luneville gegen Abend und nicht weit von der Vereinigung der beeden Flüsse von Murthe und Vezouse, lieget eine Hermitage, Sanct Anna genannt, in einer fruchtbaren Gegend, an dem Walde von Vitrimont, welcher der ganzen Gegend wegen der Nordwinde sehr zu statten kommt. Dies war der Ort, wohin die göttliche Vorsehung die Schritte unsers Herrn du Val richtete. Er fand sich vor der Pforte dieser Einsiedelei ein. Der Bruder, Martinia, als Superior, nachdem er seine

Brie-

Briefe gelesen hatte, nahm ihn in der Eigenschaft eines Dieners seiner kleinen Communität an. Selbige bestund in vier Personen, die alle schon sehr alt waren. Die Züge der bäurischen Einfalt hat man wohl niemahls besser als in ihren Gesichtern und Manieren ausgedrückt gefunden; ihre Sprache stimmte mit ihrem äusserlichen Ansehen vollkommen überein; nichts war ungeschlachter, nichts nachläßiger. Was ihre Denkungsart betrift, so waren sie freilich nicht so plump als ihre Personen: sondern die Natur hatte ihnen einen grossen Grund der Güte und Aufrichtigkeit verliehen, und dieselbe mit einer starken Gesundheit und einer verwundernswürdigen Anlage zur Arbeit des Ackerbaues verbunden. In Wahrheit, diese guten Leute hatten den Verstand nicht, von der Tugend etwas zu sprechen. Dies ist eine Mühwaltung, welche sie dem Müßiggang der Gelehrten und der Philosophen ganz gern überlassen. Sie begnügen sich mit deren Ausübung. Diese heilsame Gleichgültigkeit ist die Ursache, daß man wenig die Strenge ihres Lebens, und die Schärfe ihrer Einrichtung kennet. Herr du Val würde es selbst nicht wissen, wenn nicht ein Aufenthalt von fünf Jahren unter ihnen ihm hätte Gelegenheit gegeben, davon Unterricht einzuziehen. Unter diesen Einsiedlern war der Bruder Paul, welcher schon 32. Jahre in diesem Zustande gelebet hatte. Seine Gottesfurcht war nichts weniger als mündlich, sie hatte ihren Einfluß in seine Sitten, und die Verbesserung bis in

sein

sein Herz und Gemüth gebracht, und sie verdiente mit Recht den schönen Namen der Gottseligkeit. Dieser Bruder sprach nicht viel; dagegen war er sanft, geduldig, liebreich, eines angenehmen Gemüths, beständig einerlei, und dem göttlichen Willen so gelassen untergeben, daß vielleicht die plötzliche Verwirrung der Elemente ihn nicht würde beweget haben. Nichts konnte ihn erschrecken. Die heftigen Leidenschaften, als Haß und Zorn, schienen ihm ganz unbekannt zu seyn. Eines Tages fragte ihn Herr du Val aus Scherz: ob es nicht zum wenigsten erlaubt sey, den Teufel zu hassen? Er antwortete ihm ganz offenherzig, man müsse keine Person hassen. Der Stifter dieser Heremitage, worin sich unser Herr du Val befand, war der Bruder Michael gewesen. Er war nahe bei Erreur, einer bischöflichen Stadt in der Normandie, geboren, und hatte in französischen Diensten als Lieutenant zu Pferde gestanden. In einem Treffen, welches in Elsaß vorgefallen, war er gefährlich verwundet worden, und unter die Pferde gefallen. In dem Augenblick hatte er eine Gelübde gethan, sich den weltlichen Dingen zu entziehen, wenn er würde der Gefahr entgehen. Nachdem er seines Wunsches war gewähret worden: so suchte er einen eigenen Ort aus zu Ausführung seines Vorhabens. Als er bei Luneville vorbei reisete, nahm er von weiten und über den Bäumen, welche den Hügel einfasten, ein klein übel gebautes Haus, Maison alf. genannt, wahr, welches der Familie dieses

Na-

Namens, die sich zu Mircour gesetzet, gehörete. Carl der vierte, Herzog zu Lothringen und der Herr von Fieux, Bischof zu Toul, erlaubten ihm, selbiges zu erwerben und das Einsiedlerleben zu erwählen. Die Ordnung seiner Aufführung zog ihm bald viele Schüler zu, welche den Hügel, der ehedem mit Weinstöcken besetzet war, gleich machten. Das Haus Alba ward also zu einer Einsiedelei, unter Anruffung der heiligen Anna errichtet. Wenige Zeit hernach bauete der Bruder Michael ein anders, Sanct Joseph von Meßin, nahe bei Luders, zwo Meilen von Nancy. In der Folge unternahm er die Verbesserung aller Einsiedler des Kirchensprengels von Toul, schrieb ihnen Regeln vor und unterwarf sie einem strengen Noviciat. Er übersetzte in elenden französischen Versen das Werk, l'Echelle de Sainct Jean Climaque, welches er im Jahr 1708. zu Beziers in Languedoc drucken ließ, allwo ihn einige Sachen hingenöthiget hatten. Bei seiner Wiederkunft in Lothringen, machte er davon die zwote Auflage bekannt. Dieser tugendhafte Verfasser dieses elenden Werks, starb im Jahr 1710. in einem fast hundertjährigen Alter. An diesen Ort nun war unser Herr du Val gekommen, und er vermerkte gar bald, daß er bei dem Wechsel seines Zustandes nichts verlohren hatte. Seine neue Herren, welche alle Schüler des ehrwürdigen Bruder Michael waren, hatten nichts mit den ohne Oberhaupt lebenden und bettelnden Einsiedlern gemein, deren Müßiggang und daraus ent-

stehende Laster das Einsiedlerleben so verunehret haben. Sie hatten sechs Kühe, mit welchen sie den ihnen zugehörigen Acker bearbeiteten. Dieses gab ihnen die Mittel, sich zu erhalten, ohne jemand beschwerlich zu fallen. Dem Herrn du Wal wurde die Sorge des Viehes anvertrauet, und ein Theil seiner Zeit bestunde darinn, dieselben in dem Walde auf die Weide zu führen. Jetzo fing er auch wieder seine Schreiberei an. Diese war sehr mühsam. Einer von den alten Einsiedlern unterrichtete ihn darin mit einer zitternden Hand. Um den guten Alten nicht beschwerlich zu fallen, nahm er ein Glaß, legte dasselbe über das geschriebene, und schrieb eben diese Buchstaben. Durch Wiederholung dieser Uebung setzte er sich in Stand mit einer grossen Leichtigkeit übel zu schreiben. Ein arithmetisches Werk, so er in der blauen Bibliothek fand, lehrte ihn die vier Regeln. Dies war für ihn eine grosse Annehmlichkeit. Er suchte sich in seinem Holze einige abgesonderte Orte aus, um allda zu studiren, und es geschahe gar oft, daß er allda einen guten Theil der schönen Nächte des Sommers mit Nachdenken zubrachte. Diese Art von einer thätigen Melancholie gefiel ihm ungemein, und, um sich dieselbe noch ferner zu verschaffen, begab er sich auf einen Hügel in dem Walde, allwo eine Aushölung auf die Art, wie eine Grotte war. Als er einsmals des Abends allda saß, da alles sehr klar und helle war, betrachtete er das Firmament, wobei er sich erinnerte, daß in dem Calender stünde, wie die Son-
ne

ne an gewissen Tagen des Jahres in die Zeichen
träte, die man unter den Namen der Thiere bemerkte. Er setzte sich also im Sinn, zu erforschen, welches die Zeichen wären, und in der
Muthmassung, daß vielleicht an dem Himmel
solche Zusammenfügungen der Sterne wären,
welche die Gestalten der Thiere vorstellten, machte er darüber seine Betrachtungen. Zu dem
Ende suchte er in dem Walde eine hohe Eiche
aus, auf deren Gipfel er die Aeste zusammen-
fügte, daß sie von weiten wie ein Storchsnest
aussahen. Alle Abend begab er sich auf dieses
neue Observatorium, und weidete die Augen hin
und her nach den Himmelsgegenden, um die
himmlischen Zeichen zu entdecken. Hier dien-
ten ihm seine Augen zum Telescopio. Nachdem
er dieselben lange Zeit umsonst ermüdet hatte,
wolte er diese Bemühung aufgeben, als ihm
das Glück unvermuthet bessere Erkenntnisse dar-
bot, und seine Versuche von neuen belebte. Als
er eines Tages nach Luneville geschickt wurde,
fand er allda eine Menge zum Verkauf ausge-
stellter Bilder. Unter denselben fand er eine
Himmelskarthe, worauf die Sterne mit ihren
Namen und unterschiedenen Grössen bezeichnet
waren. Diese Charte, nebst andern von dem
Globo und dessen vier Theilen, erschöpften das
ganze Vermögen des Herrn du Val, welches
sich ohngefehr auf fünf bis sechs Livres belief.
Wer aber war erfreuter, als Herr du Val?
Er brauchte nur wenige Tage, um dieselben
kennen zu lernen. Aber um eine rechte Anwen-
bung

dung dieser Kenntniß zu machen, mußte er einen festen Punkt am Himmel setzen, der ihm zum Grunde seiner Beobachtungen dienen konnte. Er hatte gehöret, daß der Polarstern der einzige unsers Haemisphaerii wäre, welcher unbeweglich, und daß dessen Stellung die andern des Nordpols bestimmte: aber das Mittel, diesen Stern zu finden, und seine Unbeweglichkeit augenscheinlich zu unterscheiden, fehlete ihm. Nach vielen angestellten Erforschungen, sagte man ihm, von der Magnetnadel und deren Eigenschaften. Einer von den alten Einsiedlern hatte einen Sonnencompaß. Er hatte die Gefälligkeit, selbigen dem Herrn du Val zu geben, und dieser kam ihm trefflich zu statten. Weil er aber die Elevation des Polarsterns nicht wußte, und es doch darauf ankam, dieselbe kennen zu lernen: so brauchte er folgendes Mittel dazu zu gelangen. Er suchte einen Stern der dritten Größe gegen Norden, hernach durchlöcherte er einen Baumast mit einem Bohrer gegen dem Sterne über, und als dieses geschehen, raisonnirte er also: Dieser Stern ist entweder fix oder mobil; ist er fix, so ist auch mein Punkt der Beobachtung unbeweglich, ich will es beständig durch die Oeffnung, die ich gemacht habe, sehen, und in diesem Fall werde ich dasjenige haben, was ich wünsche. Ist er aber mobil, so werde ich bald aufhören, dieses zu bemerken, und hernach werde ich meine Verrichtung wiederholen. Dieses geschahe wirklich, ohne weitern Fortgang, als seinen Bohrer zu zerbrechen. Dieser Umstand

nöthigte

nöthigte ihn zu einem andern Mittel seine Zuflucht zu nehmen. Er nahm ein gutes Stück Hollunder, spaltete es nach der Länge, und nachdem er den Kern heraus genommen, legte er die beeden Stücke wieder zusammen, und hieng dieses Blasrohr an den höchsten Ast der grösten Eiche, welche ihm zum Observatorio diente. Durch dieses Mittel kam endlich Herr du Val zur Kenntniß desjenigen, was er suchte, und er gelangete nach und nach zu recht sonderbaren Begriffen. Von der Himmelscharte wendete er sich zu der an der Erde um so vielmehr, da ihm die Leben vornehmer Männer des Plutarchs, und die Geschichte des Quintus Curtius, welche er zufälliger Weise antraf, die grossen Thaten der Helden ins Gemüth brachte, die er in den wunderbaren Geschichten in der blauen Bibliothek gelesen hatte. Indem er nun die Städte, Reiche und Staaten kennen wollte, wo sich dieselben hervorgethan hatten, entschloß er sich, ihnen auf der Spur zu folgen. Man kan leicht gedenken, wie seltsam es damit zugegangen. Die ganze Einleitung zur Geographie bestund in fünf Charten. Es waren ihm die darauf befindliche Zirkel unbekannte Sachen, und machten ihm entsetzliches Kopfbrechen. Insonderheit beschäftigten sein Gemüthe die 360. kleinen weissen und schwarzen Räume, welche den Aequator theilten. Endlich nahm er sie für Meilen an, und glaubte, daß die Erdkugel 360. Meilen in der Circumferenz hielte. Nachdem er diese Entdeckung einem von den Einsiedlern, der zu Sanct Nicolaus von

Bari in Calabrien gewesen war, offenbaret hatte, sagte ihn dieser, daß er dahin zu reisen mehr denn 360. Meilen zurückgeleget hätte, ohne zu bemerken, daß er die ganze Welt durchreiset. Daraus nahm Herr du Val seinen Irrthum ab, und er würde seine Bemühungen haben aufgegeben, wenn nicht ein sonderbarer Zufall seiner Wißbegierde neue Nahrung eingeflößet hätte. Er hatte die Gewohnheit, alle Sonntage zu Luneville in der Carmeliterkirche die Messe zu hören. An einem solchen Sonntage verfügte er sich nach Endigung derselben in den Garten des Convents, und vermerkte in demselben den Maitre Remy, der die Aufsicht darüber hatte, daß er mit einem Buche in der Hand an dem Ende eines Ganges saß. Dieses Buch war des Herrn von Launay methode pour etudier la Geographie. Herr du Val bat ihn, daß er ihm dieses Buch leihen möchte, welches er sich gern gefallen ließ. Dieses Buch brachte ihm nun eine grosse Erkenntniß zuwege. Er verfertigte eine Sphäre von Haselnußstöcken, die er in Reiffe legte, über welchen er die Grade der Länge und der Breite mit dem Messer machte, eine Kugel von Thon machte das Centrum, und ein weiter Reif, welchen drei Stöcke von gleicher Grösse trugen, mußte zum Horizont und zur Stütze der ganzen Machine dienen. Herr du Val ging ferner keinen Schritt in den Wald, ohne seine fünf Charten, breitete sie auf der Erde aus, und lernete aus denselben nach und nach die Lagen der unterschiedenen Gegenden kennen. Von dem Lande ging er zum

Wasser,

Wasser, und betrachtete die Meere, Seen, und Flüsse, nebst den daran liegenden Ländern und Städten, und sie wurden ihm endlich so bekannt, als die Waldung von Sanct Anna. Bisher war die Begierde und die Nothdurft mit den Mitteln, ihnen gnug zu thun, ziemlich verhältnißmäßig gewesen. Nachdem aber jene sich weiter als diese ausdehneten, so war der Riß dieses Gleichgewichts die Klippe des Glücks des Herrn du Val. Es war die Liebe für die Wissenschaften, welche diese Veränderung herfür brachte. Die Begierde zur Geographie, welche so weit ging, daß er währenden Schlafs von nichts anders, als davon träumte, und da ihm doch dabei das nöthige mangelte, um sich darinn vollkommen zu machen, brachte es ihn auf den Entschluß, Hülfsmittel gegen seine Dürftigkeit zu suchen. Er erklärte also allem Wildpret den Krieg, in der Meinung, von ihren Häuten seine, auf Landcharten und Bücher zu verwendende Kosten zu bestreiten. Er fing also Füchse, Marter, und Iltis, deren Pelze er an einen Kirschner zu Luneville verkaufte. Viele Hasen kamen in die von ihm gelegte Schlingen; und obgleich deren Fang nur dem Vergnügen des Fürsten vorbehalten, auch deswegen ein Strafgesetz bekannt war gemacht worden: so glaubte doch unser Herr du Val dieses Gesetz durch das Naturgesetz zu verbessern. Er wurde hierin immer kühner. Er trieb es so weit, daß er den Hirschen und Rehböcken nachstellte. Aus diesem entstund ihm grosse Gefahr; und wenn er

wäre

wäre in einem Lande gewesen, wo dergleichen Thiere in solcher Anzahl sind, daß sie die Einwohner übertreffen, deren Ländereien sie verderben, und die Sache herauskommen wäre: so würde es um diesen Jäger übel ausgesehen haben, und seine Gründe, die er für sich hätte anführen wollen, würden keinen Eingang gefunden haben. Indessen blieb sein Unternehmen verschwiegen. Er fing auch einige Vögel, und sein Vermögen stieg dabei auf 30. bis 40. Thaler an. Mit diesem flohe er gleichsam nach Nancy, um sich Bücher einzukaufen, deren Werth und Preiß ihm doch gänzlich unbekannt war. Er mußte sich also der Aufrichtigkeit der Buchhändler überlassen, die er für unfähig hielte, ihn zu hintergehen. Hierin betrog er sich sehr oft. Er fand doch aber zu Nancy einen, den Herrn Truain, welcher, da er sahe, daß Herr du Val auf guten Glauben handelte, sich einen Verdienst daraus machte, eben also mit ihm zu verfahren. Hierdurch that er sich selbst einen grossen Dienst. Denn nachdem unser Herr du Val die Direction der königlichen lothringischen Bibliothek erhalten hatte: so brachte ihm seine Aufrichtigkeit die Lieferung der Bücher zuwege. Mittlerweile kaufte er sich die Uebersetzung des Plinii Historiae naturalis durch Pinet, den Titum Livium des Vigenerre, die Geschichte der Incas, des Bartholomaei de la Casas Grausamkeiten, welche die Spanier in America ausgeübet, die Briefe des Grafen Bussi de Rabutin, die Characteres Theophrasti,

sti, das Testament politique de Louvois, die Fabeln des sinnreichen Fontaine, einige andere Werke und Landcharten, welche aber seine Finanzen und Credit endlich erschöpften. Er hatte nicht gnug Geld, alles zu bezahlen: allein der gute Truain, ohne ihn jemals gesehen oder gekannt zu haben, nahm ihn, wider seinen Willen, unter die Zahl seiner Schuldner, mit einer Summe von 20. bis 30. Rthlr. auf. Als ihn Herr du Val fragte, worauf er sein Vertrauen setzte? so antwortete ihm dieser: auf seine Physionomie und Begierde für das Studiren, und er sähe aus seinen Zügen, daß er ihn nicht betrügen würde. Herr du Val versicherte ihn seiner Aufrichtigkeit, und daß er sein möglichstes anwenden würde, die gute Meinung, so er von ihm hätte, zu rechtfertigen. Mit diesem Vorrath ging er fünf Meilen nach seiner Wohnung. Seine Zelle sahe recht artig aus, indem dieselbe mit Landcharten ausgezieret war. Bishieher hatte Herr du Val sich den Beifall seiner Einsiedler durch seine beständige Gegenwart in dem Oratorio der Hermitage, so sechsmal des Tages geschahe, erworben. Allein da er nun mit beständigem Lesen beschäftiget war, fing sein Eifer an zu erkalten. Der Aelteste unter seinen Obern vermerkte dieses gar bald. Er war aus Bar gebürtig, in welchem Lande die Leute zur Unruhe und zum Zank geneigt sind. Er war der Andächtigste unter allen seinen Mitbrüdern, war aber dabei unglücklicher Weise sehr aufmerksam auf die Fehler seines Nächsten, und sehr genau, dieselben zu tadeln. Diese beeden Eigenschaften finden sich nur gar so oft beisammen: dagegen zu Beförderung der wahren Gottseligkeit zu wünschen, daß sie einander gänzlich möchten zuwider seyn. Dieser gute Altvater wollte ganz verzweifeln, als er wahrnahm, daß des Herrn du Val Erkenntnisse über den Psalter und die Leben der Väter in der Wüsten giengen. Er konnte es sich nicht vergeben, daß sein Sonnencompaß die Verirrung des Herrn du Val verursacht hatte. Da er den Weg der Unwissenheit mit dem Wege des Heils verwechselte: so ermahnete er ihn sehr stark, alle menschliche Wissenschaften fahren zu lassen. Weil er aber sahe, daß Herr du Val, an statt seiner Ermahnung zu folgen, dem Studiren in seiner Zelle sich nur noch mehr widmete: so wollte er kurzum wissen, was er machte. Ob nun gleich Herr du Val alle Sorgfalt anwendete, sich einzuschliessen: so fand doch der Alte Mittel in seiner Abwesenheit hinein zu kommen. Er fand allda die Sphäre und eine Sorte von Planisphärio mit vielen Zirkeln, die Herr du Val gemacht, um das System des Ptolomäus, dem er gänzlich ergeben war, sich begreiflich zu machen. Ausser diesem fand er noch viele andere Sachen, die Herr du Val sich gemacht hatte, und viele Papiere, auf welchen geometrische Aufgaben stunden, die er aus einer alten Handschrift copiret hatte. Alle diese Sachen schienen dem andächtigen Bruder Anton Hexerei zu seyn. Was ihm aber noch mehr in seinem Argwohn stärkte, war eine grosse Charte von Tyho von Brahe,

Brahe, voll von Figuren und astronomischen Ausrechnungen, über welchen die Worte mit grossen Buchstaben stunden: Calendarium naturale magicum pleraque Astronomiae arcana complectens etc. Das Wort Magicum war allein fähig, den Einsiedler in ein Erstaunen zu setzen. Er sahe diese Charte für ein Zauberwerk an, und weil er seine Furcht oder Argwohn nicht verbergen konnte: so ging er gerades Weges nach Luneville, um seinem Beichtvater, dem Vater Barnabas, einem Carmeliter Barfüsser, dieses zu erzählen. Diesem machte er eine so abscheuliche Beschreibung, daß der ehrwürdige Vater sich entschloß, nach Sanct Anna zu kommen, um alles recht zu erfahren. Als er in die Zelle des Herrn du Val kam, erstaunete er würklich über die daselbst befindliche Gegenstände; allein, da er wahrnahm, daß dieselben sich gar nicht auf die schwarze Kunst bezogen, und der Herr du Val nichts weniger als einem Hexenmeister ähnlich sahe: so konnte er sich des Lachens über die dumme Einfalt des Bruder Antons nicht enthalten. Er ermahnete ihn, sich nur wieder aufzurichten, und den Herrn du Val, daß er in seinen Uebungen möchte fortfahren: Um denselben destomehr dazu zu vermögen, sagte er ihm, daß ihm dieses einmal nicht unnütz seyn würde: welches, der Ausgang bestätiget hat. Seine Vorstellungen beruhigten indessen den sehr leichtgläubigen Anachoreten: aber nur auf eine kurze Zeit. Denn wie er sahe, daß Herr du Val in seinem Weg fortging, und niemals ohne Bücher oder Landcharten war: so drohete er ihm, jene zu nehmen und die andern zu zerreissen. Herr du Val, der darüber stutzte, daß alle seine Mühe, Geld, Vergnügen und Einrichtung sollte vereitelt werden, wurde darüber sehr aufgebracht, und sagte ihm, daß, wenn er sein Vornehmen würde bewürken, es ihm gewiß gereuen sollte. Der Alte wendete sich gegen ihm mit aufgehobener Hand, als wollte er ihm eine Ohrfeige geben. Dies setzte den Herrn du Val ausser sich selbst, und er nahm eine Feuerschauffel, um ihm die Vergeltung zu geben. Denn der Dienst hatte seine Seele zwar zur Unterwürfigkeit gebeuget, aber nicht zur Beschimpfung. Als der Bruder Anton den Herrn du Val so entflammet, und in einer Wuth sahe, die nicht ihres gleichen hatte, fieng er aus allen Kräften an um Hülfe zu schreien. Hierauf kamen die andern Einsiedler, welche im Garten gearbeitet hatten, voller Schrecken herbeigelaufen, erschracken aber noch mehr, als er sie fortjagte, und die Thüre verriegelte. Unter diesem Lermen war der Superior herbeigekommen, welchem er durch das Fenster den ganzen Vorfall erzählte. Dieser hörte ihn geruhig an, und tadelte sowol den blinden Eifer des Bruders Anton, als auch ihn wegen seines Verfahrens. Auf sein Verlangen, ihm die Thüre zu eröffnen, schlug Herr du Val eine Capitulation vor, ohne welche er das äusserste wagen würde. Der erste Artikel enthielt in sich eine Vergessenheit desjenigen, was vorgegangen war. Der andere, daß er und seine Mit-

Mitbrüder ihm täglich zwo Stunden zustehen sollten zu seinem Studieren, ausgenommen in der Erndte, Saatzeit und Weinlese. An dem dritten und letzten Artikel verband sich Herr du Val ihrer Communität zehn Jahr mit allen nur ersinnlichen Fleiß und Treue zu dienen, ohne etwas anders als Kost und Kleidung zu erwarten. Als diese Convention gezeichnet war, ließ er sie eintreten. Den folgenden Tag trug er ihnen vor, diesem Accord die rechtlichen Formalitäten geben zu lassen, und als sie darein gewilliget hatten, führte er sie nach Luneville zu dem Notarius Cognel, welcher darüber ein Instrument im Jahr 1716. errichtete. Vermittelst dieser Vorsicht erwarb sich Herr du Val eine Unabhänglichkeit von zwo Stunden des Tages, und da er nun anfieng den Werth der Zeit zu kennen, so war er auf nichts weiters als die Mittel bedacht, selbige wohl anzuwenden. Als er von dem Notarius wegging, sahe er bei demselben ein altes Buch, dessen Titel ihn blendete. Es war dasselbe des Raymund Lullus Encyclopaedie. Er bildete sich ein, den Stein der Weisen aller Wissenschaften gefunden zu haben. Er bat den Notarius, ihm solches zu leihen. Dieser that noch mehr, er schenkte es ihm. Allein Herr du Val laß es, und verstund nichts. Er laß es wohl dreimal; aber mit gleichem Erfolg, und wuste nicht, wie er damit daran war: kam aber hernach zu einer bessern Kenntniß dieser abgeschmackten Schrift. Nun geschahe es im Jahr 1717. den 13ten May, da die Begebenheit in dem Walde zu Sanct Anna, die oben gemeldet worden, sich mit ihm ereignete. Ich will dieselbe hier nicht wiederholen, sondern diejenigen, welche Belieben haben, davon mehrere Erkundigung einzuziehen, zu des berühmten Abts Calmet Bibliotheque lorraine Vol. I. p. 952. verweisen. Ich will davon nur noch so viel sagen, daß ihn die Herzoge von Lothringen, Leopold und Franz, jetziger Kaiser, in Begleitung des Grafen von Vidampierre und des Herrn Barons von Pfütschner allda mit dem Theatro Geographiae veteris, des George Hornius in den Händen antraffen. Diese löbliche und großmüthige Handlung hat unser Herr du Val einzig und allein der grossen und ausnehmenden Gütigkeit des Freyherrn von Pfütschner zu verdanken, welcher noch bis jetzo fortfähret, ihn mit Wohlthaten zu überhäuffen. Dasjenige aber, wodurch die Hofleute, als nun Herr du Val nach Hofe kam, in starke Verwunderung gesetzet wurden, war dieses, daß sie ihn als einen Bauer in Leinewand gekleidet, und mit derben Schuhen noch gehen sahen, wobei er eine Bibliothec von vierhundert Stück theils guten, theils schlechten Büchern mit sich führte. Es verdroß ihn aber gewaltig, daß sie, anstatt ihn über diese Sammlung von Büchern zu befragen, wie er hörete, die weissen Zähne an ihm lobeten. Er war damals gern zwei und zwanzig Jahr, und glaubte, die Eitelkeit gehöre nur in die Kinder-Jahre. Wie nun Herr du Val zu Pont-a-Mousson studiret habe, und nachhero beför-

dert

dert worden, das ist oben aus Keyßlers Berichte mit mehrern angezeiget worden. Er ist vom Jahr 1729. bis auf die grosse und unglückliche Veränderung in Lothringen, die sich an der Aschermittewoche im Jahr 1737. zugetragen, auf der Academie zu Luneville Professor gewesen. Er gieng von hier nach Brüssel, wo er bis zum 9ten Sept. gedachten Jahrs blieb. Diesen Weg nahm er, um darauf nach Florenz zu reisen, allwo er Montags den 25sten November ankam, nachdem er sich, auf Ihro Majestät des Königs von Sardinien Befehl, 18 Tage lang zu Turin bei Hofe aufgehalten hatte. Bei dieser neuen Veränderung der Academie in Lothringen, ist weiter nichts vorgenommen worden, als was die Reitschule anbetrift, die man nachgehends nach Pisa verleget hat. Zu Florenz erhielt Herr du Vai das ansehnliche Bibliothecariat. Im Jahr 1743. wurde er nach Wien beruffen, und es war das erstemal, als er am letzten Tage des Jahrs dahin kam. Den 23sten Sept. 1744. ging er von da wieder weg, und kam den 15ten October wieder nach Florenz zurück. Hierauf wurde er von neuem nach Wien verlanget, wo er sich im Monat May 1748. einfand. Ihro jetzt regierende Kaiserliche Majestät haben den Entschluß gefasset, alle Arten von neuen Geld- und Gedächtnißmünzen, die nur zu finden, und aus Gold und Silber, in allen Theilen der Welt seit dem achten Jahrhundert her geprägt wären, sammlen zu lassen; und dahero trugen Allerhöchstdieselben dem Herrn du Vai allergnädigst die

Arbeit

Arbeit auf, alle diejenigen, die Sie, wenn das Glück gut wäre, zu sehen bekämen, in gewisse Ordnung und Classen gehörig zu vertheilen. Dies war nun freilich eine Verrichtung, die ihm fremde und um so schwerer vorkam, weil er der teutschen Sprache nicht mächtig war. Indessen muß ich doch ihm zum grösten Ruhm nachsagen, daß dieser würdige und gelehrte Mann mich in vielen Münzsachen dergestalt belehrt hat, daß ich mich dessen nicht ohne Vergnügen erinnere. Im Jahr 1752. verspürte Herr du Val einen sehr schlimmen Zufall auf der Brust, wobei er einen trockenen Husten hatte und Blut auswarf. Er glaubte, eine Reise in sein Vaterland, die Bewegung und Veränderung der Luft, sollte ihm an statt eines Gegengifts dienen. Und das hat auch der gute Erfolg davon bestätiget. Weil er die vornehmsten Oerter im Reich noch nie gesehen hatte: so ging er den 24sten April aus Wien, und nahm seinen Weg über Passau, Nürnberg, Würzburg, Frankfurt, Meinz und Cölln. Von hier begab er sich nach Brüssel, wo er sich 22. Tage lang bei einigen Personen aufhielt. Von Brüssel kam er nach Paris, allwo er schon mit dem Herzog Leopold von Lothringen 1718. gewesen war. Sein freigebiger Wohlthäter und grosser Beschützer der Gelehrten, Ihro Excellenz der Freiherr von Pfütschner, schickten ihn ausdrücklich dahin, um die dicke und unreine Luft, welche er in seiner Einöde in sich gezogen hatte, daselbst zu reinigen und zu verdünnen. Weil er zu der

Zeit

Zeit sehr grosse Lust zu der Beschreibung der Erdkugel hatte: so besuchte er auch nur in dieser grossen Stadt die Herren de l'isle, Sanson, Jaillot, Nolin, und den alten Herrn Nicolaus de Fer. Er war aber auf dieser letztern Reise nicht mehr so furchtsam als das erstemal. Vorjetzo ging er mit Gelehrten um, bei deren Namen man sich alles dasjenige wieder vorstellen kan, wodurch sie sich bestens verdient gemacht haben, nemlich mit dem Herrn de Boze, mit dem Herrn Abt Barthelemy, und mit noch einigen andern von der Academie der Inschriften, als mit dem Herrn du Clos, der die Geschichte von Frankreich zu beschreiben bestellet, und ein Mitglied von den Vierzigen der französischen Academie ist, ingleichen mit dem überaus grossen Naturforscher dem Herrn von Reaumur. Er erneuerte auch die alte Bekanntschaft mit der Frau von Gräsigny wieder, die den 12ten Decemb. 1758. verstorben. Diese war es, bei der er zum erstenmale den Abt Langlet du Fresnoy und den jungen Herrn du Fresne d'Aubigny, den Ureunkel des französischen Varro, Herrn du Cange, sahe. Sein nicht sonderlicher Geschmack an Pracht und Herrlichkeit machte, daß er Versailles und alle da herumliegende Gegenden so weit verliesse, daß er aus Paris gieng, und seinen Weg über Previns, der alten Hauptstadt in Ober=Brie nahm, über die Seine setzte, und nach der bischöflichen Stadt Troyes in Champagne kam. Er langete zu Artonnay, seinem Geburtsort, 10. Meilen von Troyes und 5. Mei=

len von Tonnere an. Das armselige Leben, das man da hat, erinnerte ihn seiner elenden Umstände, darinnen er seine Kindheit daselbst zugebracht hatte. Er entschloß sich aber gar bald, seine Gegenwart einem so widrigen und verdrüßlichen Anblick zu entziehen. Das Beste aber, was er auf dieser betrübten Reise noch that, war dieses, daß er auf dasjenige, so die Oberaufseher über die Provinzen niemals bemerken, Achtung gab. Er nahm nemlich wahr, daß die öffentliche Schule im Dorfe einem Pferdestall ähnlicher als einer Schule sehe. Dieselbe nun erkaufte er für fünfhundert livres, ließ solche von Grund aus wegreissen, und dafür ein dauerhaftes, bequemes, und mit Ziegeln gedecktes Gebäude aufführen, welches das einzige ist, das sich in diesem Dorfe noch sehen läßt. Dieses schenkte er der Gemeinde, daß sie es zur Schule gebrauchen, und ihren Lehrer darinn frei sitzen lassen sollten. Vorn an der Thüre dieses Hauses lieset man folgende Ueberschrift:

Deo. opt. max.
Valentinus. Jameray. Du Val.
Francisco I. Rom. imp. pio. Fel. Aug,
A. Bibliotheca. et. re. Antiquaria.
Grato. in. Patriam. animo. dactus.
iuuentuti. pie. instituendae.
hocce. natale. tugurium. in Scholam erectum.
libens. merito. dicauit. Anno. MDccLvii.

Da er aus Artonnay ging, und hierauf seinen Weg durch die berühmte Abtey Clairvaux, über
Chau-

Chaumont in Battigny, und die Stadt Neuschateau, an den Gränzen von Lothringen nahm: so ging er nach Sanct Joseph de Mettin zu, welche Einsiedelei zwo Meilen gegen die Abendseite von Nancy lieget, und vor diesem von dem Bruder Michael, dem Stifter von Sanct Anna, gebauet worden. Es dünkte dem Herrn du Val, die Armseligkeit dieses Hauses schicke sich gar nicht zu der anmuthigen Landesgegend, darinnen es lag. Weil der alte Einsiedler, der die Aufsicht darüber führte, ihm ehedessen die ersten Begriffe zu Schreiben und Rechnen beigebracht hatte: so wurde er schlüßig, seine Wohnung ihm wiederum schön aufbauen zu lassen. Und das ist im Jahr 1759. geschehen, wie man aus der folgenden Ueberschrift, welche über der Thür zum Bethause dieses Einsiedlers stehet, ersehen kan:

Deo. opt. max.
aedem. hanc. divo. Iosepho. sacram.
et. continentem. solitariorum. domum.
a. Fratre. Michaele. ejusque. sociis.
olim. conditas.
sed. vetustate. iam. labentes.
Valentinus. Iamerny. du Val.
eremitarum. quondam. alumnus.
dein. Francisco. I. rom. imp. p. f. aug.
a. bibliotheca. et. re. antiquaria.
in. ampliorem. formam. a fundamentis.
instaurari. curavit. an. MDCCLIX.

Aus diesen unterschiedenen Gebäuden möchte man ohne Zweifel den Schluß auf ein grosses

Vermögen des Herrn du Val machen. Allein man muß bedenken, daß erstlich diesem Herrn seine Besoldung seit dem Jahr 1730. allezeit richtig ausgezahlet worden. Und dann hat derselbe noch ausserdem dasjenige, was er sich auf der Academie zu Luneville erworben, auf das Rathhaus zu Paris als ein verlohrnes Capital geliehen. Da er nun bei Hofe noch immer so gelebet hat, als zu St. Anna: so ist er allerdings im Stande gewesen, die Ausgaben, welche die Erkenntlichkeit gegen seine alte Wohlthäter von ihm erfordert hat, zu bestreiten.

§. 2.

Von desselben Reise und Aufenthalt an dem Kaiserlichen Hofe zu Wien.

Ich übergehe die Begebenheiten in den jüngern Jahren des Prinzen, welcher nach dem Absterben des Erbprinzen Leopold Clemens in dessen Stelle getreten war, und komme auf diejenige Zeit, da er die Aufmerksamkeit von ganz Europa auf sich zog.

Es geschahe dieses 1723. im August, da er sich zu Prag einfand, und denen Feierlichkeiten der Krönung des Kaisers Karl des sechsten zum Könige von Böhmen beiwohnte. Wenige Tage nach seiner Ankunft ward er von dem Kaiser mit dem Ritter-Orden des goldenen Vliesses gezieret, und es zeigte sich gar bald, daß diese Reise auf besonderes Verlangen des Kaisers unternommen worden. Der Prinz ging von Prag nach dem schlesischen Fürstenthum Teschen, welches dem regierenden Herzoge von Lothringen

im

im 1722sten Jahre wegen der Ansprüche auf Montferrat 3) und anderer Forderungen abgetreten, und durch die herzogliche Abgeordnete, dem Grafen von Armeise, und dem Freiherrn von Jaquemin, 4) in Besitz genommen worden. Bei seiner Rückkunft nach Wien ward sein ganzer Hofstaat verändert.

Karl

3) Man sehe die ausführliche Vorstellung ob die hochfürstlichen Häuser Lothringen und Salm die Succession in das Herzogthum Montferrat mit Recht vor dem Herzoge von Savoyen, Viktor Amadeus den zweiten praetendiren können. Sie trat im 1712ten Jahre ans Licht, und siehet im zweiten Theile der Grundfeste europäischer Potenzen Gerechtsame, Seite 403. und folgende: ferner Memoire touchent les interets de Son Altesse royale, Monseigneur le Duc de Lorraine et de Bar a la paix future, welche bei Gelegenheit des utrechter Friedens zum Vorschein kam, und in Fabers europäischer Staats-Kanzeley im XIX ten Theile auf der 740sten und folgenden Seite zu finden ist, endlich die Protestation faite au nom de Son Altesse royale le Duc de Lorraine contre la Paix d'Utrecht, au sujet du Montferrat d'Arches, et Charleville, welche in dem 10ten Bande der Actes et Memoires de la Paix d'Utrecht auf der 367sten und folgenden Seite nachzulesen ist.

4) Nicolaus, Freiherr von Jaquemin, kaiserlicher wirklicher Geheimer Rath, Herr der Herrschaften Wittringen, Neu-Steuren, Dieblingen und Warsburg, starb den 14ten Merz 1748. in 77sten Jahre seines Alters zu Wien. Er hat sehr lange Zeit als Lothringischer Gesandter an den kaiserlichen Hofe gestanden, und des Herzogs vorzügliche Gnade genossen. Der jetzige kaiserliche General-Feldwachmeister und Hof Kriegs-Rath, Heinrich, Freiherr von Jaquemin, ist sein Sohn.

C

Karl der sechste, welcher denselben auf das zärtlichste liebte, übernahm selbst die Sorgfalt für dessen Erziehung, und fernere Unterweisung. Die meisten seiner französischen Bedienten, die er von Nancy mitgebracht, wurden nach Lothringen zurück geschicket. Der Marquis von Craon, 5) welcher ihn als Ober-Hofmeister nach Wien begleitet, empfing bei der Abreise das kaiserliche mit Diamanten reich besetzte Bildniß, und ward in den Reichs-Fürsten-Stand erhoben. Sein Nachfolger ward nach dem eigenen Vorschlage des Herzogs von Lothringen der Graf von Cobenzl, 6) und der Freiherr von Neuperg 7) ward Unter-Hofmeister.

Der

5) Marcus von Beauveau, des heil. Römischen Reichs Fürst von Craon, ist als Ritter des goldenen Vliesses und ehemaliger Praesident des Regierungs-Raths im Großherzogthum Florenz den 11ten Merz 1754. im 74sten Jahre auf seinem Schlosse Haeroncl in Lothringen mit Tode abgegangen. Kaiser Karl der sechste erhob ihn den 23sten November 1723. in den Reichs-Fürstenstand. 1737. nahm er im Nahmen des verstorbenen Kaisers von allen Toscanischen Landen Besitz, muste aber Alters halber 1749. die ihm anvertraute wichtige Stelle eines Praesidenten des Staats- und Regierungs-Raths von Florenz niederlegen.

6) Johann Caspar, des heil. Römischen Reichs Graf von Cobenzl, ist den 30sten April 1742 als kaiserlicher Obrist-Kämmerer mit Tode abgegangen, nachdem er einige Jahre vor seinem Ende das Gesicht verlohren. Die Ober-Hofmeister-Stelle bei dem Herzog von Lothringen hat er vom December 1723. bis 1724. verwaltet.

7) Wilhelm Reinhardt, des heil. Römischen Reichs Graf von Neuberg, ist noch als kaiserlicher General-Feld-Marschall am Leben, und hat den Herzog auf

allen

Der Kaiser ließ den Prinzen täglich ein paarmal zu sich kommen, um sowohl von seinem Fleiß in Erlernung nützlicher Wissenschaften und ritterlicher Uebungen als seinem Wohlbefinden unterrichtet zu seyn. Der Obrist-Hofcanzler, Graf von Sinzendorf, 8) bekam den ausdrücklichen Auftrag von dem Kaiser, durch öftere Untersuchung und Befragung des Prinzen, dessen Fähigkeit zu erforschen, und dieser verdiente Minister stattete davon dem Monarchen solche Berichte ab, welche demselben höchst angenehm und dem Prinzen rühmlich waren. Dieser unermüdeten Beschäftigung sind sowohl alle Vortheile, welche unter der weisen Regierung Franz des ersten desselben Unterthanen zugeflossen, als die vorzügliche Gnade und der Schutz, welchen die Gelehrten und Wissenschaften bei demselben gefunden, zuzuschreiben. Um dem Prinzen zu dem Kriegswesen Lust zu machen, gab ihm auch der Kaiser das durch den Tod seines Bruders 1726. des Erbprinzen Leopold Clemens erledigte Regiment Fusvolk.

Als der Kaiser 1728. eine Reise nach Steyermark, Kärnthen und Krain, um die Huldigung einzunehmen, that, begleitete er denselben, und wohnte

sowohl allen seinen Reisen begleitet. Er bekleidete die Obrist-Hofmeister-Stelle bey denselben bis in das Jahr 1732. da er den kaiserlichen geheimen Rath, Otto Christoph, Reichsgrafen von Wölckern, welcher 1734. den 27sten Merz gestorben, zum Nachfolger bekam.

8) Es war dieses der 1742. den 8ten Februarius verstorbene kaiserliche vielgeltende und große Staats-Minister und Obrist-Hofcanzler, Philipp Ludwig, des heil. Römischen Reichs-Graf von Sinzendorf.

sowohl der grossen Gemsen-Jagd auf dem sogenann-
ten hohen Gebürge Reiding in der steyermärkischen
Herrschaft Ernau, als der Reise nach Trieste,
Fiume, und Porto-Re bei, von da er mit dem
Kaiser und der Kaiserin den 18ten October 1728.
wieder in Wien eintraf.

Der Tod des regierenden Herzogs von Lothringen nöthigte den Erbprinzen im 1729sten Jahre den
kaiserlichen Hof zu verlassen, und zur Ueberehmung
der Regierung sich nach seinen Erb-ländern zu begeben.

§. 3.

**Der Erbprinz von Lothringen folget nach Ab-
sterben seines Vaters in der Regierung der
Herzogthümer Lothringen und Bar, und
reiset von Wien nach seinen Erblanden ab.**

Leopold Joseph, Herzog von Lothringen, ward
den 27sten Merz 1729. durch einem Steckfluß und
Blutbrechen aus dieser Zeitlichkeit hinweggenommen. Der Kaiser, welcher die erste Nachricht davon
bekam, ließ sogleich den Erbprinzen zu sich rufen,
und eröfnete demselben diesen unvermutheten Todesfall.

Den 3ten April 1729. empfing derselbe sowohl
die Trauer-Complimente, als auch den Glück-
wursch wegen der angetretenen Regierung, und
da dieser Todesfall auf das Gemüthe des neuen
Herzogs einen sehr starken Eindruck gemacht hatte:
so nahm der Kaiser ihn mit auf die Jagd nach

Samers-

Samersdorf, und suchte ihm auf alle Art eine Veränderung zu machen.

Dem verstorbenen Herzog ward in der Augustiner Hof-Kirche ein prächtiges Trauer-Gerüste aufgerichtet, und der ganze Hof wohnete der Trauer-Predigt bei.

Sogleich nach des Herzogs Tode 1729. den 28sten Martius, ward in Gegenwart der Herzogin Wittwe, des Prinzen Carl von Lothringen, des Prinzen von Elboeuf, des Fürsten von Guise, und des Fürsten von Lixin, auch mehrerer hohen Staats-Bedienten der letzte Wille und das Codicill des verstorbenen Herzogs eröfnet. Der erstere war im Jahr 1719. errichtet, und enthielt nur eine Verordnung wegen der jährlichen Einkünfte des jüngern Prinzen, der Aussteuerung der Prinzessinnen, und der Wittwen-Gelder der Herzogin. Das Codicill aber war 1723. nach der Abreise des Erbprinzen gemachet, und setzte die verwittwete Herzogin zum Haupt eines ihr zugeordneten Regierungs-Raths, allein durch die Bemühung des Fürsten von Elboeuf ward die Regentschaft 9) der Herzogin

---

9) Die beiden Staatsschriften, welche bey dieser Gelegenheit verfertiget worden, lauten folgendermassen:

1) Ayant plû à la divine providence d'en lever de ce Monde, Son *Alteſſe Royale Leopold I.* décedé le jour d'hier, au grand regret de tout l'Etat, qui perd en sa personne un Prince, le quel a fait pendant tout Son Regne l'objet de l'amour et de la felicité de ses Peuples; et Son *Alteſſe Royale* aujourd' huy régnante, se trouvant actuellement à la Cour de Sa Majesté Imperiale et Catholique, et

gin Mutter allein aufgetragen, und der Schluß dieser Raths-Versammlung von dem Herzoge bestätiget, darauf aber bei dem Parlement und den Ober-Gerichts-Höfen in die Register eingetragen.

Diese ne pouvant peut-être se rendre encore si tôt aux vœux de ses sujets, S. A. R. Madame a jugé, qu'il etoit important d'assembler promptement un Conseil, tant pour faire la lecture des dernieres Dispositions de feüe Son *Alteſſe Royale*, Son tres-cher et tres honoré Seigneur et Epoux, que pour faire reconnoitre l'autorité de Sa Régence, qui lui appartient de droit pendant l'absence de Son *Alteſſe Royale* Monsieur Son Fils. C'est pourquoi ayant fait appeler les Princes du Sang, les Grands Officiers de la Couronne, et ceux du Conseil d'Etat ci après nommez, l'on a donné lecture en sa présence, et par ses ordres, tant du Testament de feüe S. A. R. en datte du 8. Septembre 1719. par lequel ladite Régence lui est deja déferée, que de Son Codicile du 16 Fevrier 1726. Et en consequence S. A. R. Madame ayant bien voulu recueillir les voix: Tous d'un consentement unanime, et avec les sentimens d'amour, de soûmission et de respect dûs à une si grande Princesse l'ont déclarée et reconnuë pour seule et unique Régente des Etats de Son *Alteſſe Royale*, et sous son bon plaisir; avec pouvoir de les regir, gouverner et administrer; d'etablir tel Conseil qu'elle jugera à propos, et d'exercer en toutes choses les droits de la Souveraineté, au nom de Sa dite *Alteſſe Royale*; à laquelle il a été en même temps résolu d'envoyer incessamment un double de la présente Reconnoissance et declaration solemnelle; dans l'esperance, qu'elle voudra bien l'agréer et la confirmer, et au sur plus notifier ses intentions, pour être suivies et exécutées. A laquelle Deliberation etoient présens S. A. R. Monseigneur le Prince Char-

Diese Regentschaft dauerte bis zur Ankunft des neuen Herzogs im November des 1729sten Jahres. Derselbe reisete mit einem kleinen Gefolge, das aus dem Ober-Hofmeister Grafen von Neuperg, dem Grafen von Althan, dem Leib-Arzt, Beichtvater und einiger Bedienten bestand, den 9ten gedachten Monaths November von Wien ab, und ward noch vorher von dem Kaiser mit einem auf achtzigtausend Gulden geschätzten goldenen mit Brillanten besetzten Degen beschenket.

Er *Charles*, Frere unique de S. A. R. Monſ. le Prince d'Elbauf, Monſ. le Prince de Guiſe, Monſ. le Pr. de Lixin, Grand Maitre de l'Hotel; Monſ. le Pr. de Craon, Grand Ecuyer; les Sieurs Comte de Begue Garde des Sceaux; Labbé Baron de Couſſey, Doyen des Secretaires d'Etat; le Marquis de Beauvau et de Novian Maréchal de Lorraine; le Marquis de Cuſtine Colonel du Régiment des Gardes, et Gouverneur des Villes et Citadelle de Nancy; de Hoffelize préſident a Mortier en la Cour Souveraine de Lorraine et Barrois; Denay, auſſi préſident a Mortier en la dite Cour Souveraine de Lorraine et Barrois; de Mahuet Comte de Lupcourt, Secretaire d'Etat; le Marquis de Ligniville Marechal de Lorraine; Bourcier de Villers Baron d'Amermont, Maitre des Requêtes ordinaire de l'Hotel; le Comte de Gondrecourt premier préſident en la Cour Souveraine; de Rutant Controlleur General des Finances, Humbert Baron de Gircour Secretaire d'Etat; le Comte Cardon de Vidampierre premier Gentilhomme de la Chambre de Meſſeigneurs les Princes Enfans de Lorraine; Bourcier Baron de Montureux Procureur General en ladite Cour Souveraine; Tervenus Maitre des Requêtes ordinaire de l'Hotel; Claude-Francois Labbé Baron de Couſſey Secretair d'Etat; Nicolas

Er ſetzte die Reiſe in gröſſeſter Geſchwindigkeit fort, und reiſete von Franckfurth am Mayn bis Luneville, ohne ſich zu erkennen zu geben. Um durch die zu ſeinem Empfang gemachte Anſtalten nicht aufgehalten zu werden, ging er mehrentheils in Begleitung eines einzigen Cammerdieners voraus, und ver-

las Ioſeph Duboys de Riocour Maitre de Requêtes ordinaire de l' Hotel; Nicolas François de Rennel Secretaire d'Etat; le Comte de Duzey, Marechal de Lorraine; le Comte du Hautoy grand Senêchal; le Comte de Rortre Marquis de Bulgnéville Capitain des Gardes du Corps, Touſtain de Viray Advocat General en la Cour Souveraine; Iean Charles Labbé de Rouvrois Secretair d'Etat; le Marquis de Stainville Grand veneur; et le Chevalier des Porcelets Chambellan, qui ont tout Signé. Fait au Conſeil d'Etat tenu à Lunéville le vingt huit Mars mil ſept cent vingtneuf. Signé *Eliſabeth Charlotte.*

Charles de Lorraine, *Emanuel Maurice* de Lorraine d'Elbœuf, *Anne Marie Ioſeph* de Lorraine, Prince de Guiſe, *Iacques Henry* de Lorraine, Prince de Lixheim, le Prince de Craon, le Comte de Begue, Beauvau, Cuſtine, de Hoffelize, Denay, Mahuet, le Marêchal de Ligniville, Bourcier de de Villers, Gondrecourt, de Rutant, Humbert Girecour, I. P. Cardon de Vidampierre, Bourcier de Monturex, Tervenus, Labbé, Duboys de Riocourt, Rennel, le Marechal de Douzey, le Comte de Hautoy, des Salles Rortre, - Touſtain de Viray, du Rouvrois, Choiſeul de Stainville, le Chevalier des Porcelets, et S. M. Labbé Secretaire d'Etat de Service et en Quartier, qui à rédigé l'Acte. Collationé Signé S. M. *Labbe,*

II. *Francois*, par la Grace de Dieu Duc de Lorraine, de Bar, de Montferrat et de Teſchen, Roy de

versicherte, daß der Herzog bald nachkommen würde. Auf diese Art gelangete er bis nach Elsaß-Zabern. Hier erfuhr er, daß die Herzogin Mutter, nebst seinen Durchlauchtigsten Geschwistern ihm bis nach Clamont entgegen kommen würden. Um nun dieser geliebten Mutter die Beschwerlichkeiten

de Ierusalem, Marchis, Duc de Calabre et de Gueldres, Marquis de Pont à Mousson et de Nommeny, Comte de Provence, Vaudémont, Blamont, Zutphen, Sarwerden, Salm, Falckenstein, prince Souverain d'Arches et de Charleville, &c. A nos tres chers et feaux les Presidens, Conseillers, et gens tenans nôtre Cour Souveraine de Lorraine et Barrois, Salut Ayant été aujourd'hui rendu en nôtre Conseil d'Etat; en presence de nôtre tres chere et tres-honorée Dame et Mere, de nôtre tres-cher et tres-aimé Frere unique le Prince Charles, de plusieurs autres Princes de nôtre Sang, des Grands Officiers de nôtre Couronne, et Conseillers en notredit Conseil, l'Arrêt ci-joint, et attaché sous notre contre sçel, qui declare notredite tres-chere et tres-honoré Dame et Mere Regente de nos Etats, pour les régir et gouverner pendant nostre absence, et d'etablir tel Conseil qu'elle jugera à propos: Et voulant que ledit Arret soit executé; Nous vous mandons et ordonnons de le faire incessament lire, publier, regiflrer et afficher par tout ou besoin sera, pour être suivi et executé selon sa forme et teneur: *Car Ainsinous plait.* En foy de quoy ces présentes ont été signées en notredit Conseil par notredit tres-chere et tres-honorée Dame et Mere Regente, et contre signées par l'un de nos Conseillers, Secretaire d'Etat, Commandemens et Finances, et à iceles à été appossé nôtre sçel secret. Donné à Luneville le vingt huit mars mil sept cent vingt neuf.

Signé *Elisabeth*, et plus bas, *S. M. L'abbé*.

keiten der Reise zu erspahren, und derselben zuvor zu kommen, fuhr er in Begleitung des Grafen von Neuperg noch in der Nacht von Elsaß-Zabern, wo er sein übriges Gefolge ließ, ab. Der Cammerdiener mußte vorherreiten, um überall Postpferde zu bestellen, allein er konnte deren keine erhalten, weil sie alle für den Herzog von Lothringen bestellet waren. Der Herzog ward also genöthiget, sich nebst dem Grafen für Edelleute von dem Gefolge des Herzogs auszugeben, und auf diese Art kam er den 29sten November früh um sechs Uhr zu Luneville an.

Er stieg in der Vorstadt ab, und wollte von hinten zu in das Schloß sich begeben. Bei der Schildwache gab er sich für einem Edelmann des Herzogs aus, allein sie verwehrte ihm den Eintritt, und er mußte den Officier der Wache herzu rufen lassen. Nachdem er in dem Schweitzer-Saale und bei der Leib-Garde eben dergleichen Schwierigkeiten gefunden, gelangte er endlich an das Zimmer der Herzogin Mutter. Er ließ sogleich eine der in demselben ordentlich schlafenden Damen aufwecken, welche über dessen Gegenwart sehr erschrack, und den Befehl erhielt, ihn als einen Courier des Herzogs von Lothringen anzumelden. Als die Herzogin aufgewecket worden, sagte sie, wie der Courier um acht Uhr Audienz haben sollte. Die Ursache dieses Aufschubs war keine andere, als diese, weil sie glaubte daß er derjenige Courier sey, den sie Tages vorher abgefertiget, und sie zum Aufstehen noch nicht bereit war. Die Hof-Dame sagte darauf, wie sie dafür halte, daß der angekommene ein Edelmann

des

des Herzogs sey, die Herzogin errieth nunmehro das Geheimniß, und rufte vor Freuden aus: Ach! es ist mein Sohn. In diesem Augenblicke trat der Herzog in das Zimmer, und umarmte die verwittwete Herzogin mit der grösseſten Zärtlichkeit, begab sich aber bald nach dem Zimmer des Prinzen Karl und der Prinzessinnen Schwestern. Die Herzogin bekam dadurch Zeit aufzustehen, und der Herzog beschäftigte sich währender Zeit mit Aufweckung seiner Durchlauchtigsten Geschwister, denen er sagte, daß es Zeit sei, dem Herzoge von Lothringen entgegen zu gehen, allein er erhielt die voll Schlafs gegebene Antwort: es sei noch gar zu zeitig. Er begab sich darauf wieder nach dem Zimmer der Herzogin Mutter, und seine Ankunft ward dem Volke durch Läutung der Glocken bekannt gemachet. Sodann verfügte er sich nach dem Audienz-Saale, wo ihm der Herzog von Elboeuf, der Fürst von Guise, die Fürsten von Pons, von Lambese, von Harcourt, Armagnac, und von Lixin, so wie in dem Zimmer der Herzogin die Gemalinnen der Prinzen von Guise und Lixin nebst andern Hof-Damen die Aufwartung macheten, wie ihm denn auch der Obriste der Leib-Garde, Marquis von Custines, alle Officiers dieses Regiments vorstellete. Man sang in der Pfarrkirche wegen der glücklichen Ankunft des Herzogs das Herr Gott, dich loben wir ꝛc. welchem Gottesdienste die Herzogin Mutter beiwohnete. Der Herzog begab sich in die Schloß-Capelle, und nahm nach Endigung des Gottesdienstes mit der verwittweten Herzogin, seinen Geschwistern, den Prinzen von Geblüte, der Fürstin von Craon,

der

der Marquise von Lenoncourt, Dame d'Atour, den beiden Hofmeisterinnen der Prinzeßinnen, der Marquisin von Arnoises, der Marquise von Boucigni, und der Marquisin von Spada, Gemalin des Chevalier d'honneur der verwittweten Herzogin, eine prächtige Mittags-Mahlzeit ein.

Ich übergehe die Erleuchtungen, und übrigen wegen der Ankunft des Herzogs gemachte Freudens-Bezeugungen, um von den neuen Einrichtungen, welche derselbe nach angetretener Regierung gemachet, und dessen Reise nach Paris einige Nachricht zu geben.

§. 4.

Von den neuen Anstalten und Einrichtungen, die der Herzog nach angetretener Regierung gemachet, und dessen Reise nach Paris, wo er von dem Könige in Frankreich die Belehnung mit dem Herzogthume Barr empfänget.

Der Herzog machte bei seiner Ankunft 1730. verschiedene für den Wohlstand seiner Brüder nöthige Einrichtungen. Sein Vorfahrer hatte eine sehr grosse Anzahl Bediente unterhalten, deren Besoldungen, unerachtet sie sehr mäßig 10) waren, dennoch wegen ihrer Menge einen grossen Theil der Kam-

---

10) Man kan von den geringen Besoldungen, welche der verstorbene Herzog seinen zahlreichen Hofstaat gegeben Kaißlers neueste Reisen (Ausgabe von Hannover 1751. in groß Quart) auf der 1479sten Seite nachlesen.

Kammer-Einkünfte wegnahmen. Der Herzog ließ also bekannt machen, daß, weil sein und seiner Länder Wohlstand nicht erlaube, die grosse Anzahl Bedienter, aus denen des verstorbenen Herzogs Hofstaat bestanden, ferner zu unterhalten, er den Entschluß gefasset habe, alle doppelte Bedienungen aufzuheben, und daß also diejenigen, welche zwei Aemter hätten, sich unverzüglich erklären sollten, welches von beiden sie zu behalten willens wären.

Der Graf von Bergue, welcher Siegel-Bewahrer und erster Minister war, gieng bald nach des Herzogs Ankunft zu Luneville mit Tode ab, und der Herzog erklärte darauf, daß er die Stelle eines ersten Ministers nicht wieder vergeben, sondern selbst regieren wolle.

Mit den Unterthanen im Herzogthum Barr thaten sich verschiedene Irrungen hervor. Diese sind verbunden, bei dem Regierungs-Antritt eines neuen Landes-Herrn eine gewisse Abgabe oder Lehnwaare, welche le joyeux Avenement genennet wird, zu bezahlen. Sie weigerten sich, solches zu thun, und wendeten sich, weil dieses Herzogthum ein französisches Lehn ist, an das Parlement zu Paris, allein der französische Hof that die Erklärung, daß er keinen Eingrif in die Gerechtsame des Herzogs zu thun willens sey, und wieß diese widerspenstige Unterthanen ab, welche sich sodann zum Gehorsam bequemten.

Der Bischof von Metz und der von Toul, in deren Kirchsprengel die Geistlichkeit eben diese Schatzung, le joyeux Avenement, zu bezahlen schuldig ist, liessen zwar die Abtragung derselben verbieten, es ward aber diese Irrung durch einen Vergleich beigeleget, den der Abt von Vence, des Herzogs gewesener Lehrmeister, und der Abt von Laurandiere, die der Herzog nach Metz gesendet, zu Stande brachten. Der Herzog versprach, daß diese Abgabe mit Vorbehalt des Rechts, welches die Geistlichkeit, solche nicht zu entrichten haben könnte, bezahlet werden solle, und sie ward würcklich abgetragen.

Wegen Bezahlung der Staatsschulden wurden gleichfalls dienliche Anstalten getroffen. Der französische General-Pachter, Paris von Montmartel, bekam unter andern wegen der vorgeschossenen zwei Millionen Livres die Einkünfte gewisser herrschaftlicher Güther angewiesen, deren Genuß auf dessen Bruder und dessen Sohn fallen sollten, dahingegen feste gesetzet ward, daß nach des letztern Tode gegen eine von dem Herzoge an dessen Erben zu zahlende Summe von siebenmal hunderttausend Livres die Güther wieder an die Kammer abgetreten werden sollten.

Mit den Fürsten von Guise und von Craon ward in Ansehung der starken Forderungen, die sie wegen der von der herzoglichen Kammer macheten, verfügten Einziehung der Kammer-Güther gleichfalls ein Vergleich getroffen, und von den Kleinodien, welche der verstorbene Herzog von dem Fürsten von Vaudemont 11) geerbet, eine Theilung mit dem herzoglichen Geschwister veranstaltet.

Ueber-

---

11) Carl Heinrich, Prinz von Vaudemont, starb 1723. ohne ehliche Leibes-Erben, durch seinen Tod fiel die Herrschaft Commerci wieder an den regierenden Herzog.

Ueberhaupt zeigte sich der Herzog als einen sehr gütigen und gerechten Herrn, wie er denn alle diejenigen, welche durch Einziehung der Kammer-Güther Einbuße litten, durch Ertheilung ansehnlicher Gnaden-Gehalte schadloß zu halten suchte.

Um an dem französischen Hofe die Lehn über das Herzogthum Barr zu empfangen, ging er den 25sten Jänner 1730. nach Paris, übergab der verwittweten Herzogin in seiner Abwesenheit die Regierung, und ließ noch kurz vor seiner Abreise, um den Beschwerden der Geistlichkeit abzuhelfen, eine Verordnung bekannt machen, in welcher er sich ausdrücklich erklärte, daß er den Rechten derselben nicht den mindesten Eintrag zu thun gesonnen sey, sondern wegen der Schatzung, mit den Bischöffen des Kirchsprengels sich einverstehen wolle.

Der Herzog von Orleans kam ihm bis nach Claye entgegen, und mit demselben traf er unter dem Namen eines Grafen von Blamont den 29sten Jänner 1730. zu Paris ein. Tages darauf ging er in Begleitung des Herzogs von Orleans, um dem Könige den ersten Besuch zu machen, nach Versailles, und den 1sten Februar gieng die feierliche Lehens-Empfängniß auf eben die Art vor sich, als solches im 1699sten Jahre, da sein Vorfahrer von Ludwig den vierzehnten die Lehn empfangen, geschehen.

Der Herzog machte, als er in das Zimmer trat, gegen den auf einem Lehnstuhl bedeckt sitzenden König drei Reverenze, wobei der Monarch bedeckt blieb, und nicht aufstand. Der Ober-Kammerherr nahm sodann des Herzogs Degen, Huth und

und Handschuh zu sich, und der Herzog ließ sich zu den Füßen des Königs auf ein dahin gelegtes sammetenes Polster nieder. Es befanden sich bei des Königs Lehnstuhl der Kanzler von Frankreich, Dagueſſeau, und die beide Staats-Secretairs, von Chauvelin und Graf von Maurepas. Der erstere las den Lehns-Eyd mit lauter Stimme ab, und der Herzog versprach durch einen dem Könige gegebenen Handschlag, demselben in allen Stücken sich gemäß zu bezeigen. Nach geendigter Vorlesung stand der König auf, zog den Huth ab, bedeckte sich aber gleich wieder. Der Herzog that nebst den Prinzen von Geblüte, 12) nemlich dem Herzog von Orleans, dem Herzog von Bourbon, den Prinzen von Bourbon-Conti, und Dombes, den Grafen von Charolois, von Clermont, von Eu, und von Toulouse ein gleiches, ging mit drei Reverenzen aus dem Zimmer, und ward wie bei dem Empfang, begleitet.

Er ging sodann noch auf einige Tage nach Paris zurück, besahe die königliche Lustschlösser, und die Sehenswürdigkeiten dieser Hauptstadt von Frank-

---

12) Es entstand bei dieser Gelegenheit eine Irrung zwischen den französischen Herzogen und Pairs, diese wollten nicht nebst den Prinzen von Geblüte der Lehnsreichung beiwohnen, damit sie nicht, wenn der König, der Herzog und die Prinzen nach abgelegten Lehns-Eyde sich bedeckten, unbedeckt stehen durften. Demnächst weigerte sich der Herzog von Martemar, als Oberkammerjunker des Herzogs Stock und Hut zu empfangen, weil er auch ein Herzog sey, worauf denn der König ein Herzogs und Pairs weg zu bleiben erlaubte, und dem jungen Grafen, Sohn des Herzogs von Martemar, des Vaters Stelle zu vertreten, befahl.

Frankreich), als die Münze, die Mahler und Kupferstecher=Academie, das Louvre, erwarb sich den Beifall des ganzen Hofes, und kehrte den 15ten Februar 1730, nachdem er von der verwittweten Herzogin von Orleans, dem Herzoge ihrem Sohn, und mehrern Standes=Personen verschiedenemal prächtig bewirthet worden, nach seinen Erbländern zurück.

§. 5.

Der Herzog empfängt die Lehn am kaiserlichen Hofe über die Lothringische Reichs=Lehn, und beleihet den Herzog von Zweybrücken.

Nach der Zurückkunft des Herzogs ließ derselbe die Leiche seines Vaters den 28sten Februar 1730, zu Luneville mit vielem Gepränge zur Erde bestatten. Er that verschiedene Reisen, um sich den Zustand seiner Länder recht bekannt zu machen, er besahe das unter den Befehlen des General=Lieutenants, Grafen von Belleisle, an der Maaß versammlete, und aus achttausend Mann bestehende französische Lager, und ward bei den meisten dieser Reisen von dem Fürsten von Craon, den Kammer=Herrn, Grafen von Althan, 13) und Ritter von Salles, nicht weniger von den Stallmeistern, Grafen

---

13) Michael Johann, des heil. Römischen Reichs=Graf von Althan, lebt noch als kaiserlicher würklicher geheimer Rath und Ritter des goldenen Vliesses, wie auch Vice=Praesident der Obersten Justizstelle zu Wien.

D

fen von Künigl, 14) und von Ogara, 15) begleitet.

Den 18ten April 1730. langte der pfalzgräfliche zweybrückische geheime Rath und Hofcanzler Freiherr von Hammüller, als ausserordentlicher Gesandter zur Lehnsempfängniß über die von Lothringen abhängende Lehnstücke, welche Zweybrücken besitzet, an. Der Herzog ließ denselben sogleich durch einen Kammerjunker in einer zweispännigen Kutsche aus dem Gasthofe, in welchem er abgetreten war, auf das Schloß hohlen, und ihm die Zimmer des Herzogs von Elboeuf, der abwesend war, einräumen.

Den 19ten April erhielt derselbe die erste Audienz, da denn bei seiner Ankunft die Schloßwache, auf der grossen Treppe die Schweizer=Wache, und in dem Garde=Saal die Leibwache ins Gewehr trat. Der Officier der Leibwache, du Foue, empfing den Gesandten an der Thüre des Garde=Saales, und begleitete ihn bis zu der herzoglichen Vorkammer. Hier kam ihm der Ober=Kammerherr, Marquis von Lamberti, entgegen, und führte ihn in den Audienz=Saal. Der Herzog, der ihm etliche Schritte entgegen ging, nahm das Beglaubigungs=Schreiben selbst an, er ward sodann bei der

ver=

14) Philipp Stereus Joseph, des heil. Römischen Reichs Graf von Künigl lebt noch als kaiserlicher würcklicher Geheimer Rath und gewesener Oberhofmeister des Erz=Herzogs Peter Leopold.

15) Carl, Graf von Ogara, ist ein gebohrner Italiäner, und befindet sich noch jetzo als Ritter des goldenen Vlieses und Oberstallmeister des Herzogs Carl von Lothringen zu Brüssel am Leben.

verwittweten Herzogin, den Prinzen Karl von Lothringen, und den beiden Prinzessinnen Schwestern des Herzogs, zur Audienz geführet. Die übrige Zeit dieses Tages aber brachte er mit den Besuchen und Gegenbesuchen der lothringischen Prinzen und Staats-Minister zu.

Am 20sten April 1730. ging die feierliche Beleihung mit vieler Pracht vor sich. Der Ober-Hofmeister, Prinz von Lixin, der Ober-Stallmeister, Fürst von Craon, der Ober-Kammerherr, Marquis von Gerbevilliers, die Kammerherren, Minister, Staats-Secretairs, Hof-Junker ꝛc. ꝛc. stunden hinter dem Lehnstuhl des Herzogs. Der Gesandte hielt mit besonderer Beredsamkeit die Ansuchung und Danksagungs-Rede, die ich aber Kürze halber übergehe.

Den 2ten Julius ließ der Herzog auch durch seinen Gesandten, den Freiherrn Nicolaus von Jaquemin, bei dem Kaiser über die lothringische Reichs-Lehen die gewöhnliche Lehnspflicht ablegen, und, nachdem er noch einige Zeit mit den Landes-Angelegenheiten und neuen Einrichtungen sich beschäftiget: so übergab er die Regierung abermals der verwittweten Herzogin, und trat eine Reise nach den vereinigten Niederlanden, Engelland und Teutschland an.

§. 6.

§. 6.

Von der Reise des Herzogs nach den vereinigten und oesterreichischen Niederlanden, Engelland und Teutschland.

Im 1731sten Jahre, nach genommenen zärtlichen Abschiede von dem ganzen lothringischen Hause, verließ der Herzog die Stadt Luneville, und ging unter dem Nahmen eines Grafen von Blamont, und in Begleitung seines Bruders des Prinzen Carl nach den oesterreichischen Niederlanden. Zu Brüssel, wo er den 29sten April Abends sehr spät unter den Namen eines Grafen von Blamont anlangte, hielt er sich bei der Erz-Herzogin Maria Elisabeth, Gouvernantin der Niederlande, am längsten auf, ward mit allen Ehrenbezeugungen empfangen, ihm zu Ehren verschiedene Lustbarkeiten angestellet, und alle Sehenswürdigkeiten gezeiget.

Von da begab er sich nach Amsterdam, und hielt sich besonders in dem Haag auf. Er ging demnächst zu Helvoetsluis zu Schiffe, und kam den 23sten October Abends um 6. Uhr glücklich zu Greenwich an. Der kaiserliche gevollmächtigte Minister, Graf Philipp Joseph von Kinsky, fuhr ihm bis an den Tour von London entgegen, und in dessen Kutsche kam er 1731. den 24sten October früh um 10. Uhr in dem Pallast, welchen dieser Minister bewohnte, zu London an. Tages darauf fuhr er in eben dieses Grafen Kutsche von London nach Hamptoncourt, wo er sowol bei dem Könige als bei der Königin Audienz hatte. Das königliche Haus und alle Grosse des Hofes empfingen ihn

mit

mit vorzüglicher Freundschaft und Achtung. Sein Aufenthalt daselbst dauerte bis zum 19ten December, da er wieder nach Holland abreisete.

Seine Ankunft zu Helvoetsluis erfolgte nach einem zur See ausgestandenen grossen Sturme den 21sten December, und den 23sten dieses Monats kam er im Haag an. Von da begab er sich 1732. über Wesel nach Hannover, und an den Wolfenbüttelischen Hof. Von Braunschweig ging er über Magdeburg zu dem Könige von Preussen nach Potsdam, und blieb vom 23sten Februar 1732. bis zum 15ten Merz an dessen Hofe, während welcher Zeit er sich wechselsweise zu Berlin und Potsdam aufhielt, und der den 10ten Merz vollzogenen Verlobung des Kronprinzen von Preussen mit der Prinzessin Elisabeth Christine von Braunschweig-Wolfenbüttel beiwohnte. Der Herzog bezeigte sich während seines Aufenthalts an diesem Hofe jederzeit sehr vergnügt, das Kleistische Regiment zu Fuß, die Gens d'Armes und die Cadets mußten ihm zu Ehren ihre gewöhnliche Waffenübungen machen, er besahe das Zeughaus, die Rüstkammer und alle übrige Sehenswürdigkeiten, das Observatorium, das Theatrum anatomicum, die vortrefliche Schloß-Apotheque, und ward sowol zu Berlin als Charlottenburg mit kostbaren Bällen und Mahlzeiten unterhalten.

Von Berlin ward die Reise über Cüstrin, Frankfurth an der Oder, wo er bei dem Generallieutenant von Schwerin *) speisete, und Crossen, nach

―――――
*) Er war dieses Curt Christoph Graf von Schwerin, der in der Schlacht bey Prag als Feldmarschall geblieben.

nach Breßlau fortgesetzet, wo der Churfürst von Maynz und Bischof von Breßlau, zu seinem Empfang die prächtigste Anstalten gemachet hatte. Er verweilte sich einige Tage daselbst, und der Churfürst überreichte ihm bei dem Abschied-nehmen einen sehr prächtigen Degen unter der angehängten Bitte, mit solchem die Ehre des Teutschen Reichs zu vertheidigen, und dessen Ruhm unterstützen und vermehren zu helfen.

Von Breßlau ging er nach Wien, der Kaiser erklärte ihn zum Vice-König von Hungarn, wegen welcher Würde er den 22sten May in Pflicht genommen ward, und seit dieser Zeit kam er dem Monarchen, der ihn zärtlich liebte, nicht von der Seite. Er begleitete ihn auch auf der Reise nach Böheim, zu der in Linz eingenommenen Huldigung, und auf mehrern kleinen Reisen.

Die bevorstehende Vermälung desselben mit der Ertz-Herzogin Maria Theresia von Oesterreich war schon damals beschlossen, sie ward aber erst im 1736sten Jahre bekannt gemacht, und vollzogen.

§. 7.
Von der Vermälung des Herzogs mit der Ertz-Herzogin Maria Theresia von Oesterreich.

Der in dem 1733sten Jahre zwischen dem Hause Oesterreich und den Königen von Frankreich, Spanien und Sardinien wegen der polnischen Königswahl entstandene Krieg hatte für das Haus Lothringen unangenehme Folgen. Die französische Völ-

Völker nahmen, unerachtet sich der Herzog zur Partheilosigkeit erkläret, von Lothringen Besitz, und behielten es bis zum Friedensschluß in ihrer Gewalt. In dem zu Wien geschlossenen Frieden ward die Abtretung des Herzogthums Lothringen an den König Stanislaus, und nach dessen Tode an Frankreich festgesetzet. Ich werde von dieser Sache und der Schadloshaltung des Herzogs in dem folgenden eine ununterbrochene Erzählung liefern, und wende mich nunmehro zu der Vermählung des Herzogs mit der reichen Erbin der ganzen Oesterreichischen Verlassenschaft, Marie Theresie, Erz-Herzogin von Oesterreich.

Diese beide hohe Personen waren mit einander auferzogen worden, der nähere Umgang hatte ihnen eine persönliche Neigung eingeflösset, und auf diese gründete sich das Glück derjenigen Verbindung, welche bis zu dem letzten Augenblick des Lebens in der grössesten Einigkeit fortgedauert hat.

Die förmliche Anwerbung geschahe den 31sten Jänner 1736. von dem Herzog in eigener Person, und es wurden dabei folgende Feierlichkeiten beobachtet:

„Nachdem der Tag des hohen Begehrens der Durchlauchtigsten Erz-Herzogin, Marie Theresie, Infantin zu Spanien, Ungarn und Böhmen, auch beider Sicilien gebohrner königlichen Prinzessin, von Ihro kaiserlichen Majestät auf den 31sten Januar anberaumet, und deßwegen den Tag vorher dem hohen Adel angesaget worden, bei Hof in Gala zu erscheinen, geschahe die

Anwerbung von Ihro königliche Hoheit dem regierenden Herzog von Lothringen und Barr in eigener Person. Zu diesem Ende verfügten sich Dieselben um 11. Uhr Vormittags aus Dero Wohnzimmer mit einer zahlreichen bei sich habenden Hofstatt zu den allerhöchsten kaiserlichen Herrschaften in folgender Ordnung:

Voraus gingen Dero Läuffer und Leib-laquaien in grosser Anzahl. Diesen folgten die herzogliche Edelknaben: Nach ihnen kamen die herzogliche Edelleute, die herzogliche Cavalliers, und die herzogliche Cämmerer, ferner der herzogliche geheime Rath und Abgesandte am kaiserlichen Hofe, Herr Baron von Jacquemin, welcher dieserwegen in einer prächtigen mit sechs Pferden bespannten Kutsche nach Hofe gefahren. Sodann folgeten der Marquis de Lamberty, Ober-Kammerherr, der Marquis de Lenoncourt, Ober-Kleiderverwahrer; der Oberst-Stallmeister, des Heil. Röm. Reichs Fürst von Craon; endlich Ihro königliche Hoheit selbst in einem kostbaren und sehr reichen Kleide, das mit einer Garnitur der schönsten und auserlesensten Diamante besetzet war, und auf dreimal hunderttausend Gulden geschätzet wurde; den Beschluß machte der herzogliche Oberst-Kammerherr, Marquis de Gerbevillers.

In dieser Ordnung gingen Ihro königliche Hoheit durch die kaiserliche Wacht- und Ritter-Stuben bis zum Eingang der ersten kaiserlichen Antichambre durch die auf beiden Seiten im Gewehr stehende kaiserliche Leib-Garde, wo Dieselben

ben von Ihro Excellenz, Herrn Siegmund Rudolph, des Heil. Römischen Reichs Erb-Schatzmeister, Burggrafen zu Rheineck, Grafen von Sinzendorf, Oberst-Erb-Land-Schenken in Oesterreich ob der Enns, wie auch Erb-Land-Kampf-Richter, Schildträger und Vorschneider, Ritter des goldenen Vliesses, und Grand von Spanien der ersten Classe, Ihro kaiserlichen und königlichen catholischen Majestät würklichen geheimen Rath, Cämmerer, General-Feldmarschall-Lieutenant, und Oberst-Hofmeister ꝛc. ꝛc. wie auch von Herrn Johann Marchesen von Pesora, kaiserlichen Cämmerer ꝛc. ꝛc. als angesetzten kaiserlichen Oberst-Cämmerer, und von Ihro hochfürstliche Gnaden, Herrn Heinrich, Herzog zu Münsterberg und Frankenstein in Schlesien, des Heil. Römischen Reichs Fürsten zu Auersperg, Obersten Erb-Landmarschall, und Oberst-Erb-Cämmerer im Herzogthum Crain und der Windisch-Mark, kaiserlichen würklichen geheimen Rath, Cämmerer und Oberst-Hofmarschall ꝛc. ꝛc. mit einem Compliment empfangen, und von denenselben zu Ihro Majestät des Kaisers Retirade geführet wurden.

Allerhöchst Ihro kaiserliche Majestät empfingen Ihro königliche Hoheit unter der Thüre der Retirade, und führten Dieselben hinein, die Thüre aber ward sogleich geschlossen und zugehalten, so lange als Sie sich darinn aufhielten.

Nach wieder eröffneter Thüre beliebten Ihro kaiserliche Majestät den Herrn Herzog wiederum bis zum Ausgang der Retirade zu begleiten, da sodann Ihro königliche Hoheit von obbenannten kaiserlichen drei Haupt-Aemtern begleitet, bei dem Ausgang aus der ersten Antichambre gegen den sogenannten Controlor-Gang von obgedachten kaiserlichen Herrn Oberst-Hofmeister und angesetzten Oberst-Cämmerer mit einem Compliment verlaßen wurden. Obbenannter kaiserliche Herr Oberst-Hofmarschall aber gab Ihro königliche Hoheit das Geleite auf den Controlor-Gang bis zur Schneckenstiegen, beurlaubte sich allda, und ging sodann über besagte Stiege hinauf in Ihro Majestät der regierenden Kaiserin Wohn-Zimmer, um Ihro königliche Hoheit allda, als angeordneter Oberst-Hofmeister statt des Unpäßlichkeit halber abwesenden Herrn Grafen von Königseck, als allerhöchst-gedachten Ihro Majestät der regierenden Kaiserin Oberst-Hofmeisters, zu empfangen.

Dieser Empfang geschahe bei dem Eintritt in das kaiserliche Audienz-Zimmer, wo die kaiserlichen Hof-Dames in einer Reihe stunden; sodann wurden Ihro königliche Hoheit in das mit einem Thür-Flügel geöffnete Spiegel-Zimmer geführet, wo Ihro Excellenz, Frau Maria Theresia, verwittwete Herzogin in Schlesien zu Münsterberg und Frankenstein, Fürstin von Auersperg, Ihro Majestät der regierenden Kaiserin Oberst-Hofmeisterin, wie auch Ihro Exellenz, Frau Charlotte, verwittwete Gräfin von Fuchs, Ihro kaiserlichen Majestäten Durchlauchtigsten jungen Herrschaften würkliche Frau Aya, sich befanden, und Ihro Majestät die Kaiserin oben mit
dem

dem Rücken gegen Dero Tisch, die Durchlauchtigste Ertz-Hertzogin Maria Theresia aber von höchst-Deroselben etwas entfernt zur linken Hand stunden.

Als Ihro königliche Hoheit der Hertzog die dritte Reverenz mit den Knien machen wollten, gingen Denenselben Ihro Majestät einen Schritt weit entgegen, und beantworteten Ihnen sodann die gethane Anrede: worauf Ihro königliche Hoheit auch die Durchlauchtigste Ertz-Hertzogin angeredet, welche Ihro Augen auf Ihro Majestät die Kaiserin warfen, und nach einem von Ihro erhaltenen Wink das Portrait, welches auf zweimalhundert und funfzig tausend Reichsthaler geschätzet worden, von des Herrn Hertzogs königliche Hoheit annahmen.

Der Herr Fürst von Auersperg begleitete sodann Ihro königliche Hoheit wieder bis zu dem Austritt aus dem Audienz-Zimmer; worauf Dieselben sich allein mit Dero eigenen Begleitung nach Dero Wohn-Zimmer zurück begaben, weil Ihro Majestät die verwittwete Kaiserin noch nicht aus Dero Frauen-Closter am Renn-Wege in der Burg sich eingefunden hatten.

Als aber allerhöchst besagte Ihro Majestät nachhero daselbst angelanget, verfügten sich Ihro königliche Hoheit unter Vortretung Dero Hofstaat dahin, um die Aufwartung zu machen, und Ihro Majestät von der allergnädigsten kaiserlichen Entschliessung Part zu geben. Sie wurden daselbst unter der Thüre der Retirade bei dem Eintritt in die zweite Antichambre von Ihro
Maje-

Majestät der verwittweten Kaiserin Oberst-Stallmeister, Grafen von Nostitz und Rheineck Excellenz empfangen, und zu Ihro Majestät geführet,
allwo sich auch Ihro hochfürstliche Gnaden, Frau
Anna Margaretha, verwittwete Fürstin von Esterhasy, de Galantha, und die kaiserlichen Hof-Dames befanden, und wo alles mit eben dem Ceremoniel, wie bei der regierenden Kaiserin Majestät doch mit diesem Unterscheid zugegangen, daß
Ihro Majestät die Kaiserin Amalia Ihro königl-
liche Hoheit etwas weiter entgegen gekommen.

Nach vollbrachten Complimenten wurden
Ihro königliche Hoheit von dem Herrn Oberst-
Stallmeister bis in die erste Antichambre begleitet; worauf Dieselben immediate zu Ihro Majestät der regierenden Kaiserin gingen, und allda
mit den allerhöchsten Herrschaften das Mittags-
Mahl unter einer herrlichen Tafel-Musik öffentlich einnahmen.„

Tages darauf ward sowohl von der Ertz-Herzogin als dem Herzog die pragmatische Sanktion
und deren Festhaltung eidlich versichert, nicht weniger von dem letztern auf die sämtliche Oesterreichische Erbschaft Verzicht gethan. Es versprach
dadurch die Ertz-Herzogin, daß auf dem Fall, wenn
der Kaiser einen männlichen Erben bekäme, sie mit
ihrer sämtlichen Nachkommenschaft in der Erbfolge
nachstehen wolle; wie denn auch, falls sie keine
männliche Nachkommen haben, ihre zweite Schwester, Ertz-Herzogin Marie Anne, aber dergleichen
gebähren würde, sie mit ihren Prinzessinnen nach
dem

dem Rechte der Erstgeburt den männlichen Nach:
kommen der Ertz-Herzogin, ihrer Schwester, in der
Erbfolge der Oesterreichischen Verlassenschaft nach:
stehen wolle, und endlich gelobte der Herzog, daß er
vor seine Person niemals die geringste Erbfolge in
den oesterreichischen Erblanden verlangen wolle.

Um dieser feierlichen Handlung beizuwohnen,
fanden sich alle anwesende Praesidenten der hohen
Collegien und die geheime Räthe den 1sten Februar
1736. bei Hofe ein. Gegen 11. Uhr erschien der
Kaiser und der Herzog, welcher sich in Begleitung
des Ober-Stallmeisters, Fürsten von Craon, Ober-
Kammerherrn, Marquis von Gerbervilliers, und
geheimen Raths, Freiherrn von Jaquemin, nach
des Kaisers Zimmer begeber, in der sogenannten
Geheimen Raths-Stube. Ihm folgte die Kaiserin nebst der Ertz-Herzogin Marie Theresie, und
sämtliche hohe Herrschaften stellten sich unter den
Thron-Himmel, alle kaiserliche geheime Räthe nach
ihrem Range, und die vorerwehnte herzogliche Lothringische Bediente traten gleichfalls aus der Vor-
Kammer in diese geheime Raths-Stube ein, deren
Thüren sodann geschlossen wurden. Der Kaiser
hielt an die Anwesende eine auf die Veranlassung
dieser Zusammenkunst gerichtete kurze Rede. Der
Ober-Hofcanzler, Graf von Sinzendorf, verlas darauf das Instrumentum Renunciationis, Reserva-
tionis und Adhaesionis der pragmatischen Sanction
wegen festgestelleter Erbfolge in dem Ertz-Hause
Oesterreich. Der Kardinal und Ertz-Bischof von
Wien, Fürst Siegmund von Kollonitsch, der bei dem
auf der Staffel neben dem Thron-Himmel rechter

ter Hand in der Ecke gestelleten Altar, auf dem ein Crucifix mit zwei brennenden Wachs-Kerzen und dem Evangelien-Buch befindlich waren, stand, hielt der Erz-Herzogin das Evangelien-Buch vor, und sie beschwor das Instrument mit Auflegung der Finger auf dieses Buch, sodenn begab sie sich nach dem nicht weit von dem Altar bei der Wand näher gegen die Thüre zu gestelleten mit rothen Sammet bedeckten, und mit einem Schreibe-Zeuge versehenen kleinen Tische, wo sie das ihr vorgelegte Instrument durch ihre Unterschrift bestärkete. Der Oberhof-Canzler las darauf auch dem Herzoge das Approbations- und Acceptations-Instrument vor, welches von demselben auf die vorgemeldete Weise beschworen und unterschrieben ward.

Endlich erfolgte den 12ten Februar 1736. die würkliche Vermälung mit der an dem kaiserlichen Hofe gewöhnlichen Pracht. Da beide Verlobte im dritten Grade mit einander verwandt waren, 16) so muste der kaiserliche Gesandte zu Rom, Cardinal Nicolaus del Giudice, bei dem Pabst in einer besondern Audienz und Dispensation anhalten, und der päbstliche Secretair der geheimen Breeven, Cardinal Olivieri, erhielt Befehl, das Dispensations-Breve unverzüglich ausfertigen. Der Nuntius bekam Vollmacht, 17) die Trauung zu ver-

16) Diese Verwandschaft ist aus der beigefügten Geschlechts-Tabelle Sub A. zu ersehen.

17) Diese Vollmacht lautete folgendergestalt: Pabst Clemens XII. dem Ehrwürdigen Bruder Dominico, Erz-Bischof von Ephesus und des päbstlichen Stuhls bey

verrichten, und der Pabst bezeugte über diese Vermälung in einem besondern Schreiben 18) eine ganz ausserordentliche Freude.

Eini=

bey der kaiserlichen Majestät Nuncio, unsern Gruß. Nachdem zwischen der Erz=Herzogin, Maria Theresia, unserer in Christo Geliebtesten, des Kaisers erstgebohrenen Tochter, und unserm gleichfalls geliebten Sohn, dem edlen Herrn Francisco, Herzogen von Lothringen, ehesten das Beylager gehalten werden soll, und solches zur gemeinschafftlichen Wolfarth der Catholischen Religion mit zu rechnen ist: So sind wir nicht nur durch die Würde der Sachen, sondern auch wegen unserer ausnehmenden Liebe gegen dem Kaiser, bewogen worden, uns dabei einzufinden. Wir wollen demnach, daß deine brüderliche Liebden nach feyerlichen Kirchen=Gebrauch selbige Vermählung in unsern Namen einsegne, und den allmächtigen und allgütigen Gott fußfällig anrufe, damit er die vortrefflichen Verlobten mit aller Gottseligkeit überschütte, und sie zu Eltern solcher auserlesenen Kinder mache, welche als Nachfolger ihrer Vorfahren der Catholischen Religion und dem Römischen Stuhl zum Schutz und zur Zierde seyn mögen. Solte ein Zufall dazwischen kommen, daß du das dir aufgetragene Amt nicht selbst verrichten köntest; so geben wir dir hiedurch die Macht, einen, der seines Ansehens wegen tauglich sey, solchen hohen Dienst zu verrichten, an deiner Stelle zu ernennen. Uebrigens ertheilen wir dir, Ehrwürdiger Bruder, mit liebreichem Herzen unsern Apostolischen Segen. Rom, den 28sten Januar 1736.

18) Dieses Schreiben erwehnet besonders, die für die Kirche aus dieser Verbindung zu hoffende Vortheile, und lautet folgendermassen:

"Carolo, unserm in Christo geliebtesten Sohn, derer Spanischen Catholischen, wie auch in Ungarn und Böhmen Durchlauchtigsten Könige und erwehlten

Römi=

Einige Tage vor der Vermälung begab sich der Herzog in Begleitung seines Bruders, des Prinzen Carl von Lothringen, nach Preßburg, woselbst er von den Landständen prächtig bewirthet ward, und an den versammleten hohen Adel etliche mal Ball gab, bei dem sich auf Siebenhundert Masken einfanden, am Vermälungs=Tage aber kam

Römischen Kaiser ꝛc. entbietet Pabst Clemens XII. seinen Gruß. Je mehr wir uns zu Gemüthe führen, welch ein grosser Nutzen der Catholischen Religion und dem Apostolischen Stuhle aus der glückseligen zwischen unserer in Christo geliebtesten, Deiner erstgebohrnen Tochter, der Ertz=Herzogin Maria Theresia, und dem gleichfals geliebten und Edlen Herren Francisco, Herzogen von Lothringen, nächstens angesetzten Vermählung erwachse, und wir wohl erkannt, daß der Sicherheit des wahren Glaubens niemahls besser gerathen werden mogen: so können wir uns so viel weniger entbrechen, so wohl Deiner Majestät, als der gesamten Kirche, wegen des gefasseten Entschlusses Glück zu wünschen, und ein Denckmal unserer Freude auf alle Zeiten zu hinterlassen. Wir haben demnach durch das beygefügte Schreiben, dem ehrwürdigen Bruder, unserm Erzbischof von Ephesus und des apostolischen Stuhls Nuntio bey Deiner Majestät aufgetragen, daß er unvorzüglich vor Dir erscheine und gegenwärtiges Schreiben, als ein Zeugniß der über solchen glücklichen Erfolg empfundenen Freude, überreiche, auch Dir seinen von uns erhaltenen Befehl eröfne, wie er nemlich unter Obwaltung des allerhöchsten Priesters, und nach feyerlichem Kirchen=Gebrauch, in unsern Namen bey gedachter Vermählung die Trau= und Einsetzung verrichten, und dem verlobten vortreflichen Paar mit demüthigen Flehen zu dem allerhöchsten Gott solche auserwehlte Kinder erbitten solle, welche nach Deinem Exempel und Ermahnen der Gottesfurcht ihrer Voreltern nacheifern

kam er wieder zurück. Von den Feierlichkeiten dieses Tages giebt folgende in Wien bekannt gemachte Beschreibung Nachricht:

„Den 12ten Februar 1736. als an dem bestimmten Tag der höchsten Vermählung der Durch-

sern mögen, als deren hauptsächliche Sorge jederzeit gewesen ist, den wahren Glauben zu hegen, auszuüben, fortzupflantzen und zu beschützen, und den Römischen Stuhl mit Wohlthaten, Gewogenheit und reichen Geschencken zu erfreuen. Zwar haben Wir Dich in Ansehung Deiner hohen Würde eines erstgebohrnen Sohns der Kirchen, und Deines gegen den Apostolischen Stuhl so nachdrücklich bewiesenen geneigten Willens, vorher bereits sehr geliebt, und sind Dir, als einem Muster der hohen Verdienste Deiner Vorjahren, mit unglaublicher Dienst-Geflissenheit zugethan gewesen; es ist aber nunmehro solche Liebe durch diese glückliche Vermählung, woraus wir der Catholischen Nation in Teutschland, und sonst viel andern Ländern mehr, lauter Gutes versprechen, dergestalt vermehret worden, daß so inbrünstig wir Dich auch schon bereits vorher geliebet, dennoch diese Liebe jetzo weit grösser, als es mit Worten ausgesprochen werden mögte, und unser Hertz auf das innigste zu Dir geneiget ist. Fahre demnach fort, um die catholische Christenheit Dich herrlich verdient zu machen; als wobey Du Dich des Allerhöchsten kräfftigen Beystandes und zugleich einer glorreichsten Fortpflantzung des oesterreichischen Hauses sowohl an der Vortrefflichkeit eines hohen Namens, als an Andacht und Gottesfurcht wirst getrösten können; welches wir zum Besten der Kirche und zu unserm eigenen sonderbaren Trost des Hertzens inständigst wünschen, und durch unsern Väterlichen Segen zum voraus versprechen, als den wir Deiner Majestät, unserm in Christo geliebtesten Sohn, hiemit auf das liebreichste ertheilen. Rom, den 28sten Januar 1736.

Durchlauchtigsten Erz-Herzogin zu Oesterreich, Maria Theresia, geborner Infantin von Hispanien, zu Hungern und Böheim, auch beeder Sicilien Königl. Prinzeßin, mit Ihro Königliche Hoheit, Francisco III. regierenden Herzog von Lothringen, König von Jerusalem, Marchio, Herzogen von Calabrien, Baar, Geldern, Montferrat, in Schlesien zu Teschén, Fürsten zu Carlstadt, Marggrafen zu Pontamousson und Nomeny, Grafen zu Provinz, Vaudemont, Blanckenberg, Zütphen, Sarwerden, Salm und Falckenstein ꝛc. ꝛc. seynd Nachmittag gegen vier Uhr, Ihro königliche Hoheit mittelst der Post von Presburg bei Hof in Wien zurück angelanget, haben daselbst sogleich sich in das kaiserliche Obrist-Cammerers (Tit.) Ihrer Excellenz Herrn Johann Caspar, des Heil. Römischen Reichs Grafen von Cobenzel, Oberst-Erb-Mund-Schenckens in Crain, und der Windischen Marck, Oberst-Erb-Truchsessen, und Oberst-Erb-Falcken-Meistern der Fürstlichen Grafschaft Görtz, Ritter des goldenen Vliesses, Ihrer kaiserlichen königlichen catholischen Majestät würklichen geheimen Raths ꝛc. ꝛc. Retirade verfugt, sich alldort mit einem weissen Silberstückenem Mantel-Kleid, weissen Hut mit weissen Federn, weissen Strümpfen, und weissen Schuhen ankleiden lassen, und das goldene Vliess umgenommen, auch daselbst so lange verweilet, bis Höchst-Deroselben angedeutet worden, daß es Zeit seye, sich hinauf zu Ihro Majestät dem Kaiser zu verfügen.

S.

So bald Ihro königliche Hoheit diese Erinnerung geschehen, und Höchst-Dieselben unter Vortretung Dero Cavaliers hinauf gekommen, wurden daselbst Sie von denen kaiserlichen Hof-Aemtern, nemlich von (Tit.) Ihro Excellenz, Herrn Siegmund Rudolph, des Heil. Römischen Reichs Erb-Schatzmeistern, Burggrafen zu Rheineck, Grafen von Sinzendorf, Obristen Erb-Land-Schenken in Oesterreich ob der Ens, wie auch Erb-Land Kampf-Richtern, Schildträgern und Vorschneidern, Ritter des goldenen Vliesses, und Grand von Spanien der ersten Classe, Ihrer kaiserlichen königlichen catholischen Majestät würklichen geheimen Rath, Cammerern, General-Feldmarschall-Lieutenanten, und Obrist-Hofmeistern ꝛc. ꝛc. wie auch von (Tit.) Herrn Marchesen von Pescara, kaiserlichen Cammerern ꝛc. ꝛc. als angesetzten kaiserlichen Obrist-Cammerern ꝛc. ꝛc. und von (Tit.) Ihro Hochfürstliche Gnaden, Herrn Heinrich Herzogen von Münsterberg und Franckenstein in Schlesien, des Heil. Römischen Reichs Fürsten von Auersperg, Obristen Erb-Land-Marschallen, und Obristen Erb-Cammerern im Herzogthum Crain und der Windisch-Mark, der Römisch-kaiserlichen und königlichen catholischen Majestät würklichen geheimen Rath, Cammerern, und Obristen Hof-Marschallen ꝛc. ꝛc. bei der Stiege in der Gallerie empfangen, zu Allerhöchst gedacht Ihro Majestät dem Kaiser geführet, und von Allerhöchst-Deroselben fast drei Schritt ausser Dero Retirade bewillkommet.

Diesemnach verfügten sich gesammte Aller=
höchste Herrschaften aus Dero Retirade durch
die Ante=Camera, Ritter=Stuben, Wacht=Stu=
ben, und über die Gänge, und dazu verfertigte
neue Stiege, um 6. Uhr Abends, in die kaiser=
liche Hof=Kirche bei denen W. W. E. E. P. P.
Augustiner=Barfüssern in zahlreichester vermisch=
ter Vortretung derer herzoglichen sowohl, als de=
rer kaiserlichen Hof=Cavaliers und Cammerern, so
alle in prächtigster Gala erschienen, derer kaiser=
lichen Herren Ministern, und derer Herren Rit=
ter des goldenen Vliesses mit ihren umgehängten
Ordens=Ketten; denen folgeten Ihro königliche
Hoheit mit Dero Obrist=Cammerern, Marquis
de Gerbevilliers, welchen drei kaiserliche Edel=
Knaben vorgeleuchtet.

Sodann kamen Ihro kaiserliche königliche
catholische Majestät (welche vier Dero Edel=
Knaben vorgeleuchtet) von Dero angesetzten
Obrist=Cammerer, Herrn Marchese Pesora, und
Dero Hatschieren=Hauptmann (Tit.) Ihro Ex=
cellenz, Herrn Andreas, des Heil. Römischen
Reichs Grafen von Hamilton, Dero würklichen
geheimen und Hof=Kriegs=Rath, Cammerern,
Generalen der Reuterey und bestellten Obristen
über ein Regiment Küraßiers, wie auch com=
mandirenden General in dem Temeswarischen
Bannat, begleitet.

Hiernach kamen wiederum vier leuchtende
kaiserliche Edel=Knaben, denen Ihro Majestät
die regierende Römische Kaiserin, Elisabetha
Christina, und Ihro Majestät die verwittwete
Rö=

Römische Kaiserin, Amalia Wilhelmina, die Durchlauchtigste Ertz-Herzogin Frau Braut, Maria Theresia, welche in einem prächtigsten, völlig mit denen kostbarsten Diamanten reichlich geschmückten Silber-Stück gekleidet war, in Dero Mitte führend, folgeten. Die Schleppe von der Kleidung bei Ihro Majestät der regierenden Kaiserin wurde von einem Dero Edel-Knaben; und bei der Durchlauchtigsten Braut von (Tit.) Ihro Excellenz, Frauen Charlotten, des Heil. Röm. Reichs verwittweten Gräfin von Fuchs, gebornen Gräfin von Mollart, Ihrer kaiserlichen königlichen catholischen Majestäten Durchlauchtigsten jungen Herrschaften würklichen Frauen Aya rc. rc. getragen.

Beede Kaiserinnen Majestäten, und die Durchlauchtigste Braut, wurden begleitet von (Tit.) obgedacht Ihro hochfürstliche Gnaden, Herrn Heinrich, Herzogen zu Münsterberg und Frankenstein in Schlesien, des Heil. Römischen Reichs Fürsten von Auersperg rc. rc. als angesetzten Obrist-Hofmeistern Ihrer Majestät der regierenden römischen Kaiserin, an statt ihrer Unpäßlichkeit halber abwesend gewesener Excellenz (Tit.) Herrn Josephs Lotharii, des Heil. Röm. Reichs Grafen von Königsegg, Ritters des goldenen Vliesses, Ihrer kaiserlichen königlichen catholischen Majestät würklichen geheimen und Conferenz-Raths, Cammerern, Hof-Kriegs-Raths-Vice-Praesidenten, Feld-Marschallen, Obristen derer Windisch- und Petrinischen Grenzen, Allerhöchst gedacht Ihrer Majestät der Rö-

mischen

mischen Kaiserin Obrist-Hofmeisterin ꝛc. ꝛc. dann von (Tit.) Ihro hochfürstliche Gnaden des Heil. Röm. Reichs Fürsten Emanuel von und zu Lichtenstein, Nickelspurg, Herzogen von Troppau und Jägerndorff, Ihrer kaiserlichen königlichen catholischen Majestät würklich geheimen Rath, und Ihrer Majestät der verwittweten Römischen Kaiserin, Antalia Wilhelmina, Obrist-Hofmeistern ꝛc. ꝛc. und von (Tit.) Ihro Excellenz, Herrn Franz, des Heil. Römischen Reichs Grafen und Herrn von Stahrenberg, Obrist-Erb-Landmarschallen im Ertz-Herzogthum Oesterreich unter und ob der Enns, der römisch-kaiserlichen und catholischen Majestät würklichen geheimen Rath, und der Durchlauchtigsten Ertzherzoglichen Braut Obrist-Hofmeistern ꝛc. ꝛc.

Hierauf kamen wiederum zwei leuchtende kaiserliche Edel-Knaben, und die beede Durchlauchtigste Ertz-Herzoginnen, Maria Anna, und Maria Magdalena, welche von (Tit.) Ihro hochfürstliche Gnaden, des Heil. Römischen Reichs Fürsten Wenzel von und zu Lichtenstein, von Nickelspurg, Herzogen zu Troppau und Jägerndorf in Schlesien, der römisch-kaiserlichen königlichen catholischen Majestät Cammerern, General-Feldmarschall-Lieutenanten, und Obristen über ein Regiment Dragoner ꝛc. ꝛc. und von (Tit.) Ihro Excellenz, Herrn Carl Anton, des Heil. Röm. Reichs-Grafen von Serent, der Römisch-kaiserlichen königlichen catholischen Majestät würklichen geheimen Rath, Cammerern, und der Durchlauchtigsten Ertz-Herzogin, Maria Magdaledalena, Obrist-Hofmeistern, begleitet wurden; Höchst-Denenselben aber (Tit.) Ihro Excellenz Frau Maria Theresia, verwittwete Herzogin in Schlesien zu Münsterberg und Frankenstein, des Heil. Röm. Reichs Fürstin von Auersperg, gefürstete Gräfin zu Tengen, und geborne Herrin von Rappach, Ihrer Majestät der regierenden Römischen Kaiserin Obrist-Hofmeisterin, wie auch (Tit.) Ihro hochfürstliche Gnaden, Frau Anna Margaretha, verwittwete Fürstin von Esterhasy de Galantha, geborne Marchesin Desana und Rodi ꝛc. ꝛc. und das übrige hochadeliche Frauenzimmer und Staats-Dames zum Beschluß folgeten.

Indessen hatte sich schon vorher der päbstliche Nuntius, Monsignor Dominicus Passioni, Erz-Bischoff von Epheso ꝛc. ꝛc. mit einem herrlichen Gefolge von Kutschen, und Vortretung dreißig Livereÿ-Bedienten, in die obbenannte kaiserliche Hof-Kirche bei denen W. W. E. E. P. P. Augustinern, um die Allerhöchste Herrschaften daselbst zu erwarten, verfüget. Zur Einlassung des daselbst häufig zusammenkommenden Adels, und anderer vornehmen Personen, um die bevorstehende hohe Function zu sehen, waren bei denen Thüren, als kaiserliche Commissarien, drei kaiserliche Herren Cämmerer, als (Tit.) Herr Ferdinand, Graf von Daun ꝛc. ꝛc. (Tit.) Herr Franz Wilhelm, Graf von Thierheim ꝛc. ꝛc. und (Tit.) Herr Anton, Graf von Geiersperg ꝛc. ꝛc. bestellet.

In oberzehlter Ordnung kam die kaiserliche Hof-Statt über die obbemeldte neu-erbaute Stiege hinunter, in die besagte kaiserliche Hof-Kirche zu der Loretto Capelle, vor welcher heraussen obbenannter päbstlicher Herr Nuntius, samt vier Herren Praelaten, als (Tit.) Herrn Ernst, des Fürstlichen Stifts Sanct Leopoldi, Can. Regul. Lat. Sanct Augustini, zu Closter Neuburg Probsten, der heil. Schrift Doctor, Ihrer Kaiserlichen Königlichen Catholischen Majestät Rath, wie auch einer löblichen Nieder-Oesterreichischen Landschaft Ausschuß; (Tit.) Herr Robert, des Ertz-Herzoglichen Stifts Unser lieben Frauen zum heil. Creutz, im Wald, des heil. Exemten Cistercienser-Ordens, und zu Sanct Gotthard Abten, Ihrer kaiserlichen königlichen catholischen Majestät Rath, auch einer löbl. Nieder-Oesterreichischen Landschaft Rait-Herrn; (Tit.) Herrn Johann Michael, des löblichen Stifts Can. Regul. Lat. Sanct Augustini zu St. Pölten Probsten, Ihrer kaiserlichen königlichen catholischen Majestät Rath, wie auch obristen Erb-Cappellan im Ertz-Herzogthum Oesterreich unter der Enns, und einer löblichen Nieder-Oesterreichischen Landschaft Verordneten; und (Tit.) Herrn Leopold, des löblichen Stifts Can. Regul Sanct Augustini zu Herzogburg, Probsten, Ihrer kaiserlichen königlichen catholischen Majestät Rath, und einer löblichen Nieder-Oesterreichischen Landschaft Rait-Herrn; dann (Tit.) kaiserlichen Ceremoniario, Eleemosynario, und Ober-Hof-Capellan, Herrn Johann Bernhard

hard Albin Göpel; und allen kaiserlichen Herren Hof-Capellänen, und übrigem Clero assistenti, gesammte Allerhöchste Herrschaften, ohne denenselben das Asperges oder Weihwasser zu geben, noch Pacem küssen zu lassen, wartete.

In besagter Loretto-Capelle sind, nebst der Allerhöchsten Herrschaft, nur die allernöthigste Personen eingelassen, und darauf die Litaney von Unser Lieben Frauen abgesungen worden.

Nach vollendeter Litaney ist man nach dem vordern Schiff-Theil, oder Chor der Kirchen, zu dem hohen Altar auf eben jene Art, wie in die Kirchen, gegangen, allwohin die Geistlichkeit sich schon vorhinaus begeben hatte.

Besagter vorderer Schiff-Theil, der Kirchen, war beiderseits mit kunstreich-gewürkten Niederländischen Hof-Spallieren verkleidet, und jene von dem hohen Altar herab, sehr reich von Gold und Silber eingetragen; der übrige Kirchen-Theil aber an Wänden, Pfeilern und Altären, durchgehends in grosser Menge von weissen Wachs-Fackeln erleuchtet.

Der hohe Altar hatte in seiner Mitte einen kostbaren grossen Baldachin, worauf zwei grosse silberne Adler ruheten, und von welchem gleichförmig lange Vorhänge oder Flügel herab hiengen. Die von dem Tabernacul an, aufwärts in fünffacher Reihe, gestellte Staffeleyen waren häufig mit silbernen Leuchtern künstlich besetzet, und beleuchtet. Mitten auch im Altar, unter obgedachten Baldachin, zeigete sich, an statt des Altar-Blats, in Gestalt und Form einer aufsteigenden Pyramide, oder Spitz-Säule, ein zwölf Schuh hohes Sinnbild, in dessen Mitte aus den Wolken zwei Hände einen grossen Ring hielten, hierdurch die Verewigung des beglückten Ehestandes anzudeuten. An der Höhe dieses Ringes war, an statt des Orts und Platzes eines kostbaren Kleinods, das Stamm-Wapen des Allerdurchlauchtigsten Ertz-Hauses von Oesterreich, über welchem ein Genius, oder Schutz-Geist, das Ertz-Herzogs-Hütlein, die beständig zugesagte Männliche Erbs-Folge anzudeuten, schwunge, mit der Aufschrift, oder dem Lemmate:

Ex unione unio.

Auf diese Ehe-Verbindung

Gebe Gott die Erbs-Verkündung.

Am obersten Theil sothaner Pyramide sahe man Gott den Vater, zu der linken die Welt-Kugel, worüber er seine Hand hielt, und mit der Rechten den göttlichen Seegen zu erwünschender Männlichen Erb-Folge, über dem vorgestellten Verbindungs-Ring ertheilete, mit der aus Num. 6. v. 17. genommenen Beyschrift:

Benedicam eis.

Ich werd Sie segnen.

Am Ende herunter standen zwei Schutz-Geister, deren einer zur Rechten das Oesterreichische, der andere

andere zur linken das lothringische Wappen=
Schild hielten, mit der Aufschrift aus Luc. 1.
v. 50.

**A Progenie in Progenies Timentibus
eum.**

Und seine Barmherzigkeit währet von einem
Geschlecht in das andere, bei denen die ihn
fürchten.

Rechter Seits am Altar war das Symbolum,
oder Sinnbilds=Vorstellung der Oesterreichi=
schen Andacht und Gottesfurchts=Eifers, in
Frauen=Gestalt, mit dem gewöhnlichen Kenn=
zeichen eines brennend= und beflammten Gefässes
kniend vor einem Opffer, oder Altar=Tisch, auf
welchem der heiligste Frohn=Leichnam dargestellet
war: Zwei himmlische Schutz=Geister hielten
ihn mit einer Hand, mit der andern hingegen die
zur Rechten dieses Sinnbildes aus dem vorge=
stellten Programmate Euchraristiae per Anna=
gramma, oder Buchstaben=Versetzung kommen=
den Inschrift:

Sic Austriae, mit dem Beisatz: Vita.

Alhier ist Oesterreichischer Kron=Folge Lebens=
Ursprung.

Linker Hand hierbei war der zweite himmlische
Genius, oder Schutz=Geist, mit dem aus Job.
Cap. 10. v. 9. entlehnten Lemmate:

In Spem Posteritatis Nostrae.

Zur Hoffnung unsers Geschlechts.

Be=

Benebst dem zeigete sich das Lorettanische Gnaden-Bild, so auf den vorgestellten Andachts-Eifer seine Gnaden-Strahlen zur erwünschenden Succession abwarf, mit der weitern Aufschrift Ps. 34. v. 13.

Oratio Mea in Sinu meo
convertetur.

Mein Gebeth muß sich wieder kehren in meine Schooß.

In dem andern linker Hand hangenden Sinn-Bildniß, war dargestellet die Hofnung, in der Linken ihr gewöhnliches zugelegtes Kennzeichen des Ankers haltend, dessen unterster Theil den ersten Nahmens-Buchstaben Seiner kaiserlichen Majestät Caroli VI. in der liegenden Figur ◡ als die Grund-Fassung des aufsteigenden Ankers Antheil hatte, mit den obern Zwergbalken Lit. T. Theresiae, der Durchlauchtigsten Erh-Herzogin Namens Anfangs-Buchstaben, dieser aber samt dem in der Mitte anstammenden Beisatz, den Buchstaben F. zu Bedeutung Sr. herzoglichen Hoheit Namens Francisci, zusammen also des Durchlauchtigsten Braut-Paars ausmachte.

Der Ankers-Ring über besagten Zwerch-Balken hielt in sich das Bildniß eines verhoffenden Prinzens, mit Anmerkung der zur Rechten auf einer vorgestellten Säule ruhenden Hoffnung, um Dero ruhmwürdige Beständigkeit anzuzeigen, womit sie mit unverwendetem Gesicht und Gemüth das aus denen Wolken in einem Triangel her-

hervorleuchtende Auge der göttlichen Vorsicht unabläßlich betrachtete, ob welchem beygelegtes lemmata zu sehen war, aus Joh. 19. v. 27:

Reposita est haec Spes mea in Sinu meo.

Diese Hoffnung ist mir geleget in meinen Schooß.

Nachdeme nun die Allerhöchste Herrschaften, sammt Dero ganzen Gefolge, vor dem Hoch-Altar angelanget, verfügte sich ein jeder zu dem ihm angewiesenen Ort, nemlich die Allerhöchste Kaiserliche Majestäten zu einer mit Gold-Stück bedeckten, und für beede Regierende mit zween oben von Gold-Stück, für die Verwittwete, aber mit einem mit schwarzen Sammet überzogenen Polstern und Lehn-Sesseln mit Arm-Lehnen versehenen, einen Staffel hoch stehenden Knie-Bank, mit einem Tischlein neben Jhro Majestät dem Kaiser, um Dero Hut darauf zu legen. Das Durchlauchtigste Braut-Paar aber zu einer mit rothen Sammet bedeckten Knie-Bank mit Sesseln mitten vor dem Hoch-Altar, und die beede andere Durchlauchtigste Ertz-Herzoginnen zu einer andern eben mit rothem Sammet bedeckten Knie-Bank auf Seiten der kaiserlichen Majestäten unterhalb, auch mit Sesseln: gleichwie ein mehrers aus folgenden numerirten Grund-Riß zu ersehen ist.

1. Jhro.

[圖]

1. Ihro Majestät der Kaiser. 2. Ihro Majestät die regierende Kaiserin. 3. Ihro Majestät die verwittwete Kaiserin. 4. Ihro Erz-Herzogliche Durchlaucht, die Braut. 5. Ihro Königliche Hoheit, der Bräutigam. 6. Ihro Erz-Herzogliche Durchlaucht, Maria Anna. 7. Ihro Erz-Herzogliche Durchlaucht, Maria Magdalena. 8. Die Clerisey. 9. Die Dames. 10. Die Herren Ritter des goldenen Vließes, an einer mit Türkischen Teppichten bedecktem Kniebank. 11. Die Kaiserlichen Herren geheimen Räthe, und 12. die Kaiserlichen Herren Cämmerer, &c. an Knie-Bänken mit ordinairen Teppichen. 13. Die kaiserliche Musik. 14. Die Sacristey. 15. Die Canzel. 16. Das kaiserliche Oratorium.

Als die Allerhöchste Herrschaften an ihrem Orte waren, wurde von dem in cornu Epistolae an zweiten Staffel gestandenen (Tit.) Herrn Bartholmaeo Trillsam, kaiserlichen Hof- und Burg-Pfarrern, die päbstliche Dispensations-Bulla mit lauter Stimme abgelesen, und sodann von ihm dem päbstlichen Herrn Nuntio die Trau-Ringe zu weihen praesentiret.

Nach vollbrachter Ring-Weihe trat, auf ein vom kaiserlichen Ceremoniario gegebenes Zeichen, das Durchlauchtigste Braut-Paar vor Dero Knie-Bank vor den Hoch-Altar, und zwar die Durchlauchtigste Erz-Herzogin zu der Seite des Evangelii, Ihro königliche Hoheit aber zu der Seiten der Epistel; zu welchen sich der päbstliche

liche Herr Nuntius umwendend, erstens Ihro königliche Hoheit, dann die Durchlauchtigste Frau Braut, wegen ernstlichen Willens verehliget zu werden, in lateinischer Sprache angeredet hat.

Als nun derselbe von beeden das Jawort Volo, vernommen, reichete er Höchst-Denenselben die ehehin geweihete Trau-Ringe, welche Sie eines dem andern anstecketen, wornach Höchst-Dieselben von besagtem päbstlichen Herrn Nuntio nach Kirchen-Gebrauch copuliret, und mit dem Weih-Wasser eingesprenget wurden.

Da nun solche Function vollbracht war, gieng das Durchlauchtigste Ehe-Paar zu Dero Knie-Bank zurück, der päbstliche Herr Nuntius aber vor dem Hoch-Altar, stimmete das Te Deum laudamus an, ꝛc. welches die kaiserliche Musik, unter Trompeten und Paucken-Schall, fortsetzete. Indessen wurde von der auf dem Augustiner-Platz gestandenen Stadt-Garde Mannschaft das kleine Gewehr, und fünf und funfzig auf denen Pasteyen gepflanzt gewesene halbe Carthaunen, zum erstenmal abgefeuert.

Nach geendigtem Ambrosianischen Lob-Gesange hat obbenannter päbstlicher Herr Nuntius den Anwesenden die päbstliche Benediction gegeben: Und der Hof-Staat verfügte sich sodann von dem Hoch-Altar zu der vorgemeldeten, bei der Loretto-Capelle neuerbauten Stiege, über welche man hinauf in obbeschriebener Ordnung nach der kaiserlichen Burg zurückkehrete, und
wurde

wurde währenden Zurückgehens, das klein und
grobe Geschütz zum zweitenmal gelöset.

Abends sodann nach neun Uhr gieng man
in oft gemeldeter Ordnung zur hochzeitlichen
Tafel, welche in dem mit vielen Heng-Leuchtern
beleuchteten, auch sonst auf Angebung des Herrn
Claudii le Fort du Plessy, Ihrer kaiserlichen
und königlichen catholischen Majestät Rath, und
Obrist-Schiff-Amts-Obristlieutenant allda, auch
Feld-Schiff- und Brücken-Oberhauptmann in
dem Königreich Hungarn, Servien und Bannat
Temeswar, prächtig ausgezierten kleinern Opern-
Saal errichtet war, allwo unter einem Gold-
stückenen Baldachin oben an in der Mitte der
Allerhöchste Monarch, auf dessen rechter Hand
Ihro Majestät die regierende römische Kaiserin
Elisabetha Christiana, und auf der linken Ihro
Majestät die verwittwete römische Kaiserin Ama-
lia Wilhelmina, dann ausser dem Baldachin
auf der Seite herunter von der regierenden Kai-
serin das Durchlauchtigste Paar, nemlich die
Durchlauchtigste Erb-Herzogin, Maria Theresia,
und Ihro königliche Hoheit, der Herzog von
Lothringen, und gegen über auf der Seiten
herunter von der verwittweten Kaiserin, die
Durchlauchtigsten Erb-Herzoginnen, Maria
Anna, und Maria Magdalena, Dero Platz
einnahmen; gleichwie es im hieran folgenden
numerirten Tafel-Schemate, oder Grund-Riß,
besser zu ersehen ist.

1. Ihro

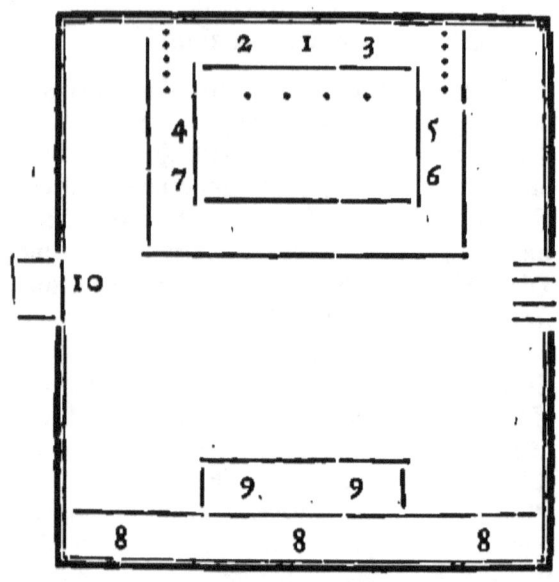

1. Ihro Majestät der Kaiser. 2. Ihro Majestät die regierende Kaiserin. 3. Ihro Majestät die verwittwete Kaiserin. 4. Die Durchlauchtigste Ertz-Herzogin Braut. 5. Die Durchlauchtigste Ertz-Herzogin, Maria Anna. 6. Die Durchlauchtigste Ertz-Herzogin, Maria Magdalena. 7. Ihro königliche Hoheit, der Bräutigam. 8. Die Musik auf einer Gallerie. 9. Die Credentz in der Mitte unter der Gallerie. 10. Die Thüre aus denen Sommer-Zimmern, wo Allerhöchste Herrschaften herunter gekommen.

Das Benedicite, und hernach das Deo gratias, haben Ihro Hochwürden und Gnaden (Tit.) Herr Graf Michael von Althan, Ertz-Bischof zu Bari, und Primas von Appulien, wie auch Bischof zu Waitzen ꝛc. gesprochen: und die Speisen zur Tafel haben, unter Vortretung des Obrist-Hof-Stabelmeisters, (Tit.) Herrn Franz Michael, des heil. Römischen Reichs Grafen von Hallweil, der römisch-kaiserlichen und königlich cotholischen Majestät würklichen Cämmerers, und Erb-Marschalls in der Schweitz, und des kaiserlichen Hatschiers, Herrn Joseph von Kollenburg, nebst denen kaiserlichen Herren Truchsässen, als Herrn Franz Steinpartzer von Steinegg, Herr Franz Anton von Friedberg, Herr George Baron von der Varent, Herr Johann Ernst, Edler von Crollalantza, Herr Joseph, des heil. römischen Reichs Freyherr von Seldern, Herr Stephan Joseph von Harrücker, Herr Franz Ulrich Wenser von Freyenthurm, Herr Franz Anton von Schallenheim, und Herr Johann Niclas Joseph von Sternfeld, die kaiserlichen Herren Edelknaben aufgetragen.

Währender Mahlzeit war eine herrliche Vocal- und Instrumental-Musik; bey der Tafel haben eingeschenkt Ihro Majestät dem Kaiser, Dero würklicher Cämmerer, (Tit.) Herr Franz Jacob, des heil. römischen Reichs Graf von Brandeis, Ihrer kaiserlichen königlichen catholischen Majestät Nieder-Oesterreichischer Regierungs-Rath ꝛc. Ihrer Majestät der regierenden römischen Kaiserin, (Tit.) Herr Johann Joseph,

Graf von Khevenhüller, Ihrer kaiserlichen königlichen catholischen Majestät würklicher Cammerer ꝛc. Ihrer Majestät der verwittweten römischen Kaiserin, Dero Obrist-Hof-Küchelmeister (Tit.) Herr Franz Valerian, des heil. römischen Reichs Graf Petntatnky, Ihrer kaiserlichen königlichen catholischen Majestät würklicher Cämmerer, Hof-Cammer-Rath; Ihrer Ertz-Herzogliche Durchlauchten Frauen Braut, (Tit.) Herr Johann Basilius a Castelvi, Graf von Cervellon, Ihrer römischen kaiserlichen königlichen catholischen Majestät würklicher Cammerer ꝛc. Der Durchlauchtigsten Ertz-Herzogin, Maria Anna, (Tit.) Herr Joseph Gundemar, Graf von Stahrenberg, Ihrer kaiserlichen königlichen catholischen Majestät würklicher Cammerer ꝛc. Der Durchlauchtigsten Ertz-Herzogin Maria Magdalena, (Tit.) Herr Johann Albrecht, Graf von St. Julian, Ihrer kaiserlichen königl. catholischen Majestät würklicher Cämmerer und Obrist-Falckenmeister; und Ihro königl. Hoheit Herrn Bräutigam, Dero würklicher Cammerer, (Tit.) Herr Albert, Graf von Althan ꝛc. Vorgeschnitten haben, (Tit.) Herr Julius, Graf von Hamilton, Ihrer kaiserl. königl. catholischen Majestät würklicher Cammerer, ꝛc. (Tit.) Herr Lucius Sangro, Ihrer kaiserlichen königl. catholischen Majestät würklicher Cammerer ꝛc. (Tit.) Herr Ludwig, Graf von Cobentzl, Ihrer kaiserl. königl. catholischen Majestät würklicher Cammerer ꝛc. und (Tit.) Herr Carl, Graf von Hardeck, Ihrer kaiserl. königl.

königl. cathol. Majestät würklicher Cammerer ꝛc. Ansonsten sind auch die regierende und verwittwete kaiserliche Majestäten, und die Durchlauchtigste Ertz-Hertzoginnen, von Dero würklichen und angesetzten Obrist-Hofmeistern, von welchen Ihrer Majestät des Kaisers seiner mit dem Stab in der Hand; hinter Allerhöchst Deroselben Sessel gestanden, bedienet worden.

Bey denen Thüren des prächtigst ausgezierten Saals waren zur Einlaß als kaiserliche Commissarii bestellet, (Tit.) Herr Carl Joseph, Graf von Lamberg und Sprintzenstein, Ihrer kaiserlichen königlichen catholischen Majestät würklicher Cammerer, Nieder-Oesterreichischer Regierungs-Rath ꝛc. und (Tit.) Herr Ernst, Graf von Breuner, würklicher Cammerer ꝛc.

Als Ihro Majestät der allerhöchste Monarch, den ersten Trunk gethan, ist das kleine Gewehr von obenerwehnter Stadt-Garde-Mannschaft, so sich indessen auf dem alten Reut-Schul-Platz postiret hatte, dann das grobe Geschütz auf denen Pasteyen zum drittenmal losgebrennet worden.

Nach vollendeter Tafel ist der kaiserliche Hof-Staat in mehrerwehnter Ordnung in Ihro kaiserliche Majestät Retirade zurück gegangen; womit dann dieser feyerliche Actus für denselbigen Tag beschlossen wurde.

Jedoch ist anbey anzumerken, daß auch diesen Abend für die kaiserlichen und herzoglichen Ministers und Hof-Cavalliers bey Hofe, nemlich in der Regierungs-Raths- wie auch Commismissions-Stube, und für die kaiserliche Hof- und Stadt-Dames in dem sogenannten Spanischen Saal verschiedene Tafeln zum Speisen errichtet worden; und haben denenselben die allhiesige, meistens aus dem äussern Rath bestandene, mit schwarzen Röcken und reichen Westen bekleidete Bürgerschaft, unter Vortretung ihrer Stäbel-meister, die Speisen aufgetragen.

Folgenden Tages, als am 13ten Februarii, war abermal eine prächtige Gala bey Hofe, und giengen die allerhöchste Herrschaften, wie Tages zuvor zur Copulation, also auch Vormittags gleich nach 11. Uhr in die oft gemeldete kaiserliche Hof-Kirche bey denen PP. Augustinern Barfüssern, und wohnten der stillen heil. Einsegnungs-Messe, welche obbesagter päbstlicher Herr Nuntius unter Asistirung derer obbenannten Herren Prælaten von Sanct Pölten und heil. Creutz, dann des kaiserlichen Herrn Ceremoniarii, des Herrn Hof-Pfarrers, aller kaiserlichen Herren Hof-Capellänen und übriger Geistlichkeit gehalten, bey.

Besagte Geistlichkeit erwartete die Ankunft der regierenden und verwittweten kaiserlichen Majestäten, der Durchlauchtigsten Ertz-Herzoginnen, und Ihrer königlichen Hoheit Herrn Herzogen von Lothringen, bey dem Hoch-Altar auf der Epistel-Seite. Die drey kaiserlichen Majestäten nahmen Dero Platz, wie Tages vorher auf der Evangelii-Seite; unterhalb desselben die Durchlauchtigste Ertz-Herzoginnen und das Durchlauchtigste Ehe-Paar in Dero Knie-

Bank

Bank in der Mitte vor dem Hoch-Altar; und gleichwie gestern die Durchlauchtigste Frau Braut jederzeit gegen der Seite des Evangelii gekniet, also knieten heute alldort Ihre königliche Hoheit.

Unter dem Gloria in Excelsis wurde von der kaiserlichen Hof-Musik der Psalm, Beati omnes etc. figuraliter abgesungen. Bey dem Offertorio ist das Durchlauchtigste Ehe-Paar vor den Hoch-Altar getreten, kniete am untersten Staffel auf die von dem kaiserlichen Herrn Ceremoniario hingelegte zwei roth sammete Polster nieder, und wurde Höchstdenselben von dem päbstl. Herrn Nuntio die Paten zu küssen dargereichet.

Nach vollbrachten Paten-Kuß stiege die Durchlauchtigste Frau hinauf zu dem Hoch-Altar auf der Epistel-Seite, und legte Dero Opfer-Geld auf eine silberne Tätzen, und nach Höchst-Deroselben der Herr Herzog, worauf sich beyde wiederum in ihre Knie-Bank begaben.

Zu dem Pater noster traten Höchst-Dieselben abermal vor den Hoch-Altar, knieten bey dem Offertorio nieder, und der päbstliche Herr Nuntius sprach über Dieselbe die gewöhnliche Gebether.

Nach dem Ite missa est, thaten sie ein gleiches, und nachdem der päbstliche Herr Nuntius über Höchst-Dieselben die Oration, Deus Abraham etc. gesprochen, besprengte er sie mit dem Weyhe-Wasser, worauf der ganze Hofstaat sich aus der Kirchen über die Gänge nach Hof zurück begabe.

Nach beschehener Zurückkehr daselbst haben Allerhöchst-gedachte drey kaiserliche Majestäten, und gesammte Durchlauchtigste Ertz-Herzoginnen und königliche Hoheit, in Ihrer Majestät der regierenden römischen Kaiserin Wohn-Zimmern zusammen gespeiset: sodann gegen Abend haben beide regierende kaiserliche Majestäten, die Durchlauchtigste Ertz-Herzoginnen, und Ihre königliche Hoheit der Herzog von Lothringen, der zu dieser höchst-beglückten Vermählung auf allergnädigsten Befehl Ihrer Majestät des allerhöchsten Monarchens eigends verfertigten, und auf dem grossen Theatro in der kaiserlichen Burg vorgestellten prächtigen Italiänischen, und Achilles in Sciro benahmten Opera, daben die Poesie der Herr Abbate Pietro Metastasio, der römischen kaiserlichen königlichen catholischen Majestät Poet, die Musik aber Herr Antonio Caldara, Ihrer römischen kaiserlichen königlichen catholischen Majestät Vice-Capellmeister, und die Scenen der Herr Joseph Gallo Bibiena, der römischen kaiserlichen königlichen catholischen Majestät erster Theatral-Ingenieur und Architect, und der Herr Anton, dessen Bruder, Ihrer kaiserlichen königlichen catholischen Majestät anderer Theatral-Ingenieur, erfunden, beygewohnet.

Ihre Durchlauchten der Herr Prinz Carl, Bruder Ihrer königlichen Hoheit des regierenden Herrn Herzogs von Lothringen, hat oberzehlten zweyen Functionen in der kaiserlichen Hof-Kirche bey den Augustinern neben dem kaiserlichen Oratorio in der Höhe, bey der Mahlzeit aber

aber von der Gallerie und der Opera von einer Loge zugesehen.

Ich übergehe die Freudens-Bezeugungen, welche an verschiedenen Höfen, in verschiedenen Reichs-Städten, und in den kaiserlichen Erblanden wegen dieser Vermälung angestellet worden. Die prächtige Ausstattung 19) der Ertz-Herzogin, die Ge-
schen-

---

19) Die Ausstattung der Ertz-Herzogin ward zu Wienn öffenlich unter einem so grossen Zulauf gezeiget, daß auch ein Advocat von einem Hellebardier erstochen wurde. Sie bestand unter andern aus folgenden Stücken.

1) Ein Nacht-Zeug von rothen Sammet, mit Gold um und um gestickt, und goldenen Franzen eingebrämt.

2) Ein Bücher-Sack, nebst einen Kasten von Sammet mit Gold gestickt.

3) Zwey Nacht-Services, eines war vergoldet, mit kaiserlichen Wapen gezeichnet, das andere von Silber.

4) Vier Reiff-Röcke, worunter zwey grüne, einer mit silbernen Franzen und Blumen gesticket, und zwey rothe in voriger Form.

5) Funffzehn Hof-Kleider, worunter eines von weissen Atlas mit rothen Blumen, ein gelbes mit Silber und schwarzen Blumen, ein gedrucktes rothes sammetenes, daran der Aufschlag mit Silber, ein blaues mit gestreifft silbernen Zügen; ein Aschenfarbenes; die andere von grünen, nebst blauen Farben, mit Blumen, und überaus reich darunter gewürckt.

6) Acht Spanische Kleider von reichen Zeug, worunter das erste und andere roth mit Silber, drey grüne mit unterschiedlichen Farben, ein blau und ein gelbes mit Silber, ein braunes mit Gold und Silber vermischten Farben.

7) Sie

schencke, 20) welche die Stände überreichet, und die Glückwünschungs-Audienzen, welche die Stände von

7) Siebenzehn Nacht-Kleider, worunter eines von Holländischen von kleinen Blumen gedruckter Zitz, die andere weisse halbe Contouschen mit feinen Spitzen gekraust, und seidene Blumen darunter genähet, auch die Auffschläge so gemacht.

8) Neun Läßlein, worunter zwey vom gantzem Silber-Zeug, andere mit silbernen Spitzen genähet, nebst eingelegten Blumen.

9) Fünf schwartze Hof-Schöpffe, von schwartzen feinen Spitzen, mit Silber untermengt.

10) Funfzig Hauben, mit denen kostbarsten Brüsseler-Spitzen, darunter von puren Spitzen sunfftzehn mit denen darzu gehörigen Garnituren.

11) Ein Stück roth mit gold- und seidenen Blumen sehr reicher Zeug.

12) Ein Korb mit gestickten Schuhen und Pantoffeln.

13) Zwölff Dutzend glaßirte Handschuh.

14) Von Wäsche alles zwölff Dutzend weise, dabey zwanzig Dutzend Hemder.

15) Drey Wäderlein, von Helffenbein, mit Gold eingeleget.

16) Acht Hals-Tücher von Blumen genäht.

17) Ein Kühl-Hafen, wovon das Futteral mit Sammet gestickt.

18) Sechs goldene Spargen, zu Hof-Kleidern anzuheften, mit Dollen.

19) Zwölff weisse Hals-Tücher mit Blumen und Spitzen gekäufft.

20) Ein Nacht-Zeug-Spitz von fünf Viertel hoch, die mit schönsten Zeug und Blumenwerck gekleidet, und um den Nacht-Zeug glänzete.

Ausser dem hatten Ihro Majestät die regierende Kaiserin der durchlauchtigsten Braut zwölf Haar-Nadeln von Einhundert und Viertzigtausend Gulden, Ihro Majestät die verwittwete Kaiserin aber ein Kehl-Band und Ohrgehänge von hundert und zwanzig tausend Gulden werth zum Geschenck gegeben.

von Ober- und Nieder-Oesterreich, und die Wienerische Universität 21) gehabt.

Beide Neuvermälte giengen noch im Februar nach Marien-Zell, woselbst sie dem Wunderthuenden Marien-Bilde ein kostbares doppeltes mit Diamanten rings umher besetztes goldenes Herz opfferten.

§. 8.

20) Die Oesterreichischen Stände gaben zur Fräulein-Steuer Hunderttausend Gulden, Böhmen Neunzigtausend Gulden, Schlesien Funfzigtausend Gulden, Mähren Dreyßigtausend, Steyermark Achtzigtausend, Cärnthen Funfzigtausend, und Crain Vierzigtausend Gulden. Siehe Mosers Staats-Recht auf der 496sten Seite des 19ten Bandes.

21) Die wienerische Universität stattete unter einer zahlreichen Begleitung aus allen Facultäten bey dem Neuvermählten ihren Glückwunsch ab; Die Ertz-Hertzogin nahm denselben in ihrer zweiten Vorcammer unter einem Thron-Himmel in sehr prächtiger Kleidung an. Zu ihrer Seite stand der Oberhofmeister und übrige Hofdamen. Wegen der Unpäßlichkeit des dermaligen Rectoris Magnifici, Maderers, Edlen von Ehrenreichs-Cron, kaiserlichen Hof-Kriegs-Raths, hielt der Pro-Rector, Doctor Oppenritter, nebst Ueberreichung einer gedruckten Gratulation, eine lateinische Anrede, und als er mit dem Distichon beschlossen:

    Dux Magne, Archi-Ducem Tibi quam
        dedit Austria Sponsam;
    Cæsaris hæc nunc est filia, Mater erit.

antworteten Ihro Ertz-Hertzogliche Durchlauchten in gleicher Sprache folgendermaßen: Gratum Nobis accidit, quod alma Universitas se Nostri memorem hodie sistat. Si clementissimus Deus Nobis benedixerit, non tantum bonæ patriæ, sed etiam Universi-

§. 8.

Von der Abtretung des Herzogthums Lothringen an den König Stanislaus.

Der wienerische Friede endigte den 1733. entstandenen Krieg. Frankreich, welches die auf den königlichen Schwieger-Vater, Stanislaus Lescinski, gefallene Wahl zum polnischen Könige aus allen Kräften unterstützte, war mit seinen Bundesgenossen im Teutschen Reich und in Italien gegen die kaiserliche Völker glücklich, konnte aber in Norden keine Macht zu seinem Vortheil und zur nähern Unterstützung des Stanislaus gegen die überwiegende russische Macht in Polen bewegen, und gab dahero den unter Vermittelung der See-Mächte gethanen Friedens-Vorschlägen Gehör. Den 13ten October 1735. wurden die vorläufige Friedens-Artikel zu Wien unterzeichnet. In dem 1sten Artikel ward festgesetzet, daß der König Stanislaus auf die Krone Polen Verzicht thun, hingegen das Herzogthum Barr, und sobald das Groß-Herzogthum Toscana dem

versitati addictæ erimus, eique gratiam et benevolentiam Nostram adprobabimus. Worauf gedachter Herr Pro-Rector und die sämtliche Mitglieder der Universität zum Hand-Kuß gelassen wurden. Sodann verfügten sie sich zu Ihro königlichen Hoheit dem Herzoge von Lothringen, und wurden in dessen Vor-Kammer ebenfalls gnädig empfangen. Die Antwort Ihro königlichen Hoheit bestund auch in folgendem kurzen Compliment: Gratias ago Domino Decano et Celeberrimae Universitati pro humanitate mihi facta, et quantum in me erit, hujus affectus memor ero.

dem Herzoge von Lothringen heimfallen würde, auch das Herzogthum Lothringen bekommen, und Zeitlebens behalten, nach dessen Tode aber Lothringen und Barr mit aller Unabhänglichkeit an Frankreich fallen, dieses aber so wenig als Stanislaus Sitz und Stimme auf dem Reichstage zu Regenspurg verlangen solle. Im zweiten Artikel aber ward der Anfall des Groß-Herzogthums Florenz nach Absterben des alten Groß-Herzogs an das Haus Lothringen bestimmet, wobey der Kaiser den Herzog in Ansehung der Einkünfte des dem Könige Stanislaus abgetretenen Herzogthums Barr schadloß zu halten versprach.

Da aber Frankreich mit dem ersten Artikel nicht zufrieden 22) war, indem die Besitznehmung von Lothringen auf dem Anfall von Florenz, und dieser auf dem Tode des alten Groß-Herzogs, der noch viele Jahre leben konnte, beruhete: so ward den 11ten April 1736. ein neuer Tractat oder Convention zwischen dem kaiserlichen und französischen Hofe gezeichnet, in welcher ausgemachet ward, daß Lothringen und Barr sogleich, jedoch die Grafschaft Fal-

---

22) Der von la Beaune hatte wegen des Artikels, der die Schadlosbaltung des Herzogs von Lothringen betraf, sich erklärt, daß solcher seine in Händen habende Vollmacht überschreite und mir unter verhoffender Genehmhaltung solchen unterschriebe. Frankreich hielt nachher solchen Artikel nicht genehm, und er muste zu einer besondern Convention ausgesetzet werden. Siehe politischen Staat von Europa Theil 2. Seite 24. und folgende.

Falkenstein 23) ausgenommen, an den König Stanislaus abgetreten werden sollen.

Nun kam es noch auf die Schadloßhaltung des Herzogs bis zu derjenigen Zeit an, da er in den Besitz des Groß-Herzogthums Florenz kommen würde: wegen dieser thaten sich neue Schwierigkeiten hervor, welche endlich durch die folgende Convention, die zu Wien den 28sten August 1736. geschlossen ward, gehoben wurden. Aus diesem Vertrage leget sich die Art, und Bedingungen der geschehenen Abtretung völlig zu Tage, und eben um deshalb soll er hier eine Stelle finden. Er lautet also:

Im

---

23) Diese in dem oberrheinischen Kreise liegende Grafschaft hat Stelle und Stimme im Ober-Rheinischen Kreise, und der Herzog nimmt auch als Margaraf von Nomeny in dem Reichs-fürstenrathe Sitz, Wilhelm Wyrich, Graf von Daun, verkaufte diese Grafschaft in 1667sten Jahre an den Herzog Carl dem III. von Lothringen, dieser schenckte sie dem Prinzen Carl Heinrich von Vaudemont. Nach deßen Tode verlangten die Gräflichen Häuser Loewenhaupt und Manderscheid den Besitz derselben, es ward aber mit einigen derselben 1724. und 1727. ein Vergleich getroffen. 1731. sprach der Reichshofrath die ganze Grafschaft als Lehn und Eigenthum dem Herzoge zu, und darauf ist die Sache mit den Häusern Loewenhaupt und Manderscheid völlig verglichen worden. Siehe Mosers Staatsrecht in 16ten Theile auf der 198- und folgenden auch 212ten Seite.

Im Nahmen der allerheiligsten Dreyfaltigkeit
Vaters, Sohnes, und Heiligen Geistes.
Amen.

Kund und zu wissen sey hiermit, daß, nachdem der Kaiser und Allerchristlichste König den 11ten des letzt abgewichen Monats Aprils, eine Convention, nebst einigen separaten Artikeln wegen Vollstreckung der Friedens-Praeliminarien geschlossen, worüber sich Se. Kayserliche Majestät und Se. Allerchristliche Majestät am 3ten October des verflossenen 1735sten Jahres verglichen haben, in dem einem besagter Separat-Artikel bedungen worden, daß ohngeachtet dessen, was in obigen Praeliminarien, wegen des Herzogthums Lothringen, befindlich, solches Herzogthum nichts desto weniger an den König und Schwieger-Vater Sr. Allerchristlichsten Majestät sofort, nach dem Schlusse und der erfolgten Auswechselung der Ratification einer zu diesem Ende unterzeichneten Convention, abgetreten werden solle. Dem zu Folge Se. Kayserliche Majestät und Allerchristlichste Majestät Ihre resp. Ministers autorisiret, welche, nach ihren dieserwegen erhaltenen Vollmachten, über nachfolgende Artikel eins worden.

Der erste Artikel.

So bald als der Kayser und das Reich in dem Besitz alles desjenigen, was ihm besage der Praeliminar-Artikel eingeräumet werden soll, gesetzet, die Festungen des Groß-Herzogthums, Toscana, den kaiserlichen Besatzungen eingeräumet, und Se. kaiserliserlichen Majeſtät und Sr. königlichen Hoheit, dem Herzoge von Lothringen, die Ceſſions- und Renunciations-Acten, ſowohl von Seiten Sr. allerchriſtlichſten Majeſtät, als auch von Seiten des Königes beyder Sicilien, in gehöriger und gebührender Forme eingereichet ſeyn werden; So ſoll das Herzogthum Lothringen an die verordneten Commiſſarien des Königs und Schwieger-Vaters Sr. Allerchriſtlichſten Majeſtät übergeben werden.

Zweyter Artikel

Der König und Schwieger-Vater Sr. allerchriſtlichſten Majeſtät wird ſofort von alle dem Beſitz nehmen, was der Herzog von Lothringen beſitzet, mit Appartientien und Dependentien, es mögen altes Patrimonium, Acquiſitiones, oder Allodial-Güter ſeyn, oder wie ſie ſonſt Nahmen haben mögen, doch die Graffſchaft Falckenſtein und deren Pertinentien davon ausgenommen, alles in dem Stande, wie es von Sr. königlichen Hoheit, dem Herzoge von Lothringen, zu Zeit der Auswechſelung der Ratificationen der Praeliminarien, beſeſſen worden; dieſes Herzogthum ſoll auch unmittelbar nach dem Abſterben des Königs und Schwieger-Vaters Sr. allerchriſtlichſten Majeſtät eigenthümlich und mit aller Souverainität auf ewig mit der Crone Frankreich vereiniget werden.

Dritter Artikel.

Da auch Se. allerchriſtlichſte Majeſtät in denen Declarationen, welche ſie währender Negociation, vor und nach denen am 3ten October 1735. geſchloſ-

geschlossenen unterzeichneten Praeliminarien, gethan, zu erkennen gegeben, daß sie durch die Abtretung desjenigen, was Se. königliche Hoheit, der Herzog von Lothringen, mit Apperttuentien und Dependentien, es möge altes Patrimonium, Acquisitiones, oder Allodial-Güter seyn, oder wie es sonst Nahmen haben möge, besitzet, keinesweges hierdurch einen Titulum zu erlangen suchen, um an denen Angelegenheiten des Reichs Theil zu nehmen; und daß, wenn auch einige Aemter darunter befindlich, deren Besitznehmung den benachbarten Prinzen, weil diese Stücke Landes in ihren Staaten mitten inne lägen, ein besorgliches Aufsehen verursachen sollte, man auch diesem durch einen gütlichen Vergleich abhelfliche Maaß zu stellen suchen werde; da auch noch über dieses durch den andern separirten Artikel der am 11ten April jetzt laufenden Jahres zu Wien unterzeichneten Convention stipuliret worden, daß in Ansehung der verschiedenen Länder, welche in gewisse Reichs-Fürsten-Staaten eingeschlossen sind, mit Sr. kaiserlichen Majestät solche Anstalten und Verfügungen getroffen werden sollten, um alle Gelegenheit aus dem Wege zu räumen, damit die Ruhe und ein beyderseitiges gutes Vernehmen auf keinerley Weise, oder unter keinerley Vorwand, künftighin gestöret werden möge; So haben sich Se. kaiserliche und allerchristlichste Majestäten dahin verglichen, binnen zween Monathen von dem Tage der Unterzeichnung gegenwärtiger Convention an zu rechnen, zu diesem Ende gewisse Commissarios zu ernennen, welche die zu desto gewisserer Vollziehung derjenigen

gen Puncte, so zwischen den contrahirenden Theilen ohnverändert beybehalten worden, als auch zu desto mehrerer Versicherung der oben befindlichen Cession, dienliche Mittel, und folglich solche Wege ausfündig machen werden, wodurch aller besorgliche Argwohn wegen dieses oder jenes Gebiethes gehoben, und alle in Ansehung obgedachter eingeschlossenen Länder vorkommenden Hindernisse und Irrungen gütlich gehoben und beygeleget werden können. Unterdessen soll in dem Wesen, den Gerechtsamen, der Forme, und der Verwaltung dieser Lehne nichts geändert, und dieselben bis zu dem Schlusse gedachter Einrichtung provisionaliter von denen Fürsten des Reichs mit denen Se. königliche Hoheit, der Herzog von Lothringen, solche ungetheilt besessen, oder in deren Staaten diese einzelne Stücke Landes eingeschlossen sind, verwaltet werden; ohne daß gleichwohl diese Provisional-Disposition dem Könige und Schwieger-Vater Sr. allerchristlichsten Majestät bey Uebergabe des Herzogthums, Lothringen, weder in Ansehung der Weite und Gränzen, noch in den Einkünften einigen Nachtheil bringen, oder sonst auf andere Art den zwischen Ihro kaisetl. und allerchristl. Majestäten vorhero verglichenen Puncten hierdurch zu nahe getreten werden solle, indem die Absicht beyder contrahirenden Theile dahin gehet, daß diese Provisional-Disposition, sowohl der Weite und den Gränzen des abgetretenen Herzogthums, Lothringen, als auch den obigen Puncten durchgängig gemäß seyn, und beydes denen Commissarien, welche man hierzu ernennen wird, zur Regul dienen solle.

Die

Die Operationes gedachter Commissarien sollen die Vollstreckung gegenwärtiger Convention weder verhindern, noch aufschieben, und der König von Pohlen, Stanislaus I, dem allen ohngeachtet das Herzogthum Lothringen, zu der in dem ersten Artikel vorstehender Convention bestimmten Zeit, in Besitz nehmen können: wie denn gleichergestalt gegenwärtige Convention demjenigen, worüber sich mehrgedachte Commissarii vergleichen werden, in nichts nachtheilig seyn soll.

Vierter Artikel.

Ohngeachtet der allerchristlichste König die durch seinem Minister bey dem Kayser am 11ten des abgewichenen Monaths April unterzeichnete Declaration bereits ratihabiret, deren Innhalt folgender ist:

Der Endes unterschriebene mit nöthigen Vollmachten versehene Minister des allerchristlichsten Königes bey dem Kayser, declariret, daß in Ansehung und zu Folge der zween Separat-Artikel der heute unterzeichneten Convention, Ihro allerchristlichste Majestät sich so sehr als der Kayser bemühen, und de concert mit Ihro kayserliche Majestät agiren wollen, um dem Hause Lothringen alle und jede Güter, von was vor Natur und Eigenschaft sie immer seyn mögen, in dem Groß-Herzogthum Toscana, zu verschaffen; daß ferner, weder der König, Stanislaus, noch Ihro allerchristlichste Majestät einige Subjection von jemand praetendiren wollen, von wem solche der Herzog von Lothringen nicht praetendiret habe, auch daß sie alle mögliche Sicherheit, wieder alle Reunions-Gedanken und Besorgniſſe geben, und endlich den Pfalzgrafen von Zweybrücken von der Relevance eines Feudi ab Cameram entlaſſen. So geſchehen zu Wien den 11ten April 1736.

war unterzeichnet

La Porte du Theil.

So haben doch Se. allerchriſtlichſte Majeſtät dieſelbe nochmahls in allen Puncten, in ſo weit es nöthig ſeyn dürfte, bekräftigen wollen.

Fünfter Artikel.

Da auch nichts billiger iſt, als dem Hauſe, Lothringen, eine genugſame Sicherheit wegen desjenigen zu verſchaffen, was ihm, da es sein uhraltes Erbtheil fahren laſſen, zur Schadloßhaltung, wegen dieſes groſſen Opfers, beſtimmet worden; So hat man in dem andern Artikel der am 3ten October unterzeichneten Praeliminarien verglichen, daß alle an dieſem Friedens-Schluſſe Theil nehmende Puiſſanzen, demſelben die darinnen gedachte Eventual-Succeſſion garantiren ſollen. Dem zu Folge Se. Catholiſche Majeſtät vor ſich und ihre Nachfolger, in beſter Form Rechtens, obgedachte Garantie vor Se. königliche Hoheit, den Herzog von Lothringen, und alle diejenige Perſonen, welche ihm in den Herzogthümern, Lothringen und Bar, von Rechtswegen nachgefolget haben würden, nochmahls erneuren. Endlich verſpricht Se. allerchriſtlichſte Majeſtät gemeinſchaftlich nebſt Sr. kayſerlichen Majeſtät die dienlichſten und nachdrück-

lichſten

höchsten Anstalten zu treffen, damit die Succession in Toscana dem Hause, Lothringen, durch alle diejenigen Puissanzen garantiret werde, welche, kraft des Rußwickischen Friedens, über die Staaten, welche dieses Durchlauchtige Haus heute zu Tage besitzet, die Garantie übernommen gehabt; jedoch, daß durch gegenwärtige Clausul die Uebergabe des Herzogthums, Lothringen, nicht über die, in dem ersten Artikel gegenwärtiger Convention gesetzte Zeit, verschoben werden könne.

Dagegen machen sich Se. kaiserliche Majestät gleichfalls verbindlich, sich mit Sr. allerchristlichsten Majestät gemeinschaftlich zu bestreben, dem Könige, Stanislao, wegen des Herzogthums, Lothringen, und nach dem Tode dieses Prinzen, wegen der Vereinigung besagter Herzogthümer, der Crone Frankreich gleiche Garantie zu verschaffen.

Sechster Artikel

Da diejenigen Jura, welche bey allen Nationen, als solche Eigenschaften angesehen werden, die einem Souveraine nach seinem Stande und Range, nicht aber wegen des ihm unterworfenen Staats eigen sind, durch Abtretung dieser Lande, keinen Nachtheil oder Abbruch leiden sollen; So haben sich Se. kaiserliche und allerchristlichste Majestäten ausdrücklich verglichen, dem Hause, Lothringen, sowohl den Gebrauch und Genuß der Titul, Wappen, Vorzüge und Praerogativen, welche es seithero geführet und gehabt hat, als auch Sr. königlichen Hoheit, dem Herzoge von Lothringen, und allen, welche ihm in den Herzogthümern, Lothrin-

gen

gen und Bar, von rechtswegen succediren sollen, diejenigen Gerechtsame, so dem Range und der Qualitaet eines Souverains eigen sind, vorzubehalten; doch daß die Behaltung besagter Gerechtsame, Titul, Wappen, Vorzüge und Praerogativen der Ceßion keinen Nachtheil bringen; oder Abbruch thun, und daß keine Person des Hauses, Lothringen, oder ihre Descendenten an diese von Sr. königlichen Hoheit abgetretenen Staaten auf keinerley Weise hieraus einigen Anspruch machen, oder sich einiges Rechts anmassen solle.

Siebenter Artikel.

Der allerchristlichste König verspricht, und verbindet sich, Se. königliche Hoheit, dem Herzoge von Lothringen, oder seinen Nachfolgern von dem Tage an, da das Herzogthum Lothringen, obgedachter massen, übergeben werden soll, so lange, bis das Groß-Herzogthum, Toscana, durch den Tod des jetzigen Besitzers, dem Hause Lothringen anheim fallen wird, eine Summe von vier Millionen und fünfmal hunderttausend Livres nach dem gegenwärtigen Lothringischen Fuße, in zwey gleichen Terminen von sechs Monathen zu sechs Monathen zu bezahlen, welche Summe niemahls, unter was Vorwand oder Ursache es auch geschehen möge, einigen Abzug leiden, und die Bezahlung derselben von sechs Monathen zu sechs Monathen von gewissen Fonds, darüber man sich vergleichen wird, richtig und ordentlich erfolgen soll.

Achter

Achter Artikel.

Se. allerchristlichste Majestät wird die Schulden des Staats, oder die auf den Herzogthümern, Lothringen und Bar, hafftenden Hypothequen über sich nehmen, so, wie man sie in dem Verzeichnisse, welches in Nahmen Sr. königlichen Hoheit, des Herzogs von Lothringen, vorgeleget, und bey dem Schlusse gegenwärtiger Convention zu befinden, beygebracht worden; dagegen gedachte Se. königliche Hoheit, sowohl die Renten besagter Schulden des Staats, oder der auf den Einkünften der Herzogthümer, Lothringen und Bar, hafftenden Hypothequen, welche zu der Zeit der Uebergabe dieser Staaten an den König und Schwieger-Vater Sr. allerchristlichsten Majestät betagt seyn werden, als auch von allen übrigen Schulden, zu deren Bezahlung sich der Kayser verbindlich gemacht, über sich nehmen soll, wobey der allerchristlichste König dasjenige, was Lothringen in dem letztern Kriege hergeben und erleiden müssen, nach geschehener Liquidation, worüber man sich vergleichen wird, zu bezahlen verspricht, wie denn die Summe, welche Ihro königliche Hoheit insbesondere vor sich daran zu fordern haben möchte, durch eine gleichmäßige Summe von denen Schulden, womit Sie noch beschweret bleiben, compensiret werden soll.

Neunter Artikel.

Der allerchristlichste König verspricht, und verbindet sich, der verwittweten Frau Herzogin von Lothringen, oder ihren Erben, diejenigen Renten, welche sie von den abgetretenen Staaten zu fordern, und welche in dem Verzeichnisse der im Nahmen des Herzogs von Lothringen angegebenen Staats-Schulden benennet worden, richtig und auf eine solche Art zu bezahlen, wodurch einer Prinzeßin, welche dem allerchristlichsten Könige so nahe verwand und so lieb ist, völlige Genüge geschehen könne, ohne daß ihr und ihren Erben das Recht, die Wiederbezahlung des Capitals zu verlangen, benommen seyn soll, in welchem Falle Ihro allerchristlichste Majestät davor zu sorgen verspricht, mit dem Vorbehalte, daß, wenn dieses Capital einmahl wiederum bezahlet, die Interessen desselben von der jährlichen Summe, welche Ihro allerchristlichste Majestät dem Herzoge von Lothringen bezahlen soll, abgezogen werden wird.

Zehnter Artikel.

Gleichergestalt versprechen Se. allerchristlichste Majestät die Summe der acht und funfzigtausend fünfhundert Livres Lothringischer Münze an den Interessen von dem Braut-Schatze dieser Prinzeßin, welche Summe in dem vierten Artikel des beygebrachten Verzeichnisses befindlich; wie auch die einhundert acht und zwanzigtausend fünfhundert ein und sechzig Livres, sieben Sols und sechs Pfennige, gleichfalls Lothringischer Münze, vor ihr Wittthum, welches in allen Stücken so, wie es Ihro königliche Hoheit bishero genossen hat, und genießen soll, unverändert verbleiben wird, richtig zu bezahlen; ingleichen auch die jährliche Summe der zwey und vierzigtausend achthundert sieben und funf-

zig livres, zwey Sols, sechs Pfennige, gleicher
Münze, an den Prinz, Carl, und ein und zwanzigtausend vierhundert zwey und achzig Pf. eilf
Sols, drey Pfennige in gedachter Münze an jede
drer beyden Prinzeßinnen, Elisabeth Theresien,
und Annen Carolinen, als den Bruder und
Schwestern Sr. königlichen Hoheit, des Herzogs
von Lothringen, an statt der ihnen ausgesetzten
Apanagen und Versorgungen, nicht weniger genau und richtig zu bezahlen, welche Bezahlung, sowohl in Ansehung obgedachten Wittthums, als auch
dieser Apanagen und Versorgung, nicht allein so
lange, bis das Groß-Herzogthum Toscana, durch
den Tod des gegenwärtigen Besitzers, dem Hause
Lothringen anheim fallen wird, sondern auch so
lange, und nach Maaßgebung dessen statt finden
soll, als, und in so weit Se. königliche Hoheit,
der Herzog von Lothringen, den Prinzeßinnen aus
dem Hause Medicis dergleichen Wittthum, Apanagen und Unterhalt, in Toscana zu bezahlen haben
wird. Se. allerchristlichste Majestät wird von der
jährlichen Summe, welche Sr. königlichen Hoheit,
dem Herzoge von Lothringen, gegeben werden soll,
sowohl die Renten der Schulden, welche Sie über
sich nehmen, als auch den Ueberschuß der Interessen von dem Braut-Schatze, Wittthume, und den
Apanagen der Prinzen und Prinzeßinnen von Lothringen abziehen.

Eilfter Artikel.

Der Allerchristlichste König verspricht, daß
Ihro Königliche Hoheit die verwittwete Frau Herzogin

zogin zu Luneville in einer völligen und absoluten
Independenz leben solle, so, wie es ihrem Heyraths-
Contract gemäß und wie sie derselben zu der Zeit
würde genossen haben, wann Se. Königl. Hoheit,
der Herzog von Lothringen, als Besitzer dieses
Herzogthums, daselbst residiret hätte; und daß
ihr so wohl vor, als nach Vereinigung des Herzogthums, Lothringen, mit der Crone Frankreich,
alle diejenigen Ehren-Bezeugungen, welche man
ihr, als der Wittwe eines Souverains, und als
einer Enkelin von Frankreich, ihrer Geburth nach
schuldig ist, erwiesen werden soll.

Zwölfter Artikel.

Man hat sich verglichen, daß alle Mobilien,
welche Sr. Königlichen Hoheit zugehören, und
welche in den Herzogthümern, Lothringen und Baar,
befindlich; so wohl diejenigen, welche sonst mit der
Crone gleichsam verknüpfet sind, als auch andere,
ihm verbleiben sollen.

Dreyzehnter Artikel.

Die Herzogthümer, Lothringen und Baar,
sie mögen gleich von dem Könige Stanislao, besessen, oder mit der Crone Frankreich vereiniget seyn,
sollen diesen Nahmen beständig fortführen. Wie
denn der Allerchristlichste König annoch verspricht,
daß sie in dem letztern Falle ein Gouvernement ausmachen sollen, davon nichts jemals abgetrennet,
oder zu andern Gouvernements geschlagen werden
solle.

Vier-

Vierzehnter Artikel.

Die Stifftungen, welche von Sr. Königlichen Hoheit, dem Herzoge von Lothringen, in diesem Herzogthume gemacht worden, sollen so wohl unter der Regierung des Königs und Schwieger-Vaters Sr. Allerchristlichsten Majestät, als auch, nach der erfolgten Vereinigung mit der Crone Frankreich, auf dem errichteten Fuße, unverändert verbleiben und beybehalten werden. Gleichergestalt sollen die Rechts-Sprüche und Arrets, welche von den gehörigen Gerichts-Collegiis gethan worden, die Freyheiten der Kirche, des Adels und des dritten Standes, die Erhebung in den Adel-Stand und andere, von den Herzogen von Lothringen, diesem oder jenem verliehene Titul und Ehren-Stellen, nahmentlich aber die Freyheiten und Immunitäten der Universität zu Pont a Mousson beybehalten und geschützet werden.

Funfzehnter Artikel.

Diejenigen, welche solche Bedienungen bekleiden, so sie selbst erkauft, sollen, ohne eine dergleichen Strafe, durch ihre Aufführung verdienet zu haben, nicht abgesetzet werden können, es wäre denn, daß ihnen das davor erlegte Geld wiederum restituiret würde.

Alle Personen, welche bey Sr. Königlichen Hoheit, dem regierenden Herzoge, oder bey Jhro Königlichen Hoheit, der verwittweten Herzogin von Lothringen, dem Durchlauchtigsten Prinzen Carl, den Durchlauchtigsten Prinzeßinnen, Sr. Königlichen Hoheit Bruder und Schwestern, würcklich

lich in Diensten stehen, sollen alle Freyheiten, Exemptionen und Privilegien, deren sie bishero genossen, fernerhin zu geniessen haben, und weder sie, noch ihre Kinder, so bereits gebohren, oder noch gebohren werden dürften, dem Juri Albinagii unterworfen seyn.

Sechzehnter Artikel.

Die Briefschaften und Urkunden, welche die Herzogthümer, Lothringen und Baar, angehen, werden dem Könige und Schwieger-Vater Sr. Allerchristlichsten Majestät zu der Zeit der Besitznehmung eingehändiget werden; Dagegen diejenigen, welche eigentlich die Familie betreffen, als Heyraths-Verträge, Testamente, u. d. gl. Sr. Königl. Hoheit, dem Herzoge von Lothringen, nach Dero Disposition, an was vor Orten sie auch gefunden werden können, überlassen oder aufgezeichnet, diejenigen aber, so gemeinschaftlich sind, von beyden Theilen einander in Abschriften mitgetheilet werden.

Siebenzehnter Artikel.

Ihro Kayserliche Majestät machen sich anheischig, an dem Tage der Auswechselung der Ratificationen besagter Convention, dem von Sr. Allerchristlichsten Majestät an Dero Hofe befindlichen Minister die Ceßions-Acte Sr. Königlichen Hoheit, des Herzogs von Lothringen, wegen der Herzogthümer, Lothringen und Baar, in gehöriger und richtiger Forme einzureichen; Es soll auch dieser Acte gegenwärtige Convention einverleibet, und die

die Ratification, binnen einen Monath, von dem Tage der Unterzeichnung an zu rechnen, oder, wo möglich, noch eher, zu Wien ausgewechselt werden.

Zu dessen Beglaubigung haben wir bevollmächtigte Ministri Sr. Kayserlichen Majestät und Allerchristlichsten Majestät gegenwärtige Convention unterzeichnet, und besiegeln lassen. Zu Wien in Oesterreich, den 28sten August 1736.

(L. S.) la Porte du Theil.
(L. S.) Phil. Ludwig, Graf v. Sinzendorf.
(L. S.) Gundaker, Graf v. Stahrenberg.
(L. S.) Ludwig, Graf von Harrach.

Die Schulden des Staats und andere auf den Herzogthümern, Lothringen und Baar, hafftende Hypothequen sind:

	Livres	Sols
1) Die alten Schulden des Staats betragen	541980	17
2) Die neuen Schulden, welche unter den Nahmen der Constitution gemacht worden, belauffen sich auf	4573947	14
3) Die Actien der alten Handlungs-Compagnie, welche zu den Schulden des Staats geschlagen worden, betragen	208380	
4) Der Braut-Schatz Ihrer Kayserl. Hoheit, der verwittweten Herzogin, welcher 900000 französische Livres beträgt		

	Livres	Sols
Andere Contracte des Staats, deren Renten von 5 bis 100 sind, belauffen sich nach französ. Gelde, auf 60000 Livres, welche beyde Summen nach Lothring. Münze betragen	1937490	
5) Man ist schuldig vor Acquisitiones, vor baar aufgenommene Summen, vor Evictiones der Domainen und sieben bis achthundert tausend Livres, davon die Interessen a 5 und 6 pro Cent bezahlet worden	750000	
6) Man ist ferner schuldig 57286 Livres am Renten, theils vor solche Fonds, welche wiederum verseßet werden sollen, theils vor solche, welche gänzlich verlohren gegangen, und wovor alte Schulden des Staats getilget, oder sie durch Heyraths-Verträge errichtet worden ꝛc. Man kan ohngefehr die Helfte dieses Capitals wieder zu ersetzen rechnen	700000	
Summa Summar.	8711726	11

Der Herzog zeichnete darauf würklich eine förmliche Abtretungs-Schrift wegen des Herzogthums

thums Baar. Den 8ten Februar 1737. räumten die französischen Völker Philipsburg und Trier, und an eben dem Tage geschahe die Uebergabe von Baar. Der Herzog hatte drei geborne Lothringer 24) bevollmächtiget, und die ihnen gegebene Vollmacht zeigte deutlich, wie ungerne er sich von seinen angebornen Unterthanen trennete. Sie lautete also:

Franciscus, von Gottes Gnaden, Herzog zu Lothringen und Baar, König von Jerusalem, Marchis, Herzog in Calabrien und Geldern, von Montserat, und Teschen in Schlesien, Souverainer Fürst von Arches und Charleville, Marggraf zu Pont a Mousson und Nommeny, Blamont, Zütphen, Saarwerden, Salm, Falckenstein ꝛc. Entbieten unser lieben und Getreuen, denen Herren Baron du Bois von Ricourt, Staats-Rath und Requeten-Meister Unsers Hauses; dem Grafen von Rennel, Rath und Staats-Secretario und Joseph Carl le Febure, General-Advocaten bey Unserer Rechnungs-Cammer in Lothringen, Unsern Gruß. Demnach die Umstände und allgemeine Angelegenheiten Uns genöthiget, so sehr Wir auch ent-
fer-

---

24) Es waren solches: 1.) Nicolaus Joseph, Frei-Herr von Bois Riocourt, Ritter und Baron von Damblai, Herr zu Remoncourt, Herzoglicher Staats und Finanz-Rath, auch Requeten-Meister. 2) Nicolaus Franz, Graf von Renel, Ritter und Herr von Mehoncourt, Herzoglicher Rath und Staats-Secretair, 3) Joseph Carl le Febre, Herzoglicher Rath, und General-Advocat von der Rechnungs-Kammer von Lothringen.

servet gewesen, Unsere getreue Unterthanen zu verlassen, deren Treue und Ergebenheit Wir und Unsere Vorfahren in so vielen Fällen geprüfet, denen Praeliminarien, welche am 3ten October 1735. zu Wien zwischen Ihro Kayserlichen, Catholischen und Ihro Allerchristlichen Majestäten getroffen worden, denn auch dem Executions-Tractat vom 11ten April gegenwärtigen Jahres, zusamt der Convention vom 28. Augusti letzthin beyzutreten; so haben Wir in dessen Conformität durch die Acte vom 24sten September 1736. davon die Copie hier beygefüget, von jetzo an Unser Herzogthum Baar an den Durchlauchtigsten König in Pohlen und Groß-Herzog in Litthauen, Stanislaum I. und nach ihm an Ihro Allerchristliche Majestät cediret, damit es der Cron Frankreich einverleibet werde. Gleichwie es nun dem zu Folge nunmehro darum zu thun ist, zu der Execution so wohl dieser Ceßions-Acte und besagter Tractaten zu schreiten, und Wir Uns denn hierunter auf euren Eifer, Capacität und Zuneigung gänzlich verlassen; Also haben Wir euch ernennet, committiret und abgeordnet, ernennen, committiren und ordnen euch auch hiermit ab, daß in Unserm Nahmen ihr denen solchen Ends sowol von dem Durchlauchtigsten Könige in Pohlen, Stanislao I. als Ihro Allerchristlichen Majestät ernennten Commissarien, nach Inhalt obgedachter Ceßions-Acte und Tractaten, auch derer euch diesfalls von Uns ertheilten Instructionen, Unser Herzogthum Baar übergeben sollet. Dannennenhero Wir euch Vollmacht hiermit ertheilen, alle Unsere Unterthanen und Vasallen Unsers besagten Herzogthums Baar des Eydes, womit sie Uns zugethan gewesen, zu erlassen; und selbige dagegen an gedachten Durchlauchtigsten König von Pohlen und Frankreich zu verweisen, allermassen selbige in Zukunft diese Könige für ihre wahre und rechtmäßige Landes-Herren erkennen, und alle das überhaupt thun sollen, was nach Inhalt obiger Acte zu deren Vollstreckung erfordert wird. Wir authorisiren euch samt und sonders, daß, woferne einer von euch krank oder abwesend wäre, oder sonst rechtmäßig gehindert würde, die beyden übrigen eben so verfahren mögen und können, als ob ihr euch alle drey beysammen befändet. Welchem nach Wir euch alle Macht, Commißion und Befehl sowol in genere als in specie ertheilet haben. Dessen zur Urkund Wir gegenwärtiges mit Unserm eigenen Hand-Zeichen versehen, und durch einen Unserer Geheimen Räthe und Secretarien contrasigniren, und Unser Geheimes Siegel vordrucken lassen. Gegeben zu Wien den 20. Decembr. 1736.

Franciscus

contrasigniret
Toussaint.

Von Seiten des Königes Stanislaus erschien der Requeten-Meister von Galaisiere, und der Hof-Marschall von Werzeck. Der erstere war auch von dem französischen Hofe bevollmächtiget, der Huldigung auf dem Fall des Todes des Stanislaus sogleich

gleich mit einzunehmen, und sie überreichten den Lothringischen Abgeordneten folgende Vollmacht.

Louis, von Gottes Gnaden König von Frankreich und Navarra, entbieten jedermänniglich, welchen dieser Unser Brief vorkommt, Unsern Gruß. Nachdem in eben den Tractaten und Conventionen, vermittelst welchen Unserm hochgeehrten und geliebtesten Bruder und Schwieger-Vater, dem König Stanislao I. von Pohlen, die Possession der Herzogthümer Lothringen und Baar versichert worden, zugleich ausgemacht ist, daß Uns und Unserer Cron nach dem tödtlichen Abgang Unsers gedachten Bruders und Schwieger-Vaters diese Lande heimfallen sollen; und diesemnach erfordert werden will, daß zu eben der Zeit, wann die Commissarien Unsers besagten Bruders und Schwieger-Vaters, des Königs von Pohlen, in dessen Nahmen, es sey von dem Herzogthum Baar, oder von dem Herzogthum Lothringen, Besitz nehmen, und von dessen neuen Unterthanen den würklichen Eyd der Treue empfangen, auch dieser Eyd eventualiter an Uns und Unsere Cron geleistet werde, worzu Wir Unsers Orts Veranstaltung treffen wollen: als haben Wir aus diesen und andern Uns hierzu bewegenden Ursachen erwählet, committiret und ernennet, wie wir hiermit erwählen, committiren und ernennen, Unsern lieben und getreuen Rath und ordentlichen Requeten-Meister Unsers Hauses, den Herrn von Galaiziere, haben ihm auch gegeben, und geben

ihm

ihm hiermit volle Macht, Commißion und Befehl, insonderheit in Unserm Nahmen den Eventual-Eyd der Treue von denen Unterthanen, es sey gleich in dem Herzogthum Baar, oder in dem von Lothringen, zu empfangen, und desfalls alles andere, was nöthig, zu thun: und ist Unser Wille, daß er bey dieser Gelegenheit mit eben der Gewalt handeln solle, als Wir solches thun und handeln würden, wann Wir Uns in Person gegenwärtig befänden, wenn auch gleich etwas wäre, welches eine speciellere Anordnung erforderte, als in diesem Unsern Brief nicht enthalten seyn möchte. Denn dieses ist Unser Wohlgefallen, zu dessen Bekräftigung Wir gegenwärtiges besiegeln lassen. Gegeben zu Versailles den 13. Tag des Jenners im Jahr des Heils 1737. und Unserer Regierung im 22sten

    Louis

                  Chauvelin.

Es wurden darauf alle Vasallen und Unterthanen des Herzogthums Bar ihres Eides der Treue von den Lothringischen Abgeordneten entbunden, und hingegen solcher von ihnen in die Hände der französischen Gevollmächtigten von neuen abgeleget. Ein gleiches erfolgte den 21sten Merz 1737. in Ansehung des Herzogthums Lothringen zu Nancy, wobei eben diese Abgeordnete zugegen waren. Die verwittwete Herzogin von Lothringen verlegte darauf ihre Residenz von Luneville nach den ihr neuerlich angewiesenen Wittwen-Sitze Commercy, und

Sta-

Stanislaus nahm den 3ten April 1737. von Luneville in eigener Person Besitz.

§. 9.

Von der Besitznehmung des Groß=Herzogthums Florenz, und dem Tode des Groß= Herzogs.

Das Groß=Herzogthum Florenz, welches dem Herzoge zur Schadloßhaltung eingeräumet werden sollte, war zu Anfang des 1737sten Jahres noch mit spanischen Völkern besetzet. Nachdem aber den 8ten Jenner zu Pontremoli die Abtretungs= und Währleistungs=Acten gegen einander ausgewechselt worden, verliessen diese Völker noch in der Mitte des Jenners die Plätze, welche sie besetzt gehabt, und gingen den 10ten Jenner zu Livorno an Bord der zu ihrer Ueberschiffung nach Barcellona bereit gelegenen Schiffe, an welchem letztern Orte sie den 18ten Jenner nach einem ausgestandenen Sturm an das Land traten.

Sechstausend Mann kaiserlicher Völker kamen darauf unter Anführung des General=Feldmarschall=Lieutenants, Carl Franz, Freiherrn von Wachtendonck, in dem Florentinischen an, und besetzten sogleich Livorno, Porto Ferrajo, und Pisa. Der bereits sehr schwächliche Groß=Herzog nahm sich gar keiner Regierungs=Angelegenheiten mehr an, sondern beschäftigte sich in einer ungemeinen Stille mit den Vorbereitungen zur Ewigkeit. Der General von Wachtendonck, welcher mit kaiserlicher und lothringischer Vollmacht versehen war, legte für sich

sich und seine unterhabende Völker den Eyd der Treue an den Groß-Herzog ab, und arbeitete mit dessen Ministern an der Berichtigung des Familien-Vertrags wegen der künftigen Erb-Folge. Der mehr erwehnte Fürst von Craon, traf mit seiner Gemalin und Prinzen den 3ten Junius aus Lothringen gleichfalls zu Florenz ein, und war bestimmt, auf das erfolgte Absterben des Groß-Herzogs in Namen des Herzogs, der ihn zum ersten Minister in Toscana ernennet, von der Regierung Besitz zu nehmen.

Den 9ten Julius ging der Groß-Herzog an der Zurückhaltung des Harns und einer Unverdaulichkeit im 67sten Jahre seines Alters zu Florenz aus dieser Zeitlichkeit. Der Fürst von Craon nahm sogleich von dessen Ländern Besitz, und empfing den 12ten Julius von dem Rath zu Florenz und allen daselbst befindlichen hohen und niedern Bedienten, den 19ten aber von den Officiers und Soldaten den Eyd der Treue. Der Kaiser hatte den Herzoge über dieses ansehnliche Groß-Herzogthum bereits die Investitur ertheilet, und der Fürst von Craon machte diese wichtige Staats-Schrift sogleich durch folgende Verordnung bekannt:

Wir Franz der IIIte von Gottes Gnaden, Herzog von Lothringen und Bar, ꝛc. ꝛc. urkunden durch gegenwärtiges; daß, obwolen vor einigen Jahren wegen der Succession in dem Groß-Herzogthum Toscana, auf dem Fall des Mangels männlicher Kinder in dem Hause von Medices, gewisse Dispositiones gemacht worden;

Gleichwohl nachhero durch die am 3ten Octobris 1735. zu Wien zwischen dem Kaiser und dem allerchristlichsten Könige, zu Endigung des der ganzen Christenheit, und vornemlich vor Italien so traurigen Krieges, getroffenen Friedens Praeliminair-Artikuln, die in dem Vten Artikul der Quadruple-Allianz gemachten Einrichtungen zu verändern festgestellet, nnd unter andern ausdrücklich ausgemacht worden; daß, um unser Durchlauchtigstes Haus Lothringen, wegen Cession dieses Herzogthums sowohl, als des von Bar, schadlos zu stellen, selbiges in die Possession und das Eigenthum des Groß-Herzogthums Toscana gesetzet werden solle, so bald nemlich der Tod desjenigen Fürstens erfolgen würde, welcher zu solcher Zeit lebete, und solches besässe; Und gleichwie die auf dem Reichstage zu Regenspurg versammlete Stände des Heil. Römischen Reichs, nicht alleine gedachte Praeliminair-Artikul, und alles, was darinne enthalten, genehm gehalten, sondern auch an Ihro kaiserliche Majestät volle Macht und Gewalt gegeben, in Dero und des Reichs Nahmen solche zur Execution zu bringen, und überhaupt alles zu thun, was nöthig seyn würde, um das so heilsame Friedens-Werk in seine Vollkommenheit zu setzen: Wannenhero denn auch die solennen respective Cessions- und Renunciations-Acten, von Seiten derer bey der Succession in Toscana interessirten Theile contrasigniret, und gegen einander ausgewechselt worden; so hat endlich der Kayser, Unser höchstgeehrtester Herr Schwieger-Vater, Uns hierüber

ber diesen eventuellen Lehn-Brief ertheilet, dessen Inhalt nachfolgender ist:

Wir Carl der VI. von Gottes Gnaden, erwählter Römischer Kayser ꝛc. ꝛc. Urkunden und bekennen hiermit: Welchergestalt in Kraft der Friedens-Praeliminar-Artikuln vom 3ten October reguliret worden, daß das Herzogthum Lothringen und Bar, und zwar dieses letztere nach Unterzeichnung obiger Artikuln, das von Lothringen aber unmittelbar nach dem Tod des Groß-Herzogs von Toscana, an den Durchlauchtigsten König von Pohlen und Groß-Herzog von Litthauen, Stanislaum, dergestalt kommen sollten, daß nach seinem Tode eines sowohl als das andere auf ewig mit der Crone Frankreich incorporiret, und daß zur Indemnisation vor solche Herzogthümer, das Haus Lothringen das Groß-Herzogthum Toscana sogleich nach dem Tode desjenigen, der solches actualiter besitzet, eigenthümlich erhalten solle, und solches alles unter Garantie aller derer Puissanzen, welche an gegenwärtigem Frieden Theil nehmen werden: Nachdem aber die Epocha der Cession des Herzogthums Lothringen durch die Convention vom 11ten April abgewichenen Jahres avanciret worden, mithin nicht nur die Gerecht- und Billigkeit, sondern auch die gute Treue und Glauben erfordert, daß der Durchlauchtigste Herzog von Lothringen und Bar, dessen Descendenten, Erben und Nachfolgere desfalls indemnisiret werden müssen; Dannenhero Wir sowohl in Kraft

Unserer kayserlichen Machts-Vollkommenheit als auch mit Einwilligung derer Stände des Heil. Römischen Reichs, in Unsern und derer Kayser, Unserer Nachfolger, Nahmen, hiermit die eventuelle Investitur des Groß-Herzogthums Toscana, und aller seiner Dependenzen, an gedachten Durchlauchtigsten Herzog von Lothringen und Bar, Franciscum III. Unsern geliebtesten Eydam, und dessen männliche Descendenten in infinitum und in deren Ermangelung an den Prinzen Carl, seinen Bruder, und dessen männliche Descendenten, ebenfalls in infinitum, und in deren Ermangelung, an den nächsten männlichen Fürsten und Erben des gegenwärtig regierenden Hauses Lothringen, und endlich auch in deren Ermangelung, und im Fall gänzlicher Erlöschung des männlichen Stammes dieser Fürsten, an die Prinzeßinnen des bemeldeten Hauses, alles nach dem Rechte des Alters, ertheilen und bewilligen: dergestalt, daß Sie dessen auf eben die Art genüssen, wie solches das Haus Medices, und der aus diesem Hause gegenwärtig regierende Fürst genossen hat: Als verordnen und befehlen Wir allen, die von Unserer Domination dependiren, diese Unsere gegenwärtige Disposition und standhaften Willen zu beobachten, und einfolglich auf keinerley Weise besagtem Durchlauchtigsten Herzog von Lothringen und Bar, noch auch dessen Erben und Nachfolgere zu stöhren: sondern vielmehr dieselbigen in alle dem, was diese Unsere Disposition anlanget, zu handhaben, zu beschützen, zu helffen, und so gar

auch

auch Hülffe zu leisten, und zu verwehren, daß Sie nicht mögen turbiret werden.

Verordnen und befehlen insbesondere allen und jeden, Locumtenenten, Räthen, Land-Vögten des Groß-Herzogthums Toscana, und aller Städte, Schlösser, Festungen, Orte und Landschaften, welche davon dependiren, dem Gonsalonier der Gerichte, dem Senat und Volke zu Florenz, denen Obersten der Miliz, denen Hauptleuten, Sergeanten, Corporalen, allen Soldaten, und überhaupt allen Personen, wes Standes, Grades, Präeminenz und Würden sie seyn: Daß sie samt und sonders sogleich nach dem Tode des gegenwärtigen Groß-Herzogs, den mehrbesagten Herzog von Lothringen ꝛc. ꝛc. vor ihren wahren rechtmäßigen Landes-Fürsten und Herrn erkennen, und ohnerachtet der eventuellen Investitur zum Vortheil desjenigen Subjecti, welcher in dem Tractat der Quadruple-Allianz genennet worden, als welchen Wir in gegenwärtigen Fall derogiren, sich gegen selbigen dem allen gemäß zu erweisen, und solches obstehendes alles zwar bey Vermeidung Unserer und des Heil. Römischen Reichs Ungnaden, wider die Contravenienten, und über dieses bey Strafe von vierhundert Mark Silbers, vor jedesmahl, da sie sich wollten anmassen und unternehmen, etwas zu thun, das dem entgegen lauffet. Geben zu Wien, den 24sten Januarii Anno 1737.

Gleichwie nun Unsere Gerechtsamen auf so starke und unwidersprechliche Tituln gegründet sind, und Wir in Kraft deren in den vollen Besitz des besagten Groß-Herzogthums treten können, so bald nemlich die männliche Linie des Hauses Medices in dem Groß-Herzoge aussterben wird, so sind Wir entschlossen, wenn besagter Fall sich begiebet, Unsere Rechte und Ursachen geltend zu machen: und, alldieweil alle menschliche Dinge der Unbeständigkeit unterworffen; haben Wir vor dienfam funden, dasjenige zum Voraus zu besorgen, was auf den Fall zu thun seyn möge, da nemlich wider Unser Wünschen und Verlangen gedachte männliche Linie durch einen unverhofften Tod während Unserer Abwesenheit erlöschen sollte.

Zu solchem Endzweck nun haben Wir den Hochgebohrnen, Unsern sehr lieben Vetter, den Fürsten von Craon, mit Unsern Vollmachten versehen, damit er bey dergleichen Falle in Kraft derer von Uns Ihme verliehenen und hier angeschlossenen Vollmacht alles thue, was desfalls nöthig seyn wird.

Dannenhero befehlen und gebiethen Wir allen und jeden obbenannten des Groß-Herzogthums Toscana, daß auf obbesagt-unverhofften Todes-Fall, Ihr Uns vor Euren wahren und rechtmäßigen Herrn und Landes-Fürsten erkennet, und ihr Uns in solcher Qualität die gewöhnliche Huldigung und Eydes-Pflichten der Treue leistet, auch verehret und gehorsamet, wie es getreuen Vasallen und Unterthanen gegen ihren wahren und rechtmäßigen Herrn und Fürsten gebühret, und daß ihr solchemnach in alle dem, was euch in Unserm Nahmen, von gedacht Unsern

sern gevollmächtigten Minister anbefohlen werden wird, euch mit schuldigen Gehorsam erweisen sollet, bis Wir etwas anders anordnen werden. Geben zu Laxenburg den 18ten May 1737.

Gegenwärtiges Edict ist den 12ten Julii 1737. auf Ordre Sr. königlichen Hoheit, Francisci III. als Herzogs von Lothringen und Bar, und II. eben dieses Nahmens, als Groß-Herzogs von Toscana, in Eyl von mir, dem Fürsten von Craon, als seinem gevollmächtigten Minister, publiciret worden.

(L. S.)

Ob nun gleich in Ansehung der Veränderung der Regierung alles in der grössesten Ruhe zugieng; so entstunden doch sowohl mit dem spanischen Hofe als der verwitweten Churfürstin von der Pfalz, 25) Schwester des verstorbenen Groß-Herzogs wegen der beweglichen und erblichen Güter des Groß-Herzogs einige Irrungen. Spanien verlangte solche vermöge des geschlossenen Familien-Vertrags für den König beyder Sicilien, allein der neue Groß-Herzog antwortete, daß dieser Herr zwar die Anwartschaft auf den Besitz von Florenz gehabt, aber durch den Wiener Frieden solche verlohren habe.

Mit

25) Maria Anna Louise, Wittwe Johann Wilhelm, Churfürsten von der Pfalz, und Tochter Herzogs Cosmus des dritten von Florenz, gieng zu Florenz den 18ten Februar 1743. mit Tode ab, und setzte den Großherzog zum Erben ihres wichtigen Nachlasses ein.

Mit der verwitweten Churfürstin ward im November ein Vergleich getroffen, vermöge dessen alle Erbgüther des verstorbenen dem neuen Landes-Herrn, der des Vorgängers Schulden zu bezahlen übernahm, verblieben, der Churfürstin aber der Besitz zweyer Palläste die Bezahlung eines Jahrgeldes von vierzigtausend Scudi, und die Unterhaltung eines Hof-Staats von vierzig Personen auf Kosten des neuen Landes-Herrn versichert ward.

Es wurde darauf das Finanz-Wesen auf einen weit bessern und einträglichern Fuß gesetzet, und der Graf von Richecourt, 26) welcher die Vice-Praesidenten-Stelle des Regierungs- und Staats-Raths bekam, untersuchte die Rechnungen und das Betragen der Großherzoglichen Beamten auf das genaueste.

§. 10.
Der Groß-Herzog wohnet dem Feldzuge in Hungarn gegen die Türken bei.

Der im 1737sten Jahre entstandene Türken-Krieg, gab dem Groß-Herzog Gelegenheit, seinen unerschrockenen Heldenmuth, der in dem lothringischen Hause eine erbliche Tugend ist, zu zeigen. Er gieng mit der Würde eines Kaiserl. Generalissimus bekleidet, den 10ten Junius in Begleitung seines Bruders, des Prinzen Karl von Lothringen von Wien zu dem in Servien versammleten Heere ab.

---

26) Emanuel, Graf von Richecourt, ist ein geborner Lothringer, und hat als Ober Finanz-Director in Toscana sehr nüzliche Dienste geleistet.

ab. Den 21ſten Junius kam er zu Belgrad an, und hielt ſich ſo lange im Lager unter einem Zelte auf, bis die Ueberſchwemmung der Donau ſich verlauffen.

Er erhielt während ſeines Aufenthalts in Hungarn ſowohl die erfreuliche Nachricht, daß das Groß=Herzogthum Florenz ihm zugefallen, als dieſe, daß das geſamte teutſche Reich ihn den 8ten Julius an die Stelle des verſtorbenen Herzogs Carl Alexander von Würtemberg Stuttgardt, zum Reichsgeneral=Feldmarſchall ernennet habe, blieb aber dem ungeachtet bey dem Heere, um durch die gröſſeſte Aufmerkſamkeit auf alles, was vorging, Erfahrung, die einen vorſichtigen Helden bildet, zu erlangen.

Eine leichte Unpäßlichkeit nöthigte ihn, den Schauplatz des Krieges zu verlaſſen, und er langte, nachdem er dieſelbe glücklich überſtanden, den 7ten September früh um 5 Uhr wieder in Wien an.

Im Jenner des folgenden Jahres erklärte ihn der Kaiſer zum General=Lieutenant oder Ober=Befehlshaber aller Völker, welche Würde ſeit dem Abſterben des berühmten Prinzen Eugen von Savoyen erlediget geweſen. Da ihm auch nach dem Abſterben des letztern Groß=Herzogs von Florenz die Großmeiſter=Stelle des Ritter=Ordens des heiligen Stephans, 27) welche jederzeit der Landes=

herr

---

27) Von dieſem Kriegs=Orden, der von dem Groß=herzog Coſmus dem Erſten im Jahr 1554. geſtiftet worden, und mit dem Johanniter=Orden faſt gleiche Einrichtung hat, ſiehe le glorie immortale della ſacra e illuſtriſſima Religione di Santo Stefano

tanto

Herr bekleidet, zugefallen: so ließ er sich den 24sten April durch den kaiserl. Beichtvater, Veit Tönnemann, in der Kirche der obern Jesuiten zu Wien in Beyseyn seiner beyden geheimen Räthe, des Marquis Bartolomei, und des Freiherrn von Pfütschner, als Großmeister in diesen Kriegs-Orden aufnehmen.

Den 17ten May ging er von Wien nach Preßburg, und von da nach dem in Hungarn versammleten Heere ab, über welches ihm der Ober-Befehl, unter ihm aber den alten und versuchten Feldmarschall, Grafen von Königseck 28) anvertrauet war. Den 20. Junius traf er zu Temeswar bei dem Heer, das sich zu Eröffnung des Feldzuges in Bewegung gesetzet hatte, ein, und seit dieser Zeit wohnte er allen wichtigen Vorfällen, besonders dem Treffen bei Cornea, in welchem er seine Person dem heftigsten Feuer aussetzete, bei. Ein zugestoßenes Fieber nöthigte ihn zwar den 18ten Julius von dem Heer sich weg, und über Ofen nach Wien zu begeben, wo

tanto nel Armi quanto nelle lettere, data al la Luce dal Conte Aldighiero Fontana Meyland 1706. in Quarto, und Pregi della Toscana, seu Ornamenta Hetruriae in memorabilibus factis equitum Sancti Stephani, edita a Julio Fontana. Florenz 1707. Fol. Keyßlers neueste Reisen. Seite 333.

28) Lotharius Joseph, Graf von Koenigseck, ist als Kaiserlicher Feldmarschal den 8ten December 1751, gestorben. Seine Thaten haben ihm ein ewiges Denckmal gestiftet, und es ist genug zu seinem Ruhm gesagt, daß der grosse Kenner wahrer Verdienste, August der zweite König von Polen, unter die drei Personen gezehlet, deren Aufführung den Beyfall der ganzen Welt verdiene.

wo er den 30sten Julius ankam, allein seine Herzhaftigkeit und natürliche Munterkeit ließ ihn nicht lange abwesend seyn.

Nachdem die Anfälle des Fiebers nachgelassen, und der gebrauchte Sauerbrunnen die gewünschte Würkung gethan, langte er den 8ten Septembris wieder bei dem kaiserlichen Heere an, blieb fast bis zu Ende des Feldzuges bei demselben, und kam erst im October, um die Reise nach Italien anzutreten, nach Wien zurück.

§. II.
Der Groß=Herzog reiset mit seiner Gemalin nach Florenz.

Das Verlangen der Unterthanen im Groß=Herzogthum Florenz, ihren neuen Landes=Herrn zu sehen, war ausserordentlich, und sie machten zu desselben Empfang die prächtigsten Anstalten. Der Weg ging durch das tyrol= und venetianische Gebiet. Aller Vorstellungen ungeachtet muste sich der Groß=Herzog zu Haltung der Quarantaine an der venetianischen Gränze entschliessen, und die Abreise von Wien ging den 17ten December 1738. unter Lösung der Stücke vor sich.

Die Groß=Herzogin leistete ihrem Gemal, so wie auch dessen Bruder, der Prinz Karl, Gesellschaft, und sie hatte sowol ihren Ober=Hofmeister, den Grafen von Herberstein, 29) als ihre Ober=
Hof=

---

29) Ferdinand Leopold, des heil. Römischen Reichs Graf von Herberstein, starb im Julius 1744. als
würk=

Hofmeisterin, die Gräfin von Fuchs 30) bei sich. Das Gefolge war ungemein zahlreich, und wurden auf allen Postwechseln zweihundert zwei und sechzig Pferde erfordert.

Den 20sten langten die hohe Herrschaften zu Clagenfurt, den 25sten zu Trient, und den 28sten December zu Dolce im venetianischen Gebiete an. Hier empfieng sie unweit der Stadt der Podesta von Verona, Peter Barbarigo, und als sie sich der Stadt näherten, wurden sowohl die Stücke gelöset, als von der Land-Miliz aus dem kleinen Gewehr gefeuert.

Von Dolce setzten sie die Reise nach dem ihnen zur Quarantaine bestimmten Pallast des Ritters Buri 31) fort, ihre niedere Bediente aber wurden

würcklicher geheimer Rath, Ritter des goldnen Vliesses, und Niederoesterreichischer Landmarschall, nachdem er die wichtige Stelle eines Oberhofmeisters von 1738. bis 1743. bekleidet. Die Kaiserin würdigte ihn ihrer besondern Gnade.

30) Marie Cathrine Charlotte, verwittwete Gräfin von Fuchs, geborne Gräfin von Mollart, ist den 27sten April 1754. im 80sten Jahre zu Wien mit Tode abgegangen. Sie war bei der Kaiserin von derselben jüngern Jahren an Oberhofmeisterin und behielt diese wichtige Stelle biß an ihr Ende. Ohnerachtet sie die Gnade der Monarchin gewiß am vorzüglichsten am ganzen Hofe besaß: so hat sie doch solches niemals gemißbraucht, sondern den Ruhm einer leutseligen, freigebigen und uneigennützigen Dame mit in das Grab genommen.

31) Scivlo, Graf von Buri, ist ein Venetianer von Geburt, und ein Ritter des Malteser-Ordens, auch Einwohner desselben in den Venetianischen Staaten. Sein Pallast liegt anderthalb Meilen in Verona.

den in das nicht weit davon entlegene Lazareth zu gleichem Endzweck einquartieret.

In diesem mit spanischen Reutern umgebenen und rings herum von zweihundert venetianischen Grenadiers besetzten Pallaste mußte die Quarantaine sehr strenge beobachtet werden, jedoch erließ der venetianische Gesundheits-Rath auf ernstliches Anhalten des kaiserlichen Gesandten einige Tage. Die Regierung ließ wöchentlich für zweitausend Ducaten Fische und Fleisch-Speisen dahin unentgeltlich schaffen, und machte auch dem Groß-Herzoge ein seiner Würde gemässes Geschenk, dahingegen derselbe sowohl dem Ueberbringer hundert Zechinen, dem Podesta Barbarigo eine mit Diamanten besetzte goldene Uhr, dem Proveditore della Sanita eine goldene kostbare Schnupftoback-Dose, dem Graf von Buri eine goldene mit Diamanten besetzte Dose, dem Befehlshaber der Wachthaltenden Grenadiers einen Ring, und den Soldaten eine ansehnliche Summe Geldes zum Geschenk ertheilten.

Den 12ten Jenner 1739. brach der Groß-Herzog mit seinem ganzen Hofstaat aus dem Pallast Buri nach Mantua auf. Ohnweit Roverbella an der Gränze des Gebietes von Verona stunden einige Husaren von dem kaiserlichen Regimente Havor zur Begleitung in Bereitschaft, und zu Roverbella als dem ersten Orte des mantuanischen Gebietes empfing sie der General, Freiherr George Leonhard von Stentzsch, Ober-Commendant von Mantua, nebst den Abgeordneten des Herzogthums und der Stadt Mantua, welches der Marchese Sylvius von Andreasi, der Graf von Rivalta, und der Marchese, Thomas Arrigoni, waren. Sie hielten noch an eben dem Tage ihren Einzug zu Mantua. Als sie an das Mühlen-Thor kamen, überreichte ihnen der Obrist-Lieutenant und Platz-Major, von Tretscher, die Stadt-Schlüssel auf einer silbernen Schale, und von den Wällen der Stadt und der Festung Porto ward das Geschütz dreimal abgefeuert. Ihr Einzug geschahe folgendergestalt: Der kaiserliche Post-Director, Pompejus Micheli, eröfnete den Zug, auf ihn folgte der General von Stentzsch, und diesem die Grenadier-Compagnie zu Pferde, von dem Sachsen-Gothaischen Dragoner-Regimente. Man zog durch verschiedene Gassen über dem Platz des heiligen Peters, woselbst vier Grenadier-Compagnien im Gewehr stunden, nach dem herzoglichen Pallast.

Bei dem Aussteigen empfing sie der Vice-Gouverneur und Praesident des Regierungs-Raths, Graf Ludwig Cocastello, der Marquis von Montiglio, und eine Menge vom hohen Adel, Generals und Officiers. Alle Damen fanden sich in einer Vor-Kammer des Pallastes in prächtigster Galla, und bald nach der Ankunft ließen die hohen Herrschaften, die Generals nebst den Officiers und dem Adel beiderlei Geschlechts zum Handkuß. Nach eingenommener Abend-Mahlzeit sahen dieselben einem auf dem prächtig erleuchteten neuen herzoglichen Schauplatze aufgeführten Singespiel zu, und Tages darauf setzten sie nach angehörter Messe die Reise nach Florenz fort.

Der

Der gesamte Adel, der General=Feldmarschall, Otto Ferdinand Graf von Traun, die Generals ꝛc. begleiteten die hohe Herrschaften bis an den Wagen, und beurlaubten sich durch nochmaligen Handkuß. Das Geschütz ward wie bei der Ankunft, abgefeuert, der Post=Director, der General von Stentzsch, und die Grenadier=Compagnie von Sachsen=Gotha begleiteten sie bis San Benedetto di Polirone, wo sie auf einer räumlichen Brücke von Barken über den Po gingen und gegen Mittag anlangten.

Den 15ten geschahe die Ankunft zu Modena, wo der Herzog sie auf das prächtigste empfing, den 17ten trafen sie zu Bologna unter der Abfeuerug von achtzehn Stücken ein, und stiegen in dem Pallast Pepoli ab, welcher des Abends auf das zierlichste erleuchtet ward. Die Regierung schickte sogleich hundert Körbe voll allerhand Früchte und Erfrischungen, und gab ihnen Abends in dem Pallast von Caprara einen prächtigen Ball, bei deme sich der ganze Adel einfand. Den 18ten früh setzten sie ihre Reise nach Florenz über Scarica l'Asino weiter fort. Hier langten sie an eben dem Tage Abends, des Tages darauf zu Fiorenzuola, und den 20sten zu Montaghi an. Auf diesem Landgute des Marchese Corsi wurden sie von der verwittweten Churfürstin von der Pfalz empfangen, und nahmen mit selbiger die Mittags=Mahlzeit ein. Um drei Uhr aber erfolgte der Einzug in Florenz mit folgenden Gepränge:

Den 20sten Januar, eine halbe Stunde nach zwei Uhr Italienischen Zeigers, nahm der Einzug seinen Anfang. So bald Ihro königliche Hoheit, der Groß-Herzog, aus der Villa des Marchese Corsi, welche eine Stunde von der Stadt gelegen ist, und woselbst Höchstdieselbe zu Mittage gespeiset, heraus fuhren, wurden alle Canonen von der obern und untern Festung abgefeuert, und darauf mit allen Glocken zu läuten angefangen. Als Ihro Hoheit hiernächst unter den Triumph-Bogen anlangten, welchem man vor dem Thor Sanct Gallo aufzuführen angefangen, aber wegen der beschleunigten Abreise der Großherzoglichen Herrschaft von Verona nicht halb zum Stande bringen können, empfing der ganze Senat dieselben, und überreichte Ihro Hoheit die Schlüssel der Stadt. Diese Ehren-Pforte verdient eine besondere Beschreibung.

So bald man zu Florenz die gewisse Nachricht von den Aufbruch Ihro königliche Hoheiten erhalten, wurde der Schluß gefasset, vor dem Sanct Gallus-Thore einen prächtigen Triumph-Bogen, und zwar nicht vom Holz, wie sonst bey dergleichen Begebenheiten gebräuchlich, sondern von Stein zu errichten, damit er nicht allein zu einem stattlichen Beweißthum der Unterthänigkeit und Liebe des Volks gegen seinen Regenten dienen, sondern auch das Angedenken eines für Toscana so glüklichen Erfolgs mit grösserer Dauer auf künftige Zeiten beybehalten werden möchte. Und ob zwar in der so kurzen Frist, als Ihro königliche Hoheiten auf Dero Reise zugebracht, bey der von einigen hundert Arbeits-Leuten auch bey Schnee, Wind, und öfters häufigem Regen, Tag und Nacht daran gewendeten Mühe und unausgesetzten Fleiße nicht

möglich

möglich gewesen, dieses herrliche Denkmahl völlig
zu Stande zu bringen: so ist solches doch nachher
geschehen.

Die völlige Breite des ganzen Gebäudes, wovon der Großherzogliche Baumeister, Jadot, der
Erfinder ist, verhält sich mit der Höhe, wie.14. zu
15. Der erste Rang hat 10, der andere 3, und
der dritte zwey Theile inne. Es besteht selbiges
aus einem grossen und zwey kleinern Schwibbögen,
und 12. freystehenden Säulen, mit den Pfeilern,
wie auch deren Fußgestellen, Haupt-Durchzug,
Friesen oder Zierrathen, und Gesimse, alles nach
Corinthischer Ordnung. Ueber dem grossen Bogen sind Ihro königliche Hoheiten Wappen mit verschiedenen Auszierungen und Sieges-Zeichen umgeben, welche Sieges-Zeichen bis auf das Haupt-
Gewölbe des grossen Bogens herunter fallen. Auf
den kleinern Schwibbögen sind zwey Stütz-Balken,
welche das Gesimse, worauf der grössere Bogen
ruhet, tragen. Aus den Schnirkeln dieser Stütz-
Balken geht ein Cranz und einige Festonen, in deren Mitte an einem andern Schnirkel des untern
Theils des Gesimses, auf welchem eine grosse Abbildung der Großherzoglichen Thaten von halberha-
bener Stein-Arbeit ruhet, verschiedene Sieges-Zeichen hangen.

Der andere Rang oberhalb des erstern begreift
verschiedene Zierrathen, so auf den in dem ersten
Rang darunter gestützten Pfeilern und auf den drey
Bögen ruhen, und bestehen diese Zierrathen aus
einem Stock, einer Rondelle, und einem Gesimse.
Auf dem Stock, der auf den Bley der Säulen liegt,

stehen

stehen 12. Figuren, jede 5. Ellen hoch, welche alle zusammen die Beherrschung der Handelschaft vorstellen. Vorwerts oberhalb des grossen Schwibbogens ist abermahls ein grosses halberhabenes 11 Ellen langes, und 5. Ellen hohes Steinbild, die Großherzoglichen Helden-Thaten vorstellend. Ueber den Seiten-Bögen sind folgende zwey Innschriften:

Propagatori commercii.

* * * * *

Amplificatori bonarum artium.

Die Förder-Theile dieser Seiten-Bögen sind oberhalb des Gesimses mit zwey an ein Waffen-Gebinde, in dessen Mitte ein erhabener Helm ist, angeschmiedeten Sclaven, und verschiedenen andern zierlich zusammen gebrachten Kriegs-Geräthe ausgezieret.

Der dritte Rang ist eben von solcher Art, und dienet einer gegen 8. Ellen hohen Bild-Säule, so den Groß-Herzog zu Pferd vorstellet, als ein Fußgestell, welches seinen Stock und Gesimse hat, und mit dem anhängigen und mit Laub-Rollwerk ausgezierten Stütz-Balken gleichsam ein Förder-Theil formiret, in welchem in der Mitte auf einem erhabenen Viereck folgende Inschrift zu lesen ist:

Francisco III. Lotharingiae Duci
Augusto Pio Felici
Magno Duci suo
Etruriae.

Auf

Auf besagtem Fußgestelle ist ein Stock, an dessen Ecken 4. Sinn-Bilder, so den Sieg und den Ruhm andeuten, welche samt der Statur zu Pferd ein gleichsam verflochtenes und durch eine Gewölb-mäßige Erhöhung von dem Stock erhobenes Figuren-Werk vorstellig machen.

Dieser völlige Triumph-Bogen hat vor sich einen bey 120 Ellen langen, und mit Ulmen-Bäumen besetzten Oval-runden Platz, und dem Triumph-Bogen gegen über ist ein Spalier-Gang, mit zwey andern dergleichen Quer-Wegen.

Der Zug selbst gieng in folgender Ordnung: Erstlich kamen die beyden Garden von Arrezo und Pistoja zu Pferde, die blossen Degen in der Hand haltend, an der Zahl hundert und sechzig Mann, mit ihren Standarten und Trompeten. Nach demselben folgten die beyden Leib-Garden Ihro Königliche Hoheit ebenfalls zu Pferde, vierhundert Mann stark, mit ihren Standarten, Trompeten und Paucken. Hierauf kamen acht Carossen, jede mit sechs Pferden bespannet, und sodann die Schweizer-Garde in ihrem Ceremonien-Habit mit Fahnen und klingendem Spiel, zwischen welcher Ihro Königliche Hoheit nebst Dero Durchlauchtigsten Frau Gemahlin in einer sehr schönen mit sechs Pferden bespannten Kutsche fuhren. Auf jeder Seite giengen sechs Bediente, so brennende Wachs-Fackeln trugen, hinter denselben aber folgten sechs Edelknaben und sechs Kaiserliche Hartschiers, alle zu Pferde. Nach diesen kamen wieder drey Kutschen, jede mit sechs Pferden bespannet, worinn die

die Hof-Damen sässen, und sodann das ganze Regiment von der Garde zu Fuß, dem noch zwey Compagnien Grenadier folgten. Hiernächst ritt ein Officier, der zu beyden Seiten des Pferdes Säcke mit Geld hangen hatte, welches er unter die Leute auswarf. Die Münzen waren Paoli und Stücke von zwey bis drey Paoli und Ruspi, lauter neugeprägtes Geld, an der Summe viertausend Scudi. Auch wurde nachhero noch für zweitausend Scudi Brod unter die Armen ausgetheilet. Die ganze Stadt war auf das schönste erleuchtet, und die Strassen, durch welche der Einzug geschahe, zu beyden Seiten mit den kostbaresten Tapeten behänget.

Der Weg von Sanct Gallo war durchgehends bey dem Einzuge Ihro Königl. Hoheiten theils mit Dammast und andern seidenen, theils auch mit künstlich gewirkten Tapeten aufs zierlichste behangen, mit welcher Auszierung auch alle Ercker und Fenster bis an die sogenannte Priester-Ecke versehen waren. Allhier, dem Marcus-Platze gegen über, ist die Tapetenmacher-Strasse, welche den Nahmen daher hat, weil in selbiger die von Ihro Königliche Hoheiten freygebig unterhaltene Fabrique ist. Da nun die allda wohnende Meister dieser Kunst ein öffentliches Zeichen ihrer Dankbarkeit von sich geben wollen, haben sie zwey herrliche aus Holzwerk und Gemählde bestehende Triumph-Bögen, einen an der Priester-Ecke, als dem Eingange, den andern aber an dem Ende ihrer Strasse, gegen den Marcus-Platz zu, errichten lassen. Die
Zeich-

Zeichnung dieser beyden Triumph-Bögen, war von der vermischten Ordnung, und hat solche der Baumeister Gio Soresina angegeben, wozu das Gebäu-Gemählde von dem Mahler Francesco Bagnoli, die Figuren aber theils von dem Mahler Lorenzo Corsini verfertiget worden. Ueber dem Bogen an der Priester-Ecke waren in der Höhe die Wappen Ihro Königliche Hoheiten, welche die Gerechtigkeit und der Friede unterstützten; in den übrigen Raum aber sahe man die Zeit, wie solche den Ruhm leitete. An dem andern Bogen war die Göttin Pallas, das Laster mit Füssen tretend, und mit einer Hand die Tugend crönend, in der andern aber das Sinnzeichen der Tapetwirker-Kunst haltend, zu dessen Füssen sich ein das Herzogthum Toscana vorstellender Löwe zeigte. Jeder von diesen Bögen hatte inwendig einen grossen Zettul mit zweyen Inschriften, davon eine in Lateinischer, und die andere in Toscanischer Sprache war. Die Lateinische an dem gegen den Platz schauenden Bogen war folgende:

Francisco III.
Lotharingiæ Barri
Et Magno etruriæ Duci
Regi jerosolymorum
egregriarum artium ampliatori
Stromatopoeon collegium.

Die Toscanische aber an dem andern Bogen, gegen den Weg von Sanct Gallo, lautete also:

Francesco III.
*Duca di Lorena e di Bar
e gran Duca di Toscana
felicitando
colla sua presenza firenze
Rifioriscone
le belle arti.*

Diese völlige übrige Straße war von beyden Seiten mit den künstlichsten und kostbarsten in besagter Fabrik verfertigten Tapeten behangen, welche aller Anschauer Bewunderung an sich zogen. Vier Stück davon stellten die vier Theile der Welt vor, zwey andere den Fall des Phaetons, und den Raub der Proserpina, sechs andere die Geschichte und Wunderthaten des Simsons, und noch zwey andere eigen künstlich erfundene Landschaften. Das übrige bestund in lauter Thür-Aufsätzen, dergleichen Vorhängen, Säulen und andern Auszierungen, alles zusammen wohl und annehmlich eingetheilet. Was hierunter vor allen die gröste Augenlust bey jedermann erweckte, war ein von lauter Wolle nach dem Leben gewirktes Portrait des Groß-Herzogs, so über dem Haupt-Thore aufgestellet war, und welches der vortrefliche Meister Leonardo Bernini mit solcher Kunst gewirket hatte, daß es vielmehr für ein kunstreiches Gemählde, als für ein blosses Woll-Gewirke von jedermann gehalten wurde.

Von gedachter Spalier-Fabrik-Straße gieng der Zug rechter Hand weiter in eine breite Gasse,

worinn

worinn die von den Einwohnern veranstaltete Auszierungen wegen des geraden und weiten Orts einen desto herrlichern Anblick verursachten. Von dieser kam man über die Hammer-Strasse auf den grossen Platz der Metropolitan-Kirche.

Nachdem also dieses der angewiesene Weg zu dem Groß-Herzoglichen Einzuge war, so kamen Ihro Königliche Hoheiten mit Dero zahlreichen Begleitung vor dem Stadt-Thore an, da dann von beyden Festungen, Sanct Johannis Baptistae und Belvedere, die Stücken gelöset wurden. Es befand sich auch gleich vor dem Stadt-Thore der gesamte Magistrat und Senat, in der ihrer Würde eigentlichen Gala-Kleidung, auf einem besonders hierzu errichteten Gerüste. Wie die Groß-Herzogl. Leib-Kutsche herannahete, begab sich der Senator, Antinori, als Statthalter, dahin, und legte mit einer zwar kurzen aber zierlichen Rede im Nahmen der Stadt und Gemeinde gegen Ihro Königliche Hoheiten die erste Pflicht der Unterthänigkeit und des Gehorsams ab.

Nach solchem Empfang setzten Ihro Königl. Hoheiten, unter unaufhörlichen Zuruf einer unbeschreiblichen von allen Orten her sich versammleten Menge Volks, den Weg nach der Metropolitan-Kirche fort, welche aufs prächtigste von innen ausgezieret und erleuchtet war. Als Ihro Königliche Hoheiten vor der Kirch-Thüre aus Dero Kutsche abgestiegen, wurden Sie von dem mit Pontifical-Kleidung angelegten Erz-Bischof, Martelli, nebst dem gesamten Dom-Capitul, und der übrigen

Geist-

Geistlichkeit, wie auch den Erz=Bischöffen zu Pisa und Sieng, und zwölf Bischöffen der vornehmsten Städte des Groß=Herzogthums, welche alle Insuln und die übrige Pontifical=Kleider anhatten, empfangen, wornach Sie sich unter einer zahlreichen Begleitung an den in dem Chor für Dieselbe zubereiteten Ort begaben. Hierauf ward das Te Deum laudamus unter einer Music von dreyhundert Musicanten, und unter Lösung der Kanonen von den Festungen, abgesungen.

Nach verrichteter Andacht gieng der Zug weiter nach dem Groß=Herzoglichen Pallast Pitti, wo sich in der Gasse, welche von der Metropolitan=Kirche nach dem Pallast Pitte führet, dem Auge ein neuer herrlicher Anblick zeigte, indem selbige mit so prächtigen und ungemeinen Auszierungen versehen, auch so künstlich und anmuthig erleuchtet war, daß so wohl in Betrachtung des übergrossen Lichts, so durch eine unzehlbare Menge auf tausenderley Art nicht allein an den Gebäuden, sondern auch auf der Erde selbst, zierlich angeordneter Fackeln, Windlichter und Lampen, der Luft selbst einen solchen Schimmer ertheilte, als ob der helleste Tag wäre, als auch wegen der übrigen an sehr vielen allgemeinen Orten angebrachten Zierrathen, daß noch von keinem Menschen zu Florenz etwas so schönes und majestätisches gesehen worden. Die vornehmsten, so die Augen der frohlockenden Zuschauer am meisten an sich gezogen, sind folgende:

Der so genannte Magistrat de 'Consoli die Calamara, oder der Handelschaft, welcher auch
über

über die Administration der Kirche von Sanct Johann Baptista gesetzet ist, hatte einen majestätischen und kostbar beleuchteten Triumph-Bogen an dem Gerüste des Förder-Theils gedachter Kirche aufrichten lassen. Das Gebäude dieses Bogens war eine Erfindung des Baumeisters Julii Foggini, und bestund aus Corinthischer Ordnung, erhob sich auch aus der Erde mit einem grau-gemahlten Stockwerk, welches durchaus gieng. Auf diesem stunden zu jeder Seite zwey Säulen mit ihren Unter-Sätzen und Cron-Gesimsen vom gelben senesischen Marmor, auf denen ein gesimseter Haupt-Durchzug lag. Zu beyden Seiten sahe man noch verschiedene andere Grund-Gesimse, worauf einige halbe Pfeiler, und auf diesen ein von weissen Marmor gesimseter Bogen ruhete, welcher vor den andern leeren und nach Marmor-Art gelb und weiß gemahlten Seiten-Plätzen in etwas hervor ragte. Nächst diesem erschienen zwey andere ganze Pfeiler von gesprengtem Marmor von Seravezza, welche mit ihren gelben Cron-Gesimsen das übrige von dem Haupt-Durchzuge unterstützten. Auf diesem Haupt-Durchzuge lag ein von gleicher Marmor-Art gemahltes Gesimse, welches in der Mitte über dem Bogen mit allerhand Sieges-Zeichen gezieret war. Oberhalb dieses Gesimses in der Mitte des völligen Gerüsts erhob sich ein in verschiedene weisse Marmor-Tafeln eingetheiltes Gibel-Werk, welches ein gewölbtes Gesimse zum Gipfel hatte. Mitten daran war folgende Inschrift zu lesen:

Fran-

Francisco Tertio
Lotharingico Magno Etruriae Duci
Religionis propugnatori ac vindici
Felicitatis publicae et Pacis perpetuae adfertori
Cum Augusta coniuge Theresia Austriaca
Et Carolo germano Fratre invictissimo
Ingenti populorum gratulatione
Florentiam feliciter ingresso
Consules. Callismalae
Laetos annos et fausta omnia comprecantur.
Tantorum principum imperio et praesentia
Felices populi.

An den Seiten des Gibels befanden sich zwey Geländer, die sich mit zwey Grund-Gestellen, woran gelb-marmorne Tafeln waren, endigten, und diese Grund-Gestelle ruheten auf zwey von den untern Pfeilern, und trugen zwey grosse Armleuchter mit viel angezündeten Fackeln. Dieser Bogen war mit viel Carmosin-Damastenen und mit Gold borbirten Tapeten in Gestalt eines Gezelts behangen, worunter das Portrait des Groß-Herzogs mit viel herrlichen Auszierungen hieng. Dieses Bild, wie auch ein Theil des übrigen Triumph-Gebäudes, war von vielen auf drey grossen Crystallenen Hangleuchtern brennenden Wachslichtern beleuchtet. Man sahe ferner vor den zwey ganzen Säulen, und vor den zwey inwendigen Pfeilern vier Statuen von gesprängten, auf so viel Fuß-Gestellen von weissen Marmor, womit die vornehmste Toscanische Städte,

te, als Florenz, Siena, Pisa und Pistoja vorgestellet, und waren auf dem Fuß-Gestell jeglicher von sothanen Statuen folgende von dem gelehrten Probst dieser Kirche, Gio. Luci, verfaßete Inschriften zu lesen:

Florentina

Divinarum rerum et humanarum peritia celeberrima
Bonarum artium cultrix et amatrix
Earundem columen regem sapientissimum
Felicitatis suae auctorem
Laetissime excipis demisse veneratur

* * * * *

Senae
Sanctitatae clarae
Belli et Pacis artibus praestantissime
A pio Principe armis consilioque potente
Religionis Firmamentum Pacis securitatem
Ingeniorum culturam et in maritimis oris
Hominum frequentiam sibi augurantur

* * * * *

Pisae
Equitum S. Stephani et studiorum sede illustres
In Solymae expeditione Gothofrido Bullionio
Foederatae
Tanto herois sanguine progenitum regem
Etruriae obtigisse gloriantur

Piste-

Pistorium
Virtutis et gloriae domicilium
Adventu Francisci III.
Majorum suorum virtutem et gloriam aemulantis
Christinae omni aevo clarissime agnati
Lotharingicum splendorem in Etrusco imperio
Renovari laetatur.

Nach der sogenannten Stroh-Gasse mitten auf dem Creutz-Wege der vier daselbst zusammen treffenden Strassen sahe man abermahls eine herrliche Triumph-Pforte, welche die Judenschaft auf ihre Kosten erbauen lassen, deren Riß der Baumeister Gio. Filippo Ciocchi verfertiget hatte. Sie war vierseitig, und jede Seite daran 20. Ellen breit, und 21. Ellen hoch. Vier grosse Schwib-bögen, deren jeder 10. Ellen breit, und 21. Ellen hoch war, stunden gegen erwehnte 4. Strassen, und jegliches Förder-Theil dieser vier Bögen war von zusammen gesetzter Ordnung, mit zwey grossen Pfeilern, welche die Dicke des Bogens und Eingangs ausmachten: sodann befanden sich noch 2. andere Gegen-Pfeiler, und zwey Säulen daran, welche auf einem hohen Gestell-Werk stunden. Auf diesen Pfeilern und Säulen ruhete der Haupt-Durchzug, die Schnerkel-Balken, und das Gesimse, alles nach französischen Broccatel-Marmor, die Gesimse aber nach gelben Senesers Marmor-Art gemahlet, und die Cron- und Fußgestelle vergüldet, welches alles zusammen ein sehr schönes Ansehen hatte.

hatte. Auf dem Gesimse gerade über den Säulen stunden auf jeglichem Förder-Theile zwey Statuen von weissen Marmor jede vier Ellen hoch, die zwey ersten, gegen der Dom-Kirche zu, stellten die Gerechtigkeit vor, mit der Wage in der rechten, und eine Lanze in der linken; und die Mildigkeit mit dem Scepter in der linken, und einer Trink-Schale in der rechten Hand. Die Unterschrift auf dem Fußgestelle der ersten war Iustitiae custodi.

Die auf den andern Clementiae respicienti.

Von den andern gegen den Centaurum hin stellte die eine die Frömmigkeit vor, mit nach dem Himmel gerichteten Augen, die linke Hand an die Brust haltend, und in der rechten ein Gefässe, woraus Flammen empor stiegen, mit der Beyschrift: Pietati Coelesti.

Die andere aber stellte die Herrlichkeit vor, mit einer Kugel in der Rechten, und einer kaiserlichen Crone in der linken, mit der Inschrift: Magnificentiae Augustae.

Von den zwey Statuen von dem dritten Förder-Theil gegen die Galgen-Strasse war die eine der Genius der schönen Wissenschaften, welcher in der Rechten ein Cornu Copiae hielt, und mit der linken auf unterschiedliche zu seinen Füssen liegende Bücher und mathematische Instrumente wies, mit der Beyschrift: Genio Sapienti.

Die andere war der Genius der Ehre, welcher in der Rechten einen Lorber-Crantz, in der linken aber

aber Palmen-Zweige hielt, mit der Inschrift: Honori amplificatori.

Von den zwey nach der Jüden-Stadt zu befindlichen Statuen war eine die Vorsichtigkeit, die mit der rechten nach dem Himmel zeigte, in der linken aber eine Garbe hielt, mit den beygefügten Worten: Providentiae vigili.

Die andere war die Freygebigkeit mit einer Himmels-Kugel in der linken, und einem umgekehrten Füllhorn in der rechten mit der Beyschrift: Liberalitati invictae.

Andere vier dergleichen Statuen stunden auf dem Gestellwerk der Ecken, welche die zwey Säulen, so den nächsten Bogen beyderseits unterstützten, machten, und diese konten durch den Raum zwischen den Säulen von allen Seiten gesehen werden. In dem Anblick des Bogens, gegen der Dom-Kirche war auf einer die Kriegs-Tapferkeit mit einem Helm auf dem Haupt, und Harnisch an der Brust, mit der rechten einen Blitz werffend, und mit der linken einen Schild haltend, unter ihren Füssen lagen verschiedene türkische Waffen. Die Inschrift: Profligatori gentium barbararum.

Auf der andern Seite befand sich die Glorie mit fliegender Kleidung, und gecröntem Haupte, mit einer Kugel, worauf ein Phönix saß, in der rechten Hand, und zu ihren Füssen lag ein Küras. Die Beyschrift: Propagatori Virtutis et Gloriae.

In dem Anblick des Bogens nach den Centauro sahe man auf einer Seite den Frieden in einen Mantel

tel eingeschlagen, und einen Oelzweig in der rechten, eine umgekehrte Lanze aber in der linken haltend, mit dem Worten: Fundatori Pacis perpetuae.

Auf der andern die Glückseeligkeit mit lächelndem Gesichte, in der rechten einen Herolds-Stab an einer langen Pique, in der linken aber ein erhobenes Füll-Horn haltend, mit den Worten: Auctori publicae Felicitatis.

An den Seiten eines jeglichen Bogens waren zwei artige Pfeiler von gelben Marmor, mit Ausfüllungen von französischen Broccatel-Marmor auf der Höhe, mit Larven-Gesichtern, und Festonen mit Gold gezieret. Auf diesen Pfeiler ruhete ein schönes Gesimse von gelben Marmor, worauf verschiedene Auffätze und Wölbungen, wie auch allerhand artige, mit Larven-Gesichtern und vergoldetem Laubwerk gezierte Gefäße von Serpentin-Marmor-Art, in der mitten aber Ihro königl. Hoheit Wapen, zwischen viel Kriegs- und Sieges-Zeichen stunden. Unter den Wapen an jeder der vier Seiten hing ein wohl eingefaßtes, und mit Festonen und nach der Kunst gemahlten Blumen, auch vergoldeten Larven-Gesichtern und andern Zierrathen umgebenes Schrift-Schild. Die darauf enthaltene Inschriften sind von dem berühmten Gori gefertigt worden, und die erste nach der Dom-Kirche lautete also:

Adventu

Adventu felicissimo
Francisci III. Lotheringiae et Bari Ducis
Iusti invicti optimi
Et Mariae Theresiae Augustae Archid. Austriae
Etruriae magnorum Ducum
Quiete felicitate laetitia publica
Perpetuo fundata
Iudaeorum Matio laeto obsequio

Auf dem andern Schrift-Schilde nach dem Dentaure zu, war zu lesen:

Virtuti et Gloriae conjugum Augustorum
Francisci III. Leopoldi F. Lothar. et Barr, Ducis
Et Mariae Theresiae Archiducis Austriae
Imp. Caesaris Caroli VI. Filiae natu maxime
Etruriae magnorum Ducum
Et Caroli Lothar. Fratris Principis Celsissimi
Quod optato adventu suo
Etrusce gentis felicitatem aeternam constituant
Iudaeorum Natio
Venerabunda consecrat.

Auf dem dritten gegen der Galgen-Straß stund folgendes:

Florentiae felici
Quod providentissimi Principes
Conjuges Augusti

Francis-

Franciscus Lotharingicus et Maria Theresia
Austriaca
Magni Duces Etruriae
Impleta urbe majestatis suae praesentia.
Avita spe nunquam defuturae regiae sobolis
In regnatrice domo condita imperii
Perpetua securitate
Bona et fausta omnia auspicentur
Iudaeorum Natio plaudit

Und auf dem vierten, gegen der Jüden-Stadt und dem Oel-Platz zu, war zu lesen:

Etruriae beate
Magnorum virorum studiosorumque parenti
Quod in hac aeterni imperii sede regnantibus
Magnis Ducibus suis Augustis conjugibus
Francisco Lotharingico et Maria Theresia
Austriaca
Eximium optimarum artium praesidium
Maxima publici commercii commoda felicia
Tempora laetis auspiciis sibi promittat
Iudaeorum Natio gratulator.

Dieses völlige Gerüste war aussenher mit 7000. Oel-Lampen, inwendig aber mit einem von der Mitte des Gewölbes herabhangenden grossen, und vier andern kleinen Crystallenen Hang-Leuchtern, und darauf brennenden sehr vielen Wachslichtern beleuchtet.

leuchtet. Als Ihro königliche Hoheit durch diese Triumph-Pforte fuhren, ließ sich auf einer darauf besonders errichteten Bühne ein schönes Concert von unterschiedlichen musicalischen Instrumenten hören.

Der andern durch die ganze Stadt angestellten herrlichen Illuminationen und Auszierungen zu geschweigen ist noch die Beschreibung des in dem Garten Boboli angezündeten künstlichen Feuerwerks, daß der Großherzogliche Baumeister Jadot veranstaltet, zu merken. Dieses Gerüste stellte die Ruhe des Herculis nach seinen Bemühungen vor. Man sahe ihn auf dem Gipfel eines 30. Ellen hohen Felsens sitzend und unter seinen Füssen das Erymantische wilde Schwein und den Centaurum Nessus, sammt seinen Waffen. Hinter ihm zeigte sich die Ruhm-Göttin, die mit einer Hand einen Lorber-Cranz über sein Haupt, mit der andern aber eine Trompete hielt. In dem Felsen sahe man eine Kluft mit 3. grossen Oeffnungen. Mitten in dieser Kluft befand sich die Lernäische neunköpfigte Schlange, deren Köpfe abgeschlagen, und hier und dar zerstreuet lagen. An den 3. Seiten der Kluft-Oeffnungen sahe man 3. Bild-Säulen, deren eine den Ueberfluß, die andere die Gerechtigkeit, und die dritte die Großmüthigkeit vorstellte. Das Feuer fieng sich mit Abfeurung vieler Böller an. Alsdenn sahe man aus den Oeffnungen, wie auch zwischen den Steinen der Kluft, an vielen Orten Feuer-Flammen hervor schlagen, welche bis ans Ende des Feuerwerks mit ununterbrochenen Fristen fortbrannten. In einem Augenblick darauf erschien

das

ganze Gerüste auf einmahl beleuchtet, und diese Beleuchtung stellte unter andern sowohl die Wappen, als auch die Namens-Züge Ihro königliche Hoheiten vor. Alsdenn sahe man unzehlige Lust-Bomben von verschiedenen Farben, wie auch Feuer-Räder, Raqueten, Feuer-Brunnen, und verschiedene andere dergleichen Feuerwerke, theils von dem Gipfel des Felsen, theils von der Mitte der Oeffnungen, und theils von den Seiten des Gerüstes, in die Luft steigen; zugleich aber ließ sich eine vortrefliche Musik von vielen in erwehnten Schauplatz eingetheilten Musicanten hören. Die völlige übrige Gegend war mit unzehligen Blech-Lampen besetzt. Zwischen den in den Nischen befindlichen Auszierungen waren an den Spitz-Säulen zur rechten Seite verschiedene Herzoge, zur linken Seite aber eben so viel Herzoginnen von Lothringen, mit deren beygefügten Wappen und verschiedenen auf eines jeden Tugenden zielende Inschriften, u. s. w.

Den 21sten begaben sich die hohen Herrschaften nebst den Fürsten von Elboeuf in die Kirche der Verkündigung Maria, wo das Angesicht des Wunder thunenden Marien-Bildes aufgedecket ward. Der Groß-Herzog hatte an diesem Tage ein roth sammetenes reich mit Golde gesticktes Kleid, dessen Knöpfe Diamanten waren, an, und sowohl das goldene Vieß als den florentinischen Stephan-Orden umhangen. Der Groß-Herzogin Kleidung war gleichsam mit Diamanten besäet, und der ganze Hof zeigte sich in der grössesten Pracht. Den 22sten besuchten sie die verwittwete Churfürstin, welche ihnen die Juwelen des Staats, und die von dem verstorbenen Groß-Herzoge hinterlassene Kostbarkeiten zeigte. Diese würdige Fürstin wollte dem Groß-Herzoge alles ausliefern, allein er versicherte sie, daß dieser Schatz in keinen bessern Händen seyn könne, und machte sowohl derselben als der Groß-Herzogin, dem Prinzen Carl, dem Fürsten von Elbœuf und dem gegenwärtigen hohen Adel und Ministern von den in dem Gemach des verstorbenen Groß-Herzogs gefundenen Kostbarkeiten beträchtliche Geschenke.

Den 25sten Jenner sahe er dem Spiel del Calero, (Schul-Spiel) auf dem heiligen Creutz-Platze zu, woselbst Schaubühnen für die Großherzogliche Herrschaft und dem Adel errichtet waren, und die mit mehr als 15000. Lampen erleuchtete Gallerie ein prächtiges Ansehen gab. Dieses Spiel ward den 8ten Februar wiederholet, und der Groß-Herzog war so vergnügt darüber, daß er den Anführern beyder Partheyen, den Marchesen, Bernhardin Riccardi, und Juscus Rinuccini jedem einen prächtigen brillantenen Ring, und den jungen Edelleuten Montalvi, Vgoccioni, und Manelli, die sich am meisten hervorgethan, jedem eine goldene Schnupftobaks-Dose schenkte.

Den 2ten Merz reiseten die hohe Herrschaften von Florenz nach Pisa, und den 6ten kamen sie zu Livorno 32) an. Hier wurden sie mit den grössesten

---

32) Unter andern angestellten Freudens-Bezeigungen haben die Kaufleute von der engeländischen Völkerschaft ein prächtiges Feuerwerck anzünden lassen, welches einen Garten vorstellete, in dessen Mitte ein Spring-

sten Freudens-Bezeugungen empfangen, die Stadt drei Abende hintereinander erleuchtet, und von der Judenschaft eine sogenannte Cocagna Preiß gegeben, von den jungen Bürgers-Söhnen aber das Spiel del Calcen gehalten.

Den 16ten Merz gingen sie über Pisa von Livorno nach Florenz zurück. Den 31sten Merz thaten sie noch eine Reise nach Siena, von da die Rückkehr nach Florenz den 3ten April erfolgte.

Den 12ten überreichte der päbstliche Abgeordnete, Paßionei, der Groß-Herzogin in einer öffentlichen Audienz die von dem Pabste für sie bestimmte geweihete goldene Rose, und ward mit einer goldenen mit Brillanten besetzten Uhr und dergleichen Ring beschenket. Endlich erfolgte den 27sten April die Rückreise nach Teutschland.

Der Groß-Herzog machte seinen Aufenthalt durch verschiedene neue Einrichtungen merkwürdig,

und

Spring-Brunnen mit einem Meerschwein zu oberst war. Bey dem Eingange standen sechs Spitzsäulen mit Fußgestellen, und waren mit folgenden Inschriften gezieret:

Auf der ersten: Spe major, fama melior, und: Animos jungit, legesque tuetur.

Auf der andern: Etruriae sit dulce diu, und: In Te domus inclinata recumbit.

Auf der dritten: Principe Tu felix Socero, felix ille Te Genero, und: Mens omnis aberrat in vultus, quos finxit amor.

Auf der vierten: Gemino certatim spendida sexu, und: Hinc spesque salusque.

Auf der fünften: Ipsam jam aequas Matrem, und: Magnorum soboles Regum, paritur aqua Reges.

Auf der sechsten: Te nobis trepidae ceu sidus duce carinae ostendere Dii, und: Te felix natorum turba coronet.

und dem Lande nützlich. Er ließ durch eine den 16ten Februar bekannt gemachte Verordnung, um die Aufnahme der Landes=Fabriken zu befördern, die Einführung aller wollenen in auswärtigen Ländern verfertigten Waaren verbieten. Eine andere am 3ten Merz bekannt gemachte setzte, zum Besten der Unterthanen, die Zinsen, welche die Leihbanken nehmen, auf drey vom Hundert feste. Zu Florenz ward eine neue Ritter=Academie errichtet, bei welcher diejenige Professores, welche bei der in Lothringen zu Luneville gewesenen Ritter=Academie gestanden, angesetzet wurden. Und besonders ward die Regierungs=Verwaltung 33) auf einen gewissen Fuß gesetzet.

Es sollte zwar anfänglich die verwittwete Churfürstin die Regentschaft übernehmen, allein sie entschuldigte sich mit ihren kränklichen Umständen, und es ward also 1.) ein Regierungs= 2.) ein Krieges= und 3.) ein Finanz=Rath niedergesetzet, deren Mitglieder würkliche Staats=Räthe, und deren Beschäftigungen dem Lande durch eine noch vor der Abreise des Groß=Herzogs herausgegebene Verordnung bekannt gemachet ward.

Die

---

33) Die weiset jeden seine Gerichtbarkeit an. Dem Regierungs Rathe wurde die Ausübung der Gerechtigkeit in peinlichen und bürgerlichen Sachen anvertrauet, nicht weniger die Besorgung alles desjenigen, was den Stephan=Orden, die Beförderung der Künste und Wissenschaften, und die Erhaltung der öffentlichen Ruhe anhehet. Dem Kriegsrath ward die Aufsicht und Vorsorge für die Völcker=Besestigungs=Marsch= und Magazin=Sachen, dem Finanz=Rath aber alle Pacht=Sachen und die Aufsicht über des Großherzogs eigene Güter und Einkünfte anvertrauet.

Die Ansprüche, welche der neapolitanische Fürst von Ottojano 34) an die mediceische Allodial-Verlassen-

34) Er war ein Abkömmling von dem jüngern Zweige des Hauses Medices, und gieng 1743. den 18ten Februar mit Tode ab, hat aber Nachkommen hinterlassen. Seine Verwahrungs-Schrift war folgenden Inhalts:

"Da der unterschriebene Don Joseph von Medices Fürst von Ottojano, an dem von dem Regierungs-Rath gefasten und zum Theil bewerckstelligten Schluß, das völlige Eigenthum der von der Succession der Durchl. Mediceischen Hauses herkommenden Allodial-Güther zu veräussern, nicht mehr zweifeln kan, und er hiernächst versichert ist, daß selbst in dem Fall, wenn diese Güther frey von aller Verbindung loß wären, man darüber nicht disponiren könne, ohne seinen Rechten und Ansprüchen zu nahe zu treten; so ergreift er hiermit den Weg der Vorstellungen, als den bequemsten, um den Gliedern der Regierung einen rechten Begriff von der wahren Beschaffenheit gedachter Güther zu geben, und sie zu bewegen, Ihro Königlichen Hoheit dem Groß-Herzoge selbst vorzustellen, daß nach der testamentalischen Verordnung des Pabst Clemens VII. des Groß-Herzogs Franz I. und Dero Durchlauchtigsten Vorgänger, nahmentlich des letztverstorbenen Groß-Herzogs, Johann Gaston, alle ihre Allodial-Güter einem scharffen Fidei commiss unterworffen seyn, krafft dessen sie alle beysammen erhalten werden sollen, um bis auf die letzten Lienien ihrer Anverwandschaft zu kommen. Da nun also nach Absterben des Großherzogs, Johan Gaston, des letzten Printzen aus dem Mediceischen Hause, solche Güter dem Fürsten von Ottojano anheim fallen, siehet er sich genüßiget, bey dem Regierungsrath sich seiner Forderungen halber zu melden. Daferne aber wider alles Vermuthen, und seiner Vorstellungen ungeachtet, man zu dem Verkauf und der Veräusserung solcher Güter weiter schreiten solte, glaubt er den Weg des Rechts
gebrau-

laſſenſchaft machte, hatten keine Folgen, vielmehr erklärte der Fiscal der Regierung zu Florenz die Verwahrungs-Schrift dieſes Prinzen für ungegründet, vermeſſen, und der den Landes-Herren ſchuldigen Ehrfurcht widrig.

§. 12.

Der Groß-Herzog reiſet nach Wien zurück, und unterredet ſich mit der verwittweten Herzogin und Prinzeßin Charlotte von Lothringen.

Den 27ſten April trat der Groß-Herzog mit der Groß-Herzogin und dem Prinzen Karl unter Abfeuerung des Geſchützes die Rückreiſe von Florenz nach Teutſchland an. Als ſie vor dem heiligen Gallus-Thor angekommen, nahm der Groß-Herzog und der Prinz Karl von der Groß-Herzogin Abſchied, und ging nach Livorno, von da er zu Schiffe nach Genua, und von da nach Turin ſich begeben wollte, allein er fand bei ſeiner Ankunft zu Livorno das Meer ſo ſtürmiſch, daß er ſeinen Entſchluß änderte, und den 28ſten Abends ſchon wieder bei der Stadt Florenz vorbei fuhr, um der Groß-Herzogin, welche die Reiſe zu Lande that, zu folgen.

Dieſe

gebrauchen zu müſſen, den ihm die Geſetze an die Hand geben, und zu proteſtiren: wie er durch gegenwärtiges thut, daß er nicht darein willige, noch jemahls willigen werde, daß man, auf was für Art es auch ſey, darüber diſponire, indem er vielmehr alles für null und nichtig erkläret, was dieſer Proteſtation entgegen geſchehen kan, damit er ſich auf alle Fälle, und wo es nöthig ſeyn wird, bewahret haben will, ꝛc. ꝛc.

Diese langte den 28sten zu Rivalta an, wo sie der Herzog von Modena in Begleitung der Prinzeßinnen seiner Schwestern, empfing, und nach Reggio begleitete. Hier wohnte sie der Aufführung eines vortreflichen Singespiels bei, und ward auf eine sehr angenehme Art überraschet, als vor Endigung des ersten Aufzuges die Nachricht einlief, daß der Groß-Herzog mit dem Prinzen Karl zu Rivalte angelanget sey. Man fuhr demselben sogleich entgegen, und begleitete sie nach Reggio, wo sie der Endigung des Singespiels, und sodann einer grossen Abend-Mahlzeit beiwohnten. Der Aufenthalt der Groß-Herzogin zu Reggio dauerte bis zum 5ten May, da dieselbe von da sich über Parma und Piacenza nach Mayland erhob, woselbst ihr der Stadt-Rath die Thor-Schlüssel auf einer silbernen und vergoldeten Schüssel überreichte, und bei der Abreise mit einem Leuchter und andern Gefässe von Berg-Crystall, welches auf vierzigtausend Ducaten geschätzet worden, ein Geschenke machete.

Der Groß-Herzog, welcher sich von Reggio aus an dem königlichen sardinischen Hofe einen Besuch zu machen, unter dem angenommenen Namen eines Grafen von Sorano nach Turin erhob, langte den 2ten May in Begleitung des Prinzen Karl zu Tortona an, wo er von dem sardinischen Gouverneur und General, Marquis von San Giulio unter Absfeuerung des groben Geschützes empfangen ward, und die Besatzung im Gewehr stand.

Den 3ten May setzte er die Reise nach Alessandria fort. Der Gouverneur dieser Stadt, und General, Marquis Johann Baptista Asnardi von Caragtio, kam ihm mit drei sechsspännigen Kutschen entgegen, und begleitete ihn in die Stadt, woselbst er vor seinem Quartier einige Bataillons und Reuterey im Gewehr fand, davon das Bataillon des Regiments Piemont zur Ehren=Wache blieb, die übrige aber bei dessen Fenstern vorbei nach ihren Quartieren zurück zogen. Nachdem er das Mittags=mahl daselbst eingenommen, fuhr er Nachmittags noch bis Sanct Michel, an welchem drei Posten von Turin entlegenen Orte er den Ober=Ceremonien=Meister, Ritter von Salmatoris, nebst mehrern Hof=Bedienten auch königliche Kutschen und Pferde fand, mit welchen er noch an eben dem Tage nach Turin fuhr, woselbst er Abends gegen 10. Uhr anlangte, und bei der kleinen Schloß=Treppe, die ehemals nach dem Archiv führte, abstieg. Hier hatte man ein sehr prächtig aufgeputztes Zimmer für ihn zurechte gemachet, in welchem unter andern das carmoisin=rothe sammetene und mit Perlen besetzte Bette aufgeschlagen war, welches von dem Könige Victor Amadeus bei der Krönung zum Könige von Sicilien in Palermo, seitdem aber nicht wieder gebrauchet worden. Der König und die Königin kamen sogleich in das Zimmer, und nahmen mit dem Groß=Herzoge und dem Prinzen Karl die Abend=Mahlzeit ein. Den 4ten früh machte der ganze Hof und alle Personen vom Stande bei dem Groß=Herzog seine Aufwartung. Dieser besuchte das königliche Haus, und besonders den Herzog von Savoyen, der sich von einer zugestossenen Unpäßlichkeit zu erholen anfing. Gegen Abend besahe

der

der Groß-Herzog das heilige Schweiß-Tuch, 35) und wohnte sodann dem bei Hofe gehaltenen Concert und Spiel bei. Den 5ten ward ihm zu Ehren bei Stuprati eine Jagd angestellet, die sich mit einer prächtigen Tafel endigte, an welche auch zwanzig Damen gezogen wurden. Gegen 6. Uhr Abends kam der Hof nach Turin zurück. Der Groß-Herzog blieb bis um halb 9. Uhr bei dem Könige, sodann begaben sich beide nach dem Schauspiel, und von da zur Abend-Tafel. Um 2. Uhr nach Mitternacht nahm der Groß-Herzog den zärtlichsten Abschied, wobei er versicherte, daß er, um das Vergnügen zu haben, den König zu umarmen, er allemal gerne einen Umweg von 50. Posten machen, und bei seiner ersten Reise nach Toscana 14. Tage zu Turin zubringen wolle.

Den 8ten traf der Groß-Herzog mit dem Prinzen Karl, dem Oberstallmeister Marquis von Stainville, 36) dem Ober-Kammerherrn und den Cabinets-Secretairs, von Toussaint, 37) welche ihn auf

---

35) Man besehe von diesem Schweißtuche Reißlers neueste Reisen, Seite 196. und folgende.

36) Franz Joseph, von Choiseuil Beaupre, Marquis von Stainville, war anfänglich Lotharingischer Minister am französchen Hofe, ward hernach Oberstallmeister, und endlich 1749. statt des Fürsten von Craon, Präsident des Staats und Regierungs-Raths zu Florenz. Er ist ein Vater des vielgeltenden und berühmten Staats-Secretairs am französischen Hofe, Herzogs Stephan von Choiseull.

37) Franz Joseph, Reichs-Freiherr von Toussaint, war ein gebohrner Lothringer, und einer derjenigen

Ministers,

auf der Reise nach Turin begleitet hatten, zu Meyland bey der daselbst zurück gebliebenen Groß=Herzogin an, und den 9ten reisten sie über Mantua nach Tyrol. Den 11ten Nachmittags kamen sie schon Mittags zu Trient, und Abends zu Bozzen an, wo sich der Großherzog abermals von der Großherzogin trennete, und in Begleitung des Prinzen Karl der aus Commercy kommenden Herzogin Mutter entgegen zu gehen.

Die verwitwete Herzogin war nebst der Prinzeßin Charlotte von Lothringen und einem Gefolge von 135. Personen und 166. Pferden den 13ten May zu Schafhausen angekommen, und reisete Tages darauf früh um 8. Uhr nach Kempten, wo die Zusammenkunft geschehen sollte. Der Großherzog, welcher mit dem Prinzen Karl den 16ten May zu Altorf in dem Kanton Ari ankam, gieng der Herzogin sogleich bis auf drey Meilen von dieser letztern Stadt entgegen, und traf sie auf freien Felde an. Sie giengen nach der zärtlichsten Umarmung, nach Altorf zurück, nahmen daselbst das Nachtlager, und fuhren den 17ten nach Kempten, von da aber nach Inspruck. Als die daselbst befindliche Großherzogin von ihrer bevorstehenden Ankunft benachrichtiget worden, fuhr sie den 19ten May derselben

eine

Ministers, die das ganz besondere Zutrauen des Monarchen besessen. Er starb den 22sten May 1762. als kaiserlicher Cabinets-Secretair, und Geheimer Finanzrath. Die Oberaufsicht aller kaiserlichen Einkünfte war ihm anvertrauet. 1745. den 5ten October erhob ihn der Kaiser mit seinen zwey Brüdern Leopold, und Felix Ieo in den Reichs-Freyherrenstand.

eine Stunde weit entgegen, und traf sie auf dem Felde, oberhalb dem Dorfe Inßingen, an. Der Empfang geschahe unter vielen Freuden-Thränen, und diese nunmehro vereinigte hohe Reise-Gesellschaft hielt noch an eben dem Tage Abends um 7. Uhr über die prächtig gezierte Inn-Brücke unter Absfeurung des schweren Geschützes ihren Einzug, wobey die Scharf- und Scheiben-Schützen nebst der Stadt-Miliz unter dem Gewehr stunden.

Der Aufenthalt zu Inspruck dauerte bis zum 26sten May, während welcher Zeit sowohl der benachbarte hohe Adel als andere Standespersonen und unter andern der regierende Fürst Friedrich Wilhelm von Hohenzollern Hechingen, die Aufwartung machten. Nachdem nun den 25sten verschiedene goldene Tabacks-Dosen, Uhren, und Schaumünzen an diejenige, welche mit der Aufwartung bei dem Hofstaat beschäftiget gewesen, und die Wachthaltende Scharf- und Scheiben-Schützen ausgetheilet worden, erfolgte den 26sten früh unter Absfeurung des groben Geschützes die Abreise. Die Herzogin Mutter und Prinzeßin Charlotte machten den Anfang, sodann folgte der Großherzog, welcher mit dem Prinzen Karl zur Besehung der Bergwerke nach Schwatz fuhr, und sodann die Großherzogin, welche unterwegens in dem königlichen Stifte zu Hall ihre Andacht verrichtete, und Abends bey dem Großherzoge zu Schwatz eintraf.

Die Ankunft zu Wien erfolgte den 30sten May unter abermaliger Absfeurung von dreyßig Stücken, von da sie sich sogleich zu des Kaisers Majestät nach Laxenburg begaben.

§. 13.

§. 13.

Dem Groß=Herzoge wird von der Königin seiner Gemalin die Mitregentschaft, die Führung der Böhmischen Chur=Würde, und das Großmeisterthum des goldenen Vließ= Ordens übertragen.

Der Entschluß des Großherzogs, sich nach der Rückkunft aus Italien abermals an die Spitze des kaiserlichen Heeres in Hungarn zu stellen, ward durch die triftigste Vorstellungen des Kaisers, der Kaiserin, und der Großherzogin rückgängig gemachet. Die ansteckende Seuche, welche in Hungarn herrschete, gab den Aerzten gleichfalls Gelegenheit, die Reise nach diesem Königreiche Amtswegen zu widerrathen.

Zu diesen Betrachtungen gesellete sich noch eine andere von grösserer Wichtigkeit. Der Gesundheits=Zustand des Kaisers litte verschiedene Erschütterungen, es war dem Großherzoge nicht unbekannt, wie viele Ansprüche nach dessen Tode auf die österreichische Erbschaft gemachet, und mit gewaffneter Hand ausgeführet werden dürften. Der Türken=Krieg beschäftigte die kaiserliche Macht in Hungarn, da sie bey erfolgten Absterben gegen mehrere Feinde in den vorliegenden Erblanden nöthig war. Der Großherzog bemühete sich also den Frieden zu vermitteln, und der Graf von Neuperg, welcher demselben seine Erhebung und Ansehen zu danken hatte, brachte solchen zu Stande. Der Tod des Kaisers erfolgte den 20sten October 1740.

der

der Großherzog, welcher von demselben der grössesten Freundschaft gewürdiget ward, befand sich beständig um dessen Kranken-Bette, und war auch
bei dessen Absterben gegenwärtig.

Die Großherzogin nahm noch an eben dem Tage von der Regierung Besitz, und erklärte ihren
Gemal zum Mitregenten aller ihrer Länder. Die
Urkunde, durch welche dieses geschahe, verdienet
hier eine Stelle, und ist folgenden Inhalts:

Nachdem es dem Allmächtigen nach seinem
unerforschlichen Willen gefallen, weyland Unsers
Hochgeehrtesten, und nunmehro in Gott ruhenden Vaters, Kaiserliche Majestät, aus diesem
zeitlichen Leben zu sich in die ewige Glückseligkeit
abzurufen; mithin sämtliche von Ihro Majestät
besessene Erb-Königreiche und Länder, vermöge
des Rechts der Natur und Unsers Erb-Hauses
Herkommens, auch der von allen diesen Erb-Königreichen und Landen mit geziemenden Danck
angenommen, wie ingleichen von dem Teutschen
Reich, und denen mehresten Europaeischen Reichen, garantirten bekannten Pragmatischen Sanction vom 19ten April 1713. Uns, als des letztern vom Mannes-Stamme ältesten Tochter,
folglich alleinigen Erbin, ohnmittelbar anheim
gefallen seynd: so ist zuförderst allerdings Unser
Will und Meynung, daß eben erwehntem Herkommen Unsers Erb-Hauses, und der den 19ten
April 1713. erklärten Erb-Folgs-Ordnung oder
Pragmatischen Sanction, nicht nur der allermin-
deste Abbruch nicht geschehe, sondern vielmehr

dieselbe

dieselbe zum Grunde des ganzen Inhalts gegenwärtiger Urkunde geleget werde; folglich alles, was in dieser zu erkennen gegeben oder verordnet wird, anders nicht zu verstehen sey, als in so weit es sich mit vielbesagter Pragmatischen Sanction vereinbahren läßt; massen Wir allerdings erkennen, daß in Unser Macht nicht stehe, zu deren Abbruch etwas zu verhängen, und nicht minder Unsers geliebtesten Gemahls, des Herzogs von Lothringen und Bar, Groß-Herzogs von Toscana, Liebden, von selbsten ungemein weit entfernet seyn, etwas, so damit nicht vollständig überein käme, mithin der von Ihro beschwornen Acceptions-Urkund Unserer Verzicht directe oder indirecte zuwider lieffe, anzunehmen. Hiernächst aber haben Wir unter einsten auch erwogen, daß ohnmöglich für einigen Abbruch sothaner Pragmatischen Sanction geachtet oder ausgedeutet werden möge, wann Wir mit ausdrücklichen Vorbehalt all- und jeder denen weitern Anwartern oder Anwarterinnen, vermöge derselben auf zukünftige Zeiten und Fälle zukommen mögen. Der Gerechtsame, allein für die anderwärtige Zeit, als sie weiter Anwarter oder Anwarterinnen, nach der darinnen erklärten und festgesetzten Erb-Folgs-Ordnung, an die sämtlichen Uns, wie obstehet, anheimgefallene Königreiche und Länder annoch den mindesten Zuspruch nicht haben, noch haben können, von denselben Mitgenuß, Mitverwaltung und Mitregierung zu jemands, wer der gleich sey, Behuf disponiren, und demselben einen Theil der Uns solchergestal-

ten

ten ganz allein zustehender Gerechtsame übertragen. Welchem in allen Rechten gegründeten Satz zu Folge Wir noch weiter erwegen, daß von wegen Unsers Geschlechts die Wohlfarth, Ruhe und Sicherheit Unserer getreuesten Erb-Königreiche und Länder in mehrern Vorfallenheiten erheischen dörfte, daß Uns die Schwere jeder Regierung anklebender Last, durch eine vertraute Mit-Obsorge und Beyhülffe erleichtert werde. Ingleichen haben Wir beherziget, daß nicht minder für der Christenheit, und zumalen des Teutschen Reichs allgemeinen Besten, unentbehrlich sey, daß die vereinbarte Macht Unsers Ertz-Hauses, wie sie sich durch die feyerlichste Friedens- und andere Tractaten befestiget befindet, zu ein und anderm heilsamen Ende forthin desto ergiebiger angewendet werden möge. Welches alles aber Wir nicht füglich noch verläßig bewürket werden zu können befunden haben, als wann für die Zeit, wie obstehet, und ohne von dem Eigenthum Unserer beständig unzertrennt beysammen zu verbleiben habender Erb-Königreichen und Ländern etwas zu vergeben, mithin ohne geringstem Nachtheil derer weiterer in viel erwehnter Pragmatischen Sanction auf die allda ausgedruckte Fälle beruffener Anwarter oder Anwarterinnen, Wir Unsers Geliebtesten Gemahls, des Herzogs von Lothringen und Bar, Groß-Herzogs von Toscana Liebden, wie Ihro hierunter Dero hohe Geburt, grosse Dienste und mit Uns glücklich getroffene Vermälung, das Wort ohne das sprechen, die Mitregierung gesammt Unserer Erb-Königreiche

reiche und Länder auf- und übertragen. Wir
thun also ein solches hiemit und in Kraft gegenwärtigen Actus, mit wohlbedachtem Rath und
ganz freyen Willen, nicht nur für Uns, sondern
auch für Unsere sämtliche jetzige und künftige eheliche Leibes-Erben, auf welche nach Unser die Erb-
Folge, in die von Uns innenhabende Erb-Königreiche und Länder, nach dem Recht der Erstgeburt fallen dörfte, und zwar dergestalt, wie es
nur immer, ohne Abbruch der Pragmatischen
Sanction, am kräftigsten und bündigsten seyn
kan, in der ungezweifelten Zuversicht, daß, gleichwie in dem Fall, da nach Unserm Absterben der
Nachfolger oder die Nachfolgerin von sothanen
Unsern ehelichen Leibes-Erben das 18te Jahr annoch nicht erreichet hätte, die Regierung gesammter Erb-Königreiche und Länder ohne das tutorio
et paterno nomine Unsers geliebten Gemals Liebden zukäme; also auch in dem anderwärtigen Fall,
des sodann bereits erreichet habenden 18jährigen
Alters keiner und keine aus diesen Unsern ehelichen Leibes-Erben die schuldigste kindliche Ehrerbietung dergestalten ausser Acht lassen werde, um
im mindesten die von Uns, Ihrem Vater, Unsers geliebtesten Gemals Liebden, obermeldter-
massen übertragene Mit-Regierung anzufechten.
Damit jedoch diese Uebertragung und von Uns
erklärte Willens-Meynung, von niemanden, wer
der gleich sey, mindesten Abbruch obangeführter
Pragmatischen Sanction, oder derer darauf sich
gründenter beschworner Verzichts- und respective
Acceptations-und Adhaesions-Urkunden mißbrau-

chet

chet oder mißbeutet werden möge; so wiederholen Wir nicht nur alles, was wegen deren ungekränkten Festhaltung oben allschon sich ganz klar ausgedruckt befindet; sondern es haben auch Unsers geliebtesten Gemals Liebden, zu dessen mehrerer Bekräftigung, besondere Reversales, auf das bündigste, als sie seyn können, derenthalben ausgestellet. Zu mehrerer Beglaubigung haben Wir gegenwärtiges Instrument der Mit-Regierung in alle Unsere Königreiche und Erb-Länder untersiegelt. So geschehen in Unserer Königlichen und Erzherzoglichen Residenz Wien, den 21sten des Monats November 1740.

Der Groß-Herzog stellete, um die pragmatische Sanction in diesem Vorfalle aufrecht zu erhalten, und allen ungleichen Auslegungen vorzubeugen, folgende schriftliche Reversales aus:

Wir Franciscus Stephanus ꝛc. Demnach Unsere geliebteste Gemahlin, Maria Theresia, zu Ungarn und Böhmen Königin, Erz-Herzogin zu Oesterreich freywillig entschlossen haben, Uns die Mit-Regierung gesammter Ihro durch den zeitlichen Hintritt, weyland Ihres in GOtt ruhenden Herrn Vaters, Kaiserliche Majestät ohnmittelbar anheim gefallener Erb-Königreiche und Länder aufzutragen, auf Art und Weise, wie nachstehende Acte des mehrern zu erkennen giebet.

So nehmen Wir nicht nur diese Uns als beschehene Uebertragung des Mit-Genusses, Mit-Verwal-

Verwaltung und Mit=Regierung, sothaner ge=
sammten Erb=Königreiche und Länder für die
darinnen klar ausgedruckte Zeit danknehmigst,
und mit dem ausdrücklichsten Anhang an, von
darum den Vorzug vor Ihro Majestät Un=
serer Gemahlin, als der forhin verbleibenden al=
leinigen Erbin, nicht zu verlangen, sondern
Wir verbinden Uns auch noch über das mittelst
gegenwärtiger feyerlichster Reversalien auf das
kräfftigste, als es nur immer denen Rechten nach
beschehen kan, zur vollständigen Beobachtung
und getreuen Erfüllung aller darinnen enthalte=
nen Clausuln, keine davon ausgenommen, als
wowider Uns keine ausgedacht werden mögende
Ursache oder Einwendung schützen kan noch soll.
Insonderheit machen Wir Uns auf das kräfftigste
nochmahln anheischig zu allen, was in oben ein=
verleibter Acte von ungekränkter Festhaltung der
Pragmatischen Sanction vom 19ten April 1713.
dann von der genauen Nachlebung Unserer be=
schwornen Acceptions=Urkund, Ihro Majestät
Unserer Gemahlin gleichfalls beschworner Ver=
zicht und endlich von dem ausgefallenen und aus=
drücklichen Vorbehalt aller der weitern Anwar=
ter und Anwarterinnen, vermöge sothaner Prag=
matischen Sanction zukommenden Rechte enthal=
ten und vorgesehen ist; Als wieder welches alles
nur auf die Art, wie obstehet, die übertragene
Mit=Regierung zum mindesten Behuf nicht zu
dienen hat, gleichwie auch von Unserer Willens=
Meynung weit entfernet ist, darauf jemahln zu
verfal=

verfallen. Zu deſſen Urkund ꝛc. Wien im Jahr unſerer Erlöſung 1740. den 21ſten November.

Da auch wegen Führung der königlichen churböhmiſchen Stimme bei der bevorſtehenden KaiſerWahl Irrungen zu befürchten waren: ſo übertrug die Königin die Vortretung derſelben dem Großherzoge durch folgende Uebertragungs-Acte,

Wir Maria Thereſia ꝛc. thun kund und bekennen hiermit gegen alle und jede, ſo gegenwärtigen offenen Brief leſen werden, oder deſſen Innhalt zu wiſſen nöthig haben; nachdeme durch den höchſtbetrübten Hintritt weyland Unſers in GOtt ruhenden Herrn Vaters Kaiſerliche Majeſtät ſammentliche von Deroſelben innen gehabten Erb-Königreichen und Landen Uns, als älteſter Tochter und alleiniger Erbin, vermöge der in Unſerm Ertz-Hauſe eingeführter, und in deſſen uhralter Verfaſſung gegründeter, nicht minder von ſothanen geſamten Erb-Königreichen und Ländern mit ſubmiſſeſten Dank angenommener, auch von dem Teutſchen Reich, und denen mehreſten Europaeiſchen Mächten garantirter ErbFolgs-Ordnung zugefallen ſeyn: ſo haben Wir nicht minder die Regierung Unſers Erb-Königsreichs Böheim, als aller übriger vorbeſagter Länder, alſo gleich angetreten.

Da nun nach deutlicher Maas-Gab der güldenen Bulle Kaiſers Carl des IV. oberwehntem Königreiche die Churfürſtliche Würde anklebet, und in eben dieſer güldenen Bull denen Privilegiis,

legiis, Rechten, und Gewohnheiten sothanen Königreichs, als worinnen sich bei Erlöschung des Manns=Stammes die weibliche Erb=Folge kundbarer massen gegründet, und auf das sorgfältigste vorgesehen worden.

So kan zwar, daß ungehindert der Erlöschung des Manns=Stammes Unsers Ertz=Hauses diese Chur=Würde, von wegen ihrer gantz besondern Beschaffenheit, annoch fürdaure, einiger Anstand um so weniger vorwalten, als Theils vor, und Theils seit der errichteten goldenen Bulle, die weibliche Erb=Folge in besagtem Königreiche schon dreimahl Statt gehabt hat, ohne daß jemalen diese Fürdaurung im mindesten in Zweifel zu ziehen, jemanden eingefallen wäre; sondern vielmehr die Churfürstliche Würde und Stimme ohne einiger Widerrede jedesmal begleitet und ausgeübet worden. Damit jedoch eben erwehnter Churfürstlichen Stimme halber sowohl von der jeweiligen Erbin Gemahl, und jezuweilen so gar von dortigen Ständen vertreten worden, auch sonst wegen Ausübung dieser, was der Chur=Würde anhängig ist, alles in die vollständige Klarheit gesetzet werde:

So übertragen Wir dieselbe für Uns und Unsere Descendenten beiderley Geschlechts, jetzige und zukünfftige, Kraft gegenwärtigen und offenen Briefes Unsers geliebten Gemahls, des Herzogs von Lothringen und Bar, Groß=Herzogs von Toscana Liebden, also vollkommentlich, als nur immer sothane Stimme, und was der Königlichen

chen Böhmischen Chur-Würde sonsten anklebet, von Uns, oder einem jeweiligen gecrönten König von Böhmen versehen werden könnte, in der gantz unzweifelhaften Zuversicht, daß keiner und keine aus unsern jetzigen und zukünfftigen Descendenten die schuldigste kindliche Ehrerbietung dergestalt ausser Acht lassen werde, um im mindesten die von Uns ihrem Vater, Unsers geliebten Gemahls Liebden, oberwehnter massen übertragene Vertrettung der Königlich-Chur-Böhmischen Stimme, und alles dessen, was dieser Chur-Würde sonst anklebet, anzufechten. Se. Liebden können und mögen solchemnach, Administratorio nomine, auf Wahl-Reichs-Deputations-Collegial-und andern Tägen, bei allen und jeden, ordinairen und extraordinairen Churfürstlichen Zusammenkünften, entweder in eigener Person, oder durch hierzu bevollmächtigte Bothschafter, Gesandte und Ministros, alles dasjenige thun, verrichten und ausüben, was die der Cron Böheim anklebende Chur-Würde nur immer mit sich bringet, und vermag, nirgend nichts, nichts davon ausgenommen; so alles jedoch ohne mindesten Abbruch, der Uns proprio nomine allein zukommender ohnmittelbarer Nachfolge, in vielbesagtes Königreich Böhmen selbsten, und dessen einverleibte, auch sammentliche übrige von Weyland Unsers Herrn Vaters Majestät besessene Erb-Königreiche und Länder, wie sothane Nachfolge in der Pragmatischen Sanction vom 19ten April 1713. erkläret, sich befindet, folglich auch ohne mindesten Abbruch

derer

derer Anwarter und Anwarterinnen, wann auf selbe nach denen darinnen ausgedruckten Fällen die Erb= Folge sothaner sammtlicher Länder fallen sollte, zu verstehen ist; wo hingegen bis dahin gegenwärtiger feyerlichster Uebertragungs= Act seine vollständige Kraft und Würkung in allen dahin einschlagenden Puncten und Fällen allerdings zu' haben hat. Zu dessen Urkund Wir gegenwärtigen offenen Brief eigenhändig unterschrieben, und Unser Königliches Insiegel anhangen lassen. So geschehen in Unserer Stadt Wien, den 21sten Monats=Tag November nach Christi Unsers lieben Herrns und Seligmachers gnadenreicher Geburt im 1740sten, Unserer Reiche des Hungarisch und Böhmischen im 1sten Jahr.

Die Streitigkeiten, 38) welche wegen dieser Uebertragung in den folgenden Jahren entstanden, und

---

38) Ich kan hier unmöglich die in ziemlicher Anzahl wegen dieser Streitigkeit erschienene Staatsschriften namhaft machen, es gehöret auch eigentlich die weitere Ausführung derselben in die Geschichte der Kaiserin. Unterdessen sehe man den actenmäßigen Unterricht, die churböhmische Wahlstimme und deren Ausübung betreffend, und die unpartheyische Prüfung, ob und in wie weit der von Ihro Majestät der Königin von Hungern und Böhmen an Dero Herrn Gemahls königl. Hoheit geschehener Auftrag der Mitregentschaft über die sämmtlichen österreichischen Königreiche und Lande, nicht minder die Verwaltung der Böhmischen Churwürde ꝛc. gegründet, der Sanctioni pragmaticá gemäß, und zu Recht beständig sey;
davon

und die deshalb gewechselte Staats-Schriften sind bekannt, hier aber kan ich sie der Kürze halber nicht beybringen.

Die Großmeister-Stelle des berühmten goldenen Vlies-Ordens war durch das Absterben des Kaisers gleichfalls erlediget worden, und die Königin übertrug dieselbe ihrem Gemal. Unerachtet der Befugniß dieses zu thun, überreichte der spanische Gesandtschafts-Secretair eine Verwahrungs-Schrift 39), die aber keine Aenderung des gefaßten Entschlusses nach sich zog.

§. 14.

davon das erstere vor, das andere aber wider die Gerechtsame des Hauses Oesterreich gerichtet ist, wie auch den politischen Staat von Europa. Theil VI. Seite 347. und folgende.

39) Der spanische Gesandschaftssecretair Joseph Carpintero überreichte den 17ten Januar 1741. zu Wienn eine Verwahrungs-Schrift folgenden Inhalts:

Der unterzeichnete Secretair Sr. Catholischen Majestät erkläret, vermöge der von dem Könige, seinem Herrn, hierzu erhaltenen Befehle, daß, da durch das Absterben des Kaisers Carl VI. das Recht aufgehöret, das Ober-Haupt des berühmten Ordens des güldenen Vliesses zu seyn, dessen und der darzu gehörigen Rechte er sich ohne einige hierüber getroffene Convention angemasset, solches Recht nebst der Souverainität gedachten Ordens aber, dem directen und würcklichen Nachfolger Caroll II. gehöret, welcher Se. Catholische Majestät theils durch Anverwandschaft, theils durch eine testamentarische Verordnung dieses Monarchen, theils durch das einmüthige Geständniß der ganzen Europa ist; also kan Se. Maj. nicht einwilligen, daß sich irgend ein anderer das natürliche Recht der obersten Gewalt über diesen Orden zueigne, noch daß man

etwas

§. 14.

Der Groß-Herzog bewirbt sich um die Kaiser-Würde, und wohnt der Krönung seiner Gemahlin zur Königin von Hungarn bei.

Der Groß-Herzog war bei der Kaiser-Wahl derjenige, auf welchen die Freunde des oesterreichischen Hauses die grösseste Aufmerksamkeit richteten. Der Großbrittanische Hof und die Königin, dessen Gemahl

etwas zum Nachtheile der Gerechtsame thue, welche Se. catholische Majestät zustehen. Dieserwegen haben Dieselben dem unterzeichneten Secretair anbefohlen, die Erklärung zu thun, (wie er solches hierdurch würcklich bewerckstelliget,) daß Se. Majestät nicht nur alle Acten, was für welche es auch seyn mögen, für ungültig erkennet, die zum Nachtheile des rechtmäßigen Besitzes, darinnen sich Dieselben befinden, der einzige und rechtmäßige Groß-Meister des Ritter-Ordens des gülbenen Vliesses zu seyn, gereichen können, daß er wider die Acten und wider alles andere protestiret (wie er solches hierdurch thut) welche den Rechten zuwider sind, die ihn als dem rechtmäßigen und öffentlichen erkannten Nachfolger und Erben Carl II betreffen.

war unterzeichnet

Joseph Carpintero.

Man besehe von den Gerechtsamen des Hauses Oesterreich, des Herrn Hof und Staatsraths von Beck Jus publicum austriacum im ersten Specimine auf der 170sten und folgenden Seiten. Ingleichen des göttingischen Professors George Heinrich Ayrer Dissertation de magno magisterio equestris ordinis aurei velleris Burgundo Austriaci feminino masculini (Göttingen 1748 in 4to.)

Gemahlin, wendeten alle Mühe an, die Kaiserliche Krone bei dem oesterreichischen Hause zu unterhalten, alleine die überwiegende Macht der Krone Frankreich und derselben Bundesgenossen vereitelte alle Anschläge, und die böhmische Churfürsten-Stimme 40) ward bei der Wahl nicht zugelassen, allein die Vorsehung krönte die Verdienste Franz des Ersten dennoch nach Verlauf einiger Jahre mit der Kaiser-Würde.

Die Streitigkeiten, welche wegen der Erbschaft Karl des Sechsten entstanden, zogen viele blutige Vorfälle nach sich. Der Groß-Herzog, welcher seiner Gemahlin wenig von der Seite kam, nahm an den häufigen Staats-Berathschlagungen und den abwechselnden Glücks-Fällen besondern Antheil. Die Geburt des Erz-Herzogs Josephs, 41) als des

---

40) Nach vielen gewechselten Staatsschriften veranstaltete Churmainz den 4ten Nov. 1741. eine förmliche Wahlconferenz, in welcher durch Mehrheit der Stimmen festgesetzet ward,

Daß die churböhmische Wahlstimme dermalen bewandten Umständen nach und ohne künftige Consequenz zu ruhen hätte, und dieser churfürstliche Collegialschluß dem Freiherrn Hildebrand von Brandau, der sich wegen der besagten churböhmischen Wahlstimme halber zu Frankfurt am Mayn eingefunden habe, zu intimiren sey.

wobei es auch der dagegen eingerichteten Verwahrungs-Schrift des churböhmischen Wahlgesandten sein Verbleiben hatte.

41) Der erste Erz-Herzog ward den 10ten Merz 1741. früh zwischen 2. und 3. Uhr zu Wienn geboren, von dem päbstlichen Nuntius Paolucci getauffet, und Joseph Benedict August Johann Anton Michael Adam genennet.

des ersten männlichen Erben im oestetreichischen Hause, erfüllete den ganzen Hof mit Freude, und die Krönung der Königin zu Preßburg wurde mit grosser Pracht vollzogen.

Der Groß-Herzog wohnte derselben in cognito bei, jedoch speisete er an dem Krönungs-Tage nebst den Ertz-Herzoginnen, Maria Anna, und Maria Magdalena, den Ertz-Bischoffen von Gran, und Colocza, wie auch dem Palatin von Hungarn mit der Königin an einer Tafel.

Das wichtigste, was bei dem Hungarischen zu Preßburg gehaltenen Reichstage vorging, war dieses, daß die Hungarische Stände die dem Groß-Herzog aufgetragene Mit-Herrschaft erkenneten. Den 20sten September ward er von den versammleten Reichs-Ständen dafür erkannt, und am folgenden Tage legte er in den grossen Ritter-Saale deshalb den gewöhnlichen Eyd ab. Zu Ende des Jahres stellete sich der Groß-Herzog an die Spitze des grossen oesterreichischen Heeres in Böhmen.

Der Graf von Neuperg hatte das in Schlesien gestandene Heer zur Bedeckung von Mähren nach Ollmütz geführet, und es sollte durch eine grosse Anzahl aus Hungarn kommender Völker in der Gegend von Znaim verstärket werden. Der Groß-Herzog, welcher den 4ten November in Begleitung seines Bruders, des Prinzen Karl, des Ober-Hof-Canzlers, Grafen Kinski, der böhmischen Hof-Räthe, Grafen von Lascy, und von Kannengiesser, des Hof-Kriegsraths-Referendarii von Webern, und seines Cabinets-Secretairs, von Toussaint, von Preßburg zum Heere abging, und von der Königin

bis

bis Marienthal begleitet ward, traf den 5ten das Heer, bei Auspitz an, und übernahm sogleich den Ober-Befehl. Nachdem das Heer einige Zeit bei Znaim gestanden, zog es sich nach Neuhaus in Böhmen, um sowohl Oesterreich als Mähren zu decken, von da sie aber, als auch der Feld-Marschall Graf von Kevenhüller in Ober-Oesterreich die Unternehmungen anfing, weiter gegen den Feind vorrückte.

Der Groß-Herzog verließ bei eintretenden Winter die Armee, und kam den dritten Jenner 1742. nach Wien zurück. Die Gefahr, in welcher das Groß-Herzogthum Toscana wegen Annäherung der spanischen Völker sich befand, ward glücklich abgewendet, indem diesem Lande die Partheylosigkeit zugestanden, und also mitten im Kriege, der benachbarte Länder verzehrte, der blühende Wohlstand von Florenz aufrechts erhalten ward. Frankreich, welches durch den Tausch von Toscana Lothringen erhalten hatte, bewürkte in dieser Rücksicht, daß Florenz von allen Kriegs-Drangsalen befreiet blieb. Die Staatskunst leitete bei diesem Vorfall dessen Schritte.

Endlich muß ich auch noch der Gerechtigkeitsliebe des Groß-Herzogs gedenken. Er ließ sich nemlich auf die Vorstellung des päbstlichen Hofes bewegen, dem Marchese Emilius Cavallieri das Lehn Scavolino 42) und dem Grafen von Carpegna

---

42) Scavolino und Carpegna sind zwei florentinische Lehne, welche an den Grenzen des Großherzogthums Florenz und des Fürstenthums Urbino liegen. Das erste, führet den Titel eines Fürstenthums, das letztere dem

gna das Lehn Carpegna völlig wieder einzuräumen, wodurch die seit einigen Jahren dauernde Streitigkeit beigeleget ward.

§. 15.

Der Groß-Herzog übernimmt abermals den Ober-Befehl des in Böhmen gebrauchten Heeres.

Der Aufenthalt des Groß-Herzogs zu Wien war von kurzer Dauer. Er reisete den 7ten Jenner, um bei der verwittweten Kaiserin Elisabeth, und den Erz-Herzoginnen, Marie Anne, und Marie Magdalene zu Graetz, wohin sie sich bei dem französischen Einfalle begeben hatten, einen Besuch zu machen, und von da zu demjenigen Heere, welches der Feldmarschall, Graf von Kevenhüller, zur Wiedereroberung von Ober-Oesterreich versammlet hatte. Dieses stund bei Willerung an der Donau, und hielt die Stadt Linz, in welcher eine starke französische und bayersche Besatzung lag, auf das engeste

dem von einer Grafschaft. Emilius, Marchese, Cavilieri von Orsini nahm als der letzte Fürst 1731. ohne Erben zu Paris mit Tode abgieng, davon Besitz, und weigerte sich 1737. auf Erfordern den Lehns-Eid zu Florenz abzulegen. Die Regierung ließ also diese Lehnstücke durch etliche hundert Mann besetzen, führte am päbstlichen Hofe, der dieselben unter seinen Lehnhof ziehen wolte, ihre Gerechtsame aus, und behauptete, daß der Marquis Cavalieri kein rechtmäßiger in gerader Linie und aus rechtmässigen Ehebette abstammender Nachkomme sey, und folglich das Eigenthum dem Hause Florenz als Obersten Lehnsherrn gehöre. 1739. aber ward die Sache verglichen.

ste eingeschlossen. Das schwere Geschütz war von Wien in möglichster Geschwindigkeit dahin geschaffet, und der Groß-Herzog langte den 21sten Jenner selbst im Lager an. Seine erste Beschäftigung war, in Begleitung des Feldmarschalls Grafen von Kevenhüller, die Stadt und der belagerten Verschanzung in Augenschein zu nehmen, wobei er sich derselben bis auf einen Stückschuß näherte.

Den 23sten ward die Vorstadt angegriffen, und nachdem die Stadt ungefehr 600. Stückschüsse und 100. Bombenwürffe ausgehalten, schickte der Commandant, Graf von Segur, 43) einen Obrist-Wachtmeister heraus, der zum Groß-Herzoge geführet ward, und daß auf Accord die Stadt übergeben werden sollte, meldete. Die Besatzung zog folgenden Tages mit allen Ehren-Zeichen aus, bestand noch aus 8700. Mann zu Fuß, und 1400. Mann zu Pferde, und mußte in Jahr und Tage nicht wieder die Königin von Hungarn zu dienen versprechen.

Der Groß-Herzog, welcher dem französischen General, Grafen von Segur, und die Churbayersche Generals, Grafen von Minuzzi, 44) und Fürsten

---

43) Heinrich Franz, Graf von Segur, königlicher französischer General Lieutenant und Ritter der Königlichen Orden, hat sich durch die Uebergabe von Linz besonders bekannt gemacht. Sie ist nach dem Urtheil vieler zu frühzeitig und übereilt geschehen. Er starb den 19ten Junius 1751. zu Paris im 63sten Jahre.

44) Oalco, Graf Minucci, ist als commandirender General aller churbaierischen Völker, den 7ten December 1758.

sten Joseph Friedrich Ernst von Hohenzollern Sigmaringen, die früh aus der Stadt, um ihm die Aufwartung zu machen, ins Lager gekommen waren, sehr gnädig empfing, hielt um 2. Uhr Nachmittags seinen Einzug in die Stadt, trat in dem Landhause ab, folgte aber bald dem Heer, welches sich nach Bayern zog, und in kurzer Zeit dieses ganze Churfürstenthum eroberte.

Den 30sten Jenner ging der Groß-Herzog von Peyerbach, bis dahin er das Heer geführet hatte, nach Wien zurück, um den Berathschlagungen wegen der fernern Unternehmungen in dem bevorstehenden Feldzuge beizuwohnen.

Der mit dem König von Preussen geschlossene Friede gab Gelegenheit, das in Böheim befindliche Heer ansehnlich zu verstärken, und die Unternehmungen in diesem Königreiche gegen die vereinigte französische und bayersche Völker mit Nachdruck fortzusetzen. Der Groß-Herzog übernahm abermals über dieses zur Wiedereroberung der Stadt Prag bestimmte Heer den Ober-Befehl, und langte den 27sten Junius aus Wien in dem Haupt-Quartier Königssaal an. Prag ward auf das engeste eingeschlossen, die Besatzung litte Hungers-Noth, und wollte sich der überflüßigen Pferde entledigen, allein der Groß-Herzog ließ sie zurückweisen

---

1758. in einem Alter von 85, Jahren zu München mit Tode abgegangen, und hat sowohl in dem oesterreichischen Erbfolgskriege zu Anfang dieses Jahrhunderts als in dem letztern dem Churhause Bayern nützliche Dienste geleistet. Er war ein gebornet Italiener.

fen, und weil die Vorschläge wegen der Uebergabe dieser Stadt, welche man französischer Seits gethan, und zu verschiedenen Unterredungen zwischen dem Marschall, Grafen von Belleisle und dem Feldmarschall, Grafen von Königseck, Gelegenheit gegeben, von der Königin verworfen wurden, nach Anlangung des schweren Geschützes den Anfang zur Beschiessung der Stadt und der französischen Verschanzungen machen.

Ich werde hier weder das Tagebuch dieser Belagerung, noch besondere Vorfälle derselben beybringen, sondern ich begnüge mich, nur dieses anzuführen, daß der Groß-Herzog sich während derselben allen Gefährlichkeiten blos gestellet.

Den 7ten August 1742. befand er sich bei dem Scharmützel unweit dem mannsfeldischen Garten, und bestieg selbst die Batterie, als gegen die in demselben befindliche Verschanzung mit Feuern den 9ten August der Anfang gemacht ward, jedoch der Eifer der Belagerer war nicht vermögend, die sich hartnäckig vertheidigende ungemein zahlreiche Besatzung vor Annäherung des zum Entsatz herbei eilenden französischen Heeres zur Uebergabe zu zwingen, und der Groß-Herzog hob also den 13ten September die Belagerung auf.

Der oesterreichische General, Joseph Freiherr von Fesletiß, blieb, um auf zwei Meilen weit die Zugänge und Zufuhre zu sperren, mit einer hinlänglichen Anzahl leichter Völker in der Gegend von Prag zurück. Das Haupt-Heer aber führte der Groß-Herzog nach Haid, welche er wählte, den

Durchbruch des französischen Marschalls von Maillebois, der sich über Pilsen mit den in Prag eingeschlossenen Völkern vereinigen wollte. Seine nachhero mit der grössesten Klugheit unternommene Züge vereitelten auch in der Folge alle Versuche des französischen Heeres, diese Vereinigung zu bewürken, und der Marschall von Maillebois muste Prag abermahls seinem Schiksal überlassen, und sich nach der Ober=Pfalz zurück ziehen.

Der Groß=Herzog folgte ihm mit dem Haupt Heere nach Bayern, übergab bei angetretenen Winter den Ober=Befehl desselben seinem Bruder den Prinzen Karl, und ging den 15ten November 1742 von Nieder=Altaich zu Wasser nach Wien zurück, wo er den 17ten November unter vielen Freuden=Bezeigungen empfangen ward. Die Vorsicht, welche für ihn in dem Feldzuge gewachet, und seine Unternehmungen geseegnet, gab ihm in eben diesem Jahre eine reiche und auf Millionen geschätzte Erbschaft, die ihm nach dem zu Padua erfolgten Absterben der verwittweten Prinzeßin Eleonore 45) von Medices zufiel.

45) Eleonore, verwittwete Prinzeßin von Toscana starb den 14ten Merz 1741. zu Padua, im 54sten Jahr ihres Alters. Sie war eine geborne Prinzeßin von Gonzaga, und ward 1709. mit dem Prinzen Franz Maria, von Medicis, der die Cardinals=Würde niedergeleget vermält; Seit 1711. hatte sie sich in Wittwenstaade befunden.

§. 16.

§. 16.

Der Groß-Herzog bekömmt die wichtige Erbschaft der verwittweten Churfürstin von der Pfalz, und wohnt der Krönung 1743. zu Prag bei.

Auf diese ansehnliche Vermehrung der Großherzoglichen Einkünfte erfolgte bald darauf eine noch beträchtlichere. Die verwittwete Churfürstin Marie Anne Louise von der Pfalz, Schwester des letzten Groß-Herzogs von Toscana, hatte durch ihren letzten Willen den Groß-Herzog zum Haupt-Erben eingesetzet, und er ließ nach derselben Absterben den 18ten Februar 1743, obgleich der König beider Sicilien eine Verwahrungs-Schrift darwider einreichen ließ, durch den Grafen Emanuel von Richecourt derselben Nachlaß in Besitz nehmen.

Die Wiedereroberung des Königreichs Böheim gab Gelegenheit, daß die Königin zu Prag sich krönen zu lassen entschloß. Der Groß-Herzog reisete mit derselben den 25sten April 1743. dahin, und war auch bei dem prächtigen Einzuge gegenwärtig, den dieselbe bei ihrer Ankunft zu Prag hielt, bei welcher Gelegenheit er in dem Leibwagen ihr zur linken Hand saß, und allen Feierlichkeiten beiwohnte. Nach einem Aufenthalt von einigen Wochen ward den 17ten Junius die Rückreise über Linz angetreten, woselbst die Landes-Huldigung von den oesterreichischen Ständen vor sich ging.

Nach der Rückkunft des Hofes wurden zu der bevorstehenden Vermählung des Prinzen Karl von Lothringen mit der Ertz-Herzogin Marie Anne von Oesterreich die nöthige Anstalten vorgekehret. Dieser tapfere Prinz langte aus dem Feldzuge in Begleitung des Groß-Herzogs, der ihm bis Sichartskirchen, und der Königin, die ihm bis Mariabrunn entgegen geritten, zu Wien den 3ten November 1743. glücklich an. Die beschlossene Vermählung ward darauf bekannt gemacht, und den 19ten November vollzogen.

Auch in den Niederlanden ward die Mitregentschaft des Groß-Herzogs von den Ständen in diesem Jahre erkannt, und durch eine Verordnung der Regierung zu Brüssel allen Gerichts-Höfen bekannt gemachet.

§. 17.

Der Groß-Herzog verrichtet eine feierliche Aufnahme sechzehn neuer Ordens-Ritter des goldenen Vliesses, und erlebt wechselsweise fröliche und traurige Begebenheiten.

Ich habe oben gemeldet, daß der Groß-Herzog gleich nach Absterben Karl des Sechsten die Würde eines Groß-Meisters des berühmten Ordens vom goldenen Vliesse übernommen. Er hatte dem neugebohrnen Ertz-Herzoge bereits diesen
Orden

Orden ertheilet, allein noch keinen feierlichen Ritterschlag vorgenommen. Der Tod hatte viele Mitglieder des Ordens aus der Zeitlichkeit in die Ewigkeit versetzet. Der Groß=Herzog ernennte also im Jahr 1744. den 5ten Januar in einem gehaltenen Ordens=Kapitel sechzehn neue Ritter, und nahm in der Augustiner Hof=Kirche den 6ten Januarii die Anwesende mit dem gewöhnlichen Gepränge in den Orden auf. Es waren solches folgende:

1.) Paul Anton, Fürst Esterhasy von Galantha, Königlicher Ungarischer General=Feld=Wachtmeister.

2.) Franz Anton, Fürst von Lamberg, der verwittweten Kaiserin Ober=Stallmeister.

3.) Anton Corsig, Graf von Ulefeld, Königlicher Obrist=Hof=Canzler, und vornehmster Staats=Minister.

4.) Ludwig Andreas, Graf von Khevenhüller, Königlicher General=Feldmarschall, Kriegs=Raths=Vice=Praesident, und Commendant zu Wien.

5.) Maximilian Ulrich, Graf von Kaunitz, Königlicher Landes=Hauptmann in Mähren, und Besitzer der Reichs=Grafschaft Rietberg.

6.) Friederich Gervasius, Graf von Harrach, Königlicher Conferenz=Minister.

7.) Ferdinand Leopold, Graf von Herberstein,

Königlicher Land-Marschall in Oesterreich unter der Enns und Conferenz-Minister,

8.) Otto Ferdinand, Graf von Traun, Königlicher General-Feld-Marschall, und bisheriger Stadthalter in Maylland.

9.) Ludwig Ernst, Graf von Battyiani, Obrist-Canzler des Königreichs Ungarn.

10.) Philipp Joseph, Graf von Kinski, Obrist-Canzler im Königreich Böhmen.

11.) Rudolph Joseph, Graf von Colloredo, Königlicher Conferenz-Minister.

12.) Johann Joseph, Graf von Khevenhüller, Königlicher Obrist-Stallmeister.

13.) Emanuel de Silva, Graf von Tarouca, Königlicher Praesident des Niederländischen Raths.

14.) Carl Ferdinand, Graf von Königseck-Erps, bevollmächtigter Minister in dem Gouberno der Oesterreichischen Niederlande.

15.) Johann Wilhelm, Graf von Sinzendorff, Königlicher würklicher Geheimer-Rath.

16.) Eugen, Graf von Lanoy, Königlicher General-Feld-Marschall-Lieutenant und Gouverneur zu Brüssel.

Die

Die Vermählung des Prinzen Karl ward folgenden Tages, nemlich den 7ten Jannarii 1744, glücklich vollzogen. Die Lustbarkeiten des Hofes dauerten einige Wochen, und der Groß-Herzog gab dem nach den Niederlanden, über welche er zum Stadthalter ernennet war, den 23sten Februar 1744. abreisenden Prinzen, bis Stockerau das Geleite.

Der Angrif, welchen der König von Preussen auf Böheim that, gab dem Groß-Herzoge neue Beschäftigungen. Er wollte sich an die Spitze der versammleten Völker stellen, allein die Königin aenderte durch ihre Vorstellungen diesen Entschluß. Er ging mit derselben auf den zu Preßburg den 10ten August 1744. eröfneten Landtag, und hatte das Vergnügen, daß die Stände des Königreichs Ungarn zur Vertheidigung des Vaterlandes einen allgemeinen Aufsitz beschlossen.

Nach der Rückkunft nach Wienn wechselten Freude und Leid auf eine recht besondere Art mit einander ab. Der Hof war im Begrif wegen der glücklichen Befreiung des Königreichs Böheim Freuden-Feste zu feiern, allein das den 16ten December 1744. erfolgte Absterben der Gemahlin des Prinzen Karl, 46) und der verwittweten Herzogin

---

46) Marie Anne, geborne Erzherzogin von Oesterreich, Gemalin des Prinzen Carl von Lothringen, gieng den 16ten December 1744. in Brüssel an den Folgen einer unglücklichen Niederkunft im 27sten Jahre ihres Alters mit Tode ab.

zogin von Lothringen, 47) Mutter des Groß=Herzogs, setzten denselben den 24ten December in eben diesem Jahr in die tiefste Trauer.

§. 18.

Der Groß=Herzog befördert den Frieden, und stellet sich an die Spitze des gegen Frankreich im Felde stehenden Heeres.

Der den 20ten Januar im Jahr 1745. erfolgte Tod des Kaisers Karl des Siebenten gab dem Groß=Herzog die frölige Aussicht, die Kaiser=Krone wieder auf das Haus Oesterreich zu bringen. Dieser würdige Fürst hatte schon durch seine Bemühungen den Frieden mit den Türkischen Hofe befördert, und er war eben so eifrig, die Aussöhnung des oesterreichen Hofes mit dem ihm so nahe verwandten churbaierschen Hauses zu bewürken. Er schrieb 48) zu dem Ende gleich nach erhal=

---

47) Elisabeth Charlotte, verwittwete Herzogin von Lothringen, gesegnete den 24sten December 1744. zu Comercy im 68sten Jahre dieses Zeitliche.

48) Die Worte, welche hieher gehören, waren folgende: "Nichts hat mich so sehr gerühret, als der Verlust, den Ew. Churfürstliche Durchl. gelitten haben. Die Königin ist darüber eben so bewegt, als ob Dero churfürstliches Haus allezeit in der genauesten Freundschaft mit dem königlichen Hause Oesterreich

erhaltener Nachricht von dem Todesfalle des Kaisers an den jungen Churfürsten von Bayern, und er hatte das Vergnügen, daß der Friede durch den glücklichen Fortgang der oesterreichischen Waffen befördert, und bald zum Stande gebracht ward.

Die Unterhandlungen, um die Kaiser-Krone auf das Haupt des Groß-Herzogs zu bringen, hatten überall den gewünschten Erfolg. Sieben Churfürsten erklärten sich zum Vortheil desselben, und die Mehrheit der Wahlstimmen war dadurch versichert.

Der Streit, welcher bei der Wahl Karl des Siebenten wegen Führung der Böhmischen Chur-Würde entstanden, ward zwar wieder rege gemachet, allein diesesmal zum Vortheil des Hauses Oesterreich geendiget. 49) Der König von
Polen,

sterreich gelebet hätte. So viel mich betrift, können Ew. Churfürstliche Durchl. versichert seyn, daß die Unglücksfälle Dero Hauses mir allezeit nahe gehen. Zu Herstellung des guten Vernehmens sind sichere Mittel vorhanden, und es liegt nur an Ew. Churfürstliche Durchl. solche zu ergreifen ꝛc. ꝛc. ꝛ ꝛ ꝛ

49) Dieser Streit ist nunmehro entschieden, und festgesetzet, daß eine Königinn von Böheim alle churfürstliche

Polen, welcher nach Absterben Karl des Siebenten die Reichsverweser-Würde übernommen, erließ an den Churfürsten von Maynz ein freundschaftliches Schreiben wegen Einladung der Königin von Hungarn als Königin von Böhmen zur Kaiser-Wahl. Der Churmaynzische Gesandte, Freiherr von Erthal, that diese Einladung förmlich, und der Wiederspruch der Churfürsten von Bayern, Brandenburg, und Pfalz, konnte die Führung der Böhmischen Wahlstimme nicht rückgängig machen.

Der Groß-Herzog, welcher sich nach verrichteter Andacht bei dem Gnaden-Bilde zu Lantzendorf, den 28ten Junius 1745. von Wien zu dem vereinigten Heere erhob, ward bei seiner Ankunft in dem Haupt-Quartiere Langenselbold den 5ten Julius 1745. von den Völkern unter freudigen Zuruf empfangen. Die fremde Gesandten, welche ihm zu Wien wegen der Abreise Glück wünschten, hatten schon die Hofnung gegen ihn geäussert,

daß

---

liche Gerechtsame ausüben kan. Siehe Beck Jus publicum austriacum, im zweiten Specimen auf der 172sten und folgenden Seiten. Mosers Zusätze zum Staats Rechte im 1sten Theile, Seite 185. und folgende, und dessen Beytrag zum neuesten Staatsrecht und Staatshistorie, im 1sten Bande, die 131. und folgende Seiten.

daß sie ihn als Kaiser wieder zu sehen hoffeten, aber zur Antwort erhalten, daß seine Reise vornemlich den Endzweck habe, dem Teutschen Reich durch Vertreibung der fremden Völker Ruhe und Sicherheit zu verschaffen.

Er ließ den 8ten Julius 1745. das Heer sogleich vorwärts rücken, und die französische Völker zogen sich überall vor ihm zurück über den Rhein, dahingegen das oesterreichische Heer den 17ten Julius 1745. über den Mayn gieng, und das Haupt-Quartier nach Heidelberg 50) verleget ward. Der Groß-Herzog, welcher währens der

50) Das Hauptquartir ward den 29sten Julius zu Heidelberg genommen, an welchem Tage Vormitags um 10. Uhr, der Großherzog mit einem sehr starcken Gefolge unter Vorreitung des gantzen Ober-Amts von Heidelberg und Läutung aller Glocken den Einzug hielt. Der Rector Magnificus der Universität und Ober-Appellations-Rath Alef, bewillkommte denselben in einer kurtzen Anrede, und dieser gelehrte Mann genoß die unterscheidende Gnade, daß der Großherzog, so lange die Anrede dauerte, unbedeckt blieb. Der freudige Zuruf der Studenten und die Abendmusik, welche sie den Großherzog brachten, ward gleichfalls sehr gnädig aufgenommen.

der Zeit sowohl bei dem Churfürsten zu Maynz 51) als dem Landgrafen von Hessen=Darmstadt 52) und dem Bischoffe von Speyer 53) Besuche abstattete, deckte durch diese Stellung die Sicherheit der Kayser=Wahl, und empfing bald darauf in dem Haupt=Quartier Heidelberg die Nachricht, daß die Wahl in seiner Person glücklich vollzogen worden.

§. 19.

51) Der Besuch des Churfürsten von Maynz geschahe den 15ten Julius unter dreimaliger Abfeuerung des Geschützes. Der Großherzog besahe die Festungswercke, das Schloß, die Favorita, und derselben schönen Garten, und kehrte Abends wieder nach dem Hauptquartier Hosheim zurück.

52) Der Landgraf von Hessen=Darmstadt hatte den 20. Julii den Großherzog in dem Lager bei Biebesheim persönlich bewillkommet, bey welcher Gelegenheit das ganze Herr denselben zu Ehren ausrücken muſte. Den 23ſten Julii gieng der Großherzog nach Beckenbach, wo er bey dem Landgrafen den Gegenbesuch machte, und nach gehaltener Tafel sich mit einer Hirsch=Jagd vergnügte.

53) Der Bischoff Franz Christoph von Speyer hatte zum Vergnügen des Groß=Herzogs in seinem Wildpret=reichen Lande verschiedene Jagden veranstaltet, und empfing bei dieser Gelegenheit auf seinem prächtigen Schlosse zu Bruchsal den Besuch desselben.

§. 19.

Die Kayserwahl kömmt glücklich zu Stande.

Die Erhebung Franz des ersten zum Römischen Kayser ist die merkwürdigste Begebenheit in der Geschichte desselben, eben um deshalb will ich daran etwas ausführlicher handeln.

Gleich nach dem Tode des Kaysers Karl des 7ten traten der König von Pohlen, als Churfürst von Sachsen, und der Churfürst von Bayern, vermöge des mit Churpfalz getroffenen Vergleichs, die Reichsverweser Würde an. Churmainz ließ durch die geheime Räthe, Freyherrn von Kesselstadt 54) und von Erthal, 55) sämtliche Churfürsten auf den ersten

54) Joseph Franz, Reichs Freyherr von *Kesselstadt*, Domprobst zu Trier, Domherr zu Maynz, Kaiserlicher und Churfürstlicher Mayntzischer geheimer Rath und Regierungs-Präsident, Dechant der Collegial-Kirche des heiligen Torrutius zu Bleidenstadt und Canonicus des Capitels von St. Alban, versahe sowohl die Stelle eines zur Kayserwahl einladenden, als auch eines ersten Gesandten bey der Wahl selbst. Er war ein geschickter Staatsmann und hatte 1743 grosse Hofnung, zum Churfürsten von Maynz erwählet zu werden. Von seinen Ahnen und Geschlecht siehe Hartard von Harstein Hoheit des deutschen Reichs-Adels, Band I. Seite 337. Er gieng 1750. im September in einem Alter von 60 Jahren aus dieser Welt.

55) Philipp Christoph, Reichs Freyherr von *Erthal*, hatte schon 1742 nach dem Tode Karl des VIsten als Churmainzischer Gesandter die Einladung zur Kayserwahl an den Höfen von Wien, Berlin und Hannover verrichtet. Bey der Wahl Franz des Isten ward er dritter

erſten Junius zur Kayſerwahl einladen. Alle zur Aufſchiebung der Wahl von den feindlichen Höfen gemachte Verſuche 56) waren fruchtloß, und ſowohl die Churfürſtlichen Wahlbotſchafter 57) als fremde

dritter Wahl-Geſandte. Seine Geſandſchaft an dem Großbritanniſchen Hofe und ſein Eifer, des Rußiſchen Kaysers Titels Anerkennung bey dem deutſchen Reiche zu befördern, haben ihn vorzüglich bekannt gemacht. Er ſtarb zu Mainz 1748 im May, als Kayſerlicher geheimer Rath, Churmainziſcher Conferenz-Miniſter, Oberhofmarſchall, Hof-Cammer-Vice-Präſident, Amtmann zu Lohe, Ritter des Rußiſchen St. Andreas-Ordens, und Ritter-Rath der unmittelbaren Reichs-Ritterſchaft in Franken, Orts Rhön und Werra. Von ſeiner Herkunſt, Gemahlin, Kindern ꝛc. ſiehe Hartard von Hattſtein Hoheit des deutſchen Reichs-Adels. Theil III. S. 174 bis 187. und Biedermanns Genealogie der Reichs-Ritterſchaft Orts Baunach (Bayreuth 1747. fol.) XVIII bis XXIXſte Geſchlechtstafel.

56) Brandenburg und Pfalz proteſtirten wider die geſchehene Einladung der Chur Böheim. Siehe Wahl- und Crönungs-Diarium, Franz des Iſten, (Frankfurt 1746. 2 Theile, fol.) Theil I. S. 44.

57) Die Wahlgeſandten waren folgende:

1) Von Seiten Churmainz

Der erſte, Joſeph Franz Freyherr von *Keſſelſtadt*, Herr zu Becondt-Rodenburg, Riſſenich und Loeſſenich, Domherr zu Mainz und Trier, Canonicus des Stifts Sancti Ferrutii zu Bleidenſtadt und des zu St. Alban in Mainz, Churmainziſcher geheimer Rath, Hofrats-Präſident, der freyen Reichs-Ritterſchaft am Maynſtrom, Ritter-Rath.

Der zweite, Friedrich, des heil. Röm. Reichs Graf von *Stadion* und Tannhauſen, Herr der Herrſchaft Warthau-

frembe Gesandte 58) langten nach und nach zu Frankfurt am Mayn an. Die Ceremoniel-Streitigkei-

Worthausen, Mosbeuren, Emmerkingen und Alberweiler, Pfands-Innhaber zu Boennigheim in Schwaben, Herr zu Gauth, Chodenschloß, Neumarck, Zahorzan und Riesenberg in Böheim, Erbtruchseß des Erzstifts Augspurg, Churmainzischer Conferenz-Minister, Geheimer Rath, Großhofmeister und Oberamtmann zu Bischofsheim an der Tauber.

Der dritte, Philipp Christoph, Freyherr von Erthal, Churmainzischer würklicher Conferenz-Minister, Geheimer Rath, Oberhofmarschall, Hofcammer-Vice-Präsident, und Oberamtmann zu Lohr.

Der vierte, Johann Jacob Joseph von *Bentzel*, Kaiserlicher und Reichs-Hofrath, Churmainzischer würklicher Conferenz-Minister, Geheimer Rath und Hof-Canzler.

Von Chur-Trier

Der erste, Anton Dietrich Carl, des heil. Röm. Reichs Graf von *Ingelheim*, genannt Echter von Mespelbrunn, des Domstifts Ober-Chorbischof, Domherr zu Lüttich und Halberstadt, auch des Ritterstifts St. Alban zu Mainz, Churtrierscher, wie auch Kayser Carl des VIIten Geheimer Rath.

Der zweyte, Friedrich Ferdinand Franz Anton, des heil. Röm. Reichs Graf von und zu der *Leyen* und Hohen-Geroldseck, Herr zu Adendorf, Bliescastel, Saftig, Arenfels, Burweiler, Nibem, Leiningen, Uongard, Forbach und Otterbach etc. Churtrierscher würklicher Geheimer Rath, und Lands-Hofmeister.

Der dritte, Johann Matthias Edler von *Coll*, des heil. Röm. Reichs Ritter, Churtrierscher würklicher Geheimer Rath, Kriegs-Raths- und Revisions-Gerichts-Präsident, auch Lehnprobst.

tigkeiten 59) wurden bald gehoben, und den 4ten August ward die erste Präliminar-Wahl-Conferenz gehalten.

Die

Der vierte, Jacob George, Freyherr von *Spangenberg*, Churtrierscher würklicher Geheimer Rath.

Von Chur-Cölln

Der erste, Ferdinand Leopold Anton, des heil. Röm. Reichs Graf von *Hohenzollern*, des Erzstifts Cölln Dechant, und des zu Strasburg Domherr, Churfürstlicher Cöllnischer Obrist-Land- und Obrist-Hofmeister, wie auch Staats-Minister.

Der zweyte, Dietrich Engelbert von *Droste* zu Erwitte, Domherr zu Hildesheim und Paderborn, Churcöllnischer Geheimer Rath und Land-Drost in Westphalen.

Der dritte, Johann Arnold Engelbert, Freyherr von *Siersdorf*, Churcöllnischer Geheimer Rath.

Von Chur-Böheim

Der erste, Johann Wilhelm, des heil. Röm. Reichs Graf von *Wurmbrand* und Stuppach, Freyherr auf Steiersberg, Stickelburg, Reitenau und Neuhaus, Herr der Herrschaft Hirstaetten und Ratzendorf, Oberst-Erblandküchenmeister des Herzogthums Steuermark, Ritter des goldenen Vliesses, Karl des VI. gewesener Reichs-Hofraths-Präsident, Königlicher Hungarischer würklicher Geheimer Rath.

Der zweyte, Johann Joseph, des heil. Röm. Reichs Graf von *Khevenhüller*, zu Aichelberg, Graf zu Hohen-Osterwitz, Freyherr zu Landscron und Wernberg, Herr der Grafschaft Hardegg und der Herrschaften Riegersburg, Preusendorf, Starein, beyder Mischnitz, Froisburg, Cammerburg, Rodborz und Pathschieka, Erbland-Stallmeister des Herzogthums Cärnthen, Ritter des goldenen Vliesses,

König-

Die Churfürsten von Brandenburg und Pfalz
ließen zwar der Churmainzischen Gesandtschaft
ziemlich

Königlicher Hungarischer würklicher geheimer Rath
und Oberhofmarschall.

Der dritte, Carl Ludwig Hillebrand, Freyherr
von *Prandau*, weiland Kayser Karl des VIsten Reichs-
Hofrath.

Von Chur-Bayern

Der erste, Joseph Franz Marie, des heil. Röm.
Reichs Graf von *Seinsheim*, Herr der Herrschaften
Sinching, Wentz, Moswemgen, Hohenkotten-
heim, Seehaus, Erlach, und Marckbreit, weiland
Kaiserlicher und Churbayerscher würklicher Geheimer
Rath, Hauptpfleger zu Schingau, des St. Georgen
Ordens Comthur, der löblichen Landschaft Bayern
Unterlands Mitverordneter Rittersteurer.

Der zweyte, Carl Joseph, Freyherr von *Raab*
zu *Ravenheim*, weiland Kayserlicher Geheimer Rath
und zur allgemeinen Reichsversammlung bevollmäch-
tigt gewesener Con-Commissarius, Churbayerscher
würklicher Geheimer Rath.

Von Chur-Sachsen

Der erste, Johann Friedrich, des heil. Röm.
Reichs Graf von *Schoenberg*, Königlicher Pohlnischer
und Churfürstlicher Sächsischer Conferenz-Minister und
würklicher Geheimer Rath.

Der zweyte, Rupert Florian von *Wessenberg*,
Freyherr von Ampringen, Königlicher Pohlnischer
und Churfächsischer Conferenz-Minister und würklicher
Geheimer Rath.

Der dritte, Christian, des heil. Röm. Reichs
Graf von *Looss*, Königlicher Pohlnischer und Churfürstlicher Sächsischer Conferenz-Minister und würklicher Geheimer Rath.

ziemlich hart verfaſſete Schreiben 60) übergeben, in welcher ſie zu erweiſen ſuchten, daß der goldenen Bulle zuwider

1) die

Von Chur-Brandenburg

Der erſte, Wilhelm Friedrich, Reichs Freyherr von *Dankelmann*, Königlicher Preußiſcher und Churbrandenburgiſcher würklicher Geheimer Staats-Miniſter.

Der zweyte, Adam Heinrich von *Pollmann*, Königlicher Preußiſcher und Churbrandenburgiſcher Geheimer Juſtitzrath und Reichstags-Geſandter

Von Chur-Pfalz

Der erſte, Johann Wilhelm, des heil. Röm. Reichs Graf von *Schaesberg*, Churpfälziſcher Geheimer Rath und Canzler, Ritter des Hubert-Ordens und Amtmann zu Brüggen.

Der zweyte, Ferdinand von *Mensbengen*, Churpfälziſcher Geheimer Rath und Reichstags-Geſandter.

Von Chur-Braunſchweig

Der erſte, Gerlach Adolph von *Münchhauſen*, Königlicher Großbritanniſcher und Churbraunſchweigiſcher würklicher Geheimer Rath und Großvoigt.

Der zweyte, Ludolf Dietrich von *Hugo*, Königlicher Großbritanniſcher und Churbraunſchweigiſcher Canzley-Director.

58) Von fremden Geſandten, die würklich Creditive an das Churfürſtliche Collegium übergaben, fanden ſich nur der Rußiſche Kaiſerliche Geheime Rath, Hermann Karl, Reichsgraf von Kaiſerling und der Königliche Däniſche Staats-Rath, Johann Friedrich, Reichsfreyherr Bachov von Echt, zu Frankfurt ein. Der päbſtliche Nuncius am Hofe zu Wien, Johann Franz Stoppani, hat ſich gleichfals zu Frankfurt befunden, aber keine Beglaubigungs-Schreiben überreicht,

1) die Churböhmische Stimme als ad eligendum inhabilis zugelassen worden,

2) für den Wahltag keine Sicherheit vorhanden sey, und

3) nicht ohne alle Praevention per pacta, stipendia, et promissa zur Kayserwahl geschritten werde,

und daß diese Hindernisse zuförderst aus dem Wege geräumet werden müsten, allein die übrige Churfürsten ertheilten darauf die Antwort, daß sie sich in dem Wahlgeschäfte nicht irren lassen würden, und schritten nach Endigung der Präliminar-Conferenzen würklich zur Eröfnung der Wahl-Seßionen, unerachtet Churbrandenburg und Pfalz neuerlich gegen Eröfnung der letztern 61) protestirten.

reichet, so wenig als der Französische Gesandte, Alphons Marie, Graf von Saint Severin.

59) Sie betraf den von den Wahl-Gesandten verweigerten Gegenbesuch der zu Frankfurt befindlichen Reichstags-Gesandten. Der Churtriersche Wahlbotschafter, Freyherr von Spangenberg that es, einige andere folgten. Von andern Ceremoniel-Regulativen und Streitigkeiten siehe Wahl-Diarium, Th. I. S. 207. u. f. und Moser pragmatische Wahlgeschichte, Kayser Franz des Isten in dem Beytrage zum neuesten Staatsrechte, Th. I. S. 541.

60) Siehe selbige in dem Wahl- und Crönungs-Diarium, Th. I. S. 143 und 144.

61) Siehe selbige in dem Wahl-Diarium, Th. I. S. 177 und 178. und die Antwort des Churfürstlichen Collegium auf der 180 u. f. Seite.

Es liefen bey dem Churfürstlichen Collegium
verschiedene Beschwerden einzeler Reichsglieder
ein, als von der Stadt Frankfurt am Mayn, 62)
von dem Bischof von Basel, 63) von dem Dom-
capitel zu Osnabrück, 64) von den Herzogen von
Saal-

62) Der Rath der Stadt Frankfurt am Mayn beschwerte sich gegen den IV. §. des XII. Artickels der Wahl-
Capitulation Karl des VIIten, daß derselbe also ausgedeutet werden wolle, als ob den Kreyß-Ständen,
welche contra regulas societatis, Aequitatis & Ae-
qualitatis überlästiget worden, der Recurs ad Impe-
ratorem et comitia nicht verstattet seyn solle, und erhielt den 24 Sept. ein Conclusum Collegii electora-
lis, daß durch besagten Artickel der Recurs ad potestatem rectoriam et comitia nicht benommen sey.
Siehe mit mehrern Wahl-Diarium Franz des Isten
Beylagen, Seite 21 bis 29. und Crönungs-Diarium,
Seite 17. ingleichen Mosers Anmerkungen zur Wahl-
Capitulation Kayser Franz des Isten, Seite 332. f.

63) Der Bischof von Basel beschwerte sich über die große
Freyheit des Cistercienser-Ordens, der sich seiner Landesherrlichen Gewalt entziehen wolte, in einem Pro
Memoria, welches den 28sten August 1745 dictirt
ward, und bat in der neuen Capitulation, die Freyheit dieses Ordens gänzlich zu annulliren. Es ward
ad acta genommen, aber in keine Betrachtung gezogen, weil die Erledigung dieser Beschwerden für das
ganze Reich gehört. Siehe diese Pro Memoria in
den Beylagen zum Wahl-Diarium, S. 7 bis 8. Mosers Anmerkungen zur Capitulation Franz des Isten,
Th. I. S. 114. f.

64) Das Domcapitul zu Osnabrück erließ ein Schreiben an den Churfürsten von Mainz, welches in dem
Churfürstlichen Collegium den 2 Aug. 1745. dictirt
ward, beschwerte sich über den 4 §. des XI. Art. der
Wahl-Capitulation Karl des VIIten, und bat, weil
nach

Saalfeld 65) und Mecklenburg-Schwerin, 66) von dem Fürsten von Anhalt-Schaumburg, 67)

nach der Osnabrückschen Wahl-Capitulation die Reichs-Lehen Empfängniß jederzeit durch einen Domherrn geschehen müssen, entweder, den 4 §. ganz aus der Capitulation zu lassen, oder zu erklären, daß man dadurch der Osnabrückschen Capitulation nicht berogiren wolle. Da aber die Kaiserliche Capitulation auf besondere Vergleiche gar nicht zu ziehen ist: so ward diese Vorstellung nicht in Betrachtung gezogen.

65) Die Gebrüdere Herzoge von Sachsen Saalfeld und Coburg baten in einem Schreiben an den Churfürsten von Maynz, welches den 27 Aug. 1745. zu Frankfurt dictirt ward, daß bey künftiger Wahl-Capitulation gegen Abwendung des Nachtheils, den Herzog Anton Ulrich von Sachsen Meynungen durch seine Miß-Heyrath und deren Kinder erfolgte Standes-Erhebung, in Ansehung der Erb-Folge, dem Hause Sachsen zuziehen wolle, diensame Vorkehrung geschehe. Es ist zwar darauf nichts ausdrückliches verfüget, unterdessen ist der 4te §. des 22sten Art. der neuesten Wahl-Capitulation offenbar zum Vortheil der Sächsischen Agnaten, die Sache selbst aber durch die zweyte Heyrath des Herzogs von Sachsen-Meynungen in andern Stand gerathen. Siehe das Schreiben in den Beylagen zum Wahl-Diarium S. II. und ebendasselbe nebst der beygefügten weitläuftigen Deduction in Mosers Anmerkungen zur Wahl-Capitulation Franz des Isten, Th. I. Seite 123 bis 318.

66) Der Herzog Carl Leopold von Mecklenburg-Schwerin bevollmächtigte seinen Legations-Rath, Jacob George Berkenmeyer, sowohl bey dem Churfürstlichen Collegium als bey dem Rath zu Frankfurt am Mayn. Dieser muste in zwey Pro Memoria, welche den 30 Aug. und 16 Sept. 1745. dictirt wurden, sich über angebliche Landes-Bedrückungen der Reichs-Gerich-

von dem Abt von Ottobeyern, 68) von dem Erbmarschall, Grafen von Pappenheim, 69) von der
Stadt

Gerichte beschweren, die aber in keine Betrachtung
gezogen wurden. Siehe solche in den Beylagen zum
Wahl Diarium, S. 11 bis 14. und Mosers I. Theil
der Anmerkungen zur Wahl-Capitulation, S. 318
bis 322.

67) Der Fürst Victor Amadäus Adolf von Anhalt-Bernburg-Schaumburg wendete sich in einem den 1 Sept.
1745. dictirten Schreiben an den Churfürsten von
Mainz, und bat, in der neuen Wahl-Capitulation
wegen der erschlichenen Standes-Erhöhung des Fürsten von Bernburg, gewesenen Grafen von Baeren-
feld, Vorsehung zu thun. Siehe dieses Schreiben in
den Beylagen zum Wahl-Diarium, S. 14 bis 16.
und Mosers Anmerk. Th. I. S. 323 bis 330.

68) Der Abt Anshelm von Ottobeyern, bat in einem
den 15 Sept. 1745. dictirten Schreiben den Churfürsten von Mainz, ihn durch die Wahl-Capitulation
bey der Exemtion von Kayserlichen und Creyß-Lasten
zu schützen. Da aber der Schwäbische Creyß sich gegen
diese Exemtion bey dem dem Churfürstlichen Collegium gemeldet: so ward in dieser Sache nichts verfüget. Siehe diese Vorstellung in dem Anhange zum
Wahl-Diarium, S. 16 und 17. und Mosers Anm.
Th. I. S. 330.

69) Der Reichs-Erbmarschall, Friedrich Ferdinand von
Pappenheim, bat das Churfürstliche Collegium, ihm
zu Bestreitung der bey der Wahl und Crönung zu ver-
wendenden schweren Kosten einen ausserordentlichen
Beytrag zu bewilligen, auch zu Erhaltung eines erledigten oder zu erledigenden Reichs-Lehns an Kaiserliche
Majestät ein Vorschreiben ergehen zu lassen. Das
letztere ward beliebt und den 6ten Oct. an den Kayser
erlassen. Siehe dessen schriftliche Vorstellung in den
Beylagen zum Wahl-Diarium, S. 18. f. und das
Vorschreiben S. 131. des Crönungs-Diarium.

Stadt Wezlar, 70) wie auch von den Reichs-Prälaten, 71) deren ausführliche Erzehlung ich übergehe. In den dreyzehen 72) gehaltenen Wahl-
Seßionen

70) Der Rath der freyen Reichs-Stadt Wezlar hat
durch ein den 3 Sept. dictirtes Schreiben, in künftiger Capitulation bey der hergebrachten Quartiers-
Freyheit geschützet, und mit der Concurrenz an Gelde
verschonet zu werden. Allein der 10te §. des IV. Art.
der Wahl-Capitulation blieb unverändert. Siehe
dieses Schreiben in den Beylagen zum Wahl-Diarium
S. 29. u. f. und Mosers Anmerkungen zur Capitulation Franz des Isten, Th. I. S. 349. f.

71) Durch ein den 15ten Jun. 1745. an das Churfürstliche Collegium abgelassenes Schreiben verlangte das
Reichs-Prälaten-Collegium in Schwaben, daß den
Reichs-Prälaten in der Wahl-Capitulation der Rang
für den unmittelbaren Reichs-Grafen zugestanden werden möchte. Es blieb aber der 23 §. des IV. Art.
der Wahl-Capitulation unverändert.

72) Das, was in diesen XIII. Sitzungen gehandelt worden, bestehet kürzlich in folgenden. In der Isten
ward von Churmainz die Proposition gethan, die
Churfürstliche Vollmachten abzulesen, und über deren Gültigkeit votiret; In der IIten über die Chur-
Brandenburgische und Chur-Pfältzische Pro-Memoria
gerathschlaget, die Legations-Secretairs ernannt, und
wegen der Verschwiegenheit dem ersten Churmaintzi-
schen Botschafter der Handschlag gegeben; In der
IIIten das Conclusum auf die Chur-Brandenburgische und Chur-Pfältzische Pro-Memoria abgefaßt, die
gewöhnliche Decreta salvatoria erlassen, und endlich
das Vorstellungs-Schreiben des Fürstlichen Collegium,
das Rußische Beglaubigungs-Schreiben für den Gesandten Grafen von Kayserling, ferner die Schreiben der Sächsischen Häuser Coburg, Saalfeld und
Hildburghausen, des Fürsten von Anhalt-Bernburg-
Schaum-

Seßionen ward die Wahl-Capitulation 73) zu Stande gebracht, die Monita des Fürstlichen und Reichs-

Schaumburg und des Fürsten Bischofs von Basel, die Vollmacht des Herzogs von Meklenburg-Schwerin für seinen Legations-Rath, Berkenmeyer, die Vorstellung des Reichs-Prälaten-Standes, das Schreiben des Dom-Capituls zu Osnabrück, und das Memorial der freyen Reichs-Stadt Wezlar, zum Protocoll genommen; In der IVten ward die Chur-Sächsische Haupt-Vollmacht verlesen, für gültig erkannt, und von dem Chur-Sächsischen zweyten Gesandten, auch Legations-Secretair, wegen der Verschwiegenheit der Handschlag abgenommen, der Punct wegen des Ceremoniels in Berathschlagung genommen, die Capitulation Carl des VIten zum Grunde der neuen zu legen beschlossen, und mit dem Ablesen der Anfang gemacht; In der Vten wiederhohlte Chur-Brandenburg sein Pro-Memoria ad protocollum, dessen Vollmacht ward abgelesen, und für richtig erkannt, darauf aber über das eingekommene Chur-Pfälzische Pro-Memoria votirt; In der VIten ward die Chur-Pfälzische Haupt-Vollmacht für richtig erkannt, und die Befugniß, in Abwesenheit des Churfürsten von Mainz an dessen ersten Abgesandten den Handschlag zu geben, für gegründet erkläret; In der VIIten und VIIIten ward mit Verlesung der Wahl-Capitulation und Einbringen der Monitorum fortgefahren, in letzterer aber der 9 Sept. zur Eidesleistung des Raths zu Frankfurt und der 13te zum Wahltage anberaumet; In der IXten ward mit den Monitis zur Capitulation fortgefahren, wegen Einrichtung des Pflichtleistungs Actus auch Wahl-Anstalten berathschlaget und festgesetzet, daß es wie im Jahr 1742 gehalten werden solle, und das Reichs-Erbmarschall-Amt mit den Churfürstlichen Marschall-Aemtern deshalb sich besprechen solle; In der Xten ward wegen des Ceremoniels ein Schluß gefasset, wegen der

Reichsgräflichen Collegium, 74) welche vor Abfassung der neuern gegen die Wahl-Capitulation übergeben worden, wurden zwar angenommen, aber nicht in Betrachtung gezogen, der Wahltag auf den 13ten Sept. bestimmet, der Sicherungs-Eyd von dem Stadt-Rath und der Bürgerschaft zu Frankfurt am Mayn gewöhnlich abgeleget, und die Ausschaffung der Fremden 75) mit Verstattung einiger Nachsicht vollzogen.

Den der Ausschaffung der Fremden gehandelt, und mit den Monitis zur Capitulation fortgefahren; In der XIten war man mit der Einrichtung des Wahl-Actus und den Monitis der Capitulation beschäftigt; In der XIIten wurden die Churfürstlichen Collegial-Schreiben an das Stift und die Stadt Acken, auch Nürnberg, ingleichen wegen Durchführung und Begleitung der Kayserlichen Insignien zu Papier gebracht, auch dem Französischen Gesandten, Grafen von Severin, wegen erwiesener Unpäßlichkeit die Ausschaffung am Wahltage nachgelassen: In der XIIIten ward der Aufsatz des Wahl-Decrets, das Bekanntmachungs-Schreiben an den Neu-Erwählten, der Eingang der Wahl-Capitulation richtig gemachet, und über den Empfang des Römischen Königs gerathschlaget. Siehe Beylagen zum Wahl Diarium S. 31 und 36.

73) Die Wahl-Capitulation ist in dem Anhange ihrem völligen Inhalte nach beygebracht.
74) Die Erinnerungen des Fürstlichen und Gräflichen Collegium sind gleichfals in dem Anhange unter der II. und IV. Nummer nachzulesen. Besiehe auch Mosers Wahl-Capitulation Franz des Isten mit Anmerk. Th. I. S. 100 u. f.
75) Die Ausschaffung der Fremden, welche in der goldenen Bulle gegründet, verursachte einige Irrungen. Der Reichs-Erbmarschall, Graf von Pappenheim und der Reichs-Quartiermeister musten dem Herzoge,

Anton

Den 13ten gegen 11 Uhr begab sich der Churfürst von Maynz mit den ersten Wahl-Botschafter von Trier, Cöln, Böhmen, Bayern, Sachsen und Braunschweig, nach der Kirche des heil. Bartholomäus, und man schritte nach abgelegten Wahl-Eide und fruchtloser Berufung der abwesenden Churbrandenburgischen 76) und Churpfälzischen Wahlgesandten zur Sammlung der Stimmen, die einmüthig auf den Großherzog von Toscana fielen. Die Churböhmischen Wahlgesandten nahmen,

Anton Ulrich von Sachsen-Meynungen, dem päbstlichen Nuntius, dem Rußischen Gesandten, Grafen von Kayserling, dem Französischen Gesandten, Grafen von Saint Severin, den beyden andern Französischen Ministern, von Blondel, und Dionysius Malbran de la Noue, wie auch den andern Chur- und Fürstlichen Reichstags- und andern Gesandten die Decreta salvatoria, wegen Dispensation in Ansehung der Emigration überbringen. Die Reichstags-Gesandten stellten dagegen bey Churmaynz vor, ihre Anwesenheit sey legal, und sie wären der Vorschrift der goldenen Bulle nicht unterworfen. Die Sache schien weit aussehend zu werden, Churmaynz gab aber seinem eigenen Reichstags-Gesandten Befehl zur Verlassung der Stadt, und die übrigen folgten. Siehe den ganzen Verlauf und die gegen einander geschehene Erklärung in dem Wahl-Diarium, Th. I. S. 203.

76) Der Churbrandenburgische zweyte Wahl-Botschafter von Pollmann hatte zwar der 5. 6. 7. 8. 9. 10. und 11ten Wahl-Seßion beygewohnet, welches auch der Churpfältzische zweyte Botschafter, von Menshengen, gethan, den 12ten Sept. aber verliessen beyde Churpfältzische, und der zweyte Churbrandenburgische Botschafter die Stadt völlig, und der erste Churbrandenburgische Gesandte kam gar nicht dahin, sondern blieb zu Hanau.

nahmen diese Wahl sogleich krafthabender Vollmacht an, und beschworen die Wahl-Capitulation. Diese Wahl zum Römischen König ward sogleich durch den Domdechant des Erzstifts Maynz, Freyherrn Johann Franz Jacob Anton von Hoheneck, bekannt gemacht, und sodann der übrige Tag mit Freudensbezeugungen zugebracht.

Der neuerwehlte Römische König, welcher sich in dem Hauptquartier Heidelberg befand, erhielt durch den jungen Grafen, Heinrich von Auersberg, Gesandschafts-Cavalier des ersten Chur-Böhmischen Gesandten, die erste Nachricht von dieser glücklichen Begebenheit. Der Graf von Ostein 77) und Graf von Pappenheim 78) folgten bald darauf, um im Namen des Churfürstlichen Collegium die förmliche Bekanntmachung zu verrichten. Der letztere hielt eine kurze Anrede, und der König beantwortete

77) Ludwig Wilhelm Johann Maximilian Reichsgraf von Ostein, Königlicher Hungarischer Cämmerer und General-Feldwachtmeister, ein Bruder des Churfürsten von Mainz, überbrachte ein offenes Creditiv von dem Churfürsten von Mainz, und erhielt einen auf 10,000 fl. geschätzten Ring zum Geschenk.

78) Der Reichs-Erbmarschall, Friedrich Ferdinand, Reichsgraf von Pappenheim, bekam von dem Churfürstlichen Collegium den nämlichen Auftrag, des erwehlten Röm. Königs Majestät von der Wahl Nachricht zu geben, und erhielt einen 8000 fl. werthen Ring zum Geschenk, wiewohl andere Nachrichten behaupten, daß das Königliche Geschenk in einem 30,000 fl. werthen Degen und einem Ringe von 20,000 fl. bestanden. Nichtweniger ward das Gefolge der Grafen von Ostein und Pappenheim ansehnlich beschenkt.

antwortete solche auf das allergnädigste, indem er dem Churfürstlichen Collegium wegen des in ihn gesetzten Vertrauens seine Erkenntlichkeit, bezeugte, und versicherte, daß er für die Wohlfarth des deutschen Reichs mit Aufsetzung seines Lebens väterliche Sorgfalt tragen werde.

Bald darauf überbrachte der regierende Landgraf Ludewig von Hessen-Darmstadt 79) das Wahl-Diploma, 80) welches der König in Gegenwart des Bischofs

79) Er ward von des Römischen Königs Majestät mit einem 30,000 fl. werth geschätzten und mit dem Bildniß der Königin versehenen Ring, auch einem goldenen mit Brillanten besetzten Degen beschenket. Bey Empfang des letztern sagte er, er wolle denselben nur für Ihro Königliche Majestät allerhöchste Person ziehen, und ihn nur solchen lassen, welche ihn wider die Feinde seines Durchlauchtigsten Hauses führen würden.

80) Wegen Auswechselung und Ueberbringung des Wahl-Decrets ereignete sich etwas, das hier nicht zu übergehen ist. Das Churfürstliche Collegium beliebte auf Ersuchen der Churböheimischen Wahl-Gesandtschaft, daß, da sonst allemahl das Wahl-Decret gegen die Wahlcapitulations-Exemplare ausgewechselt worden, diesesmahl der Landgraf von Hessen-Darmstadt solche sogleich überbringen, und die Capitulation nebst Reversalien demnächst von dem Römischen Könige ausgeliefert werden solle. Die Churböheimsche Gesandtschaft muste sich aber folgendergestalt reversiren:

Demnach ein hochlöbliches churfürstliches Collegium auf unser Ersuchen beliebet hat, wegen Aushändigung des Decreti Electionis für Ihro Römisch Kayserliche Majestät dahin zu dispensiren, daß selbiges

Bischofs von Speyer 81) und der sämtlichen Generalität empfing. Dieses gab zu einer ausserordentlichen

selbiges durch des regierenden Herrn Landgrafen von Hessen-Darmstadt Durchl. Allerhöchst besagter Ihrer Römisch Kayserlichen Majestät jetzo überbracht, die dagegen auszuwechselnde Capitulations-Exemplarien aber, an deren Ausfertigung würklich gearbeitet wird, wie auch die Reversalien hiernächst gleichwohlen von Römisch Königlicher Seiten ausgeliefert, diese besondere churfürstliche Collegial-Deferirung anbey zu einiger Consequenz nicht gezogen, und hierinnen allenthalben von uns selbst reversiret werden möge: Als haben wir solche eines churfürstlichen hohen Collegii Entschliessung nicht nur hierdurch dankgeziemend annehmen, sondern auch obverstandenermassen uns zum bündigsten reversiren sollen. Frankfurt den 15ten Sept. 1745.

Joh. Wilhelm, Graf   Joh. Joseph, Graf   Carl Ludwig Hilleprand,
von Wurmbrand   v. Khevenhüller   Freyherr v. Prandau
(L. S.)   (L. S.)   (L. S.)

Die Ueberbringung desselben an den Landgrafen ward dem churmaynzischen Kämmerer und adelichen Hofrath, Michael Lotharius, Freyherrn von Erthal, aufgetragen, derselbe ritte den 16ten Sept. ab, ward aber durch die zu Sachsenhausen entstandene und von einem Blitz verursachte Feuersbrunst etliche Stunden aufgehalten, daß er also es erst den 17ten früh um 4 Uhr auf dem Jagdhause, der Wolfsgarten, dem Landgrafen übergeben konnte, mithin der Landgraf nicht den 16ten, da er erwartet worden, sondern den 17ten erst in dem Hauptquartier Heidelberg eintreffen konnte.

81) Franz Christoph, des heil. Röm. Reichs Fürst und Bischof von *Speyer*, ein gebohrner Freyherr von Hutten zu Stolzenberg, erwarb sich bey dieser Gelegenheit die besondere Gnade des Kaysers. Er erhielt nicht allein ein prächtiges und auf 30000 fl. geschätztes

lichen Freudensbezeugung im Lager Gelegenheit.
Das ganze Heer machte ein dreymaliges Lauf-Feuer,
die Messe und das HErr GOtt dich loben wir,
wurden von dem Bischof von Speyer abgesungen.
Auf diese Art ward das Wahlgeschäfte glücklich
vollzogen und weder durch die vorgehabte Protestation des päbstlichen Nuntius, 82) noch die Mon-
und Protestation des fürstlichen Collegii 83) ein
Aufenthalt verursachet.

Bis
tes Bischofs-Creutz zum Geschenk, sondern ward auch
in der Folge mit Gnadenbezeugungen überhäufet, wie
er den 1761. auf Empfehlung der Kayserin König.
Majestät zum Cardinal ernennet ward.

82) Der Churbraunschweigische Gesandte, Freyherr von
Münchhausen ersuchte den Rath zu Frankfurt am
Mayn, allen Notarien zu verbieten, des päbstlichen
Nuntius Protestation gegen die neunte Churwürde anzunehmen. Dieses geschahe und die vorgehabte Protestation gegen Einrückung des westphälischen Friedens-
schlusses in den Art. II. der Wahl-Capitulation, in
der den Eid, durch welchen der Kayser die Fest-
tung dieses Art. mit verspricht und die neunte Chur-
würde unterblieb. Ob nun gleich bey Karl des VIIten
Wahl diese Protestation auch unterblieben: so läßt
sich doch daraus der Schluß nicht machen, daß
der päbstliche Hof diese Gewohnheit gänzlich fahren
lassen. Man besehe übrigens Mosers Staats-Histo-
rie unter Karl VII. Th. I. S. 92. Krönungs-Diarium
Franz des Isten S. 7. und 8. Nicht weniger von der
päbstlichen Anmassung, die Kayserlichen Wahlstrei-
tigkeiten zu entscheiden, Mosers Beytrag zum neuesten Staatsrecht, Th I. S. 544. und Acta histor.
ecclesiastica Th. 10. S. 19.

83) Der Wahltag ward zehen Tage eher als man Anfangs Willens gewesen, bestimmet. Das fürstliche
Colle-

Bald darauf (den 19 Sept.) verließ der König das Heer, und gieng von Heidelberg seiner von Wien kommenden Gemahlin über Aschaffenburg entgegen. Nachdem er dieselbe bey Vtphar (den 21 Sept. 1745.) in der Grafschaft Wertheim angetroffen, setzte er mit derselben die Reise zu Wasser nach Aschaffenburg, von da aber nach Hanau zu Lande fort. Der Einzug, zu Frankfurt am Mayn, (den 25 Sept. 1745.) war ungemein prächtig, der König ward auf der Bornheimer Heide von dem Churfürsten von Mayntz und den Wahlbotschaftern unter einem Zelte bewillkommet, wobey von Churmayntz wegen der Ostfriesländischen Beleihung 84) eine nöthige Erklärung geschahe, und zog sodann durch die Stadt nach der Bartholomäus-Kirche, woselbst er die Wahl-Capitulation, nach einer vorher von Churmayntz, Namens des churfürstlichen

Colle-

Collegium konnte wegen der anzubringenden Beschwerden sich nicht zeitig genug vereinigen, es unterblieb also des fürstlich Salzburgischen Directorial-Gesandten Protestation wider den Ryswikischen Friedensschluß und andere Artickel der Wahlcapitulation. Siehe Europäische Fama Th. 126. S. 474.

84) Churbrandenburg hatte nach geschehener Römischen Königswahl den 16 Sept. 1746. bey dem Bayerschen Reichs-Vicariat über Ostfrießland die Beleihung erhalten, Churbraunschweig aber brachte bey dem churfürstlichen Collegium ein Conclusum zu Stande, daß diese Beleihung nicht unter die von Kayserlicher Majestät, vermöge der Capitulation zu confirmirende zu rechnen, und dieses Kayserlicher Majestät vor Beschwörung der Capitulation zu melden sey. Siehe Mosers Anmerkungen zur Wahlcapitulation Franz des Isten S. 40 s.

Collegii gethanen Anrede, welche darin bestand, daß Ihro Majestät die von Dero Wahlbotschaft geschehene Beschwörung der Wahlcapitulation der Abrede gemäß, durch einen leiblichen Eyd gleichfalls beschwören möchten, beschwor.

Die Kayserin, welche an eben dem Tage, obgleich incognito zu Frankfurt am Mayn angelanget war, sahe diesem Einzuge aus dem Gasthofe zum Römischen Kayser zu, und beyde Königliche Majestäten begaben sich kurz darauf (den 27 Sept. 1745.) nach Heidelberg, um das versammelte Heer, das aus so verschiedenen Hülfs-Völkern bestand, in Augenschein zu nehmen.

Der Römische König zeigte sich an dem Tage, (den 28sten Sept.) da das Heer in Schlachtordnung ausrückte, zu Pferde mit dem Degen in der Hand vor der ersten Schwadron Dragoner des linken Flügels, und empfing nicht allein die Königin, sondern begleitete sie auch bey dem Herumfahren. Tages darauf (den 29 Sept. 1745.) kehrten beyde nach Frankfurt zurück.

§. 19.

Die Kayserliche Krönung wird vollzogen.

In Ansehung der Kayserlichen Krönung werden von Alters her, gleiche Feyerlichkeiten beobachtet, ich werde mich also mit derselben Erzählung nicht aufhalten, sondern nur dasjenige anmerken, was in Ansehung der Erz- und Erbämter oder wegen

gen der Gerechtsame eines und andern Reichsstandes bey dieser Gelegenheit vorgefallen.

Nach geschehener Wahl hielten die churfürstlichen Wahlgesandten noch funfzehen Conferenzen, in welchen theils wegen Einhohlung des Kaysers und der Krönung das Ceremoniel festgesetzet, theils wegen des deutschen Ordens, 85) wegen des Erzschatzmeister=Amts, 86) der churbrandenburgischen Beschwerden, 87) des Reichstags Eröfnung, 88) des

85) Franz Sigmund Friedrich, Reichsgraf von Sazenhofen, Churcöllnischer geheimer Rath, des deutschen Ordens Land=Comthur der Ballen Franken, übergab bey der siebenzehnten Conferenz den 20sten Sept. ein Pro-Memoria ad Acta, in welchem er den deutschen Orten den Rang vor dem Johanniterorden reservirte, und sich dagegen, daß in der Wahlcapitulation der Johanniter vor dem deutschen Orden genennet worden, verwahrete, und erhielt ein Conclusum, daß die Uebergehung dessen, was das Project der beständigen Wahlcapitulation ad Arc. 10. dem hohen deutschen Orden zu gute enthalte, demselben nicht nachtheilig seyn solle. Siehe Krönungs=Diarium S. 13. Mosers Anmerkungen zur Wahlcapitulation Franz des Isten S. 186 f.

86) Auf Vorstellung der Churbraunschweigischen Gesandschaft ward in der ein und zwanzigsten Conferenz den 27sten Sept. beschlossen, daß auf den Fall Churpfälzischer Abwesenheit, Churbraunschweig diesesmahl ohne Consequenz das Reich Erbschatzmeister=Amt verwalten solle. Krönungs=Diarium S. 51 und 54.

87) Die zu Hanau befindliche Churbrandenburgische Gesandten beschwerten sich in einem Pro-Memoria über Chursachsen, und baten sämtliche Churfürsten um die Unions=mäßige Hülfe, welches bey der 24sten Seßion den

des Churfürsten Vereins, 89) und der rußischen 90) und dänischen 91) Recredential-Schreiben, verschiedenes vorkam.

Die

den 6ten Oct. dictirt ward. Krönungs-Diarium S. 141.

88) Unter dem 5ten Oct. machte der Kayser dem Churfürstlichen Collegium bekannt, wie er desselben Einwilligung zu Eröfnung des Reichstages verlange, diese ward den 6ten Oct. in der 24sten Seßion gegeben, den 12ten Oct. geschahe die Eröfnung, er ward aber sobann nach Regensburg verlegt. Krönungs-Diarium S. 137. 140. 170.

89) Churmaynz beschwor den Churfürsten Verein in Person den 12 Oct. die Kayserin Königin als Königin von Böheim gleichfals in Person den 14ten, und die Botschafter von Chursachsen und Churbraunschweig den 16ten Oct. Siehe die Sammlung der Churfürsten Vereine als eine Beylage zu dem Crönungs-Diario S. 1 bis 54.

90) Nachdem der Rußische-Kayserliche Gesandte, Graf Hermann Carl von Keyserling, die Erklärung gethan, daß er den Punct wegen Aufrechthaltung und Sicherstellung der den Churfürsten in höchstdero Personen und Gesandten zustehenden Königlichen Ehrenbezeugungen für unstreitig halte: so ward ihm mit diesem Vorbehalt das Recreditiv ausgefertiget, und der Rußischen Kayserin der Kaysertitel zugestanden. Krönungs-Diarium S. 143.

91) In dem dänischen Bealaubigungs-Schreiben für den Freyherrn Johann Friedrich Bachof von Echt, welches an die Churfürsten unmittelbar gestellet war, war nur, statt der drey geistlichen Churfürsten, einer derselben Reverendus genannt. Der Gesandte erklärte sich, wie er es für einen Canzley Fehler halte, man behielt sich darüber eine schriftliche Erklärung vor, und ertheilte das Recreditiv. Krönungs-Diarium S. 147.

Die Krönung 92) ward (den 4 Oct. 1745.) in dem Dohm zu Frankfurt, oder der Bartholomäus Kirche, vollzogen. Der Zug dahin war prächtig. Die Erb-Beamten, welche sich dabey befanden, waren folgende: der Reichs Erbmarschall, Reichsgraf von Pappenheim, 93) trug das Reichsschwerdt, welches ihm der churſächſiſche erſte Wahlbotſchafter, Graf von Schoenberg, überreichte, der Graf von Hohenzollern, 94) als Reichs-Erbkämmerer,

den

92) Die ausgeworfene Krönungs-Münze zeiget auf der erſten Seite die deutſche Reichs-Krone mit der darunter ſtehenden Aufſchrift in acht Zeilen:

FRANCISCVS HIER. oſolymarum. REX. LOTH. aringiae. BAR. ri. ET. M. agnus. HETR. uriae. DVX. ELECTVS IN. REGEM ROMAN. orum. CORONATVS FRANC. ofurti. 4 OCT. 1745.

Auf der andern Seite ſind die auf einem zierlichen Geſtelle liegende Reichs-Kleinodien, die Crone, der Reichs-Apfel, der Scepter und das Schwerd Kayſer Karl des Groſſen zu ſehen, und darüber der mit Stralen umgebene Name GOttes in einem Dreyeck, mit der Ueberſchrift: DEO ET IMPERIO. Sie iſt ſowohl als mehrere auf dieſe merkwürdige Begebenheit geſchlagene Schaumünzen in Köhlers Münzbeluſtigungen, Th. XVII. S. 369 f. beſchrieben, ebendaſelbſt auch ſowohl als im Krönungs-Diarium in Kupfer geſtochen zu finden.

93) Friedrich Ferdinand, des heil. Römiſchen Reichs Graf von *Pappenheim*, Reichs-Erbmarſchall, kayſerlicher würklicher geheimer Rath, Ritter des würtembergiſchen groſſen Jagd-Ordens, geboren 1702. den 5 Sept.

94) Joſeph Wilhelm Eugen Franz, des heil. Römiſchen Reichs regierender Fürſt von *Hohenzollern-Hechingen,*

den Scepter, den er in Abwesenheit des churbran=
denburgischen Gesandten selbst nahm, der Graf von
Truchses Wollegg, 95) als Reichs=Erbtruchseß
den Reichs=Apfel, den ihm der Churbayersche erste
Wahlbotschafter übergab, und der Graf von Sin=
zendorf, 96) als Reichs=Erbschatzmeister die
Reichs Krone, die er aus den Händen des chur=
braunschweigischen ersten Wahlbotschafters erhielt,
der Reichs=Erbschenk, Reichsgraf von Althan 97)
aber folgte, ohne etwas zu tragen.

Die Salbung ward von dem Churfürsten von
Maynz, die Krönung, aber von den beyden Churfür=
sten von Maynz und Trier und dem ersten Chur=
cöllnischen

gen, des heil. Röm. Reichs Erbkämmerer, kayserli=
cher königlicher würklicher Kämmerer und General
der Renterey, des Reichs General=Feldmarschall=Lieute=
nant, und des würtembergischen grossen Jagd=Ordens
Ritter, war damals noch Graf, folgte aber 1750. seines
Vaters Bruder in der fürstlichen Regierung.

95) Joseph Franz, des heil. Röm. Reichs Graf von
Truchses Waldburg Wolfegg Wolfegg, Kayserlicher
Königlicher Kämmerer, geboren den 14 Dec. 1704.

96) Prosper Anton Joseph Guido, des heil. Röm.
Reichs Graf von *Sinzendorf* zu Ernstbrunn, Reichs=
Erbschatzmeister und Kayser Karl des VIten würkli=
cher geheimer Rath, geboren den 30 März 1700.
starb den 9 Februar. 1756.

97) Michael Johann der IVte, des heil. Röm. Reichs
Graf von *Althan*, Reichs=Erbschenk, Grand von
Spanien der Isten Classe, Kayserlicher Königlicher
würklicher geheime Rath, Kämmerer, Vicepräsident
der obersten Justitzstelle, des Szaladienser=Comitats
in Hungarn Ober=Erbgespan, des goldenen Vießes
Ritter, geboren 1710. den 5 April.

cöllnischen Gesandten, Grafen von Hohenzollern verrichtet. Nach geendigter Krönung und ehe zur Tafel gegangen ward, verrichteten die Reichs-Erb-ämter die in der güldenen Bulle vorgeschriebene Functionen, wobey dieses besonders anmerkungs-würdig, daß bey dieser Krönung Churbraunschweig in Abwesenheit von Churpfalz das Reichs-Erzschatz-meister-Amt versehen, und Churböheim in der Person des Grafen von Althan als Reichs-Erbschenk 98) nach dem auf dem Römerberge stehenden und mit weissen Tuche belegten Tische geritten, den daselbst stehenden mit Wasser und Wein gefülleten zwölf Mark schweren silbernen Becher geholet, und diesen Trunk auf die Kayserliche Tafel geliefert.

§. 21.

98) Unerachtet diese Verrichtung des Reichs Erbschen-ken in der goldenen Bulle Tit. XXII. §. 6. ausdrück-lich vorgeschrieben ist: so war sie doch bey vorigen Krönungen niemals auf diese Art vollzogen, sondern nur der erste Trunk dem Kayser gereichet wor-den. Der Graf von Althan ritte also diesesmahl mit nach dem Dohm, stellete sich vor den Kayserlichen Betstuhl, gieng mit im Zuge nach dem Römer, ho-lete zu Pferde den Becher nach dem Römer, brachte ihn auf die Kayserliche Tafel, nahm dem Kayser bey der Tafel die Krone ab, reichte ihm den Trunk, setzte ihm nach der Tafel die Krone wieder auf und erhielt obgedachten Becher zum Geschenk. Krönungs-Diarium S. 81. 90. 95. 118. 121. 124. 125. 126.

§. 21.

Der Kayser nimmt zu Frankfurt die Huldigung ein, die Churfürsten Verein wird beschworen, der Reichstag und Reichshofrath eröfnet, und die Rückreise nach Wien angetreten.

Nach vollbrachter Krönung langte auch der durch Unpäßlichkeit zurückgehaltene Churfürst von Cölln zu Frankfurt an, und des Kaysers Majestät beschäftigten sich beständig mit Reichs-Angelegenheiten.

Das churfürstliche Collegium empfehl bald nach vollbrachter Krönung (den 5 Oct. 1745.) dem Kayser die Abmachung verschiedener Reichs-Angelegenheiten, 99) hielt noch verschiedene Conferenzen, und

---

99) Den 5ten Oct. erließ das Churfürstliche Collegium ein Collegial-Schreiben an den Kayser, wegen verschiedener Reichsangelegenheiten, und fügte demselben das, was man 1742 an dem Kayser Karl des VIIten in gleicher Absicht gelangen lassen, abschriftlich bey. Es war folgenden Inhalts:

P. P.

Indem Ew. Römisch Königliche Majestät allermildest beliebet hat, mittelst Dero Wahl-Capitulation letztern Artikuls, dritten Sphi Ihr Reichs Oberhauptliches Amt wegen dessen in weiterm zuzusagen, was an Allerhöchstdieselbe in ein- so andern Angelegenheiten Wir gutachtlich gelangen lassen würden; so geruhen Ew. Römisch Königliche Majestät in dessen Verfolg Allergnädigst zu begnehmigen, daß hieneben Wir diejenige Churfürstliche Collegial-Schreiben abschriftlich beyfügen.

und erstattete wegen des Churbrandenburgischen und Churpfälzischen Betragens ein Gutachten. 100)

Der beyfügen und deren Inhalt hiermit geziemend wiederhohlen, welche an Allerhöchstdero in Gott ruhenden nächsten Vorfahren Christmilden Andenkens hievor von dahier erlassen worden, und respective des Reichs-Kammer-Gerichts Visitation und Revision, die Interpretation des VIIten Titulo, zweyten Theils der Kammer-Gerichts-Ordnung, die Sammlung deren bey fürwährendem Reichstag abgefaßter Reichs-Schlüssen in einem Interims-Abschied, auch Resolution auf die bereits erstattete Gutachten, sodann die Beschleunigung deren Comitial-Deliberationen, das Regulativum wegen deren ad Comitia gehöriger Vorstellungen, dann auch die Abthuung deren Comitial-Gebrechen, die Erledigung deren Zoll-Differenzien auf denen Rhein- und Maaß-Strömen, das Regulativum gegen die Mißheyrathen, die von dem löblichen Schwäbischen Reichs-Creyß eingekommene Beschwerden, die von einigen Schweitzerischen Cantons gegen die Fürstlich-Constantzische Lande vorgehende Beeinträchtigungen, die nähere Erläuterung wegen der summae appellabilis an die Reichsgerichte, verschiedene einvermeldte Italienische Reichs-Lehen, und endlich die gegen den Reichs-Hofrath von Zeit zu Zeit vorgekommene Klagen betreffend, Ew. Römisch Königlichen Majestät ohngezweifentlichen allerhöchsten Obsorg und Fürsehung lassen Wir sothane gemein-wichtige Anliegen allgeziemend zuversichtlich empfohlen seyn, und verharren in unterthänigst-treulichster Verehrung 2c. Frankfurt den 5 Oct. 1745.

100) Dasselbe lautet also: Ihrer Römisch Kayserlichen Majestät, Unserm Allergnädigsten Herrn von wegen dieses Churfürstlichen Collegii in Unterthänigkeit zu hinterbringen: Man habe bis daher diesseits in der billigen Erwartung gestanden, die Chur-Brandenburgische und Chur-Pfälzische anhero gevollmächtigte

Botschaf-

Der Kayser ließ seine erste Sorgfalt seyn, den Reichstag und den Reichshofrath wieder zu eröfnen, mithin

Bo schaften würden in nähere Betrachtung und Rück: sicht nehmen, wie gemein=nöthig, und der Mit=Chur: fürstliche Gebühr nicht nur, sondern auch des selbst: eig nen wahren Bestes es sey, von dem bekannten bo: re: seitia:n Betragen in dem fürgewesenen höchsten Keyserlichen Wahl= und Krönungs=Geschäft endliches zu uck zu kommen, diesem Churfürstlichen Collegio sich wieder beyzugesellen, und samt demselben bey des: sen bis nur fürgewährter Verfassungs=mäßigen Ver: sammlung Ihre Kayserliche Majestät, als das aller: theureste Reichs=Oberhaupt, in vereinigter Pflicht ge: bührsam zu verehren, in welcher besseren Zuversicht also von Seiten dieses Churfürstlichen Collegii zeithero Anstand genommen worden, Ihrer Kayserlichen Ma: jestät den eigentlichen Hergang mit gedachten bey: den Chur=Brandenburg und Chur=Pfälzischen Ge: sandtschaften vorzulegen.

Nachdem aber nunmehro dieser Churfürstliche Wahl= und Crönungs=Convent zu seiner Endschaft sich neiget, ohne daß jener Gesandschaftlicher Seiten einige Rück: kehr von bisherigen ihren Wegen sich offenbahre; als sey man endlich, so sehr als öfteres diesseits gewün: schet worden, ohnumgänglich bemüßiget, und könne mit deme, was man Ihrer Kayserlichen Majestät und dem gesamten Reich, auch sich selbsten, mithin der theuren allgemeinen Verfassung schuldig ist, an: ders nicht vereinbarlich finden, als Allerhöchst gedach: ter Ihrer Kayserlichen Majestät mittels anschlüßiger Acten=mäßiger Handlungen allgeziemend zu überge: ben, was für eigenbeliebige, alle wesentliche Grund= Gesetze, wo möglich, aufhebende, in keinem Betracht zu beschönende Bezeigung, sogar mittels deren so nach: drücklich= und verfänglichen, als unerfindlichsten Aus: streuung in das Publicum, ab Seiten jener Gesandt: schaften, sich beharrlich hervorgethan, sofort mit der

bis

mithin die Berathschlagungen der Reichsglieder und die Verwaltung der höchsten Gerichtsbarkeit wieder in Gang zu bringen. Er verabredete mit den Churfürsten die Eröfnung des Reichstages, ernennte

bis nun zu anwährenden völligen Absonderung von diesem Churfürstlichen Collegio, auf das äusserste getrieben worden; dann mit welcher Gesetz- und Amts- gebührlichen Standhaftigkeit, nebst gleichwohlen bey- behaltener ausnehmenden Mäßigung, dieses Churfürst- liche Collegium zu Werk gegangen, mithin das, was Desselben hoher Pflichten war, vollbracht und gewah- ret habe.

Wie nun, um dermahlen mit weitläuftiger Wie- derhohlung nicht zu behelligen, auf eines und des an- dern Inhalt, und bevorab auf diesseitige Collegial- Schlüsse vom 26 Aug. dann 1 Sept. nächsthin, wie auch das über den höchst-beglückten Wahl-Actum er- richtete Notariat-Instrument, sich allergehorsamst be- zogen werde; so würden Ihre Kayserliche Majestät nun in weiterem allerleuchterst ermäßigen, was Ihres höchsten Amts und der gemeinsamen Nothdurft für Dero Reichs Oberhauptliche Würde zuförderst, so dann die theure Grund-Verfassung dieses Churfürstli- chen Collegii sowohl, als des gesamten Vaterlandes, seyn möge; abermassen nur allzusehr vor Augen liege, wie unvereinbarlich mit dem Grund der Gesetze und des gemein-bündigen Wesens solch anderseitiger Be- trag für das verflossene, und die darob bevorstehende Folgen für das künftige seyn, verfolgsam hierinnen zu gemessener Vorkehr allenfalls bey gesamtem Reich der förderfamste Bedacht zu nehmen seyn wolle; welches dannenhero zu Allerhöchster Kayserlicher Obsorg und best-ausgiebiger Maaßnehmung hierdurch angelegenst ehrerbietsamst überlassen, und anempfohlen, zu dessen gebührlicher Unterstützung sofort ob Seiten dieses Churfürstlichen Collegii alles Vermögens treulichst werde beygewürket werden. 2c.

ernennte den Fürsten von Fürstenberg 101) zum Principal=Commissarius, und den Freyherrn von Palm 102) zum Con=Commissarius. Die Eröfnung des Reichstages geschahe zwar zu Frankfurt, und der Kayser ließ durch vier Commißions=Decrete 103) die allgemeine Sicherheit und Verfassung, die allgemeine Wahlcapitulation, das verfallene Münzwesen und des Kammer=Gerichts=Revisionsgeschäfte an das versammlete Reich bringen, allein er ward bald nach Regenspurg zurück verlegt.

Nichtweniger ward der Reichshofrath 104) zu Frankfurt eröfnet, es gieng auch noch vor der Abreise des

> 101) Joseph Wilhelm Ernst, des heil. Röm. Reichs Fürst von *Fürstenberg*, legte die Stelle als Principal=Commissarius 1748 nieder, und starb 1762. den 29 April.
>
> 102) Carl Joseph, des heil. Röm. Reichs Graf von *Palm*, Herr der Herrschaft und Landfeste Pruen am Steinfeld, Carlswald, Schrittenz, Schmielau, Friedenau, Berenau und Freyholzmühl, stammt aus einem altadelichen Geschlechte, und hat sich sowohl als Kayserlicher Resident in Engelland bis 1727. ferner als Nieder=Oesterreichischer Regimentsrath, von 1734 bis 1740. als Oesterreichischer Directorial=Gesandter auf dem Reichstag zu Regenspurg, und sodenn als Gesandter an den Churfürstlichen Höfen sehr verdient gemacht. 1750 ward er in den Reichsgrafenstand erhoben, und 1752 legte er die wichtige Stelle eines Con-Commissarii auf dem Reichstage zu Regenspurg nieder.
>
> 103) Siehe diese Commißions=Decrete in den Beylagen zu dem Krönungs=Diarium S. 27=33.
>
> 104) Die neuernannten Glieder des Reichs=Hofraths, waren folgende: Präsident, Johann Wilhelm, des heil. Röm. Reichs Graf von Wurmbrand und Stuppach,

des Kaysers die wichtige Beschwörung des Churfürsten Vereins vor sich, und endlich kehrte der
Kayser, nachdem er zu Frankfurt die Huldigung
in eigener Person, von der Judenschaft aber durch
den

pach, Freyherr auf Steyersberg, Stickelberg, Rei-
tenau und Neuhaus, Herr der Herrschaft Hirschstät-
ten und Rutzendorf, Erb=Land=Küchenmeister des
Herzogthums Steyer, Ihro Römisch Kayserlichen
und Königlichen Majestäten würklicher geheime Staats=
und Conferenz=Minister, und des goldenen Vliesses
Ordensritter. Reichs=Vicekanzler, Rudolph Jo-
seph von und zu Colloredo, des heil. Röm. Reichs
Graf zu Waldsee, Vicegraf zu Melss, Margaraf zu
S. Sophis, Herr der Herrschaften Opporseno, Stantz,
Siebenhirten und Foelling etc. Erb=Truchses im
Königreich Böheim, Ritter des goldenen Vliesses,
Ihro Römisch Kayserlichen Majestäten würklicher ge-
heimer Rath und Conferenz=Minister, Vice Präsi-
dente, Anton Elias, des heil. Röm. Reichs Graf
von Hartig, Ihro Römisch Kayserlich Königlichen
Majestät würklicher geheime Rath. Räthe vom
Herren Stand: 1) Wolf Sigmund, Freyherr von
Iaxtheim. 2) Joseph Graf von Wilczeck. 3) Johann Hugo, Freyherr von Hagen. 4) Christian Albrecht Casimir, Graf von Kirchberg. 5) Karl,
Freyherr von Firmian. 6) Christian August, Graf
von Seylern. 7) Burckhard Christian, Freyherr von
Beer. Räthe vom Ritter= und gelehrten Stand:
1) Karl Hillebrand, des heil. Röm. Reichs Freyherr
von Prandau. 2) Johann Christoph Burckard, des
heil. Röm. Reichs Freyherr von Klee. 3) Georg
Christian, des heil. Röm. Reichs Freyherr v. Knorre.
4) Heinrich Bernhard, des heil. Röm. Reichs Freyherr Wucherer von Huldenfeld. 5) Johann Werner von Verster. 6) Heinrich Christian von Sencken-
berg. 7) Conrad Heinrich von Hugo. 8) Dominicus Josephus Hayeck von Waldstätten.

den Reichshofrath, Freyherrn von Hagen, 105) eingenommen, (den 11 Oct.) mit der Kayserin nach Wien zurück.

§. 22.

Von der Reise nach Wien und der Ankunft in dieser Residenz-Stadt und verschiedenen Reichs-Angelegenheiten.

Nachdem beyderseits Kayserliche Majestäten (den 16 Oct. früh zwischen 7 und 8 Uhr) unter Abfeurung von 100 Stücken Dero Reise von Frankfurt am Mayn nach Wien angetreten: so erhoben Sie sich nach Heidelberg, wo das Hauptquartier des versammelten Heeres war. Hier blieben Sie bis zum 17ten, sodenn aber sezten Sie über Ludwigsburg, 106) Ulm, 107) bey Regensburg vorbey, die

---

105) Johann Hugo, Reichsfreyherr von *Hagen* zu Motten und Buschfeld, ist geboren den 10 Jul. 1707. und der älteste Sohn des verstorbenen Königlichen Pohlnischen und Churfächsischen Geheimen Raths, Johann Wilhelm Ludwig und Marien Annen Charlotten Freyin von Eltz Rodendorf, war erst kayserlicher Edelknabe, ward hernach 1736 Kämmerer, 1740 Reichshofrath und 1754 Reichshofraths-Vicepräsident. Seine Gemalin Franciska, Freyin von Bockenheim, hat ihm verschiedene Kinder geboren. In Hartard von Hattstein Hoheit des deutschen Reichs-Adels (Bamberg 1751. 3 Theile fol.) im 1sten Theile, S. 256 bis 259. sind die Ahnen-Tafeln dieses geschickten Ministers zu finden.

106) Der Empfang zu Ludwichsburg war ungemein prächtig. Der ganze Kayserliche Hofstaat ward, so lange sich die Allerhöchsten Herrschaften auf würtembergischen

die Reise nach Wien fort, und der 27ste Oct. 1745 war derjenige Tag, da Sie in dieser Residenzstadt unter allgemeinen Frohlocken der Einwohner anlangten.

Die Reichstags-Gesandten begaben sich, bald nach der Abreise des Kaisers nach Regensburg, und die Reichstagsversammlung ward den 29. Nov. 1745. eröfnet 108). Die Angelegenheit

gischen Boden befanden, frey gehalten, und beyde Kayserliche Majestäten bezeigten über den wohlgeordneten Empfang Dero allerhöchste Zufriedenheit. Siehe eine ausführliche Beschreibung der Reise durch die würtembergische Lande in dem europäischen Staats-Secretarius. Th. CXI. S. 201 ff.

107) Auch der Empfang zu Ulm geschahe unter den grössesten Freudenbezeugungen. Ihro Majestäten bestiegen das nach Ulm gebrachte Leibschif, und setzten von da die Reise zu Wasser fort.

108) Es ist auch diese Wiedereröfnung des Reichstags folgende Schaumünze geschlagen worden. Auf der einen Seite zeiget sich das Brustbild des Kaisers, mit der Umschrift, Franc. Rom. Imp. Semp. August. Auf der Rückseite ist die Vorsehung unter der Gestalt einer Weibsperson vorgestellet, die in der rechten Hand eine Weltkugel und in der linken einen Staab hält. Diese hat das Gesicht nach der ihr gegen-über stehenden Weibsperson, welche die Sicherheit vorstellet, und sich auf eine Säule stützet, gerichtet, als wodurch auf das kaiserliche die öffentliche Sicherheit betreffende Commißions-Decret angespielet wird. In der Ferne zeigt sich der Theil des regenspurgischen Rathhauses, in welchem sich die churfürstl. Gesandten zu versammlen pflegen, gegen welches der Mercur mit dem Stabe flieget. Die Worte, Providentia Augusti machen die Umschrift. Im Abschnitte befindet sich das regensburgische Stadt-Wappen, mit den Worten, Comitiis S. Imperii

heit wegen der Reichs-Sicherheit ward zuerst in Berathschlagung 109) genommen, und es kam den 20. Dec. 1745. ein Reichsgutachten dahin zu Stande,

„daß man die bey mehrern Kreisen bereits nöthig gefundene Armatur, wenigstens ad triplum vollkommen herstellen, in marschfertigen Stand setzen, und ohne zu jemandes Beleidigung Anlaß zu geben, zu Verwahrung der eigenen Grenzen, Handhabung gemeiner Sicherheit und Verfassung, und Bedeckung der gefährdeten Reichslande anwenden wolle „.

welches auch sogleich den 5. Jan. 1746. durch ein kaiserl. Ratifications-Decret genehmiget ward.

Der Friedensschluß, welcher den 25. Dec. 1745. zwischen der Kaiserin Königin, des Königs von Pohlen und des Königs von Preußen Majest. geschah, zog die Erkennung des Kaisers von Seiten der Churfürsten von Brandenburg und Pfalz nach sich. Im 7ten Artickel dieses Friedensschlusses ward festgesetzt,

„daß der König von Preussen der vorgegangenen Wahl mit der Churbrandenburgischen Stimme beytreten, den Großherzog als Kaiser und die Würklichkeit der böhmischen Churstimme erkennen solle„.

auch versprochen, daß

„Preuß-

perii Ratisbonam reductis III. Calend. Dec. MDCCXLV.

109) Siehe Fabers Staats-Kanzley, Th. 93. S. 371. ff. Th. 94. S. 378. ff. Mosers Staatsschriften unter Kaiser Franz I. Th. 1. S. 820. 822. 830. Th. 2. S. 12. ff. 69. 484. 934. Th. 3. S. 277. ff.

„Preussen alles, was von ihm abhange, zum Vergnügen des neuen Kaisers, und zu Beförderung dessen Interesse beytragen wolle„.

Dahingegen der Kaiserin Königin Majestät sich im Namen Ihrer Majestät des Kaisers, Dero Gemahls, verbunden, daß

„dieselbe Ihrer Majestät dem König von Preussen und Dero Churhause alle Vorzüge, Vortheile, Rechte und Freyheiten, welche den zwey durchlauchtigen Churhäusern Sachsen und Hannover zugestanden worden, gestatten sollen„.

Wie denn auch diese Monarchin alles mögliche vorzukehren versprach, Dero Gemahl dahin zu bereden, daß

„Preussen durch eine noch zu errichtende Convention alle von Kaiser Carl dem VIIten eingestandene Vortheile eingeräumet würden.„.

und Churpfalz ward im XVten Artickel unter der Bedingung der Anerkennung der Kaiserwahl und böhmischen Churstimme gleichfalls in diesen Frieden angeschlossen.

Die Reichstagsgesandten dieser beyden Churfürsten fanden sich nun wieder zu Regensburg ein, und die Reichstags-Berathschlagungen bekamen dadurch ein neues Leben. Da auch Ihre Majestät der Kaiser in der Bekanntmachung Dero Wahl und Krönung der rußischen Monarchin den kaiserl. Titel 110) anerkannt: so befestigte solches nicht allein

---

110) Von dem, was dieserhalb vorgefallen siehe Fabers Staats-Kanzley Th. 92. S. 84 ff. Mosers Staatsschriften unter Franz I. Th. 1. S. 962 f. Th. 3. S. 185 ff. 194. Th. 4. S. 510 ff.

allein das gute Vernehmen mit diesem Hofe, sondern es hatte auch die Folge, daß die rußische Kaiserin den Grafen Hermann Carl von Keyserling als Gesandten an die Reichstags-Versammlung zu Regensburg bevollmächtigte.

In Ansehung der Huldigung der Reichsstädte ließ der Kaiser solche zu Nürnberg durch den geheimen Rath, Grafen von Satzenhofen 111) einnehmen, und wegen der von verschiedenen derselben gesuchten Ablegung 112) der Huldigung vor dem Reichshofrathe verschiedene Conclusa des Reichshofraths bekannt machen. Das Corpus evangelicorum 113) erhielt auf die wegen der sämtlichen Religions-Beschwerden gethane Vorstellungen die beste Versprechung, und bey dem Reichstage ward durch ein Commißions-Decret, so wie bey den associirten Kreisen durch die kaiserliche Minister, die Versammlung einer zur Sicherheit bestimmten Reichs-Armee auf das eifrigste betrieben, wiewohl die Bemühung der französischen Gesandten und die Besorgniß

---

111) Franz Sigmund Friedrich, des H. R. R. Graf von Satzenhofen, auf Bertheldshofen und Bettendorf, kaiserl. churcöln. und hochteutschmeisterl. geh. Rath, des teutschen Ordens-Comthur zu Ellingen, Nürnberg und Maynz, war des Churfürsten, Franz Ludwig von Maynz erster Minister, und ein sehr reicher und geschickter Staats Mann. Er nahm den 9. Febr. 1746. zu Nürnberg die Huldigung ein, und starb den 28sten Mertz 1748.

112) Siehe Mosers Staatsschriften, Th. 2. S. 744. 1065. ff. Th. 3. S. 151. 161. ff. 164. 179. 184. 443. 447.

113) Siehe von Schauroth Sammlung der Concluſ. des Corporis Evangelicorum Th. 3. S. 181.

sorgniß der meisten Stände, statt der bisherigen
Partheylosigkeit sich das Kriegs-Ungemach auf den
Halß zu ziehen, alle gute Anstalten fruchtloß
machete.

Als eine Folge des mit dem preußischen Hofe
hergestellten guten Vernehmens war es anzusehen,
daß demselben auf alle ausser den Churlanden be-
sitzenden Reichslande ein uneingeschrenktes Privilegium de non appellando 114) ertheilet, und die
Beförderung der von dem ganzen teutschen Reiche
zu bewürkenden Gewährung des Dreßdener Friedensschlusses von dem kaiserlichen Hofe versprochen
ward.

Der Streit 115) zwischen Churbrandenburg
und Churbraunschweig wegen der von erstern geschehenen Besitznehmung des Fürstenthums Ost-
friesland dauerte ununterbrochen fort. Man that
den Vorschlag, die Stimme wegen Ostfrieslandim
Reichsfürstenrathe ruhen zu lassen, allein es kam
nicht zu Stande.

Ueber den päbstlichen Hof bezeigte man wegen
der den Bischöfen, Casimir Anton von Con-
stantz 116) und Franz Christoph von Speyer er-
theil-

114) Siehe Königs Selecta juris publici novissimi.
Th. 24. S. 380.
115) Churbraunschweig führte in seinem auf dem Reichstage dictirten pro Memoria an, daß das ostfriesländi-
sche Votum nicht auf dem Lande hafte, sondern nur
auf des Fürsten Georg Christian Leibes-Erben sich erstrecke, und bat dahero, um so mehr, da der Streit
wegen der Erbfolge noch daure, solches ruhen zu lassen.
116) Siehe Mosers Staatsschriften unter Franz I.
Th. 3. S. 994. Th. 4. S. 189.

theilten Confirmations-Bullen einiges Misvergnügen. Ich muß den grösten Theil minder wichtiger Reichsangelegenheiten übergehen, um nur noch einiger der beträchtlichsten Erwehnung zu thun. Dahin gehöret das, was wegen der neuen Wahlcapitulation zwischen dem chur- und fürstlichen Collegio 117), wegen Sperrung der Stadt Regensburg 118), wegen der Salmischen Stimme 119), wegen Ertheilung der Reichs-General-Feldmarschall-Stelle an den Herzog Carl von Lothringen 120),

wegen

117) Es war am 27sten Junius, als das churfürstliche Collegium dem fürstlichen auf dessen übergebene Vorstellung die Antwort ertheilte, daß man entschlossen sey, sobald es andere etwa vorzüglicher vorzunehmende Materien zuliessen, an das Geschäfte, wegen der beständigen Wahl-Capitulation Hand anzulegen, und dabey ist es seit dem geblieben.

118) Bayern hatte die Zufuhre von Getreyde und Lebensmitteln nach Regenspurg sperren lassen, hob aber solche, auf Vorstellung der Reichstags-Versammlung, durch eine Verordnung vom 21. Merz 1746. wieder auf.

119) Man wolte die fürstliche Salmische Stimme der neuerlich in Fürstenstand erhobenen Stimmführer nicht gelten lassen, da aber solche auf der unmittelbaren Grafschaft Salm haftete: so ward die Zulassung den 29. April 1746. genehmiget.

120) Die Reichs-General-Feldmarschall-Würde, welche des Kaisers Majestät gehabt, ward den 13. May 1746. des Herzogs Carl von Lothringen königl. Hoheit ertheilet, wobey dieses anzumerken, daß der Herzog nicht darum angehalten, sondern auf das kaiserliche Seits bey den Reichstags-Gesandten mündlich angebrachte Gesinnen diese Stelle demselben übertragen worden. Der alte Fürst, Leopold von Anhalt-Dessau, behielt sich als ältester Reichs-General-Feldmarschall

bey

wegen des fränkischen Kreises Directorium 121), und der Recursus ad Comitia 122) der fürstlichen Häuser Hessen-Cassel, Weymar, Pfalz, Salm und Cöthen, wie auch wegen der mecklenburgischen Angelegenheiten ꝛc. 123) vorgefallen.

Alle diese Sachen gaben dem Monarchen die wichtigsten Beschäftigungen, einige Reisen nach Kittsee

bey dieser Gelegenheit seinen Rang durch ein den 5ten April 1746. an die Reichsversammlung abgelassenes Schreiben vor.

121) Als die bischöfliche Würde zu Bamberg erlediget war, massete sich das Domcapitel das fränkische Kreis-Directorium an, die marggräflichen brandenburgischen Häuser widersprachen, und die Bischofswahl, mit welcher sehr geeilet ward, machte dem Streite ein Ende.

122) Die wichtigsten waren, 1) die Salmische Recurs-Sache wider Winckelhausen, siehe Staats-Kanzley Th. 93. S. 679. 2) des Fürsten von Anhalt-Cöthen Recurs in der schlegelschen Sache, siehe Mosers Staatsschriften Th. 2. S. 515. f. 3) des Herzogs von Sachsen-Weymar Recurs wegen ergriffenen Besitz der hennebergischen Erb-Pertinentien. Siehe Fabers Staats-Kanzley, Th. 93. 94. 95. 4) der churpfälzische Recurs gegen des Kammergerichts Verfahren in der heylerschen Sache. Siehe Mosers Streitschriften Th. 3 und 4. und 5) der Recurs, den Hessen-Cassel in der Rechtssache mit den Grafen von Ingelheim wegen des Fleckens Holzhausen genommen. Siehe Schauroths Sammlung der Conclus. Corporis Evangel. Th. 2. S. 5. ff.

123) Der Herzog Carl Leopold von Mecklenburg suchte die Landesregierung wieder zu bekommen und die Aufhebung der Sequestration seiner Länder zu erhalten, allein er bemühete sich vergeblich. Königs Selecta jur. publ. Th. 13. S. 426. Th. 14. S. 289.

Kitsee 124), Hollitsch 125) und Manners:
dorf 126) wechselten mit dem ernsthaften Zeitver:
treibe ab, und die Geburt der Erzherzogin Marie
Amalie, welche den 26. Febr. 1746. erfolgte, sezte
den ganzen Hof in Freude.

Von der Liebe zu den Wissenschaften legte der
Kaiser ein öffentliches Zeugniß dadurch ab, daß er
sich zweymal mit der Kaiserin und dem Herzog Carl
nach den physikalisch mathematischen Musaeum zu
Wien den 25. May 1746. der Jesuiter erhob, und
die von dem Vater Jesuiter=Ordens, Joseph Franz,
angestellte Versuche, besonders die fast augenblick=
liche Fortpflanzung der Electricität durch eine 1500.
und 5400. Wiener Schuh lange Stangen=Kette,
ferner die astronomische Quadranten, Telescopia ꝛc.
mit besonderer Aufmerksamkeit betrachtete.

Kurz, Franz der erste erfüllete die Hofnung, die
man sich bey seiner Erwählung gemachet, und be=
schäftigte sich unabläßig, die Aufnahme des teut=
schen Staatscörpers durch gesetzmäßige Mittel zu
befördern.

Er

124) Kitsee ist in einer angenehmen Gegend in Hungarn
gelegenes und dem Fürsten von Esterhasi gehöriges
Städtchen.
125) Hollitsch, ist eine im skakolhischen Kreise des Kö=
nigreichs Hungarn gelegene Stadt=und Herrschaft,
welche Kaiser Franz I. 1736. erkaufet, 1753. durch
die nahe dabey gelegene und gleichfals erkaufte Herr=
schaft Cogniazo vermehret, und durch allerhand Fa=
briken und Manufacturen blühend gemacht.
126) Mannersdorf, ist eine ohnweit Wien gelegene und
der verstorbenen vielgeltenden Oberhofmeisterin der
Kaiserin, Gräfin von Fuchs, nun deren Erben gehö=
rige Herrschaft.

Er war eben so sorgfältig, Verdienste zu belohnen, er erhob den Grafen von Auersberg 127) für sich und seine Nachkommen beyderley Geschlechts in den Reichsfürsten- und den Freyherrn von Raab 128) Grafen von Chotech 129) und die Frau von Horn 130,) nebst dem Grafen von Bißingen 131) in den Reichsgrafen- und seinen Liebling, den Kabi-
[nets-

127) Johann Adam Joseph Reichsgraf von Auersberg, Kaiserl. Königl. würklicher Kämmerer, ein sehr reicher Herr, der nicht allein von seiner Mutter, einer gebornen Prinzeßin von Lichtenstein grosses Vermögen geerbet, sondern auch mit der ersten Gemahlin, Catharine Gräfin von Schorfeld eine Million Heuraths-Gut bekommen, ward unter dem 14ten Aug 1746. für sich und seine Erben beyderley Geschlechts in den Reichs-fürsten-Stand erhoben. Er ist der zweite Sohn des regierenden Fürsten Henrich Joseph von Auersberg.

128) Carl Joseph Freyherr von Raab, Kaiserl. würklicher geheimer Rath und gevollmächtigter Minister im niedersächsischen Kreise ward den 4. Oct. 1745. in den Reichsgrafen-Stand erhoben.

129. Wenzel Anton, Graf von Chotech, Kaiserl. Königl. geheimer Rath und Statthalter in Böheim, dessen Geschlecht schon 1723. in den Böheimsch. Grafen-Stand erhoben worden, ward den 4. Oct. 1745. nebst seinen Nachkommen in den Reichsgrafen-Stand erhoben.

130) Catharine Eve von Horn, eine Favoritin des verstorbenen Königs Friedrich des 1sten von Schweden, ward den 27. Jenner 1746. in den Reichsgrafen-Stand erhoben.

131) Die Grafen von Bißingen und Nippenburg stammen aus einem alten schwäbischen Geschlechte. Diese schwäbische Linie ward 1746. in der Person Joseph Ferdinand und Joseph Cajetan in den Reichsgrafen-Stand erhoben.

netsſecretair von Touſſaint 132) in Reichsfreyherren-Stand.

Bald nach der Rückkunft nach Wien ſtatteten die Geſandten verſchiedener Höfe zu der erhaltenen Kaiſerwürde die Glückwünſche ab, und die geiſtliche Reichsfürſten machten den Anfang, vor dem kaiſerlichen Throne die Lehen über die Reichslande, welche ſie beſitzen, zu empfangen.

Der Kardinal Biſchof von Paſſau, Joſeph Dominicus, aus dem gräflichen Hauſe Lamberg, war der erſte, welcher den 26. Oct. 1746. über ſeines Hochſtifts weltliche Hoheit und Regalien die Lehen vor dem kaiſerlichen Throne empfing. Es geſchahe ſolches mit vieler Pracht, und der Graf Johann Joſeph von Trautſon 133) war der zur Lehns-Empfängniß bevollmächtigte Geſandte. Bald darauf folgte den 9. Nov. 1746. der Churfürſt von Cöln, als Großmeiſter des teutſchen Ordens, welcher durch den Grafen von Satzenhoſen 134) die Lehen empfing. Die freye Reichsritterſchaft überreichte die gewöhnliche freywillige Gabe 135) und die Reichsſtädte folgten ihrem Beyſpiel.

Es

132) Siehe von ihm oben die 38ſte Anmerkung auf der 159ſten Seite.
133) Er war Domherr zu Salzburg und Paſſau und ein Bruder des regierenden Fürſten. Dieſer würdige Prälat iſt als Cardinal und Erzbiſchof zu Wien 1757. mit Tode abgegangen.
134) Siehe von ihm oben die 112te Anmerkung.
135) Die ſchwäbiſche Reichsritterſchaft gab 70000. fl. die fränkiſche 60,000, und die rheiniſche 20,000. Gulden, folgl. betrug das gantze 150,000. fl.

Es ist noch übrig, einige in dem teutschen Reiche vorgefallene Veränderungen anzuzeigen, die zu Bewegungen Anlaß gegeben, oder sonst merkwürdig gewesen.

Dahin gehöret der Todesfall des Herzogs Friedrich Wilhelm von Sachsen-Meiningen, welcher den 9ten Mart. 1746. erfolgte. Sein Bruder, Herzog Anton Ulrich, nahm nunmehro von der Regierung allein Besitz, und weil er mit einer in den Reichsfürstenstand erhobenen Person bürgerlichen Standes in ungleicher Ehe gelebet: so machte das Chur- und fürstliche Sächsische Hauß wegen der künftigen Erbfolge grosse Bewegungen, und bewürkte einen Reichsschluß 136,) durch welchen die Kinder erster Ehe des Herzogs Anton Ulrich der herzoglichen Sächsischen Würde und Erbfolge unfähig erkläret wurden.

Der Todesfall des Herzogs Joseph Marie von Guastalla, erfolgte den 15. Aug. 1746, und zog die Besitznehmung dieses italiänischen Fürstenthums durch kaiserl. königl. Völker nach sich, welche durch einen richterlichen Ausspruch des kaiserlichen Reichs-Hofraths für rechtmäßig erkannt ward.

Der Tod des würdigen Bischofs von Bamberg und Würzburg, Friedr. Carl, gebornen Grafens von Schönborn, erfolgte den 25. Jul. 1746, und schien wegen des fränk. Kreyß-Directorium eine Bewegung zu verursachen, allein die neue Wahl, welche unter dem Vorsitz der kaiserlichen Abgeordneten, Grafen von

---

136) Dieser kam 1747. zu Stande und wird weiter unten davon ausführliche Nachricht gegeben.

von Chotech 137) und Cobenzl, vor sich ging, gab beyden Stiftern neue Oberhäupter, und endigte die zwischen dem Domcapitel zu Bamberg und dem Marggräflichen Hause Brandenburg entstandene Streitigkeiten.

Wegen des Titels eines Königs von Jerusalem, welchen des Kaisers Majestät als Herzog von Lothringen zu führen berechtiget, entstunden mit dem türkischen Hofe, der solchen nicht erkennen wolte, einige Irrungen, es wurden aber solche durch Uebersendung neuer Beglaubigungsschreiben bald gehoben.

§. 23.

Die mehreste Reichsfürsten empfangen die Lehn. Einige andere Reichs-Angelegenheiten vom Jahr 1747.

Auch in dem folgenden Jahre [1747] genoß das teutsche Reich unter der glücklichen Regierung Frantz des ersten eines vollkommenen Ruhestandes. Die Kriegsvölker des österreichischen Hauses hatten nur in den Niederlanden mit ihren Feinden zu thun, auf teutschen Boden wurden keine Feindseligkeiten ausgeübet.

Für

---

137) Unter dem Vorsitz des Kaiserl. Abgeordneten, Grafen Rudolph von Chotek ward den 29. Aug. 1746. zu Würzburg Anshelm Frantz Graf von Ingelheim und in Gegenwart des Kaiserl. Abgeordneten, Johann Carl Grafen von Cobenzl zu Bamberg den 26. Sept. 1746. Johann Philipp Anton Freyherr von Frankenstein zum Bischof erwählet.

Für die Sicherheit des Großherzogthums Florenz war der Kaiser nicht weniger besorgt. Die Regierung daselbst hatte die Ausführung des Getreides nach dem Freystaat von Genua verboten, und sie hatte die Besetzung des Schlosses Pontremoli durch funfzig Mann österreichischer Völker geschehen lassen. Da nun diese letztern zwey französische Officier, welche Neugeworbene führten, und den Durchzug verlangten, in Verhaft nahmen: so sahe der französische Oberbefehlshaber, Herzog von Richelieu 138) solches als einen Bruch der bis dahin beobachteten Partheylosigkeit an, und die florentinische Lande würden die Folgen dieses Betragens erfahren haben, wenn nicht auf kaiserlichen Befehl sowohl die Loßlassung der Gefangenen als die Räumung von Pontremoli erfolget wäre.

Das Associationswerck der vordern Reichskraise, welches die kaiserliche Minister zu befördern Befehl hatten, ward zwar auf der Generalversammlung zu Frankfurt am Mayn eifrig betrieben, aber wegen der Gegenvorstellung der französischen Gesandten und der Besorgniß, dadurch von neuem französische Völker nach Teutschland zu ziehen, nicht zu Stande gebracht.

Hingegen hatte der kaiserliche Befehl wegen der Lehensempfängniß die gewünschte Würkung. Der kaiserliche würkliche Kammerer, Theodor, Freyherr von

---

138) Ludwig Armand Herzog von Richelieu, Marschall von Franckreich hat sich sowohl durch viele Gesandtschaften als im Felde bekannt gemachet. Der teutsche Feldzug im Jahre 1757. gab seinen Feinden Gelegenheit, ihn von der schlimmen Seite zu schildern.

von Hanxleden, empfing solche im Nahmen des gefürsteten Abts Amand von Fulda, [den 2ten Merz,] des gefürsteten Abts Joseph von Stablo, [den 13ten Merz,] und des gefürsteten Abts Cajetan Anton von Berchtesgaden, [den 13ten Julius.] Der Domherr und geheime Rath zu Augspurg und Eichstedt, Lotharius Hugo Franz, Reichsgraf von Ostein, verrichtete die Lehensempfängniß im Nahmen des Bischofs Joseph von Augsburg, [den 21sten Merz,] und die Bischöfe von Brixen 139,) Chur, Basel, Würz-

139) Der Bischof Caspar Ignatz von Brixen empfing die Belehung den 3ten Junius 1747. durch den Domherren zu Regensburg und Brixen, Johann Jacob Carl, des heil. Röm. Reichs-Grafen von Recordin und Rein, der Cardinal Bischof, Johann Theodor von Lüttich den 20sten Dec. durch eben denselben, der Abt und Fürst, Coelestin von St. Gallen den ersten Junius durch den Freyherren Johann von Thurn und Valsassina, Fürstlichen einsidelschen geheimen Rath, der gefürstete Abt Thomas zu Einsiedeln den 24sten Julius durch eben denselben, der Bischof Joseph Benedict von Chur den ersten Julius durch seinen Enkel, Leopold, Freyherren von Rost, der Bischof Carl Casimir Anton von Costnitz den 14ten Julius durch den Domprobst zu Constanz, Franz Conrad von Rodt, der Bischof Joseph Wilhelm von Basel den 5ten August durch eben denselben, der gefürstete Abt Anshelm von Kempten den 29sten Julius durch Theodor, Freyherren von Roth, der Bischof Anshelm Franz von Würzburg den 22sten Sept. durch den Domherren zu Würtzburg, Wilhelm Franz von Mauchenheim, genannt, Bechtelsheim, der Bischof Johann Philipp Anton von Bamberg den 9ten Nov. durch den bambergischen geheimen Rath und Domherren, Johann Philipp, Freyherren von Frankenstein, und der Bischof Johann Anton Joseph von Eichstedt durch eben denselben den 13ten December.

Würzburg, Bamberg und Eichstedt nebst den Aebten von Sanct Gallen, Kempten, und Einsiedeln folgten diesem Beyspiel.

Da auch der Kaiser Karl der siebente bereits das Reichs-General-Erbpostmeister-Amt zu einem Reichs-Thronenlehn erhoben: so empfing der Fürst Anshelm Franz von Thurn und Taxis [den 20sten May,] darüber die bis dahin unterbliebenen Beleihung durch seinen geheimen Rath, Polycarp, Freyherrn von Lilien.

Sowohl durch die Ernennung des Bischofs von Olmütz 140) zum Kardinal, als die Erhebung des Grafen von Kinski 141,) des Abts von Sanct Blasius 142,) und der sämtlichen Nachkommen des Fürsten von Schwartzenberg 143) in den Reichs-Fürsten-

140) Ferdinand Julius, gebohrner Graf von Troyer, des heil. Röm. Reichs Fürst und Bischof von Olmütz ward auf Ernennung des Kaisers den 10ten April 1747. zum Cardinal erkläret, und von dem Kaiser den 11ten Junius 1747. ihm in der Augustiner Hof-Kirche zu Wien der Cardinals Hut mit großem Gepränge aufgesetzet.

141) Stephan Wilhelm, des heil. Röm. Reichs Graf von Kinsky, Kaiserl. würklicher geheimer Rath und Ober-Land-Marschall in Böheim ward den 3ten Febr. 1747. für sich und seine männliche Nachkommen nach dem Recht der Erstgeburt in den Reichs, und auch in der Krone Böheim, Fürstenstand erhoben.

142 Franz Schachtlin, Abt der Reichs-Abtey St. Blasius im Schwarzwalde ward für sich und seine Nachfolger 1747. in den Reichsfürsten-Stand erhoben.

143 Das Fürstl. Haus Schwartzenberg hatte die Reichsfürsten-Würde nur für den erstgebohrnen erhalten, allein durch eine den 15ten Jenner, 1747. unterzeichnete Erhebungs-Urkunde ward dieselbe allen Nachkommen bei derley Geschlechts ertheilet.

Fürsten= des Generals von Grüne 144) in den
Reichsgrafen= und des geschickten Ministers von
Penckler 145) in den Reichsfreyherren=Stand zeig=
te sich der Kaiser als einen Kenner wahrer Verdien=
ste, und durch die ununterbrochene Aufmerksamkeit,
des teutschen Reiches Wohlfart zu befördern, als
einen wahren Vater desselben. Diese letztere be=
wieß er besonders bey folgenden Reichs=Angelegen=
heiten.

Der sachsenmeiningensche Erbfolge=Streit hat=
te zu grossen Bewegungen Anlaß gegeben. Das
Chur= und fürstliche Hauß Sachsen machte den aus
der Misheyrath des Herzogs Anton Ulrich von
Sachsen Meiningen erzeugten Söhnen 146,) wel=
che

---

144) Nicolaus Franz Joseph von Grüne, Kaiserl. Käm=
merer und General=Feldmarschall=Lieutenant ward
den 14ten April 1747. in den Reichsgrafen=Stand er=
hoben. Dieser geschickte Feldherr, welcher 1751 mit
Tode abgegangen, und bey dem verstorbenen Kaiser
in vorzüglicher Gnade gestanden, lebt noch in würdi=
gen Söhnen.

145) Heinrich von Penckler, Kaiserl. Hof= Kriegs=
rath, und Resident am türkischen Hofe ward 1747.
den 4ten Nov. in den Reichsfreyherren=Stand erho=
ben, und hat bis 1765. den wichtigen Gesandschafts=
Posten zu Constantinopel zur allerhöchsten Zufrieden=
heit des Hofes bekleidet.

146) Es war diese Erhebung schon von Kaiser Carl dem
sechsten 1727. den 21sten Febr. geschehen, allein is
der Folge die Kaiserl. Erklärung geschehen, daß es
nicht die Meinung gewesen, diesen Prinzen und Prin=
zeßinnen etwas mehr als die Fürstl. Würde angedeyen
zu lassen, und daß sie also nicht für Erbfolge fähig er=
kläret worden. Der sechste Band der moserschen
Staats=

che mit ihrer Mutter in den Reichs-Fürstenstand erhoben waren, die Erbfolge streitig, Meiningen nahm von den Rechtssprüchen des Reichshofraths den Recurs an die Reichsversammlung zu Regenspurg, es erschien eine Menge von Streitschriften beyder Theile, endlich erfolgte [den 24sten Julius 1747] ein Reichsschluß dahin,

„ Daß des Herzogs Anton Ulrich aus seiner ungleichen Ehe und Mißheyrath erzeugte Prinzen und Prinzeßinnen der herzoglichen sächsischen Würde und respective Landes Succeßion unfähig zu erklären, „

und dieses ward durch den Kaiser bestätiget. Die Erbfolge der fürstlichen sächsischen Lehns-Vettern schien bey dem hohen Alter des Herzogs Anton Ulrich keinem Zweifel ferner unterworfen zu seyn, sie ward aber durch desselben bald darauf erfolgte zweite Vermählung 147) vereitelt.

Von nicht geringerer Wichtigkeit war die Zwingenbergische 148) Sache. Diese am Neckar gelegene

---

Staats-Schriften so wie der 97, 98, 99, und 100ste Band von Fabers Staats-Canzley enthalten die hierher gehörige Schriften.

147) Herzog Anton Ulrich, vermählte sich den 26sten Sept. 1750. im 64sten Jahre seines Alters mit der fruchtbaren Prinzeßin, Charlotte Amalie, von Hessen Philipsthal, welche ausser verschiedenen Prinzeßinnen ihm vier Prinzen gebohren.

148) Die Herrschaft Zwingenberg ist sehr wichtig, lieget am Neckar, und begreift das Schloß und Dorf Zwingenberg nebst den Dörfern Strümpfelbronn, Dilbach, Weisbach, Katzenbach, Friedrichsdorf, Ober- und Unter-Ferdinandsdorf, und Mülwer,

nebst

gene Herrschaft war durch Erbrecht an die Göeler von Ravensburg gekommen, welche nach langwierigen Rechtshandel mit Churpfalz endlich den Besitz derselben zwar erhalten, aber wegen des Besatzungs-Rechts der Cent-Gerechtigkeit ꝛc. in neue Streitigkeiten verwickelt worden, und, um solche zu endigen, die Herrschaft käuflich an Pfalz überlassen hatten. 149) Dieser Kauf ward von der fränkischen Reichsritterschaft, zu deren Canton Odenwald die Herrschaft Zwingenberg gehöret, angefochten, und behauptet, daß derselbe ohne ihr Mitwissen nicht geschlossen werden können, daß ihr das in der Herrschaft hergebrachte jus collectandi entzogen, und mithin das Patrimonium Caesaris geschmälert werde. Churpfalz wendete sich durch ein Memorial 150) an die Reichsversammlung, und bat, daß dem Reichshofrath bey Zeiten alles Verfahren in dieser Sache untersaget würde. Sowohl im chur- als fürstlichen Collegium entstunden dieserhalb grosse Bewegungen, und besonders in dem fürstlichen, zwischen dem österreichischen und brandenburgischen Gesandten ein harter Wort- und Schriftwechsel, endlich ward

der

nebst den Weilern Wachen-Schwendt, Balsbach, und Robern.

149) Chur-Pfalz kaufte 1474. und 1484. Zwingenberg von den von Hirschhorn und von Bordickeim, 1504. aber verkaufte es solches wieder an den von Hirschhorn als Erblehn. Von diesem kam es an die Goeler von Ravensburg von deren Geschlecht Biedermann Geschlechts-Register der löbl. Ritterschaft im Voigtlande [Culmbach 1752. fol.] die CLXXIXste bis CLXXXVIste Tabelle nachzusehen ist.

150) Es ward dasselbe den 1. Dec. 1746. dictirt.

der Kauf durch ein Reichshofraths-Conclusum, (vom 25. Sept. 1747.) bestätiget, der Ritterschaft wegen des jus collectandi gemachter Anspruch aber zum gütlichen Vergleich, oder gleichfals zum Rechtsspruch ausgestellet. Es dauerte diese Streitigkeit noch einige Jahre hindurch, und endlich ward sie durch einen Vergleich 151) mit der Ritterschaft beygelegt.

151) Die kurtze Geschichte dieses zwingenbergischen Streits ist diese. Der letzte des hirschhornschen Mannsstammes, Friedrich, so Zwingenberg als ein Lehn von Chur-Pfalz besessen, starb 1632. Engelhard Goeler von Ravensburg ward darauf als der nächste weibliche Nachkommen des hirschhornschen Geschlechts 1633. den 5. April. von den Schweden in den Besitz von Zwingenberg gesetzet, aber von den bayerschen Völkern bald aus selbigem vertrieben. Die Sache kam sodenn vor die zur Execution des westphälischen Friedensschlusses niedergesetzte Deputation, weil Chur-Pfalz weder die von Goeler in Besitz setzen, noch vor gedachter Deputation erscheinen wolte. Es ward also von dieser Deputation den 11. Febr. 1651. in contumaciam auf die Restitution ex capite amnestiae gesprochen, allein obgedachter Engelhard von Goeler starb, ohne zum Besitz zu gelangen, und der churpfälzische Hofcantzler, Graf von Wieser, ward von Chur-Pfalz mit der Herrschaft Zwingenberg beliehen, 1725. fingen die gölerschen Erben von neuem den Rechtshandel bey dem Reichshofrath an, das Endurtheil von 1726. den 22. Jenner fiel günstig für sie aus. Chur-Pfalz nahm den Recurs an die Reichsversammlung, allein die Einsetzung der gölerschen Erben erfolgte den 3. Dec. 1728. Jedoch um alle Streitigkeiten zu endigen, verkauften die gölerschen Erben für 400,000. fl. die Herrschaft an Chur-Pfalz. Dieser unter preussischer Vermittelung geschlossene Vergleich

In Ansehung der Reichsunmittelbarkeit der Herrschaft Asch 152) und der Religionsbeschwerden in derselben erließ [den 25sten Oct. 1747.] das Corpus evangelicorum ein Vorschreiben an des Kaisers Majestät, welches auch die Würkung hatte, daß die eingerückte Executions-Völker abgeführet wurden, wiewohl die Sache dadurch noch nicht geendiget, sondern der Streit wegen der Reichsunmittelbarkeit dieser Herrschaft von dem königlichen böhmischen Lehnhofe noch viele Jahre betrieben ward.

Dem Churhause Braunschweig-Lüneburg 153) ertheilte der Kaiser wegen Lauenburg und dem Hause Darm-

gleich kam den 9. Febr. 1746. zu Stande, und endlich ward auch mit der Reichsritterschaft 1751. ein von dem Kaiser bestätigter Vergleich geschlossen. Man sehe in Ansehung der dahin gehörigen Streit-Schriften Lünigs Biblioth. deductionum unter dem Artickl Zwingenberg und in Ansehung des Vergleichs von 1746. Fabers Staats-Canzley Th. 93. S. 2. u. f. und in Ansehung des letzten Vergleichs von 1751. Mosers Staats-Archiv Th. 1. S. 142. Th. 2. S. 95. Th. 8. S. 163. Th. 9. S. 39. und ff.

152 Diese von Böheim, Sachsen und dem fränkischen Kreise umgränzte Herrschaft gehört den Freiherrn von Zettwitz. Man sehe von dem Streit wegen der Reichs Unmittelbarkeit derselben, Mosers Staats-Angelegenheiten S. 130. besonders aber die 1765. zu Regensburg ausgetheilte Rettung der unfürdenklichen Reichsunmittelbarkeit derer von Zettwitz zu Asch. Man kan aus selbiger die Gründe, weshalb der Königl. böh.imsche Fiscal die von Zettwitz den 4. Jun. 1764 auf Verlust ihrer Lehen belanget und die Gegengründe kennen lernen.

153) Man sehe daselbs in Mosers Staats-Schriften Th. 5. S. 909.

Darmstadt 154) über sämtliche Länder ein Privilegium de non appellando. Die Wahl eines neuen Erzbischofs von Salzburg 155) und Bischofs von Brixen 156) ging glücklich von statten. Der Graf von Schlick war als kaiserlicher Abgeordneter bey der Wahl zu Salzburg zugegen, und das teutsche Reich sahe in der Person des Grafen von Ditrichstein die erste Stelle der geistlichen Reichsfürsten würdig besetzt. Der Graf von der Lippe 157) aber ward mündig erklärt. Ich übergehe mehrere Gnadenbezeugungen, welche mit der Staatsgeschichte keine Gemeinschaft haben.

§. 24.

154) Siehe Mosers Staats-Schriften Theil 5. S. 714. Th. 6. S. 333. Eben desselben Staats-Archiv von 1751. Th. 2. S. 174.

155) Nachdem der würdige Erzbischof von Salzburg, Jacob Ernst, gebohrner Graf von Lichtenstein, den 12. Jun. 1747. mit Tode abgegangen, schritte das Domcapitul zur neuen Wahl, welcher als Kaiserl. Abgeordneter, Franz Heinrich, Reichsgraf von Schlick, Kaiserl. geheimer Rath, beywohnete. Sie fiel den 10. Sept. 1747. auf den Dompropst zu Salzburg, Andreas Jacob, Grafen von Dietrichstein.

156) Caspar Ignatz, Bischof von Brixen, ein gebohrner Reichsgraf von Künigl, starb nach 45. jähriger Regierung, den 31. Jul. 1747. Das Domcapitul wählete darauf den 18. Oct. 1747. den Dombechant, Leopold Marie Joseph, Reichsgrafen von Spaur, zum Bischof.

157 Simon August, Reichsgraf von der Lippe-Detmold, ward 1747. mündig erkläret, und trat den 18. Oct. 1747. die Regierung an.

§. 24.

Der Kaiſer wird von den feindlichen Mächten nach geſchloſſenen achenſchen Frieden erkannt, ſchlieſſet mit Algier Frieden, empfängt eine türkiſche Geſandſchaft, und legt verſchiedene Irrungen im teutſchen Reiche bey.

Im folgenden Jahre [1748] kam der achenſche Frieden zu Stande. Die Mächte, welche bishero mit der Kaiſerin Königin Krieg geführet, erkenneten nunmehro die kaiſerliche Würde ihres Gemahls, nur in Anſehung des Großmeiſterthums des Ordens vom goldenen Vlieſſe 158,) welches dem Kaiſer 1740. von der Kaiſerin übertragen worden, legte der ſpaniſche Geſandte bey der Friedensverſammlung zu Aachen, Graf von Sotomayor, eine Verwahrungsſchrift ein, in welcher er ſeinem Herrn das alleinige Recht, dieſen Orden zu ertheilen, vorbehielt, darwider aber der kaiſerliche Geſandte eine Gegenſchrift überreichte.

Die

---

158) Der ſpaniſche Geſandte überreichte eine den 20. Nov. 1748. gezeichnete Verwahrungs-Schrift wider die Folgerungen, die man daraus ziehen könte, daß die Sache wegen des Großmeiſterthums dieſes Ordens zu einer Negociation ausgeſetzet worden. Der Kaiſerl. Königl. Geſandte überreichte eine den 26. Nov. 1748. gezeichnete Gegenverwahrung. Man ſehe überhaupt von dieſem Streit Beck. jus publ. auſtriac. ſpecimen 1. S. 170. ſ. und Ayrer diſſert. de magno magiſterio equeſtris ordinis aurei velleris. Göttingen 1748. 4to.

Die Herzogthümer Parma und Piacenza nebst Guastalla 159), welche durch den Wiener Tractat für ungezweifelte Reichslehne erklärt worden, wurden dem Infant Don Philipp abgetreten, jedoch mit der Bedingung, daß sie auf den Fall des Abgangs des männlichen Stammes, oder im Fall einer seiner Nachkommen auf den Thron von Spanien oder beyder Sicilien kommen solte, wieder an die vorige Besitzer zurückfallen. Im übrigen nahm weder der Kaiser noch das Reich an diesem Frieden unmittelbar Antheil. Das Churhauß Bayern ließ bey diesem Friedensschluß gegen die Wiedereinsetzung des Herzogs von Modena in die Fürstenthümer Mirandola 160) und Concordia eine Verwahrungsschrift überreichen, allein sie ward nicht in Betrachtung gezogen.

In Rücksicht, daß der Kaiser Großmeister des Ordens St. Stephan ist, ertheilte der Pabst den Rittern desselben den Vorzug, daß sie eben so wie die Malteserritter mit dem Degen an der Seite bey der päbstlichen Audienz erscheinen dürfen.

---

159) Ein modenesischer Hofrath, Valdrighi, hat erst kürzlich in einer zu Leipzig 1765. vertheidigten Streit-Schrift de vicissitudinibus foederis Londinensis zu behaupten gesuchet, daß die Lehnsverbindung dieser Herzogthümer mit dem teutschen Reich seit dem Wiener Frieden aufgehöret, allein man hat ihm mit Anführung der Reichsgesetze öffentlich widersprochen.

160) Bayern gründete sein Recht auf eine auf Abgang des Hauses Pico den 22. Sept. 1637. erhaltene und 1725. den 1. Sept. bestätigte Kaiserl. Anwartschaft. Diese Sache ward durch den 1750. geschlossenen Hülfsvertrag beygeleget. Siehe diese Verwahrungs-Schrift in dem Mercure historique, vom Monat Dec. 1748.

Der Friede mit Algier 161) kam durch Vermittelung des türkischen Hofes zu Stande, wodurch die Handlung der kaiserlichen Unterthanen Sicherheit erhielt, zu deren Bequemlichkeit auch eine neue Strasse aus dem florentinischen gegen Bologna angeleget ward, und der türkische Gesandte 162) wiederholte die Versicherung der aufrichtigen Neigung seines Herrn, den Frieden mit dem Hause Oesterreich zu erhalten.

Ausser dieser vorzüglich merkwürdigen türkischen Gesandschaft bezeigten sich auch die mehresten Fürsten der ergangenen Erinnerung durch Empfangung der Reichsbeleihung gemäß, und es liessen sowohl die Churfürsten von Maynz und Trier 163), als der Hoch- und Teutschmeister des Johanniter-Ordens

---

161. Der Kaiserl. Consul, Ippolito und der Dolmetscher Mommartz brachten im Oct. und Nov. 1748. unter der Vermittelung des türkischen Kaisers mit den africanischen Freystaaten Algier, Tripolis, und Tunis einen Friedens- und Handlungs-Vertrag zu Stande, vermöge dessen alle Kaiserl. Flaggen führende Schiffe, die von den Hansee-Städten ausgenommen, in der gantzen mittelländischen See und angräntzenden Meeren ungestört schiffen sollen.

162) Mustapha Effendi, langte als türkischer Abgesandter den 8. May 1748. zu Wien an, und gieng den 24. Oct. wieder nach Constantinopel zurück.

163) Johann Friedrich Carl, Churfürst von Maynz, empfing den 17. Jenner die Beleihung durch den churmaynzischen und churtrierschen geh. Rath auch Domherrn, Melchior Friedrich, Reichsgrafen von Schönborn, der Churfürst Franz George von Trier durch eben denselben den 3. Febr. wegen Trier, den 16. Febr. wegen des Bißtums Worms, und den 23. Febr. als Probst zu Ellwangen.

dens 164), die Bischöffe von Regensburg 165), Worms, Speyer 166), Trident 167), Freysingen, als die Aebte von Elwangen und Corvey 168) solche empfangen.

Die Reise des kaiserlichen Hofes nach Mähren hatte die Besehung der nach den Niederlanden bestimmten rußischen Hülfsvölker zum Zweck. Die Kaiserin Königin, der Prinz Carl und die Prinzeßin Charlotte von Lothringen befanden sich in der Gesellschaft des Kaisers, die Völker empfingen die höchste Herrschaften durch dreymaliges Vivat-rufen, und der Hof kehrte über die Schönheit dieser Völ-
Q 5   ker

164) Philipp Wilhelm, des Johanniter-Ordens Hochmeister und Fürst zu Heidersheim, ein gebohrner Graf von Nesselrode, empfing die Lehen den 4. Apr. 1748.

165) Johann Theodor, Bischof von Lüttich, Freysingen, und Regensburg, empfing wegen Freysingen die Lehen den 8. Febr. 1748. durch den Domheren zu Regensburg und Brixen, Johann Jacob Carl Grafen von Recordin, und durch eben denselben den 19. Apr. wegen des Bisthums Regensburg.

166) Franz Christoph, Bischof von Speyer, ein gebohrner Freyherr von Hutten, empfing die Lehen den 23. Jenner durch Johann Philipp, Freyherrn von Frankenstein, Domherrn zu Bamberg, auch bambergischen geheimen Rath.

167) Dominicus Anton, Bischof zu Trident, gebohrner Reichsgraf von Thun, empfing den 27. Jenner 1748. die Beleihung durch Peter Vigilius, Grafen von Thun, Domherrn zu Salzburg und Trident.

168) Caspar, Abt zu Corvey, ein gebohrner Freyherr von Böselager, empfing die Beleihung den 14. Merz 1748. durch den Kaiserl. Cämmerer, Theodor, Freyherrn von Hanxleden.

ker und den guten Empfang zu Cremsier und Olmütz höchstvergnügt nach Wien 169) zurück.

Die Entbindung der Kaiserin von einer Prinzeßin, die aber bald nach der Geburt verstarb, hatte für die hohe Kindbetterin keine üble Folgen, und die Residenzstadt Wien genoß, wenn ich die der Jagd halber nach Steyermark 170) und Böheim angestellte Reisen ausnehme, das Glück, den Monarchen beständig in ihren Mauern gegenwärtig und mit den wichtigsten Angelegenheiten sich beschäftigen zu sehen.

Einige davon muß ich näher anzeigen. Der Fürst von Fürstenberg legte das Amt als Principal Commissarius auf dem Reichstage zu Regensburg nieder. Dieses wichtige Amt ward dem Fürsten von Taxis 171) übertragen, welcher es noch zur allge-

169) Die Abreise von Schönbrunn erfolgte den 11. Junius man gieng über Brünn und Nicolsburg nach Cremsier, besahe daselbst die erste Abtheilung der rußischen Völker, und zu Olmütz die zweyte. Den 21. Junius kam der Hof schon wieder nach Schönbrunn zurück.

170) Den 1. August reisete der Kaiser mit dem Prinzen Carl nach Loeben in Steyermark, welches dem Landes-Hauptmann, Grafen Carl von Breuner, gehöret, und vergnügte sich daselbst mit der Gemsen-Jagd, den 29 Aug. aber reisete er über Znaim und Jglau nach den böheimischen Cammer-Gütern, woselbst er sich gleichfalls mit Jagden einen Zeitvertreib machte.

171) Das Kaiserl. Decret, welches dem Fürsten Alexander Ferdinand von Thurn und Taxis die Principal-Commissions-Würde überträgt, war den 25. Jenner 1748. unterzeichnet, und diese Ernennung hatte in die gesuchte und erhaltene Einführung in das reichsfürstliche Collegium des Hauses Taxis einen grossen Einfluß.

allgemeinen Zufriedenheit des gesamten teutschen Reichs verwaltet.

In Ansehung der Erhebung des Grafen von Bärenfeld 172) ertheilte der Kaiser dem fürstlichen Hause Bernburg eine beruhigende Erklärung. Wegen der weymarschen Vormundschaftssache aber entstunden Irrungen 173), die auf eine Zeitlang die Reichstags-Berathschlagungen zu Regenspurg hemmeten. Der verstorbene Herzog zu Sachsen-Weimar und Eisenach hinterließ einen unmündigen Prinzen, und über diesen maßete sich der Herzog von Sachsen-Gotha die Vormundschaft an; wobey es sich darauf gründete, daß der verstorbene Herzog durch den von dem Oberstallmeister von Reineck in die Schreibetafel verzeichneten letzten Willen Sachsen-Gotha zum Vormund erkläret habe. Die Häuser Sachsen-Koburg und Meiningen meldeten sich deshalb sowohl bey dem Reichshofrath zu Wien, als bey

172) Friedrich und Carl Leopold, Söhne Carl Friedrich, Fürstens von Bernburg und Wilhelmine Charlotte Rüßlerin, nachmahliger Reichsgräfinn von Ballenstedt, wurden 1723. von Carl dem VI. zu Grafen von Bärenfeld ernannt, und 1742. den 16. Nov. von Carl dem VII. in den Reichsfürstenstand erhoben, darüber aber der Fürst von Anhalt-Bernburg-Schaumburg sich sehr beschwerte. Von der 1748. deshalb bewürkten Erklärung siehe Mosers Staats-Schriften. Th. 7. S. 565. und 896.

173) Man besehe von dieser wichtigen Angelegenheit von Schauroths Samml. der Conclusorum Corp. Evang. Th. 3. S. 406. Fabers Staats-Canzley im 95. 96. 97. 98. und 99. Theil. Mosers Staats-Schriften im 7. und 8. Theil und den Staats-Spiegel von 1748.

bey der Reichstags-Versammlung zu Regensburg, und stelleten vor, daß dem angeblichen letzten Willen die zur Gültigkeit gehörige Eigenschaften fehleten, und also nach den Haußverträgen demjenigen Herrn die Vormundschaft gehöre, welcher den Jahren nach der älteste unter den Herzogen von Sachsen, ernestinischer Linie, sey. Die von Gotha ertheilte Vollmacht zu Führung der weimar- und eisenachschen Stimme im Reichs-Fürstenrath ward zwar nicht angenommen, allein Gotha hatte von der Vormundschaft einmal Besitz. Es meldete sich auch der Herzog von Sachsen-Meinungen, und verlangte als ältester die Vormundschaft, allein der Kaiser sprach dem Herzog von Sachsen-Salfeld die Vormundschaft allein so lange zu, bis der Herzog zu Sachsen-Meinungen sein Kammerwesen in Ordnung gebracht, und dadurch die Hindernisse, ihm die Vormundschaft anzuvertrauen, aus dem Wege geräumet. Unterdessen blieb Gotha im Besitz der Vormundschaft, und die Sache verursachte an den vornehmsten Höfen in Teutschland grosse Bewegungen. Die Könige von Dännemark und Preussen nebst dem Churfürsten von Bayern zeigten sich vorzüglich geneigt, gegen den Gothaischen Hof, die Herzogin von Gotha schrieb sogar an die Kaiserin, um derselben Beystand bey dieser Sache zu erbitten, es erschienen von beyden Theilen sehr scharfe und anzügliche Schriften, endlich ward durch kaiserliche Vermittelung zu einem Vergleich eingeleitet.

Von nicht minderer Wichtigkeit war das durch die Bemühung des kaiserlichen Ministers, Grafen
von

von Cobenzl 174) zu Stande gebrachte General-
Associations-Werk 175) des churrheinischen, österreichischen

174) Carl Johann Philipp des heil. Röm. Reichs Graf
von Cobenzl, ein würdiger Sohn eines grossen Vaters,
nemlich des 1742. verstorbenen Ober-Cämmerers,
Johann Caspar Graf von Cobenzl, ist unstreitig einer
der geschicktesten Kaiserl. Ministers. Nachdem er bis
1753. die Stelle eines Gesandten bey den Kreisen versehen, erhielt er die Würde eines dirigirenden Ministers in den Niederlanden, die er noch bekleidet.

175) Dieser merkwürdige Kreis-Schluß lautet also:
Zu wissen: demnach auf das von Ihro glorreichst-
regierenden Kaiserl. Majestät aus reichsväterlicher
Vorsorge an die löbl. vorliegende Reichs-Kreise, nach
vorhero von einem churfürstlichen hohen Wahl-Collegio unterm 25. August 1745. ergangenen Anmah-
nungs-Schreiben unterm 5. Oct. ersterwehnten Jahres, allergnädigst erlassene Excitatorium, Ihro churfürstliche Gnaden zu Maynz in sorgfältigster Beher-
zigung der fürdauernden Umstände und Zeitläufte
bemeldete Kreise unterm 6. Oct. d. a. anhero in alt-
herkömmlichen wahrem Vertrauen eingeladen haben,
und hierauf ab Seiten der löbl. Kreise zum Besten
derselben und des werthen Vaterlands hin und wieder
bey den Particular-Kreisen sowohl, als bey hiesigem
General-Congreß, den Umständen nach mehrmalige pa-
triotische Anschläge bis hiehin gepflogen worden, immittelst auch allerhöchst gedachte Ihro Kaiserl. Majestät zu beharrlicher Fortsetzung gemeinnütziger Maß-
regeln die vordere löbliche Reichs-Kreise nicht allein
unterm 12: Jenner und 2. Apr. 1746. wiederholt zu
excitiren allermildest geruhet haben, sondern auch
durch allerhöchst derenselben Ministers die allerhöchste
Kaiserliche Intention mehrmalen eröfnen lassen, also,
daß dem zu Folge von Chur-Rheinischen Directorii
wegen in Betreff des vorhandenen, und zu niemands
Bekridigung abzielenden Associations-Bündnisses,
auch ferner unterm 5. Jul. 1746. der erforderliche Vortrag

reichischen, fränkischen, schwäbischen, und oberrheinischen Kreises, die sich zu Beybehaltung und
mehre-

trag geschehen, und endlich darauf, wie auch auf die
von des anhero accreditirten Kaiserl. Ministers, Herrn
Grafen von Cobenzl. Excellenz resp. den 19. Dec.
1746. und 19. Febr. laufenden Jahrs ferner überreichte
Proposition und Pro-Memoria nach Maaßgabe der
bey den Particular-Kreisen hierüber genommenen Entschliessung ab Seiten Franken und Ober-Rhein den
28. Januar 1747. ingleichen von Chur-Rheinischen
Kreises wegen den 4. Febr. bemeldeten Jahrs, wie
nicht weniger Nahmens der löbl. oesterreich- und
schwäbischen Kreiß den 20. Febr. dieses Jahrs bey dem
fürwährenden General-Congreß quoad quaestionem
An? die allerseitige Meinung nach und nach gleichförmig pro affirmativa anerkläret, auch darüber des
Conclusum commune unterm 1. Mart. jüngsthin
bereits festgesetzet worden: als haben die vordere alt-
verbundene löbl. Reichs-Kreise Chur-Rhein, Oesterreich, Franken, Schwaben und Ober-Rhein sub auspiciis caesareis in wohl hergebrachter Einverständniß
und gleicher aufrichtiger patriotischer Gesinnung verabredet und beschlossen, daß

1) zu beybehaltung und mehrerer Befestigung,
Ruhe und Sicherheit die Fürdauerung des auf den
heilsamen Reichsgrundgesetzen gegründeten und zu nie-
mandes Beleidigung gerichteten Associations-Bündnisses,
in Verfolg der vorhandenen und in Terminis defen-
sives abgeschlossene Associations-Recesse quoad quaestionem An? allerdings anzuerkennen, mithin sothanes foedus mere defensivum forthin beharrlich bey-
zubehalten und sicher zu stellen; wie auch

2) gegen alle Vergewaltigung und Aggreßions-Fälle
die reciprocirliche Hülfe in bundsmäßiger Willfährig-
keit zu leisten.

3) Bleibt hierbey allerdings vorbehalten, was von
gesammten Reichs wegen in einem und andern Fall
bereits geschlossen worden, als welchem die löbliche
associirte

mehrerer Befestigung der Ruhe und Sicherheit
durch einen förmlichen Associations-Receß mit einander verbanden. Die Verdienste des Freyherrn
von Czenka 176) belohnte der Kaiser durch dessen
Erhebung in den Reichsgrafenstand, von den übrigen Gnadensachen will ich nur der Mündigkeitserklä-
rung des Grafen, Carl Christian von Solms 177)
gedenken.

Im
associrte Kreise durch diese Verbündniß sich zu entziehen keinesweges gemeynet sind.

Zu Urkund dessen ist gegenwärtiger Receß fünfmal
ausgefertiget, von allerseits gevollmächtigten Gesandten unterschrieben und gesiegelt worden. So geschehen Frankfurt, den 27. Jul. 1748.

Von wegen des löblichen churrheinischen Kreises,
(L. S.) Koeth. (L. S.) Frieß. (L. S.) Wittgenstein.

Von wegen des löblichen österreichischen Kreises,
salvis per omnia juribus et praerogativis serenissi-
mae domus austriacae, (L. S.) Cobenzl.

Von wegen des löblichen fränkischen Kreises,
(L. S.) Hebendanz.

Von wegen des löblichen schwäbischen Kreises,
(L. S.) Robl. (L. S.) Metzger.

Von wegen des löblichen oberrheinischen Kreises,
(L. S.) Speicher. (L. S.) Bach. (L. S.) Ahenhelm.
(L. S.) Lauterbach. (L. S.) Lucius.

176) Wentzel Joachim, Freyherr Czencka von Olbrano-
witz, des Maltheser-Ordens Großprior in Böheim,
Mähren, Schlesien, Oesterreich, Steyermark, Kärnthen, Tyrol und Pohlen, kaiserl. königl. würklicher
geheimer Rath und General-Wachtmeister, ward
1748 im May mit seinen beyden Söhnen, Johann
und Franz und seiner Schwägerin, einer gebornen von
Bünau, in den Grafenstand erhoben.

177) Carl Christian, Graf von Solms Licha Hohen-
solms, war 1725. geboren und folgte seinem Vater
1744. in der Regierung.

Im folgenden Jahre [1749.] beschäftigte die weimarsche Vormundschafts:sache sowohl den kaiserlichen Hof als die Reichstagsversammlung zu Regensburg. Endlich ward der Vergleich 178) durch kaiserliche Vermittelung dahin zu Stande gebracht, daß der Herzog von Sachsen:Gotha die Vormundschaft über den Erbprinzen nebst der Landesadministration des Fürstenthums Weymar, der Herzog von Sachsen:Saalfeld aber über die Prinzeßin nebst der Landesadministration des Fürstenthums Eisenach behielt.

Die Lehns:Empfängniß war ein nicht minder wichtiger Gegenstand der kaiserlichen Sorgfalt. Nur die Bischöffe von Brixen 179) und Straßburg 180) suchten und erhielten die Beleihung, die übrigen waren säumig. Es ward also denselben von kaiserlicher Majestät noch eine drey monatliche Frist

---

178) Man sehe von diesem Vergleiche, welcher 1749. den 17. Sept. zu Wien durch kaiserl. Vermittelung geschlossen worden, den Staats:Spiegel von 1749 und 1750. ingleichen Fabers Staatskanzley Th. 100. 101. 102. 103. 104.

179) Der neue Bischof von Brixen, Leopold Marie Joseph, Reichsgraf von Spaur, ließ die Beleihung den 6. Febr. 1749. durch den Domherrn zu Brixen, Joseph Philipp, Reichsgrafen von Spaur, empfangen.

180) Armand, geborner Prinz von Rohan-Soubise, gelangte als Coadjutor nach Absterben des Cardinals Armand Gasto von Rohan auf den bischöflichen Stuhl zu Strasburg, und ließ den 30. April 1749. durch seinen geh. Rath, Lotharius Franz, Freyherrn von Geismar, die Lehen empfangen.

Frist 181) gesetzet, binnen welcher sie ihrer Pflicht nachkommen solten.

Auf dem Reichstage machte die von dem Fürsten Joseph Wenzel von Lichtenstein 182) gesuchte Stimmführung einige Bewegungen. Man setzte sich wider dieselbe aus der Ursache, weil bey der Zulassung des Fürsten Anton Florian er Sitz und Stimme nur für seine Nachkommen, nicht aber für die Seitenlinie erhalten habe. Churbayern, Pfalz und Cöln, Würtemberg und andere waren zuwider, allein da man kaiserlicher Seite das Befremden über diese dem Reichsschluß vom Jahr 1723. zuwiderlaufende Weigerung äusserte: so gewann die Sache eine andere Gestalt, und die Stimmführung ward zugelassen.

Die Bisthümer Würzburg 183) und Straßburg 184), wie auch das Stift St. Blasius 185)
ver-

---

181) Dieses Reichshofraths-Conclusum wegen Saumseligkeit in der Lehns-Empfängniß ward den 13. Aug. 1749. bekannt gemacht.

182) Siehe von dieser Angelegenheit Königs selecta juris publici Th. 22. S. 416 und 425.

183) Anshelm Franz, Fürstbischof von Würzburg, ein gebohrner Graf von Ingelheim, genannt Echter von Mespelbrunn, starb den 8. Febr. 1749. nachdem er noch nicht 3 Jahre regiert, und durch chymische Versuche seiner Gesundheit Nachtheil zugezogen.

184) Armand Gaston, Cardinal und Fürstbischof zu Strasburg, starb den 19. Jul. 1749. zu Paris, nachdem er die bischöfliche Würde über 45. Jahre bekleidet, und Sitz und Stimme auf dem Reichstage 1724. den 3. Febr. wieder erhalten. Der Coadjutor, Armand Cardinal und Prinz von Rohan-Soubise folgte ihm als Bischof.

verlohren ihre Oberhäupter. Der Graf von Cobenzl 186) ward als kaiserlicher Gesandter zur neuen Wahl nach Würzburg geschickt, und diese fiel auf den Freyherrn von Greifenclau. 187)

§. 25.

Von den im Jahr 1750. wegen der römischen Königswahl und Hohenlohischen Religions-Sachen entstandenen Bewegungen.

Im folgenden Jahre beschäftigte eine sehr wichtige Angelegenheit, nemlich die römische Königswahl des teutschen Reiches Oberhaupt und Stände. Der König von Großbritannien, welcher sich im Jahre 1750 in seinen teutschen Staaten zu Hannover befand, war derjenige Churfürst, welcher, um die Absichten der Krone Frankreich, die bey einer Erledigung des Kaiser-Throns dem teutschen Reiche nachtheilig seyn konten, zu hintertreiben, die Erwählung eines römischen Königs bey Lebzeiten des Kaisers in Vorschlag brachte, und sein vornehmstes Absehen auf den hofnungsvollen kaiserlichen und Kronprinzen Joseph, als Erben vieler mächtigen Staaten, richtete. Die nöthige Unterhandlungen an

---

185) Cölestinus Vogler Wolfach, Abt und Reichsfürst zu St. Blasius im Schwarzwalde, starb den 24 April 1749. An seine Stelle ward der Prior zu Oberried, Mainrad, den 28 April 1749. zum Abt erwehlet.

186) Siehe oben die 175ste Anmerkung.

187) Carl Philipp Heinrich, Freyherr von Greiffenclau zu Vollraths, Domherr zu Maynz, Speyer und Würzburg, ward den 14 April 1749. zum Bischof von Würzburg erwehlet.

an den churfürstlichen Höfen wurden sogleich vor
die Hand genommen. Der preußische Hof war
derjenige, an welchem die stärkste Bemühung angewendet, aber auch die grösseste Abneigung bewiesen
ward. Der kaiserliche Minister zu Berlin, Graf
von Puebla 188), muste dieserhalb die nöthige Eröfnung thun, allein er erhielt zur Antwort,

> daß man kaiserlicher Seits der römischen Kö-
> nigswahl bis zur erlangten Mündigkeit des
> Erzherzogs Joseph Anstand geben möchte, in-
> dem solche alsdenn gesetzmäßiger vollzogen
> werden könne.

Mit dem Churhause Bayern schlossen die See-
mächte einen sehr vortheilhaften Hülfsvertrag 189),
und der Churfürst versprach, die auf die Wohlfart
des teutschen Reichs gerichtete Unterhandlungen des
Königs von Großbritannien sowohl auf dem Reichstage, als in dem churfürstl. Collegio zu unterstützen. Von den geistlichen Churfürsten erklärten sich
Maynz und Trier gleichfalls willfährig. Churcöln
aber war der Königswahl zuwider, und hatte sich
mit Frankreich in einen Hülfsvertrag eingelassen.

R 2 Chur-

188) Anton von Portugall, Graf von Puebla, jetzo
kaiserl. königl. General-Feldzeugmeister, und Gouverneur von Temeswar, ein geborner Italiener, hat sich
sowohl in den Feldzügen von 1733 bis 1757. als besonders durch die Gesandtschaft am preußischen Hofe, an
welchem er sich von 1749 bis 1756. befunden, rühmlich bekannt gemacht.

189) Man sehe von dem, was damals wegen dieser wichtigen Angelegenheit vorgefallen, Mosers Staatsarchiv
von 1751. Th. 2. F. 4 und 6. Fabers Staatscanzley
Th. 100. S. 239. und den Welt- und Staats-Spiegel von 1751.

Churpfalz verlangte von dem Erzhause Oesterreich zuförderst eine Schadloshaltung, Chursachen aber erklärte sich Bedingungsweise geneigt. In diesen Umständen befand sich diese Angelegenheit, als der Kaiser und die Kaiserin die Sache an die Reichsversammlung brachten, und der König von Preussen an alle Churfürsten deshalb seine schriftliche Erklärung abgeben ließ. Bey der Reichsversammlung wurden die altfürstlichen Häuser aufmerksam, zumal der König von Preussen in dem Schreiben an den Churfürsten von Maynz ihre Befugniß, daß ohne ihre Einwilligung nicht zur Wahl eines römischen Königs geschritten werden könne, zu begünstigen schien. Daraus entstunden nachhero die Bewegungen, welche den geist- und weltlichen Stand des Fürsten-Collegii in dieser Angelegenheit theilten, und besonders im 1752sten Jahre heftig wurden. Kurz die Bemühungen des großbritannischen Hofes wurden vergeblich angewendet, und erst nach einer Zeit von vierzehen Jahren kam dieses wichtige Geschäfte 190) zu Stande.

Die hohenlohische Religions-Beschwerden 191) verursachten nicht weniger Spaltungen. Die Fürsten

---

190) Dieser Vortrag ward den 22 Aug. 1750. zu Hannover unterzeichnet und dem Churfürsten von den Seemächten 40,000. Pfund Sterling jährlich, vier Jahr lang zu zahlen versprochen. Die Kaiserin Königin versprach darauf, um die Ansprüche des Churfürsten auf Mirandola abzuhelfen, den 4. Theil zu den Hülfsgeldern beyzutragen und es ward also diese Zahlung auf 6. Jahre verlängert.

191) Man sehe von dieser wichtigen Angelegenheit des Herrn von Schauroth Sammlung der Concl. Corp. Evang.

sten von Hohenlohe-Bartenstein und Schillings-
fürst, hatten nach Abgang des pfedelbachschen evangelischen Zweiges viele evangelische Unterthanen bekommen. In dem 1710 errichteten Erbfolge-Ver-
trag hatten sie versprochen, in dem Religions-Zu-
stande dieser angefallenen Länder nichts zu ändern,
und das Corpus Evangel. hatte die Gewährung dieses Vertrags übernommen. Als nun dem unerachtet einige Neuerungen vorfielen, und besonders
1744. die evangelische Unterthanen mit den catholischen das Osterfest zu feyern angehalten werden wollen, auch deshalb fünf Prediger abgesetzet wurden:
so ward die schon vorher bey dem kaiserl. Reichshofrath anhängig gemachte Sache eifriger betrieben,
und dieses höchste Reichsgericht erkannte endlich die
Executions-Commißion auf die ausschreibende Fürsten des fränkischen Kreises. Die Fürsten von Hohenlohe wendeten hierwider das remedium supplicationis ein, und dieses gab zu einer grossen Spal-
tung Gelegenheit. Die Grafen von Hohenlohe,
von dem Corpus Evangel. unterstützt, behaupteten,
daß, weil es auf geistliche und Religions-Sachen
ankäme, das remedium supplicationis keinen effectum suspensivum haben könne. Die Fürsten, welchen ihre catholische Reichsmitstände beytraten, behaupteten das Gegentheil. Das Corpus evangel.

R 3 meldete

Evang. Th. 1. S. 812. s. Mosers hanauische Berichte
von Religions-Sachen, im 1. und 2. Theil. Eben
desselben neue Berichte von Religions-Sachen, den
Welt- und Staats-Spiegel von 1750. und 1751. Fabers Staats-Canzley im 100. und 103. Th. Königs
selecta jur. publ. den 27. Band, und die Acta hi-
storico-ecclesiastica im 14. 15. und 16ten Bande.

meldete also dem Kaiser, daß es bey längerer Aussetzung des Executions-Auftrages zur Selbsthülfe schreiten würde, übertrug auch würklich dem Marggrafen von Anspach die Execution, wobey es ihm meldete, daß im Fall der Widersetzung auf eine gute Anzahl preußischer und hannöverscher Völker Rechnung zu machen sey, wie denn würklich an Churbrandenburg, Churhannover, Hessen-Cassel und Gotha von Seiten des Corpus evangelicorum die Ansuchung geschahe, eine hinlängliche Anzahl Völker bereit zu halten. Der Marggraf setzte darauf die abgesetzte Prediger wieder ein, verlegte das nach Pfedelbach gezogene gemeinschaftliche Consistorium wieder nach Oeringen, und ließ sich durch das erhaltene kaiserl. Abmahnungsschreiben nicht abhalten, vielmehr, als Neuerungen unternommen wurden, abermals die Executions-Mannschaft einrücken, welches denn die Würkung that, daß die Fürsten alles in vorigen Stand setzten.

Auf der andern Seite bezeigte der kaiserl. Hof über das Verfahren des Corpus evangel. und des Marggrafen von Anspach sein Misvergnügen, und vernichtete durch ein Conclusum alles, was der Marggraf eigenmächtig oder auf ungebührlichen Befehl unternommen, wobey aber die Executions-Commißion auf die ausschreibende Fürsten des fränkischen Kreises neuerlich erkannt ward. Diese Verordnung zog einen neuen Schluß des Corpus evangelicorum nach sich,

> von den bisherigen Maaßregeln gar nicht abzugehen, sondern allenfalls den unmittelbaren Beystand

Beystand der protestantischen Fürsten in dieser Sache zu suchen.

Demnächst kam dasselbe überein in einem neuen Vorstellungs-Schreiben an den Kaiser, den Marggrafen von Anspach zu vertreten. So weit gieng damals diese Sache, die hernach noch verschiedene Schriften veranlassete, aber keinesweges die befürchtete Gewaltthätigkeit zwischen den beyderseitigen Glaubensgenossen im teutschen Reiche nach sich zog.

Die Streitigkeiten zwischen Maynz 192) und Würzburg wegen des Gäulslochs, hatten keine Folgen. Beyde Höfe liessen zwar Völker gegen einander anrücken, überliessen aber endlich, ohne Thätlichkeit zu begehen, die Entscheidung der Sache dem obristrichterlichen Amte des Kaisers.

In Ansehung der Frankfurter 193) Kirchensache, welcher sich der König von Preussen ganz besonders

---

192) Dieser Streit betraf einen Forst von etwa hundert Ackern, das Gäuls-Loch genannt, welches Würzburg nach Abgang der Grafen von Geyern einem Freyherrn von Wolfskeel verliehen, dagegen aber Chur-Maynz diesen Forst als sein Eigenthum ansahe, und dahero den von wolfskeelscher Seite veranstalteten Holzschlag mit gewafneter Hand hindern wolte. Man besehe von diesem Streite Königs selecta iuris publ. den 23. 24 und 25 Theil, wie auch den Welt- und Staats-Spiegel von 1750. S. 272. und 285.

193) Man kan vielleicht diesen Streit auf folgende Sätze einschräncken. Die Reformirten, welche den Bau einer Kirche verlangen, behaupten 1) daß sie schon im Jahr 1554. das freye Religions-Exercitium zu Frankfurt gehabt. 2) Daß in Religions-Streitigkeiten zwischen Protestanten der Zustand im Jahr des Religions,

sonders annahm, ward in Gegenwart des Kaisers eine Conferenz gehalten, und der von dem Stadtrath dieser Sache halber an die Reichsversammlung genommene Recurs für unstatthaft gehalten. Die streitige Wahl eines Burggrafen zu Friedberg 194) ward dahin entschieden, daß der Kaiser den Freyherrn, Ernst Ludwig von Breidenbach, zum Burggrafen ernennte, und dessen Annehmung befahl.

Den Ansprüchen des Churfürsten von Bayern auf das Herzogthum Mirandola 195) und Marggrafthum Concordia ward dadurch abgeholfen, daß die Kaiserin Königin sechzig tausend Pfund Sterling an erstgedachten Herzog in einer Frist von sechs Jahren abzahlete.

In Ansehung des Stephansordens machte der Kaiser als Großmeister die Verfügung, daß die Ritter sich gleichförmig in weiße Röcke mit rothen Aufschlägen kleiden, und das Ordenskreuz von verschiedener

gions-Friedens, nehmlich 1555. zur Richtschnur genommen werden müste. Beydes wird von dem frankfurter Rath und Bürgerschaft geleugnet. Siehe von diesem Streite besonders Mosers hanauische Berichte von Religions-Sachen, im 1 und 2 Theil. Neue Berichte von Religions-Sachen im 3 Theil und den Welt- und Staats-Spiegel von 1750. und 1751.

194) Die catholische Wahl-Glieder wählten den 7. Aug. 1749. Franz Heinrich, Kämmerer von Worms, Freyherrn von Dahlberg, Kaiserl. Kämmerer, und die evangelische den churbraunschweigischen Obristen, Ernst Ludwig Freyherr v. Breidenbach. Der Kaiser zernichtete die erste Wahl und erkennte die letztere für gültig. Siehe Mosers Staats-Archiv von 1751. Th. 2. S. 113. Th. 6. S. 24. Th. 8. S. 3. Th. 11. S. 50.

195) Siehe oben die 190ste Anmerkung.

schiedener Grösse nach dem Range ihrer Ordens=
stellen tragen müssen.

Zu Besetzung der erledigten Stellen 196) un=
ter den Reichsgenerals ward gleichfalls geschritten,
und der Landgraf Maximilian von Hessen=Cassel
zum evangelischen Reichs=Feldmarschall, die Prin=
zen Ludwig Ernst von Braunschweig=Wolfenbüttel,
und Wilhelm zu Sachsen=Gotha, zu evangelischen
zu Reichs=Generalfeldzeugmeistern, der Marggraf
August Georg von Baaden=Baaden, und Ludwig
Wilhelm, Reichsgraf von Ostein zu catholischen
Generalfeldmarschall=Lieutenants, und der Marg=
graf Carl August von Baden=Durlach, der Frey=
herr Johann Franz von Bretlach, und der Graf
Wilhelm Moritz von Isenburg=Philipseich zu ev=
angelischen General=Feldmarschall=Lieutenants er=
nennet.

Dem Statthalter der vereinigten Niederlande,
Prinzen Wilhelm von Oranien 197) ward für seine
teutsche Fürstenthümer ein privilegium de non appellando bis auf die Summe von zwey tausend
Gulden ertheilet, der Fürst von Hornes und der
Graf von Harrach, zwey sehr verdiente Männer,
mit dem Orden des goldnen Vliesses 198) begna=

R 5   diget,

196) Die Besetzung dieser Reichs=Generals=Stellen
geschahe durch das Reichs=Gutachten vom 13. April
1750.
197) Siehe dasselbe in Mosers Staats=Archiv von 1751.
Th. 2. S. 74.
198) Diese Ernennung erfolgte den 30. Nov. 1750.
Maximilian Emanuel, des heil. Röm. Reichs Fürst
von Hornes, Ober=Hofmeister des Herzogs Carl von
Lothrin=

diget, und der verdiente Con-Commissarius bey der Reichsversammluug zu Regensburg, Carl Joseph, Freyherr von Palm, ward in den Grafenstand erhoben.

Von dem Bassa zu Tripolis 199) langte zu Bestätigung des 1748. geschlossenen Friedens ein Gesandter am kaiserlichen Hofe an, welcher mit vieler Achtung empfangen, und ansehnlich beschenkt entlassen ward. Demnächst liessen auch der Bischof von Salzburg 200), die Bischöfe von Strasburg 201) und Würzburg 202), die Marggrafen von Brandenburg-Anspach 203) und Baaden-Durlach

Lothringen, ein sehr reicher niederländischer Fürst, und der würdige Reichs-Hofraths-Präsident, Ferdinand Bonaventura, Reichsgraf von Harrach, empfingen den Orden.

199) Er langte den 33. Mart. 1750. zu Wien an, und reisete den 7. Jul. 1750. wieder ab.

200) Andreas Jacob, Erzbischof von Salzburg, ein gebohrner Reichsgraf von Dietrichstein empfing den 18. Dec. 1750. die Beleihung durch den Domherrn zu Salzburg und Augsburg, Carl Hannibal, Reichsgrafen von Dietrichstein.

201) Armand, Cardinal Bischof von Strasburg, ward in der Person seines geheimden Raths, Lotharius Franz, Freyherra von Geismar, den 10. Dec. 1750. beliehen.

202) Der neue Bischof von Würzburg, Carl Philipp Heinrich, Freyherr von Greiffenklau zu Volraths empfing die Beleihung den 19. Febr. 1750. durch den Domherrn zu Bamberg und Würzburg, Johann Philipp Freiherrn von Frankenstein.

203) Carl Wilhelm Friedrich, Marggraf von Brandenburg-Anspach, und Carl Friedrich Marggraf von Baaden-Durlach, empfingen durch den brandenburg-onolzbach

lach und der Abt von Kempten 204) die Belehung empfangen. Von der freyen Reichsstadt Regensburg 205) aber ward die Huldigung durch den kaiserlichen Principal-Commissarius, Alexander Ferdinand, Fürsten von Thurn und Taxis eingenommen.

Mit so ernsthaften Beschäftigungen wechselten die verschiedenen Reisen des Hofes ab. Der Kaiser besahe in Begleitung der Kaiserin die Waffenübungen der in den Lagern bey Pettau 206) in Unter-

onolzbachschen geheimben Rath, Bernhard Friedrich, Freyherrn von Menzingen, die Belehung, jener den 2. Jul. dieser den 14. Aug. 1750.

204) Engelbert, Abt und Fürst zu Kempten, ward den 18ten März 1750. in der Person des Domherrn zu Bamberg und Würzburg, Johann Carl Freyherrn von Frankenstein, beliehen.

205) Es geschahe dieses den 2. Apr. 1750. Das Andenken dieser wichtigen Handlung ward durch eine von dem regensburgischen Münzmeister Vasch geprägte Schaumünze erhalten. Die erste Seite zeiget das FRANCISCVS I. D. G. ROM. IMP. SEMP. AVG. Auf der Rück-Seite steht vor dem aufgerichteten Bildniß Sr. Kaiserl. Majestät; über welchem der göttl. Nahme leuchtet, ein brennender Altar mit dem Stadt-Wapen, und vor demselben eine Frauens-Person, mit einer Mauer-Crone auf dem Haupt, welche die rechte Hand auf die linke Brust leget, und mit der andern den Altar anfasset, dabey liesset man: DEO ET CAESARI; im Abschnitt: Senatu Populoque Ratisbonensi iureiurando obstrictis MDCCL.

206) Die Abreise nach Pettau geschahe im Julius, nach Böheim aber den 17. Aug. im Lager bey Pettau führte der Feldmarschall, Carl Graf von Bathyani, in dem bey Collin aber der Feldmarschall, Fürst Georg Christian von Lobkowitz den Ober-Befehl. Den 15. Sept. kam der Kaiser wieder zu Wien an.

ter-Steyermark und bey Collin versammelten Völker an. Er vergnügte sich einige Zeit zu Bodiebrad in Böheim mit der Jagd, besahe die Bergwerke zu Kuttenberg, und hatte die Zufriedenheit, das kaiserliche Hauß durch die Geburt einer Erzherzogin 207) vermehrt zu sehen, und den besondern Fleiß des Erzherzogs Joseph in den mathematischen Wissenschaften bey der in seiner Gegenwart angestellten Prüfung 208) wahrzunehmen. Der Todesfall der verwitweten Kaiserin, Elisabeth Christine 209), fiel, so wie dem ganzen kaiserlichen Hause, also besonders dem Kaiser, der dieser Monarchin lebenslang die grösseste Achtung bezeiget, schmerzlich, und er gab der in die kaiserliche Gruft gebrachten Leiche nebst der Prinzeßin Charlotte von Lothringen mit vieler Betrübniß das letzte Geleite.

§. 26.

207) Johanne Gabriele Josephe Antonie, Erzherzoginn von Oesterreich, ward den 4. Febr. 1750. zu Wien gebohren.

208) Johann Baptiste von Brequin, Kaiserl. Königl. Obrist-Wachtmeister des Ingenieur-Corps, war derjenige, welcher den Erzherzog Joseph in den mathematischen Wissenschaften unterrichtete. Die Prüfung ward den 20. Oct. 1750. in Gegenwart des Kaisers und der Kaiserinn angestellet. Die vorgelegte Fragen wurden mit der grössesten Fertigkeit beantwortet. Der Prinz und der Lehrmeister empfingen der allerhöchsten Personen Lobes-Erhebungen, und der Letztere ward beschenkt.

209) Die verwitwete Kaiserinn Elisabeth Christine, gebohrne Prinzeßinn von Braunschweig-Wolfenbüttel, gieng den 21. Dec. 1750. mit Tode ab.

§. 26.

Von dem, was sich im 1751sten Jahre zugetragen.

Das folgende Jahr war nicht minder an wichtigen Vorfällen und Beschäftigungen fruchtbar. Das vorzüglichste war die Gewährung des Dreßdener Friedens, welche das gesamte teutsche Reich durch einen förmlichen Reichsschluß über sich nahm. Nachdem der Kaiser dieses wichtige und seit 1746. immer verzögerte Geschäfte 210) an das versammlete Reich bringen lassen, kam die Sache zur Berathschlagung. Da man den theilhabenden Mächten den Besitz ihrer Länder gewährte: so erfolgte von Churpfalz wegen seiner aus dem Achner und

Dreßdener

---

210) Dieses Reichs-Gutachten kam den 17. May 1751. zu Stande. Die Protestationen geschahen 1) von Chur-Pfalz, welches in dem Genuß des achener und dreßdener Friedens gesetzt seyn wolte, dagegen Oesterreich protestirte. Chur-Braunschweig protestirte wegen seiner Ansprüche auf Ostfrießland gegen die Gewährung des Besitzes dieses Fürstenthums. Der teutsche Orden wolte die Worte eingerückt haben: salvo iure ordinis teutonici, welches aber abgeschlagen ward. Sachsen verwahrete gegen die Gewährung die dem gesammten Hause Sachsen zustehende Gerechtsame auf die jülich- und bergische Erbfolge. Anhalt und Baaden-Baaden erklärten, daß sie unter den dem Chur-Hause Braunschweig gewährten Ländern, Lauenburg nicht mit verstanden wissen wolten, sondern sich ihre Gerechtsame vorbehielten. Man sehe überhaupt von diesem gantzen Geschäfte Mosers Staats-Archiv von 1751. im 3. 6. 7 und 9. Theile, nicht weniger den 100 und 101sten Band von Fabers Staats-Cantzley

Dreßdener Frieden an das Hauß Oesterreich machenden Ansprüche, von dem teutschen Orden, wegen des Königreichs Preussen, wegen Ostfrießland, Sachsen-Lauenburg, wie auch der Jülich- und Bergischen Lande von den Ansprüche machenden Fürsten verschiedene rechtliche Vermehrungen, die aber den Schluß nicht aufhielten, der endlich dahin ausfiel,

daß die zum Behuf beyder contrahirenden hoher Theile vom Reich verlangte Garantie des Dreßdener Friedens seines gantzen Inhalts, wie sich dieselbe in dem eigentlich davon handelnden neunten Artikel sothanen Friedens selbsten deutlich ausgedruckt befindet, mit Vor- und Beybehaltung der Jurium imperii zu übernehmen, zu derselben Vertheidigung nach allen Kräften und Vermögen, so oft es vonnöthen, sich anheischig zu machen.

Dieses Reichsgutachten ward durch ein kaiserliches Commißions-Decret sogleich bestätiget, und also diese wichtige Sache zum Vergnügen des kaiserlichen und preußischen Hofes beendiget.

In der Hohenlohischen Religions-Beschwerde 211) erließ das Corpus evangelicorum ein merkwürdiges Vorstellungsschreiben an den Kaiser, in welchem es die nothgedrungene Selbsthülfe rechtfertiget, die Befugniß dazu beweiset, und die Beschuldigung

---

211) Es geschahe dieses vermöge des Conclusum vom 21. April 1751. Man besehe von dem, was dieser Sache halber vorgefallen, Mosers Berichte von Religios-Sachen, 1 und 2 Theil, Königs Selecta jur. publ. im 27sten Th. S. 102. und 222. Schauroth Sammlung der Concluf. S. 856. und 863. Mosers Staats-Archiv von 1751. Th. 8. Fabers Staats-Cantzley Th. 101. 103.

gung, als ob dadurch in das kaiserliche oberstrichter:
liche Amt ein Eingrif geschehen, abgelehnet. Es zog
dasselbe ein neues Reichshofraths-Conclusum und
kaiserliches Commißions-Decret nach sich, von wel:
chen ich weiter unten handeln werde.

In den Streitigkeiten der meklenburgischen 212)
Herzoge mit ihrer Ritterschaft konnte die 1749. an:
geordnete kaisetl. Hof-Commißion nicht zum Zweck
kommen, diese Sache zu vergleichen, und die deshalb
gepflogene Unterhandlungen nahmen ein fruchtloses
Ende.

Hingegen kam in der Zwingenbergischen 213)
Sache der Vergleich zwischen Churpfalz und den
Gölerschen Erben zu Stande, und ward von dem
Kaiser bestätiget.

Der verdiente kaiserliche königliche General-
Feldmarschall, Franz Rudolph, Reichsgraf von Ho:
henems 214) ward zum catholischen Reichsgeneral
der Reuterey, und der meklenburgische von Adel, von
Sala 215) in den Reichsgrafen-Stand erhoben.

Das

---

212) Die Ritterschaft wolte dem Herzoge von Mecklen:
burg-Schwerin das Besteurungsrecht nicht als ein
landesherrliches Vorrecht zugestehen, darüber zerschlu:
gen sich die Unterhandlungen. Man besehe von die:
sen mecklenburgischen Jrrungen Mosers Einleitung in
die neueste teutsche Staats-Angelegenheiten. S. 260.
und desselben Staatsarchiv von 1751. Th. 7. S. 147.

213) Siehe oben die 152ste Anmerkung, und Mosers
Staats-Archiv von 1751. Th. 8. und 9. Fabers Staats-
Canzley Th. 103. S. 217.

214) Diese Erhebung geschahe durch das den 7. Aug.
1751. abgefaßte Gutachten.

215) Gerdt Carl, Freyherr von Sala auf Bellin,
Zehna, Braunsberg, Steinbeck und Schönberg, des:
sen

Das fürstliche Haus von Waldeck 216) bekam ein privilegium de non-appellando, der Fürst von Zerbst 217), der Graf von Castell 218) und die Grafen von Waldpot Bassenheim 219) erhielten von dem Kaiser die Erlassung einiger zur Volljährigkeit ihnen fehlenden Jahre, und wurden mündig erkläret. Dem gräflichen Hause Bentheim 220) aber erwieß der Kaiser die Gnade, das eingeführte Erstgeburtsrecht zu bestätigen.

In der Beleihungs-Sache konten zwar die Irrungen mit denjenigen Churfürsten, welche Kronen tragen, und den Titel Majestät statt Ihre Liebden erlangten, noch nicht beygelegt werden, es empfingen aber doch der Marggraf von Baaden-Baaden;

sen Geschlecht sich aus Italien nach Teutschland begeben, ward den 23. Jun. 1751. für sich und seine Erben in den Reichsgrafenstand erhoben.

216) Es ward solches auf diejenige Sachen, welche nicht über zwey tausend Gulden tragen, eingeschränckt. Siehe Mosers Staats-Archiv von 1752. im 1sten Theil S. 221.

217) Friedrich August Fürst von Anhalt-Zerbst ward im Jul. 1751. mündig erklärt, er übertrug aber die Regierung der verwittweten Fürstin, und gieng noch auf einige Jahre in auswärtige Länder auf Reisen.

218) Christoph Friedrich Carl, des heil. Röm. Reichs Graf von Castell-Remlingen, erhielt den 16. Decembr. 1751. veniam aetatis. Siehe Mosers Staats-Archiv von 1752. Th. 1. S. 541.

219) Siehe Mosers Staats-Archiv von 1751. Th. 9. S. 45.

220) Siehe Mosers Staats-Archiv von 1751. Th. 8. S. 117.

den 221), der Herzog von Holstein-Ploen und das fürstliche Schwarburgische Hauß 222) die Beleihung.

Im übrigen unternahm der Kaiser verschiedene Reisen, davon die Hungarische vorzüglich erwehnet zu werden verdienet. Der zu Presburg eröfnete Landtag gab Gelegenheit, daß sich der Kaiser mit der Kaiserin dahin erhob. Von da aber reisete er nach den hungarischen Bergstädten, besahe Schemnitz, fuhr selbst in die Gruben in ordentlichen Berg- und Grubenkleidern, ließ sich auch bey der Tafel auf bergmännisch bedienen, und sahe dem Aufzug von zweyhundert Waschknaben mit vielem Vergnügen zu. Dieser fröliche Aufenthalt 223) ward durch
Schau-

---

221) Franz Lotharius, Freyherr von Geismar, fürstl. bischöfl. strasburgischer geheimber Rath, empfieng die Beleihung den 23. Jenner 1751. im Namen des Marggrafen, Ludwig George, von Baaden-Baaden, und den 13. Febr. im Namen des Herzogs Friedrich Carl von Holstein Plön.

222) Das fürstliche gesamte Haus Schwarzburg ward der 30. April 1751. in der Person des schwarzburg rudelstädtischen geheimden Raths und Kanzlers, Anton Friedrich von Beulwitz, beliehen.

223) Den 12ten Junius 1751. reisete der Kaiser von Presburg nach Schemnitz, und den 15. Jun. von da wieder ab. In seinem Gefolge befanden sich der Ober-Stallmeister Fürst Heinrich Joseph von Auersberg, der General-Feldmarschall-Lieutenant Graf Nicolaus Joseph von Kohari, und die vier Kämmerer, Joseph Graf von St. Julian, Allerano, Marchese Spada, Carl Graf Odonel, und Franz Ulrich Graf von Kinski. Der Hofcammer-Präsident Carl Ferdinand Reichsgraf von Königseck Ceps, empfing ihn im Nahmen des sämmtlichen Bergwesens, und es wurden folgende
Schau-

Schaumünzen für die Nachwelt aufbehalten, so wie man noch jeßo die kaiserliche Bergkleidung zu Schemnitz vorzeiget. Der Kaiser ging darauf über Königsheiden, wo er die Kaiserin in Berghabit empfing, nach Presburg zurück, besahe das Lager bey Pest, vergnügte sich etliche Wochen zu Hollitsch mit der Jagd, und kehrte sodenn wieder nach Wien zurück.

§. 27.

Der Vergleich wegen der Reichsverweserstelle zwischen Churbayern und Churpfalz kömmt zu Stande, und wird bestätiget. Von den Ostfriesischen, auch Religions-Irrungen.

Im 1752sten Jahre kam die wichtige Sache wegen der Reichsverweserstelle zu Stande. Die beyde Chur-

---

Schaumünzen zu Erhaltung des Andenkens dieses erfreulichen Besuchs geprägt: 1) Auf der grösten präsentirten sich beyde regierende kaiserliche Majestäten in Brustſtücken, der Kayser mit der römisch-kayserlichen und die Kayserinn mit der ungarischen Krone auf den Häuptern, mit der Umschrift: Franciscus imperator Augustus Maria Theresia Hungariæ Rex. Auf der Rückseite war der Kayser zu Pferde, im Bergwerck und die Berg-Häuerschaft mit ihren Fahnen zu sehen, von welcher letztern das Oberhaupt dem Monarchen eine Bergwerck-Schenkung von Stufwerken zu den Füßen legt, mit der Umschrift Adventus Augusti, unten aber, in fodinas Hungariæ interioris, MDCCLI. II) Die mittlere Schaumünze zeiget auf der rechten Seite ebenfalls die kaiserl. Brust-Stücken und obbemeldete Umschrift; auf der Rückseite hingegen sitzet die gekrönte Glücksgöttin mit einem ausgeschütteten Füllhorn, welcher der Mercurius eine Stufe über-

Churfürsten von Bayern und Pfalz hatten sich bereits im Jahre 1745. dahin verglichen, daß das Reichsverweser-Amt 224) von beyden Churhäusern wechselsweise verwaltet werden solte, und sie liessen diesen Vergleich zur Bestätigung bey dem Kaiser übergeben. Ein kaiserliches Commißions-Decret brachte denselben an das zu Regensburg versammlete Reich, und er ward nach darüber angestelleten Berathschlagungen von dem gesamten Reiche bestätiget.

In der hohenlohischen Religions-Angelegenheit zog das Vorstellungsschreiben des corpus evangelicorum einen Reichshofraths-Schluß 225) nach sich, der dahin ging,

> daß der Reichshofrath sowohl die hohenlohische rückständige als alle übrige Religionsbeschwerde ungesäumt vornehmen, und zur Endschaft befördern solle, demnächst die Fürsten von Hohenlohe, wie sie den kaiserlichen Befehlen in dieser Sache schuldigermassen nachgelebet, anzeigen solten.

An das versammlete Reich aber erging ein kaiserliches Commißions-Decret, dessen Hauptinhalt dieser war,

daß

überreichet, mit der Umschrift: Fortunæ reduci. III) Auf der dritten Schaumünze siehet man gleichfalls die beyden kaiserlichen Brustbilder mit eben der Umschrift: im Revers aber stehet: Adventus Augusti in fodinas Hungariæ inferioris, MDCCLI.

224) Es handelt von diesem bestätigten Vergleiche Moser im 1 und 2ten Theile seines Staatsarchivs von 1752.

225) Das Reichs-Hofraths-Conclusum war vom 1. Jenner 1752. das kaiserliche Commißions-Decret aber vom 23. Jenner 1752. Besiehe vornehmlich Mosers vermischte Berichte von Religions-Sachen, Th. 1. und 2.

daß das Verfahren der anspachischen Executions-Commißion und deren Auftragung nochmals für ungesetzmäßig erkläret und vernichtet wird, der Grundsatz von der erlaubten Selbsthülfe in Religionssachen als ungegründet und dem westphälischen Friedensschluß zuwider laufend erkläret, und beyderseits Glaubensverwandte ermahnet werden, daß anstatt so gefählicher und weitaussehender Unternehmungen, durch gütliche Einverständniß heilsame und gleich durchgehende, dem westphälischen Friedensschluß und übrigen Reichssatzungen gemäße Principia zu Erhaltung der Ruhe, Einigkeit und Vertrauen, zwischen Haupt und Gliedern und gesamten Ständen des Reichs, unter einander wieder hergestellet, und hingegen die neuerlich so schädlich ausgesonnenen Meinungen von allen Seiten und Ständen beyderseits Religion, gänzlich wieder abgethan, und der osnabrückische und münstersche Friedensschluß, in seinem wahren Verstande mit einmüthiger Zusammensetzung aufrecht erhalten werden möge.

Gegen dieses kaiserliche Commißions-Decret erließ das Corpus Evangelicorum unter dem 17. May 1752. ein abermaliges Schreiben an den Kaiser, in dem es sich nicht allein nochmals rechtfertigte, sondern auch aller im teutschen Reiche obwaltender Religions-Beschwerden Erwehnung that.

Für den Besitz und die Sicherheit des Großherzogthums Toscana 226) sorgte der Kaiser dadurch, daß dasselbe in den zu Aranjuez zwischen der Kaiserin Köni-

---

226) Siehe den 3ten Artickel dieses den 1sten Jun. 1752. zu Aranjuez unterzeichneten Vertrags.

Königin und den Kronen Frankreich und Spanien geschlossenen Verträg eingeschlossen, und die Gewährung des Besitzes versprochen ward.

In dem ostfriesischen 227) Erbfolgestreit entstunden grosse Bewegungen. Churbraunschweig wolte dieses Fürstenthums Besitz, vermöge der errichteten Erbverbrüderung, haben, und Churbrandenburg behauptete sich in demselben, kraft der erhaltenen kaiserlichen Anwartschaft. Dieser Rechtshandel war schon seit einigen Jahren von dem Churbraunschweigischen Hofe an den Reichshofrath gebracht worden, allein Churbrandenburg wolte diesen Richter nicht erkennen, und nahm den Recurs an die Reichsversammlung. Ueber die Gültigkeit dieses Recurses entstund abermals ein starker Schriftwechsel, unterdessen ward die Sache bey der Reichsversammlung, des churbraunschweigischen Widerspruchs ungeachtet, angenommen und die folgenden Jahre entschieden.

Wegen der römischen Königswahl 228) dauerten zwar die Unterhandlungen ununterbrochen fort, allein es äusserte sich noch der Umstand, daß der Reichsfürstenstand nicht die Wahl eines römischen Königs zulassen wolte, bis über die Nothwendigkeit, ob ein römischer König zu erwehlen sey, in allen dreyen Reichs-Collegiis gerathschlaget worden.

227) Siehe Mosers Staats-Archiv von 1752. Th. 1 und 2. Eben dasselbe von 1753. Th. 1. Fabers Staats-Canzley Th. 103. Seite 104. 105.

228) Siehe Fabers Staats-Canzley Th. 104. und Mosers Staats-Archiv von 1752. Th. 2. und von 1753. Th. 1.

In dem fürstlichen Hause Hohenlohe-Bartenstein 229) und in dem gräflichen Hause Erbach-Schönberg 230) ward, mit kaiserlicher Einwilligung, das Erstgeburtrecht eingeführt, der Graf von Giech 231) aber von dem Kaiser mündig erklärt, der Graf von Sulkowski 232) für seine Nachkommen nach dem Recht der Erstgeburt in den Reichsfürsten- das freyherrliche Hauß von Quadt zu Wickerad 233) und das von Bachov 234) in den Reichsgrafenstand erhoben.

Mit den Beleihungen der Fürsten ging es, alles kaiserlichen Anmahnens ungeachtet, sehr langsam, nur

229) Siehe Mosers Staats-Archiv von 1752. Th. 1. S. 816.

230) Siehe Mosers Staats-Archiv von 1752. Th. 2. S. 406.

231) Christian Friedrich Carl, Reichsgraf von Giech, trat nach der erhaltenen venia aetatis den 24. Oct. 1752. die Regierung an. Siehe Mosers Staats-Archiv von 1752. Th. 2. S. 1024.

232) Alexander Joseph, Reichsgraf von Sulkowski, gewesener Cabinets-Minister am churfächsischen Hofe, ward, nachdem er das Fürstenthum Bielitz, in Schlesien erkaufet, 1752. im März in des heil. Röm. Reichs Grafenstand erhoben.

233) Wilhelm Otto Friedrich, Freyherr von Quadt zu Wyckradt, Besitzer der unmittelbaren reichs-herrschaftlichen Wyckradt und Schwanenberg, erhielt den 17. April 1752. für sich und seine Nachkommen den Reichsgrafen-Stand.

234) Johann Friedrich, Freyherr Bachof von Echt, königlicher-dänischer geheimder Rath und ausserordentlichen Gesandten am römischen kaiserlichen Hofe, auch Ritter des rußischen Alexander und Danebrogs-Orden ward 1752. für sich und seine Nachkommen in den Reichsgrafen-Stand erhoben.

nur der König von Dännemark ließ solche als Herzog von Holstein-Glückstadt 235) vor dem kaiserlichen Throne empfangen.

§. 28.

Von dem ostfriesischen Erbfolge-Streit, den Reichsritterschaftlichen Irrungen, der Erhebung der Abtey Fulda zum Bischofthum, und der Ertheilung des erzbischöflichen Pallium an den Bischof von Würzburg.

Der ostfriesische Erbfolge-Streit 236) erreichte, so viel den an die Reichsversammlung von Churbrandenburgischer Seite genommenen Recurs betrift, seine Endschaft. Der Churbrandenburgische Gesandte, von Polmann, übergab wegen des Recurses zu Anfang des 1753sten Jahres ein neues Memorial, und bat, die Sache baldigst vorzunehmen. Dieses geschahe, und das durch die meisten Stimmen abgefassete Reichs-Gutachten fiel dahin aus,

daß diese Succeßions-Angelegenheit an den Reichs-Convent nicht gehörig, und dahin, wo sie im Wege Rechtens anhängig gemacht worden, zu erweisen, und daselbst auszumachen sey.

235) Diese Beleihung empfing den 23. März 1752. der königliche-dänische ausserordentliche Gesandte, Freyherr Johann Friedrich Bachof von Echt.
236) Siehe von dieser Angelegenheit Mosers Staats-Archiv von 1753. Th. 1 und 2. und von 1754. Th. 1. auch Fabers Staats-Canzley den 105. Theil. Das Reichs-Gutachten in dieser Sache kam den 13. April 1753. zu Stande.

Mit der Reichsritterschaft 237) hatten mehrere Stände des römischen Reichs Streitigkeiten, besonders der Marggraf von Brandenburg-Bayreuth, und der Herzog von Würtemberg-Stuttgard. Sie behaupteten, daß die Reichsritterschaft ihre Freyheit mißbrauche, und in die landesherrliche Gerechtsame Eingriffe thue, die Ritterschaft aber versicherte, daß man die so theuer erworbene Reichsunmittelbarkeit zu kränken suche. Diese Sache beschäftigte sowohl den Reichshofrath, vor welchem eine Menge von Rechtshändeln dieserhalb schwebte, sondern es ward auch seit 1749. der Recurs von obbesagten Fürsten an die Reichsversammlung genommen. Diese verlangten, man solle von Reichswegen durch ein neues Normativ allen Streitigkeiten und Eingriffen der Ritterschaft Maaß und Ziel setzen. Im 1753sten Jahre kam die Sache bey allen drey Reichs-Collegiis in Vortrag, und ward dahin entschieden,

> daß die Errichtung eines Reichs-Normativs bedenklich, dahero zuförderst der gütliche Vergleich zu versuchen, bey dessen Entstehung der Weg Rechtens einzuschlagen, und bey einer Dunkelheit oder Unzulänglichkeit der Reichsgesetze die vorwaltende Bedenken von kaiserlicher Majestät an das versammlete Reich zu bringen.

Die kaiserl. Bestätigung dieses Gutachtens erfolgte bald darauf, die fürstl. Häuser waren, wie leicht

---

237) Dieses Reichs-Gutachten ward den 13. Jul. 1753. abgefasset, und den 4. Aug. von dem Kayser bestätiget. Man sehe von dieser Angelegenheit Mosers Staats-Archiv von 1753. Th. 2. S. 134. 187. 507. 555. 858.

leicht zu erachten, damit gar nicht zu frieden, und behielten sich durch eine zum Protocoll gegebene feyerliche Erklärung die Reichsverfassungs- und Friedensschlußmäßige Behauptung ihrer offen kundiger Possession, sowohl als die Zustandebringung des vorjetzo ausgesetzten Normativs vor.

In Ansehung des Bistums Würzburg 238) und der Abtey Fulda, ereignete sich etwas, welches zu Streitigkeiten Anlaß gab. Der Pabst erhob die Abtey Fulda zum Bistum, und ertheilte dem Bischof von Würzburg für sich und seine Nachfolger das erzbischöfliche Pallium. Chur-Maynz beschwerte sich, daß seine erzbischöfliche Rechte dadurch gekränket, und diese Neuerung den Reichs-Gesetzen und Freyheiten zuwider laufe, allein die Einführung geschahe, und der päbstliche Hof legte zu gleicher Zeit die wegen der geistlichen Gerichtsbarkeit schon lange daurenden Streitigkeiten zwischen Würzburg und Fulda durch einen gütlichen Vergleich bey 239).

238) Amand, Abt und Fürst zu Fulda, ein gebohrner Freyherr von Buseck, ward den 4. Dec. 1752. von dem Pabst in dem gehaltenen Consistorium zum ersten Bischof von Fulda erkläret, der Titel eines Bischofs von Temiscira in partibus infidelium, den der Abt bis dahin geführet, aufgehoben, und zugleich die Erklärung gethan, daß das Bistum nach wie vor den statum regularem des Benedictiner-Ordens behalten solle.

239) In dem am 4. Dec. 1752. zu Rom gehaltenen Consistorium ward auch von dem Pabst dem Bischof von Würzburg für sich und seine Nachfolger die Tragung des erzbischöflichen Pallium und Kreutzes zugestanden

Nicht mindere Bewegungen verursachten die verschiedene Vorstellungen solcher Fürsten, welche in dem Reichsrathe Sitz und Stimme zu haben, verlangten. Es waren derselben verschiedene. Die Fürsten von Schwarzburg-Sondershausen und Rudelstadt waren die ersten. Der Fürst von Thurn und Taxis, der Fürst von Waldeck, der Fürst von Löwenstein-Wertheim, das fürstliche Hauß Nassau-Saarbruck, Usingen und Weilburg verlangten gleifalls Sitz und Stimme, und die Landgrafen von Hessen-Cassel und Darmstadt wolten die ehemals im Gange gewesenen Stimmen der ausgestorbenen Hessen-Marpurg- und Rheinfelsischen Linie von neuem haben. Das reichsgräfliche Collegium sowohl als die altfürstliche Häuser machten wider dieses Gesuch grosse Bewegungen, demunerachtet ward Thurn und Taxis nebst Schwarzburg Sitz und Stimme zugestanden, wovon ich weiter unten mehrere Nachricht geben werde.

In Ansehung der italiänischen Staaten des Kaisers bezeigte der Monarch seine besondere Aufmerksamkeit, derselben Wohlstand zu befördern, dadurch, daß er die neue Vorstadt zu Livorno, welche an vielen Kaufleuten neue Einwohner bekommen hatte, mit zwey bis drey hundert neuen Häusern zu vermehren befahl. Bey der Reichs-Generalität ward

standen. Die Streitigkeiten, welche wegen der geistlichen Gerichtsbarkeit über fünf Kirchspiele zwischen Würzburg und Fulda obgewaltet, wurden bey dieser Gelegenheit beygelegt. Von den churmaynzischen Beschwerden über diese beyde geistliche Beförderungen siehe in Mosers Samlung der neuesten Deductionen Th. 6. S. 442. und Th. 7. S. 1.

ward durch den Tod des Landgrafen Maximilian von Hessen-Cassel eine General-Feldmarschall-Stelle ledig, welche in der Person des Herzogs Ludwig Ernst von Braunschweig-Wolfenbüttel würdig 240) besetzet ward.

Zu der neuen Bischofswahl zu Bamberg sendete der Kayser den Grafen Carl von Colloredo 241) als Gesandten, und der verdiente Graf von Stadion 242) gelangte zu diesem wichtigen Bistum.

Zu den übrigen Gnadensachen gehört die Mündigsprechung des jungen Herzogs von Mecklenburg-Strelitz 243) und die Bestätigung des in dem gräflichen Hause Leiningen-Hartenburg 244) eingeführten Erstgeburts-Rechts.

Unter

240) Das Reichs-Gutachten wegen dieser Beförderung kam den 6. Aug. 1753. zu Stande.
241) Carl Borromäus, des heil. Röm. Reichs Graf von Colloredo, ein Bruder des Reichs-Vicecanzlers, Fürsten von Colloredo, ist jetzo kaiserlicher würklicher geheimder Rath und General-Feldmarschall-Lieutenant. Er hat sich besonders durch die Gesandschaft am großbritannischen Hofe, bey welchem er bis 1757. gestanden, bekannt gemacht.
242) Nachdem Johann Philipp Anton, Bischof von Bamberg, ein gebohrner Freyherr von Frankenstein, den 2. Junius 1753. mit Tode abgegangen, ward der Domdechant zu Bamberg, Franz Conrad, des heil. Röm. Reichs Graf von Stadion und Tannhausen den 24. Julius 1753. zum Bischof erwählet.
243) Adolf Friedrich, Herzog von Mecklenburg-Strelitz, ward den 17. Jenner 1753. im 15ten Jahre mündig erkläret, und trat den 4. April. 1753. die Regierung an. Siehe Mosers Staats-Archiv. von 1753. Th. 1. S. 852.
244) Siehe Mosers Staats-Archiv von 1754. Th. 1. S. 246.

Unter den geistlichen und weltlichen Reichsfürsten empfieng nur der Bischof von Costanz 245) die Beleihung in Ansehung der übrigen walteten immer noch verschiedene Hindernisse und Schwierigkeiten vor.

Wegen der Religions-Beschwerden im österreichischen hatte das Corpus evangolicorum sowohl an den Kaiser als an die Kaiserin Königin Vorbittschreiben abgelassen, allein die Monarchin erklärte in einem an den österreichischen Gesandten, Freyherrn von Buchenberg, abgelassenen Schreiben die Religions-Beschwerden für ungegründet.

Das Lustlager bey Collin und das Lager des Feld-Artillerie-Corps bey Tein ward von dem Kaiser und der Kaiserin besehen, im letztern zeigte sich der Ober-Befehlshaber, der Fürst von Lichtenstein 247), in dem Empfang und der Bewirthung der allerhöchsten Herrschaften mit der ihm eigenen wohl geordneten Pracht. Der Kaiser beschloß dieses

---

245) Franz Conrad, Fürstbischof zu Costnitz, gebohrner Freyherr von Rodt, empfing den 12. Aug. 1753. durch seinen geheimden Rath und General-Vicarius, auch Domherrn zu Costnitz, Franz Joseph Dominicus Freyherrn von Deuring, die Beleihung.

246) Siehe von dieser Angelegenheit Mosers vermischte Beyträge von Religions-Sachen. Th. 2. S. 397.

247) Joseph Wenzel, des heil. Röm. Reichs Fürst von Lichtenstein, kaiserl. königlicher General-Feldmarschall und General-Director des Feld-Artillerie-Wesens, ist wegen seiner Geschicklichkeit in Gesandschaften und im Felde gleich bekannt. Der König von Preussen hat ihm selbst das Zeugniß gegeben, daß die gute Verfassung des kaiserlichen Artillerie-Corps ihm zu danken sey, und ihm Ehre bringe.

ses Jahr durch die prächtige Aufnahme neun verdienter Männer in den Orden des goldenen Vliesses 248).

§. 29.

Von den Bewegungen wegen der Religions-Veränderung des Erbprinzen von Hessen-Cassel, der Einführung der Fürsten von Thurn und Taxis, und Schwarburg in das Reichs-Fürsten-Collegium und dem Streit wegen St. Remo.

Das Verlangen verschiedener Reichs-Fürsten, Sitz und Stimme bey der Reichsversammlung zu haben,

248) Der Erbprinz Hercules Reinold von Modena ward den 5. Aug. 1753. und den 30. Nov. 1753. folgende mit dem Orden des goldenen Vliesses begnadiget. 1) Wilhelm Reinhard, Reichsgraf von Neipperg, kaiserlicher königlicher General-Feldmarschall und gewesener Hofmeister des Kaysers, da er noch Erbprinz von Lothringen war. 2) Franz Joseph von Choiseul, Marquis von Stainville, kaiserlicher geheimder Rath und erster Minister zu Toscana. 3) Caspar Ferdinand, Graf von Cordova, kaiserlicher königlicher General-Feldmarschall. 4) Ludwig Ferdinand Gasto, Herzog von Croy. 5) Franz Ludwig Reichsgraf von Salaburg kayserlicher königlicher geheimder Rath, und General-Kriegs-Commissarius. 6) Leopold, Reichsgraf von Daun, kaiserl. königlicher General-Feldzeugmeister. 7) Johann Lucas, Marchese Pallavicini, kaiserl. königlicher General-Feldzeugmeister. 8) Philipp Daria, Marchese von Caravaggio, kaiserlicher königlicher Kämmerer. 9) Franz, von Caprara, kayserlicher königlicher Kämmerer.

haben, verursachte im 1754sten Jahre sehr weit gehende Bewegungen. Der Kaiser empfohl die Sache der Fürsten von Walbeck, Thurn und Taxis, auch Schwarzburg, dem versammleten Reiche durch besondere Comißions-Decrete, und der König von Preussen bemühete sich besonders vor Schwazburg. In dem kaiserlichen Commißions-Decret wegen Thurn und Taxis ward angeführt, daß man das General-Obrist-Postmeister-Amt als ein unmittelbares fürstenmäßiges Reichsgut ansehen, und ein Matricular-Quantum drauf legen könne. Dieses schien einigen Reichsständen der landesherrlichen Hoheit der Stände, in welchen Reichs-Postämter befindlich, nachtheilig zu seyn, allein der Fürst von Taxis hob dieses Bedenken durch eine besondere Erklärung, daß er keine Neuerungen zu machen, sondern nur, so wie bisher, die hergebrachte Gerechtsame auszuüben Willens sey. Die Reichsgrafen meldeten sich gegen die Einführung der neuen Fürsten zuerst, und erlangten den Vorsitz vor den neu aufzunehmenden Fürsten. Demnächst traten verschiedene altfürstliche Häuser 249) zusammen, und wolten, daß man zuvor in Berathschlagung ziehen möchte

1) ob die gesetzmäßige Vollziehung der Qualification der seit 1654. bis jetzo aufgenommenen neuen

---

249) Es waren solches die Herzoge von Sachsen, Würtemberg, und Braunschweig-Wolfenbüttel, die Landgrafen von Hessen-Cassel und Darmstadt, die Markgrafen von Brandenburg-Bayreuth, Baaden-Baaden, und Baaden-Durlach, das Hauß Nahalt und der Prinz von Oranien.

neuen Fürsten nicht durch ein Reichsgutach:
ten bey dem Kaiser in Erinnerung zu bringen?
2) Ob es dem kaiserlichen und Reichs-Interesse
zuträglich sey, die fürstliche Stimmen zu ver:
mehren?
3) Ob nicht die Ordnung der Aufnahme nach den
Gerechtsamen und Verdiensten der sich ange:
benden zu bestimmen?
4) Ob die Stimmen der Fürsten, deren Qualifi:
cation nach der Wahl-Capitulation zur Unter»
suchung und Berichtigung ausgesetzet werden,
bey einer Berathschlagung mit gezehlet wer:
den künten?

Ueberhaupt wollen die einverstandne alt-fürstliche
Häuser alle nicht qualificirte fürstliche Competenten
vor der Hand völlig abgewiesen haben. Sie erlies:
sen dieserhalb nicht allein eine Vorstellung an den
Kaiser, welche aber nicht angenommen ward; son:
dern erklärten auch in dem an die übrige Gesand:
schaften ausgetheilten pro Memoria, daß sie durch
die mehrere Stimmen sich kein neues unqualificir:
tes Mitglied aufdringen lassen würden, weil ihnen
daran gelegen sey, ihr Sitz und Stimmrecht durch
mehrere Aufnahme ohne Noth an Gewicht und An:
sehen nicht verringern zu lassen. Allein unerachtet
der oft wiederholten Aeusserungen kam die Sache
zum Vortrage, und die Aufnahme der Häuser
Thurn und Taxis und Schwarzburg ward durch die
Mehrheit der Stimmen, gegen gewöhnliche Rever:
salien, beschlossen 250). Nachdem nun sowohl
der

---

250). Das Reichs-Gutachten kam den 10. May 1754.
zu Stande und den 30. May 1754. wurden die beyde
fürstliche

det Fürst von Taxis die Anschaffung unmittelbarer Reichslande und nekst Schwarzburg keinen ein älteres Recht zu Sitz und Stimme habenden an Rang nachtheilig seyn zu wollen, versprochen, auch beyde einen Matricular-Anschlag übernommen: so geschahe die Einführung würklich, welches denn eine nochmalige Verwahrung und Erklärung der einverstandenen alt-fürstlichen Häuser nach sich zog.

Das Gesuch wegen der erledigten Stellen unter der Reichs-Generalität 251) ward gleichfalls in Erwegung gezogen, und der Marggraf von Baaden-Durlach, wie auch der Landgraf von Fürstenberg zum General-Feldzeugmeister, der Prinz Georg Wilhelm von Hessen-Darmstadt aber zum General-Feldmarschall-Lieutenant ernennt,

Der Streit, welchen Hessen-Cassel 252) mit Hessen-Rheinfels wegen des von letztern eingeführten Primogenitur-Rechts hatte, ward durch einen güt-

fürstliche Häuser Thurn und Taxis und Schwarzburg in das fürstliche Collegium eingeführet. Man kan von diesem gantzen wichtigen Geschäfte Mosers Staats-Archiv von 1754 den 1 Theil nachlesen.

251) Die Erhebung des Maragrafen Carl August von Baaden-Durlach und des Prinzen Georg Wilhelm von Hessen-Darmstadt geschahe durch das Reichs-Gutachten vom 7ten Jenner 1754. des Landgrafen Ludwig Wilhelm August von Fürstenberg durch ein gleiches vom 8. Julius 1754.

252) Es ward dieser Vergleich den 21. März 1754. der Reichsversammlung angezeiget, Hessen-Rheinfels-Rothenburg begab sich aller aus dem kaiserl. Erstgeburts-Diploma gemachten Ansprüche, und Hessen-Cassel kam in den so lange streitig gemachten Besitz der Festung Rheinfels.

gütlichen Vergleich beygelegt. Dieser kam dahin
zu Stande, daß das Besatzungs-Recht von der Festung Rheinfels den Landgrafen von Hessen-Cassel
zugestanden ward, hingegen letzterer bewilligte, daß
Hessen-Rothenburg für einen seiner Prinzen mit
oder ohne kaiserliche Bewilligung eine väterliche
Verordnung errichten könne, vermöge welcher die
alleinige Regierung diesem Prinzen verbleiben, die
übrigen Prinzen aber mit einem jährlichen Gehalt
zufrieden seyn solten, jedoch solle diese Verfügung
niemals für ein eingeführtes Erstgeburts-Recht
ausgegeben werden.

Bald darauf verursachte der bekannt gemachte
Uebertritt des Erbprinzen von Hessen-Cassel 253)
zum catholischen Glauben grosse Bewegungen.
Dieser Prinz hatte bereits im Jahr 1749. zu Neuhaus in die Hände des Churfürsten von Cöln sein
Glaubens-Bekäntniß abgelegt, allein erst gegen das
Ende des 1754sten Jahres ward solches öffentlich
bekannt. Er stellete sogleich auf Verlangen des
alten Landgrafen, Wilhelm von Hessen-Cassel, seines
Vaters, wegen Erhaltung des Religions-Zustandes in den heßischen Landen eine endlich bestärkte
Versicherungs-Urkunde aus, er muste auf die Grafschaft

---

253) Man sehe die Religions-Versicherung, welche der
Erbprinz unter dem 28. Oc. 1754. ausgestellet, in
dem 18ten Bande der acta historico - ecclesiastica.
Alle protestantische europäische Könige, die General
Staaten der vereinigten Niederlande, und das Corpus Evangelicorum übernahmen die Gewährleistung
derselben. Besiehe von dieser wichtigen Angelegenheit
den 107 Band von Fabers europ. Staats-Canzley.

schaft Hanau, welche der alte Landgraf seinem ältesten Enkel übergab, Verzicht thun, und das Corpus evangelicorum übernahm über die Religions-Versicherung die Gewährleistung. Ich werde von den Folgen dieser Sache weiter unten reden.

Die Wahl eines Coadjutor in dem Churfürstenthum Trier ward unter Aufsicht des kaiserlichen Gesandten, Freyherrn von Reischach 254), glücklich in der Person des Freyherrn von Walderdorff 255), der Fürst von Nassau-Weilburg 256) ward mündig erklärt, und der Johanniter-Orden bekam in dem Freyherrn von Prasberg 257) einen neuen

254) Thaddäus Reichs-Freyherr von Reischach, kaiserlicher geheimder Rath und Gesandter bey den General-Staaten der vereinigten Niederlande versahe bey der den 11. Jul. 1754. zu Stande gebrachten Wahl die Stelle eines kayserlichen Abgeordneten.

255) Johann Philipp, Reichs-Freyherr von Walberdorf, Domdechant und Statthalter zu Trier, ein sehr würdiger Prälat, ward zum Coadjutor erwehlt, und folgte 1756. in der Churfürsten-Würde. Man sehe von diesem Herrn das neu eröffnete Münz-Cabinet des Herrn Prof Joachim 2ten Theil S. 32. u. f. woselbst seine Ahnentafel und einige Lebens-Umstände angeführet, auch drey schöne Thaler desselben beschrieben sind.

256) Carl Christian, des heil. Röm. Reichs Fürst von Nassau-Weilburg erhielt den 9. Aug. 1754. veniam ætatis. Er befand sich damals im 20sten Jahre seines Alters, und trat den 14. Sept. 1754. die Regierung an.

257) Philipp Joachim, Freyherr Voigt von Alten-Summerau und Prasberg, Groß-Prior von Hunaarn, ward 1754. den 17. Junius statt des den 5. April 1754. verstorbenen Philipp Wilhelm Grafen von Nesselrode zum Johanniter-Meister erwählet.

neuen Ordens-Meister. Die Kinder des Fürsten von Sulkowski 258) wurden in den Reichs-Fürstenstand, und der geheime Rath von Riaucourt 259) in den Reichs-Grafenstand erhoben.

In Italien wendete sich die Stadt Sankt Remo 260) welche von den Genuesern hart gedrücket ward, an den Kaiser, als ihren obersten Lehnsherrn, und der kaiserliche Reichs-Hofrath beschloß, diese Sache zu untersuchen, jedoch die Gewalt der Genueser behielt über die rechtmäßige Forderungen der Unterthanen die Oberhand.

Zur Verschönerung, Erweiterung und Beförderung des Wohlstandes der neu-erkauften Herrschaft Hollitsch 261) wendete der Kaiser grosse

T 2 Sum-

258) Bey der Erhebung des Fürsten Alexander Joseph von Sulkowski in den Reichsfürsten-Stand, war nur dessen ältester Sohn der reichsfürstlichen Würde theilhaftig gemacht worden, im Jul. 1754. aber wurden dessen sämmtliche Nachkommen in den Fürsten-Stand erhoben.

259) Andreas von Riancour, königl. polnischer und chursächsischer würklicher geheimder Rath, auch Gesandter am churpfälzischen Hofe.

260) Der Freystaat von Genua siehet St. Remo als einen unmittelbar von ihm abhängenden Staat an, St. Remo aber behauptet ein eigner Staat und Reichs-Lehn zu seyn, und will nur als ein Bundes-Genosse des Freystaats betrachtet werden. Man sehe besonders von dieser Streitigkeit Essai politique sur les demelés de la Republique de Genes & de l' Etat imperial de San Remo 1755. in 8.

261) Diese an der Morau in dem sakolzischen Kreise des Königreichs Hungarn gelegene Stadt und Herrschaft ward 1736. von dem Kaiser erkaufet, 1753. aber die daran gränzende Herrschaft Cognicio dazu gekaufet, und derselben einverleibet.

Summen an. Er kaufte Cogniozo dazu, und ließ verschiedene neue Fabricken daselbst anlegen.

Der päbstliche Nuntius am kaiserlichen Hofe, Serbelloni 262), welcher auf kaiserliche Empfehlung die Cardinalswürde erhalten, hatte die vorzügliche Ehre, daß der Kaiser ihm das von Rom erhaltene Cardinals-Biret aufsetzte. Außer dieser besondern Feyerlichkeit gab auch die Lehn-Empfängniß des Königs von Schweden wegen Vorpommern 263), des Erzbischofs von Salzburg 264), des gefürsteten Abts von Berchtesgaden, des Abts von Stablo und Malmedy, zu sehr prächtigen Aufzügen Gelegenheit.

In Böheim und Mähren setzte die Ankunft bey der kaiserlicher Majestäten alles in Freude. Sie erhoben sich nach Prag, besahen die Lager bey Collin

262) Fabricius Serbelloni, ein Bruder des kaiserlichen General-Feldmarschalls, hatte die vorzügliche Gnade daß ihm der Kaiser den 3. Febr. 1754. das Cardinals-Biret aufsetzte. Er ward den 26. Nov. 1753. zum Cardinal ernennt.

263) Nicolaus, Graf von Bark, königl. schwedischer Gesandter am kaiserl. Hofe empfing die Reichs-Lehen über Vorpommern den 29. Merz 1754.

264) Jacob Abt zu Marienzell in Oesterreich, empfing die Belehung im Nahmen des Erzbischofs Siegmund Christoph von Salzburg, gebornen Grafen v. Schrattenbach, den 3. Jul. im Nahmen des gefürsteten Probsts zu Berchtesgaden, Michael Balthasar, gebohrnen Grafen von Christalnig, den 5. April, und im Nahmen des gefürsteten Abts Alexander v. Stablo und Malmedy den 30. Dec. 1754.

Itn und Olleschau, und kehrten über Hof 265), wo sie der Prinz Joseph von Sachsen-Hildburghausen ganz ausserordentlich prächtig bewirthete, nach Wien zurück.

§. 30.

Von den Dierdorfschen Religions-Beschwerden, dem meklenburgischen Vergleich, und andern Reichs-Angelegenheiten.

Im 1755sten Jahre machte der Bau eines Capuciner-Klosters grosses Aufsehen im teutschen Reiche. Der Graf von Wied zu Neuwied 266) hatte den Capuciner-Vätern die Aufbauung eines Klosters zu Dierdorf erlaubet, und seine Befugniß auf das ihm zustehende Recht, alle im Reich geduldete

T 3 Glau-

---

265) Den 16. August 1754. reisete der kaiserl. Hof nach Böhelm ab, und den 26. Sept. kam derselbe nach Schönbrunn zurück. Der angenehme Aufenthalt zu Schloß-Hof gab Gelegenheit, daß der Kaiser diese am Fluß March in Oesterreich unter der Ens gelegene Herrschaft an sich kaufte. Er ließ von da bis nach Presburg eine Allee anlegen, und einen Berg, der die Aussicht nach Presburg hinderte, durchgraben, auch den angenehmen und weitläuftigen Garten nebst dem Lust-Schlosse noch mehr verschönern. Es ist eine eigene Beschreibung von der 1754. daselbst veranstalteten Lustbarkeiten gedruckt worden. Eine ziemlich genaue Beschreibung dieser Reise des kaiserl. Hofes siehe in den genealogisch-historischen Nachrichten Th. 56. S. 694-727.

266) Die Erlaubniß zum Closterbau ward den 21. Febr. 1755. gegeben, und das Kloster kam in der neu angelegten Vorstadt zu Dierdorf gar bald zu Stande. Man sehe von dieser Angelegenheit Fabers Staats-Cantzley Th. 108. S. 457. ff.

Glaubensgenossen in sein Land aufzunehmen ge=
gründet. Das Corpus evangelicorum ließ wegen
dieses Vorfalls sogleich ein Abmahnungs=Schreiben
an den Grafen ergehen, und führte ihm darinn zu
Gemüthe, daß seine Unternehmung um deshalb kei=
ne Statt finden könne, weil in dem 1624sten Jah=
re, nach welchem bekanntermassen der Religions=
Zustand im teutschen Reiche gerichtet werden müsse,
keine catholische Kirche in dem Flecken Dierdorf vor=
handen gewesen, demnächst er auch auf Vorstellung
seiner evangelischen Unterthanen gegen Bezahlung
einer Summe Geldes auf beständig und für seine
Nachkommen sich verbindlich gemacht habe, den je=
tzigen Zustand der reformirten Religion in seinem
Landes=Antheil ungestört zu erhalten. Sie ermahn=
ten ihn also von diesem Unternehmen abzustehen,
und sich keine unangenehme Weiterungen und be=
schwerliche Folgen auf den Halß zu ziehen.

Auſſer dem schrieb das Corpus evangelicorum
an den Marggraf von Brandenburg=Anspach und
Herzog von Braunschweig=Wolfenbüttel, als Mit=
vormund des Prinzen von Nassau=Oranien, daß sie
als Nachbarn von dem Grafen von Wied auf das
sorgfältigste verhüten möchten, daß nichts wider
den westphälischen Friedens=Schluß und Interesse
des evangelischen Glaubens weggenommen werde.
Dieser Angelegenheit wegen erschienen verschiedene
Schriften, besonders suchte sich der Graf in einer
weitläuftigen Schrift zu rechtfertigen, jedoch es muſ=
ſte diese Sache einer andern nichtigern Beschäfti=
gung, welche der 1756. entstandene Krieg gab, wei=
chen,

chen, und sie kam durch diesen Krieg fast ganz ins
Vergessen.

In den Streitigkeiten des Herzogs von Mecklenburg-Schwerin 267) mit seiner Ritterschaft kam die
angeord-

267) Der Streit des Herzogs mit seinen Land-Ständen
hatte zu Anfang dieses Jahrhunderts den Anfang genommen, und war besonders unter dem Herzog Carl
Leopold mit großer Heftigkeit fortgesetzet worden. 1749.
den 19. Junius ordnete der Kaiser eine Hof-Commission zum Vergleich an, welche denn die Sache nach
Verlauf einiger Jahre verglich. Dieser Vergleich
war zu Wien den 18. Apr. 1755. unterzeichnet worden und bestehet aus 25 Artickeln. Er bestätiget die
mecklenburgische Ritter- und Landschaft bey ihren
Rechten, Freyheiten, Vorzügen und Gewohnheiten,
wozu die Reversales von 1572. und 1621. zum Grunde
geleget werden. In dem 1sten Art. wird von der Land-
Contribution zu den Garnisonen, Fortificationen,
Legations-Kosten, Reichs-Deputationen, Reis-Ta-
gen, Cammer-Zielern etc. etc. gehandelt. Zu deren
Herbeybringung wird in Ansehung der Ritterschaft
1) der Hufen-Modus und derselben Ausmessung beliebet, jedoch davon nur die eine Hälfte, als Contri-
butions-pflichtig, jede Hufe zu 9. Thlr. angesetzet, die
andere Hälfte aber für befreyt erklärt. Hingegen soll
2) der städtische Antheil an der Contribution nach
dem Ausschlage an Häusern, Ländereyen, Vieh,
Getreyde, Kaufmannschaften etc. etc. genommen und
3) die Rata aus den herrschaftlichen Domainen nach
dem obigen Hufen-Modo eingerichtet und gehoben
werden. Im 2ten Art. werden die Reichs-Kreiß-
und Prinzeßinn-Steuern bestimmet. Davon soll
niemand, wes Standes er sey, ausgenommen seyn;
jedoch übertragen jene der Herzog in Absicht der Ritterschaft bis auf 200, in Betrachtung der Städte aber
bis auf 300. Römer-Monathe, daferne in einem
Jahre, nicht mehrere erfordert werden sollen. Die
Pri-

angeordnete kaiserl. Hof-Commißion endlich dahin
zum Zweck, daß die bisherige Irrungen durch einen

Prinzeßinn-Steuer wird haben auf 20000. Rthlr.
auf immer festgesetzet. Im 3ten Art. wird von den
Clöstern, den andern Land-Ständen, ihren Rechten
und den Steuer-Pflichten gehandelt. Der 4te Art.
betrifft die Union der Land-Stände, wobey diejenige
vom Jahr 1523. und 1701. zum Grunde gelegt und
bestätiget worden. Der 5te Art. handelt von den
Land-Tagen, welche nach wie vor, alle Jahre ordentlich angeordnet und ausgeschrieben werden sollen.
Der 6te Art. entscheidet die Anzahl, Rechte und
Pflichten der Landräthe und Landmarschalle, deren
erstere in jedem Herzogthum Schwerin, und Gü-
strow viere, mithin in allen achte, der andern aber
dreye bestellt seyn sollen. Der 7te Art. redet von dem
engern Ausschusse, und dieser soll nöthigen falls aus
2. Land-Räthen jedweden Herzogthums, aus 3. Deputirten der Ritterschaft und 4. Deputirten der Städte
bestehen, und das Recht eines, die gesammte Ritter-
und Landschaft vorstellenden Collegii geniessen. Der
8te Artickel begreift die Landesfürstl. Gesetzgebungs-
Macht in sich, da denn, was die Herrschaftlichen Do-
mainen- und Cammer-Güter betrift, der Herzog sich
solche privative reserviret. Hingegen sollen diejenige
Verordnungen und Gesetze, so das ganze Land oder
die Rechte der Ritterschaft und Landschaft betreffen,
auf öffentlichen Landtagen errichtet werden. Der 9te
Art. handelt von den Zusammenkünften der Ritterschaft und Landschaft, oder der so genannten Landscon-
vention, wobey bedungen ist, daß hiervon jedesmal
an den Herzog eine vorgängige Anzeige geschehen soll.
Der 10te Art. ist von dem Münzwesen, das nach dem
alten Fuß hergestellet werden soll. Der 11te betrift
die Anlagen der Ritterschaft und Landschaft unter sich.
Der 12te die gemeinen Landes-Ausgaben oder sogenannten Recessarien, welche Ritter- und Landschaft nach
dem

nen förmlichen Vergleich beygelegt, und der Ritter-
und Landschaft-Rechte, Freyheiten, Vorzüge und
Gewohnheiten nach den Reversalen von 1572 und
1621. bestätiget wurden. Der Herzog von Meklen-
burgs

dem hier bestimmten Begriff gemeinschaftlich tragen.
Der 13te Art. vom Mältzen, Brauen, Brandewein-
brennen auf dem Lande, wobey regulirt ist, daß alle
Krüge oder Schenken, die nicht über 2 Stunden von
Städten gelegen sind, aus denselben das Bier, den
Brandewein hingegen ausserhalb denselben nehmen sollen und mögen; auch ist einem Particulier für sich zu
brauen erlaubt. Im 14ten Art. wird von Handwer-
kern auf dem Lande gehandelt. Im 15ten Art. von
den Zöllen, wie auch von Damm-Brücken- und Weges-
Geldern. Im 16ten Art. von Jagd- und Holzsachen.
Im 17ten Art. von Einquartierung und Verpflegung
der herzoglichen Truppen wovon die Ritter- und Landschaft in Betrachtung der verglichenen Contribution gänzlich befreyet ist. Im 18ten Art. von fremder Trouppen Märschen, Durchmärschen und der zu
erlangenden Wiedererstattung solcher Kosten. Im
19ten Art. von den leibeigenen Unterthanen der Ritterschaft und Landschaft, daß in Ansehung derselben
Zustandes und Wesens von herrschaftlicher Seite niemals ein Zweifel oder Hinderniß gemacht werden soll.
Der 20ste Art. enthält die politischen Sachen überhaupt, wohin ein, binnen 2 Jahren öffentlich bekannt
zu machendes, Meklenburgisches Landrecht, Policey-
Ordnung, Elle, Gewicht, Maaß, Monopolia rc.
gehören; der 21 Art. das Justitz- und der 22ste Art.
das Lehen-Wesen; der 23ste Art. die Kirchen- und
Pfar-Sachen. Der 24ste Art. handelt von den bisherigen Forderungen, welche meistens gegen einander
aufgehoben worden und der 25ste Art. von der Eigenschaft und Kraft dieses Vergleichs, nach welchem alle
und jede Mißhelligkeiten, die bey Gelegenheit voriger
Irrungen, Processe, Appellationen und anderer Weiterungen sich erhoben, in gänzliche Vergessenheit gestellet seyn sollen.

burg-Strelitz trat diesem Vergleich bey, und auf diese Art wurden die zwischen beyden herzoglichen Höfen seit 55. Jahren gedauerte Irrungen, und der Rechtshandel, welcher zwischen dem Landesherrn und der Ritterschaft seit vierzig Jahren geführet worden, beygelegt.

Der Herzog von Weymar 168) ward von dem Kayser für mündig erklärt, und trat darauf die Regierung der Herzogthümer Weymar und Eisenach an. Die Irrungen, welche zwischen den fürstlichen Häusern Löwenstein und Stollberg 269), wegen

268) Ernst August Constantin, Herzog von Sachsen-Weimar und Eisenach, erhielt im Dec. 1755. veniam aetatis, und trat den 1sten Jenner 1756. die Regierung an.

69) Der Streit wegen dieser Herrschaften ist kürzlich folgender. Eberhard Graf von der Marck heyrathete die Agnes, Erbtochter des letzten Grafen von Rochefort. Nach Abgang des männlichen Geschlechts der Grafen von Mark fielen 1544. diese Länder an des letzten 1544. verstorbenen Grafen von der Mark, Ludwig des 3ten, Vaters Schwester, Louise, welche mit Philipp von Epstein, Grafen von Königstein vermählt war. Diese Louise ließ nur eine Tochter, welche Bodo Graf von Stolberg sich beylegte. Graf Bodo hatte fünf Söhne, und diese errichteten 1548. einen Vergleich, der dem Grafen Ludwig den Besitz aller dieser Güter verschafte. Bey Abgang seiner männlichen Nachkommen, sollten ihm die übrigen Brüder nebst deren Nachkommen folgen, die Töchter aber auf immer wegen dieser Erbschaft Verzicht thun. Graf Ludwig ließ bey seinem 1574 erfolgten Tode drey Töchter, davon Anne sich in das Haus Löwenstein vermählte. Diese Töchter nahmen von der Grafschaft Besitz, weil ihnen, die in dem Vergleich bedungen

gen der Rochefortschen Güter im Herzogthum Lu-
xemburg, seit fast 200. Jahren gedauert, wurden
gleichfals unter kaiserl. Vermittelung durch eine
Landes-Abtheilung in der Güte gehoben. Diejenigen aber, welche zwischen der Regierung zu Florenz und dem Pabst wegen des Inquisitions-Ge-
richts und des Lehns-Carpegna entstanden, wurden
dahin verglichen, daß ein Mitglied der Regierung
jederzeit in dem Inquisitions-Gericht Sitz und
Stimme haben, hingegen das streitige Lehn-Car-
pegna dem Past zugesprochen und die florentinischen
Völker herausgezogen wurden.

Das Religions-Friedens-Andenken ward in diesem Jahre in allen protestantischen Ländern gefeyert
und

gene 60,000. Gulden noch nicht ausgezahlt worden.
Die Grafen von Stolberg suchten also durch den Weg
Rechtens zum Besitz zu gelangen, dieser Rechtsstreit
gieng 1581. an, ward 1718. neuerlich angefangen,
und 1735. bekamen die Kläger ein günstiges Urtheil.
In demjenigen Antheil der Grafschaft, die unter das
Stift Lüttich gehöret, wurden sie 1737. durch den dasigen Bischof in Besitz gesetzt, Löwenstein aber machte
darwider sowohl als wegen des übrigen Antheils viele
Einwendungen. Der Vergleich von 1755. entschied
also diese Sache dergestalt, daß Stolberg in den Besitz der Grafschaft Rochefort, lüttich- und luxembur-
gischen Antheils, der Herrschaft Briquemont, der
Grafschaft Montagu, der Herrschaft d'Ochamps,
der mit Bouillon und St. Hubert gemeinschaftlichen
Herrschaft Bertry, und zwey drittel von der mit Aremberg gemeinschaftlichen Herrschaft Neusohasteau, das
Haus Löwenstein aber die Herrschaften Chassepierre,
Cugnon, Herbemont, Feuilli, Orgeo, Havresse,
und Hatton, wie auch den drittel der mit Aremberg
gemeinschaftlichen Herrschaft Neuschateau bekam.

und durch Schaumünzen 270) diese in des besten Kaisers Zeiten fallende Begebenheit für die Nachwelt aufbehalten.

In

270) Der Münzmeister, Förster zu Nürnberg lieferte unter andern zwey Gedächtniß-Münzen, deren Beschreibung folgende ist. Die erste zeiget auf der Vorder-Seite die Bildnisse der beyden glorwürdigsten Kaiser, Carls des 5. und Sr. jetztregierenden kaiserl. Majestät, Franz des I. gegen einander stehend, mit der Umschrift Carolus V. et Franciscus I. imperatores. Augusti. Auf der andern Seite erscheinen zwey gegen einander ragende Arme, welche über einem mit Oelzweigen umwundenen Friedens-Altar, auf dem ein ausgebreitetes Diploma liegt, mit der Umschrift: Pax religiosa. die Hände schliessen. Im Umkreisse stehen diese Worte: welche die Jahrzahl 1755. ausdrücken; ILLO Dante hoC fIrmante stabILIs erIt. d. i. Was jener (Carl 5.) ertheilet, und dieser (Franciscus I.) befestiget, wird beständig seyn. Die andere zeiget auf der ersten Seite einen prächtigen Friedens-Tempel, nunmehro geschlossen, den Germania, im gewöhnlichen Habit vorgestellt, mit Bewunderung betrachtet; zugleich reichet derselben ein kleiner genius ein Füllhorn dar, mit der Umschrift: pacis perennitas. Die andre Seite enthält 3. neben einander stehende Altäre, deren jeder mit einem Buche beleget ist, der höchste mit der heiligen Schrift: Biblia, der andere mit dem augspurgischen Glaubens-Bekänntniß: Augustana confessio, der dritte mit dem Instrument des Religions-Friedens, an welchem 2. Siegel herab hangen, das erste, bezeichnet mit P. W. den westphälischen Friedens-Schluß und das andere mit C. Cæs. die kaiserl. Wahl-Capitulation bedeutend, nebst dem lemmate: Triplici copula, das ist, durch dieses dreyfache Band befestiget. In dem geboppelten Abschnitte ist zu lesen: Memoriæ pacis religiosæ bis sæculari d. XXV. Sept. A. MDLV.

In Ansehung der italienischen Staaten des Kaisers ereignete sich der Friedensbruch des Freystaats von Algier mit Toscana, die algierer Beutschiffe nahmen manches florentinisches Kauffardeyschif weg, der türkische Kaiser aber bot seine Vermittelung an, und diese Fehde nahm in dem folgenden Jahre ein Ende.

Von mehrerer Wichtigkeit waren die Irrungen, welche zwischen dem französischen und großbritannischen Hofe entstanden. Frankreich bedrohete die hannöversche Staaten in Teutschland, Großbritannien verband sich mit Preussen, um allen fremden Völkern den Eintritt in Teutschland zu verwehren, und das Kriegsfeuer breitete sich aus America, wo es den Anfang genommen, bis nach Teutschland aus.

In Ansehung der Stadt St. Remo ließ sich der Freystaat Genua durch die kaiserl. Abmahnungs-Schreiben nicht hindern, sondern zwang durch die Uebermacht die dasige Einwohner zur Unterwerfung. Wichtigere Gegenstände verhinderten damals, auf diese Sache ein Augenmerk zu richten.

Das kaiserliche freye Reichsstift Quedlinburg 271) bekam in der Person der Prinzeßin Amalia von Preussen, Schwester des Königs, eine neue Aebtißin. Sie erhielt die kaiserliche Bestätigung,

---

271) Anne Amalie, Prinzeßinn von Preussen, Schwester des Königs, ward den 16. Dec. 1744. zur Coadjutorian erwählet, folgte der 1755. den 16. Jul. verstorbenen Aebtißinn, Marie Elisabeth, Herzoginn von Holstein-Gottorp, und stelte, weil sie reformirt war, ihren evangelischen Stifts-Unterthanen eine den 6. Merz 1756. gezeichnete Versicherungs-Acte aus.

gung, stellte, weil sie dem reformirten Glauben zugethan war, eine schriftliche Versicherung aus, und nahm im folgenden Jahre von dieser Würde Besitz. Die Reichsstifter Würzburg 272) und Chur 273) bekamen gleichfals neue Oberhäupter. Der Freyherr von Widmann 274) wohnte der Wahl zu Würzburg als kaiserlicher Abgeordneter bey, und der würdige Graf von Seinsheim ward durch einmüthige Stimmen in den Besitz dieses wichtigen Bistums gesetzet. Die Wahl eines neuen Burggrafen zu Friedberg 275) gieng diesesmal ohne Zwiespalt

272) Carl Philipp, Bischof von Würzburg, ein gebohrner Freyherr von Greiffenclau zu Volrathe, starb den 25. Nov. 1754. nach kurzer Regierung. Adam Friedrich Joseph Marie, Bischof von Bamberg, ein geborner Reichsgraf von Seinsheim, ward den 5 Jenner 1755. an seine Stelle erwählt.

273) Joseph Benedict, Bischof von Chur, ein geborner Freyherr von Roll, verließ den 12ten Nov. 1754. dieses Zeitliche. Johann Anton, Freyherr von Federspiel, Herr zu Lichtenegg ward den 6 Febr. 1755. an seine Stelle erwählet.

274) Johann Wenzel, Freyherr von Widmann, kaiserl. königl. wirklicher geheimder Rath, ein sehr würdiger Minister. Er stammt aus Böheim, wo sein Vater zu Eger in kaiserlicher Bedienung gestanden. Er war anfänglich Tribunal-Rath in Mähren, hernach Regierungs-Rath, endlich Kriegs-Commissarius, und machte sich demnächst in verschiedenen wichtigen Gesandtschaften rühmlichst bekannt.

275) Franz Heinrich, Cämmerer von Worms, Freyherr von Dalberg, ward den 30 Jul. 1755. statt des den 21 Jenner 1755. verstorbenen Freyherrn Ernst Ludwig von Breidenbach, zum Burggrafen der kaiserl. und des heil. Röm. Reichs Burg Friedberg erwählet.

stalt vor sich. Zu der erledigten Würde eines Johanniter-Meisters zu Heidenheim 276) ward der Johanniter-Ritter von Schauenburg erwehlet, und der bey der Reichs-Generalität erledigte Platz eines General-Feldmarschall-Lieutenants ward durch den Herzog von Aremberg 277) ersetzet.

Die schöne Herrschaft Hoff, deren angenehme Gegend der Kaiser im 1754sten Jahre näher kennen lernen, ward von dem Prinzen von Sachsen-Hildburghausen erkaufet, und noch mehrere Verschönerungen in den Gebäuden und Gärten veranstaltet. Hier und auf den Lustschlössern zu Laxenburg und Schönbrunn genoß der Kaiser das Vergnügen, welches die Jahreszeit gewähret. Er that auch kleine Reisen nach Neustadt, um die dasige Kriegsschule zu besehen, und nach Austerlitz und Hollitsch, um sich mit der Jagd zu beschäftigen.

Die Geburt einer Erzherzogin 278) setzte den ganzen Hof in Freuden. Dieser, so wie allen übrigen

276) Philipp Joachim, Freyherr Vogt zu Alten-Sumeran und Prasberg, ging den 10 Dec. 1754. als Johanniter-Ordens-Meister zu Heidersheim mit Tode ab. An seine Stelle ward den 17 Febr. 1755. Joh. Baptiste, Freyherr von Schauenburg in Herbisheim erwählet.

277) Carl Leopold, des heil. Röm. Reichs Fürst und Herzog zu Aremberg und Arschot, ward durch ein Reichs-Gutachten vom 12 May 1755. zum Reichs-General-Feldmarschall-Lieutenant, catholischer Seite, ernannt.

278) Marie Antonie Anne Josephe Johanne, Erzherzogin von Oesterreich, ward den 2. Nov. 1755. Wien geboren.

gen kaiserlichen jungen Herrschaften, ward auf ausdrücklichen kaiserlichen Befehl, die Benennung 279), königliche Hoheit beygelegt.

Die Erscheinung eines türkischen Gesandten 280) am kaiserlichen Hofe hatte keine andere Absicht, als die angetretene Regierung des neuen türkischen Kaisers bekannt zu machen. Dieses sowohl als die Beleihung, welche der König von Sardinien 281) wegen seiner Reichs=lande, und der Bischof von Bamberg 282) empfangen ließ, gab zu verschiedenen prächtigen Feyerlichkeiten Gelegenheit, deren Beschreibung ich aber übergehe.

§. 31.
Von dem in Teutschland entstandenen Kriege.

Im 1756sten Jahre entzündete sich das Kriegsfeuer mitten in Teutschland. Das Misvergnügen nahm

279) Es ward dieses zum erstenmale 1755. am Osterfeste bey öffentlicher Tafel bekannt gemachet. Bis dahin hatten hatten sie nur die Benennung Ihro Durchlauchten bekommen.

280) Hagi Halil Effendi langte 1755. den 16 April als türkischer Botschafter zu Wien an, und ging den 18 Sept. 1755. von da wieder nach Constantinopel zurück.

281) Ludwig Malabaila, Graf von Canales, königl. sardinischer ausserordentlicher Abgesandter am kaiserl. Hofe, empfing den 6 Jun. 1755. die Beleihung wegen des Herzogthums Savoyen.

282) Der Bischof von Bamberg, Franz Conrad, geborner Reichsgraf von Stadion, empfing den 12 Merz 1755. durch seinen Gevollmächtigten, den Domherrn zu Bamberg, Balthasar Johann Georg, Reichsgraf von Stadion, die Beleihung.

nahm schon zu Anfang des Jahres unter den teutschen mächtigern Reichsständen seinen Anfang. Oesterreich verband sich mit Frankreich, und Preussen mit Großbritannien, auf den Fall eines Angrifs ward eine starke Volkhülfe versprochen, und die Kriegsrüstungen nahmen in Teutschland den Anfang.

Preussen schrieb der Kaiserin Königin gefährliche Absichten zu, und forderte eine Erklärung, gegen wen die Kriegsrüstungen gerichtet wären. Die fertig stehende preußische Völker rückten, als man von Seiten der Kaiserin Königin Preussen als den Urheber der angefangenen Kriegsrüstung erkläret, in Sachsen ein, entwafneten die sächsische Völker, und drungen würklich in Böheim ein. Ich habe nicht nöthig, die Kriegsbegebenheiten zu erzählen, nur das, was der Kaiser, als des Reichs Oberhaupt, hierbey gethan, gehört hieher. Die österreichische und chursächsische Gesandten machten den geschehenen Einfall sogleich dem kaiserlichen Hofe und dem zu Regensburg versammelten Reiche bekannt. Es erging darauf sogleich ein kaiserliches Abmahnungs-Schreiben 283) an den König von Preussen, ein

Abru-

---

283) Ich verweise meine Leser wegen dieser und anderer in der Folge anzuführende Urkunden, auf diejenige Bücher, welche diese Staats-Schriften in gantzen Sammlungen vor Augen legen und in aller Händen sind, als die teutsche Kriegs-Cantzley (Frankfurt und Leipzig 1757. bis 1763. 18. Quart Bände) die Beyträge zur neuen Kriegs- und Staats-Geschichte und die gesammlete Nachrichten und Urkunden, den 1756. entstandenen Krieg betreffend.

U

Abrufungs-Befehl an seine Völker, und ein Hof-Decret an die Reichsversammlung. Alle Kreis-ausschreibende Fürsten empfingen Befehl, die kaiserliche Abrufungs-Befehle überall bekannt zu machen, und der Reichsversammlung ward die fordersamste Berathschlagung über diese Sache anempfohlen. Preussen ermangelte nicht, die Befugniß und Nothwendigkeit, den Anschlägen seiner heimlichen Feinde zuvor zu kommen, in Schriften vorzustellen, der Gegentheil mahlte in den Gegenschriften die preußische Vergrösserungsbegierde ab, und die Sache ward endlich zu einem Reichsschluß eingeleitet, der im folgenden Jahre zu Stande kam, und die Stellung eines Reichs-Executions-Heeres nach sich zog.

Mitten unter diesen kriegerischen Beschäftigungen ward der kaiserliche Hof durch die Geburt des fünften Erzherzogs 284) in grosse Freude gesetzet.

In Ansehung der Religions-Beschwerden zu Dierdorf erging gegen die wegen der Erlangung eines Capuciner-Klosters in der Vorstadt klagende Bürgerschaft ein scharfes Reichs-Hofraths-Conclusum, welches sie zum Gehorsam anwieß, ihr aller Recurs an das Corpus evangelicorum untersagte, und das Conclusum des Corporis evangelicorum, welches dem Könige von Preussen die Execution übertragen wollen, aufhob und vernichtete.

Wegen

---

284) Maximilian Franz Joseph Johann Anton v. Padua Wenzel, Erzherzog von Oesterreich ward den 8. Dec. 1756. zu Wien gebahren.

Wegen der meklenburgischen 285) Werbe-Angelegenheit hatte sich zwar der Herzog von Meklenburg-Schwerin an die Reichsversammlung und an den Reichs-Hofrath gewendet, und über die gewaltsame preußische Werbung beschweret, allein Preußen, welches eine Befugniß, in den meklenburgischen Landen zu werben, behauptete, und sich über die Wegnehmung der preußischen werbenden Soldaten beschwerete, zog den Weg des Vergleichs der richterlichen Entscheidung vor, und der förmliche Vergleich ward zu Regensburg geschlossen.

Den verdienten Churfürsten von Trier folgte der sehr würdige Freyherr von Walderdorf 286) in der churfürstlichen und erzbischöflichen Würde, und die Fürstin und Aebtißin von Thoren bekam in der Person der kaiserlichen Schwester, Prin-

---

285) Diese Streitigkeiten wurden durch den zu Regensburg den 1. Aug. 1756. von dem königl. preuß. geheimden Staats-Minister und Reichstags-Gesandten, Ehrich Christoph Freyherrn von Plotho und dem herzoglichen meklenburgischen Reichstags-Gesandten, Carl Wilhelm Freyherr Treussel von Birkensee unterzeichneten Vergleich gehoben. Es blieb aber bey den darauf entstandenen Kriegs-Unruhen die Ratification aus. Der in den obangeführten Beyträgen zur neuern Staats- und Kriegs-Geschichte Th. 4 S. 291. ff. beygebrachte Schrift-Wechsel giebt in dieser Sache besonders Licht.

286) Franz George, Churfürst von Trier, Bischof von Worms, und gefürsteter Probst zu Elwangen, verließ den 18ten Jenner 1755. diese Zeitlichkeit, und der Coadjutor, Johann Philipp Freyherr von Walderdorf, folgte ihm in der churfürstlichen Würde.

zeßin Charlotte von Lothringen 287), eine Coadjutorin, die Bißthümer Worms 288); Straßburg 289) und die Probstey Ellwangen 290) aber neue Oberhäupter.

Die Reichs-Beleihung des Johanniter-Meisters 291) und des Bischofs von Würzburg 292), nicht weniger die feyerliche Aufsetzung des Cardinalshuts auf die Häupter des Cardinals von Trautson

287) Anne Charlotte, Prinzeßinn von Lothringen ward den 14. Jun. 1756. zur Coadjutorin der alten Aebtißinn von Thorn, Francisce Christiane, gebohrnen Pfalzgräfin beym Rhein, erwählet.
288) Johann Friedrich Carl, Churfürst von Maynz, welcher bereits den 7. Oct. 1748. zum Coadjutor erwählet worden, folgte dem verstorbenen Churfürsten von Trier als Bischof zu Worms.
289) Armand, Cardinal von Soubise, Bischof von Straßburg, gieng den 28. Jenner 1756. mit Tode ab. An seine Stelle ward den 23. Sept. 1756. Constantin Prinz von Rohan Domherr daselbst, zum Bischof erwählt.
290) Anton Ignatz Joseph, des heil. Röm. Reichs Graf von Fugger, ward den 29. Merz 1756. statt des verstorbenen Churfürsten von Trier zum gefürsteten Probst zu Ellwangen erwählet.
291) Im Nahmen des neuerwählten Johanniter-Meisters zu Heidersheim, Johann Baptiste, gebohrnen Reichs-Freyherrn von Schauenburg, empfing den 17. Merz 1756. der kaiserl. Kaigl. Cämmerer und Obrister, auch Maltheser-Ritter, Anton, Reichsgraf von Hamilton, die Beleihung.
292) Adam Friedrich, Bischof von Würzburg und Bamberg, ließ den 3ten Apr. 1756. durch seinen geheimden Rath und Conferenz-Minister, auch Domherrn zu Würzburg, Johann Philipp Carl Anton, Reichs-Freyherrn von Fechenbach, die Lehen empfangen.

sen und Rodt 293) würde ich nach der habeŋ beob=
achteten Pracht weitläuftig beschreiben können, al=
lein die Menge wichtigerer Begebenheiten erlaubt
es nicht.

§. 32.
Von dem ausgebrochenen Kriege und andern Reichs=Angelegenheiten.

Im 1757sten Jahre ward das teutsche Reich
der Sammelplatz fremder und einheimischer Kriegs=
Völker, und mit jedem Tage häuften sich die wichtig=
ste Geschäfte.

Bald zu Anfang des Jahres kam die Sache
wegen der Kriegs=Unruhen bey der Reichsversamm=
lung zu Regensburg in Vortrag. Oesterreich that
den Vorschlag, eine dreyfache Vermehrung des
Reichs=Contingents zu beschliessen, und durch ein
zu versammelndes Reichs=Executions=Heer den be=
drängten Ständen Genugthuung zu verschaffen.
Churbrandenburg, welches nicht für den angreifen=
den Theil angesehen seyn wolte, schützte das Recht
der Selbsterhaltung vor, und erklärte sich, wie es kei=
ne Eroberungen zu machen gedenke, vielmehr die
sächsische Lande, so bald es ohne eigene Gefahr ge=
schehen könne, zu räumen bereit sey.   Viele Für=
sten

---

293) Johann Joseph, Erzbischof von Wien, ein gebohr=
ner Reichsgraf von Trautsohn, und Franz Casimir,
Bischof zu Costanz, wurden den 5ten April 1756. von
dem Pabst, ersterer auf Empfehlung der Kaiserlun
Königinn, und letzterer auf Ernennung des Kaisers,
zu Cardinälen erkläret. Ersterem ward von dem Kai=
ser

sten 294) glaubten erst die Vermittelung des Reichs versuchen zu müssen, ehe sie mit gewafneter Hand helfen könten, allein der mehreste Theil stimmte auf die Versammlung der Reichsvölker, und der Reichsschluß kam dieserhalb aller Protestation von Churbrandenburg und einiger andern Fürsten 295) zu Stande, wie denn auch der churrheinische, schwäbische, fränkische, oberrheinische und bayersche Kreiß 296) beschlossen, ihre Kreißmannschaft dreymahl so hoch, als das ordentliche Contingent betrüge, zu verstärken. Bey dem oberrheinischen aber

fer in der Augustiner-Hoffkirche zu Wien den 10. Jan. 1756. letzterem aber den 22. Jul. 1756. der Hut mit den gewöhnlichen Feyerlichkeiten aufgesetzet.

294) Es waren solches Chur-Braunschweig mit allen seinen Stimmen, Sachsen-Gotha und Altenburg, Sachsen-Weimar und Eisenach, Brandenburg-Culmbach, Braunschweig-Wolfenbüttel, Baaden-Durlach und Hochbern, Würtemberg und Mümpelgard, Holstein-Glückstadt, Hessen-Cassel und Hirschfeld, Henneberg, Razeburg, Nassau-Hadamar und Siegen, Nassau-Dillenburg und Dietz, Wetterau, fränkische und westphälische Grafen. Alle catholische und übrige protestantische Stände stimmten nach dem österreichischen Vorschlage.

295) Der Reichs-Schluß kam den 17. Jenner 1757. zu Stande, und die Aufstellung der Reichs-Armatur ad Triplum ward beschlossen. Alles was damahls in dem Reichs-Fürstenrath zum Protocoll gegeben worden, das Conclusum selbst, und was dahin gehöret, siehe nach seinem völligen Inhalt in dem ersten Bande der teutschen Kriegs-Canzley auf das Jahr 1757. S. 1. bis 104.

296) Siehe solche in dem ersten Bande der teutschen Kriegs-Canzley auf das Jahr 1757. S. 212. 214. 584.

aber verbat Gotha 297) das ihm in Abwesenheit von Churſachſen aufgetragene Amt eines Kreiß=ausſchreibenden Fürſten, wozu es durch die Nach=barſchaft preußiſcher Kriegsvölker bewogen ward.

Demnächſt verlangte 298) der Kaiſer, daß die Reichsvölker zu Ende des März in marſchfertigen Stande ſeyn ſolten, und Churmaynz entwarf des=halb folgende Puncte zur Berathſchlagung:

1) Wie viel Römer=Monate, wenn, und wo ſolche zuentrichten?
2) Ob eine Operations=Kaſſe zu Regensburg zu errichten?
3) Ob jedem Stande die Verſorgung der Sei=nigen an Lebens=Mitteln und Kriegs=Noth=wendigkeiten obliegen?
4) Was vor Artillerie und Ammunition mit zu geben, und wohin ſolche zu ſchaffen?
5) Wie ſich wegen des Marſch=Weſens, Fuhr=werks und Vorſpanns zu benehmen, und ob ſich nicht nach der Anordnung vom 16 April 1734. zu richten ſey?
6) Wie es wegen dem Commando und dem Range der Generalität zu halten?

7) Wo

297) Es erging dieſerhalb gegen den Herzog ein ſcharfes Reichs=Hofraths=Conclufum vom 1. Febr. 1757. Siehe daſſelbe im erſten Bande der teutſchen Kriegs=Canzley auf das Jahr 1757. S. 569. ff.
298) Siehe das dieſerhalb an die Reichs=Verſamm=lung ergangene kaiſerl. Commiſſions=Decret vom 26. Febr. 1757. und die von Churmaynz zur Berathſchla=gung vorgelegte Puncte in dem erſten Bande der teut=ſchen Kriegs=Canzley auf das Jahr 1757. S. 105. und ff.

7) Wo sich die Reichsarmee zu versammlen und zu operiren habe?

8) Wie ein Creiß den andern zu secundiren habe?

Der kaiserliche Hof brachte auch in Vorschlag, vierzig Römer-Monate zu bewilligen. Bald darauf liessen die Kronen Frankreich und Schweden der Reichsversammlung erklären 299), daß sie die versprochene Gewährleistung des westphälischen Friedens zu Folge der beschädigten Genugthuung zu verschaffen alle Kräfte anwenden, und in diesem aufrichtigen Eifer durch alle Reichsstände unterstützet zu werden hoffeten. Churbrandenburg ließ gegen diese Aeusserung eine Verwahrungsschrift 300) an die Gesandten austheilen, weil Churmaynz deren Dictatur verweigert, worüber sowohl als mehrere Churmaynz beygemessene Partheylichkeit grosse Klage geführet ward.

Die Sache wegen der Reichsrüstung ward darauf eifrig betrieben, und es kam endlich ein Reichsschluß, 301) wegen Einrichtung der Reichsrüstung und Bewilligung von dreyßig Römer-Monaten zu Stande.

Ausser diesem Reichsheere erschien auch ein zahlreiches französisches auf teutschen Grund und Boden,

---

299) Siehe diese beyde den 14. Merz 1757. unterzeichnete und den 30. Merz zu Regensburg dictirte Erklärungen in der teutschen Kriegs-Canzley im 2ten Bande auf das Jahr 1757. S. 189. bis 192.

300) Siehe solche in der teutschen Kriegs-Canzley im 2ten Bande auf das Jahr 1757. S. 430. bis 438.

301) Siehe denselben sowohl als das Reichs-Fürstenraths-Protocoll im ersten Bande der teutschen Kriegs-Canzley auf das Jahr 1757. S. 113. bis 208.

dem, welches die preußische Länder in Westphalen, so weit es reichen konnte, für die Kaiserin Königin in Besitz nahm. Der französische Hof ermangelte nicht der Reichsversammlung 302) von dem Eintritt seiner Völker in das Reich Nachricht geben zu lassen, und anzuzeigen, daß solches auf Ansuchen der bedrängten Reichsstände geschehen. Churbrandenburg hingegen meldete bald darauf den Einfall in die cleve- und märkische Lande, und bat um Beystand 303).

Ehe nun das Reichsheer sich versammlete, erschien der preußische Obristlieutenant, Johann von Meyer, an der Spitze einiger leichter Völker in Franken, hob verschiedentlich Brandschatzung, und zog sich, von den herzugekommenen Reichsvölkern verfolget, nach Sachsen zurück. Nicht weniger trieb der preußische Generalmajor von Oldenburg in dem Churmaynz gehörigen Gebiete von Erfurt Brandschatzung ein, und ging nach deren Empfang wieder nach Sachsen. Alles dieses zog sehr harte kaiserliche Commißions-Decret an 304) die Reichsversammlung nach sich, und obgleich der churbran-

U 5 denbur-

302) Siehe diese Erklärung und Bekanntmachung im 2ten Bande der teutschen Kriegs-Canzley auf das Jahr 1757. S. 439. f.

303) Siehe das churbrandenburgische Gesandschafts-Memorial vom 30. Apr. 1757. im 2ten Bande der teutschen Kriegs-Canzley auf das Jahr 1757. S. 814. f.

304) Siehe solche wegen des meyerschen Einfalls in dem zweyten Bande der teutschen Kriegs-Canzley auf das Jahr 1757. S. 983. und wegen Erfurt im 3ten Bande eben des Jahres S. 7. u. f.

denburgische Reichstags-Gesandte 305) das Verfahren seines Herrn zu rechtfertigen suchte, und seiner Seits über die Bedrückungen im clevischen, besonders von Seiten des kaiserl. Reichs-General-Postamts klagte: so ward doch solches nicht in Betrachtung gezogen, vielmehr zu den ernstlichsten Mitteln gegen Preußen geschritten.

Preußen hatte ganz Sachsen in dem ersten Feldzuge erobert, es hatte die Schlachten bey Prag und Reichenberg gewonnen, und es hielt eine starke Besatzung in Prag eingeschlossen. Auf der andern Seite waren zwar die preußische westphälische Länder durch französische Völker besetzt, allein man konnte von dem vereinigten Heere, welches der Herzog von Cumberland befehligt, dem fernern Eindringen sich widersetzen. Die preußische Partheyen durchstreiften schon Böheim, die Oberpfalz, Bayern, und Franken, sie besetzten Erfurt, und sie würden unstreitig noch weiter gezogen seyn, wenn nicht der Verlust der Schlacht bey Collin und Hastenbeck den Schauplatz verändert hätte. Die preußische Völker zogen sich aus Böheim nach Schlesien und Sachsen zurück, die rußische Völker nahmen den grösten Theil des Königreichs Preußen in Besitz, der schwedische Hof ließ zur Gewährleistung des westphälischen Friedens seine Völker in das brandenburgische Pommern eindringen, nach dem Verlust der Schlacht bey Hastenbeck muste sich das vereinigte Heer bis ins bremensche zurückziehen,

mithin

---

305) Siehe das churbrandenburgische Gesandschafts-Pro-Memoria im dritten Bande der teutschen Kriegs-Canzley auf das Jahr 1757. S. 535. f.

mithin verlohren die preußischen Länder auch von dieser Seite die Deckung, das Reichsheer nahete sich durch Sachsen, die Franzosen drungen ins magdeburgische und halberstädtische, ja gar bis in die Altmarck ein, der General von Haddick überfiel Berlin, und es schien, als ob der Verlust nach einer Schlacht das Schicksaal der preußischen Staaten entscheiden könnte.

Unter diesen Umständen wurden die kaiserlichen Avocatorien 306) wider die in königlichen preußischen Diensten stehende nicht allein wiederhohlet und geschärfet, sondern es ward auch die kaiserliche Ladung 307) an den König, gegen den der Reichsfiscal bey dem Reichshofrath auf die Achtserklärung geklaget hatte, erlassen. Der kaiserliche Notarius April 308) solte solche dem preußischen Reichstagsgesandten, von Plotho, übergeben, allein sie ward nicht

306) Siehe solche im 2ten und 3ten Bande der teutschen Kriegs-Canzley auf das Jahr 1757.

307) Siehe solche in dem dritten Bande der Teutschen Kriegs-Canzley auf das Jahr 1757. S. 542. u. f. und das darauf sich beziehende Reichs-Hofraths-Conclusum vom 23. Aug. 1757. in eben dem Bande S. 299. u. f.

308) Der kaiserl. Notarius, George Mathias Joseph April, wolte diese Citation dem churbrandenburgischen Reichstags-Gesandten zu Regensburg, Freyherrn von Plotho, insinuiren, muste aber unverrichteter Sache abziehen, und das Haus räumen. Sein darüber aufgerichtetes Notarials-Instrument siehe in dem 3ten Bande der teutschen Kriegs-Canzley auf das Jahr 1757. S. 946. u. f. Das was der churbrandenburgische Gesandte deshalb bekannt gemachet, stehet in eben dem Bande S. 959. f.

nicht angenommen und daher zu Regensburg öffentlich angeschlagen.

Die Krone Schweden 309) ließ den Eintritt ihrer Völker in die preußischen Staaten gleichfals der Reichsversammlung mit den Ursachen bekannt machen, welches eine Gegenschrift von Seiten Churbrandenburg nach sich zog.

Der Aufbruch des Reichsheeres selbst verzog sich bis in den August. Der kaiserl. General-Feldmarschall und Reichs-General-Feldzeugmeister, Herzog von Sachsen-Hildburghausen, 310) erhielt den Oberbefehl, und legte derhalben in des Kaisers Hände den Eid ab. Sowohl einige kaiserl. königl. Regimenter, als ein starkes französisches Heer unter dem Marschall, Prinzen von Soubise, 311) war bestimmt, mit dem Reichsheere zugleich gegen Sachsen vorzurücken. Nach verschiedenen hin und her gemachten Zügen und vorgefallenen Scharmützeln kam es bey Rosbach zu einer Schlacht, in welcher das vereinigte Reichs- und französische Heer

---

309) Siehe solche Erklärung im 3ten Bande der teutschen Kriegs-Canzley auf das Jahr 1757. S. 601. Das brandenburgische Memorial, so gegen dieselbe gerichtet, stehet in eben dem Bande auf der 857. u. f. Seite und der 975. Seite.

310) Joseph Friedrich, Herzog von Sachsen-Hildburghausen, kaiserl. königl. General-Feldmarschall hat schon in den italiänischen Kriegen den Namen le grand Saxe bekommen. Seine Kriegs-Erfahrung und Heldenmuth sind gleich groß.

311) Carl von Rohan, Prinz von Soubise, Marschall von Frankreich ist wegen dieses Feldzuges verschiedentlich getadelt worden, hat sich aber bey Hofe hinlänglich gerechtfertiget.

Heer das Feld räumen muste. Die Reichsvölker zogen sich darauf nach Franken zurück, und der Feldzug hatte in dieser Gegend ein Ende.

Bald nach der Schlacht bey Rosbach ermahnte der Kaiser 312) die Stände nochmals, alle Kräfte gegen den König von Preussen anzuwenden, und es ging der Schriftwechsel abermals bey der Reichsversammlung zu Regensburg an. Sachsen 313) fuhr fort, die preußische Bedrückungen der Reichsversammlung vorzustellen, Churbraunschweig 314) that eben dieses in Ansehung des Aufenthalts der französischen Völker in den hannöverschen Ländern, und Preussen übergab eine schriftliche Verantwortung 315).

Unterdessen veränderte sich der Schauplatz des Krieges zu verschiedenenmalen. Preussen verlohr Schweidnitz und Breslau, es ward bey Breslau geschlagen, jedoch nach der Ankunft des Königs muste das österreichische Haupheer nach verlohrner Schlacht bey Leuthen Schlesien räumen, Breslau kam wieder in preußische Gewalt, Schweden ward
in

---

312) Siehe das dieserhalb erlassene kaiserl. Commissions-Decret vom 23. Nov. 1757. im 3ten Bande der teutschen Kriegs-Canzley auf das Jahr 1757. S. 955.

313) Es ist solche unter der 16ten Nummer im 3ten Bande der teutschen Kriegs-Canzley auf das Jahr 1757. nachzulesen.

314) Man sehe die 94, 95 und 206ste Nummer der in dem 3ten Bande der teutschen Kriegs-Canzley auf das Jahr 1757. befindlichen Staats-Schriften.

315) Man sehe die brandenburgische Pro-Memoria gegen Maynz, den fränkischen Creyß und Sachsen, in eben dem Bande unter der 91, 202 und 103. Nummer.

in sein eigenes Land zurück getrieben, und die französische Völker wurden durch das neuerlich versammlete vereinigte Heer, an dessen Spitze sich der preußische General, Prinz Ferdinand von Braunschweig, befand, einen Theil der Eroberungen zu verlassen gezwungen. Der Krieg schien also von neuem anzugehn, und der Federkrieg ward mit nicht minderer Hitze fortgesetzet.

Ich wende mich zu den übrigen Reichsangelegenheiten. Das Reichs-Postwesen verdient darunter eine vorzügliche Stelle. Der Fürst von Thurn und Taxis 316) bat bey dem Reichs-Hofrath um Aufhebung des Hessen-Cassellischen Postamts in der freyen Reichsstadt Frankfurt am Mayn, nicht weniger um Wiederherstellung der kaiserlichen Reichs-Posten in den churbraunschweigischen Ländern. Beydes ward genehmiget, und sowohl an Hessen-Cassel, als wegen Churbraunschweig an die Kreißausschreibende Fürsten die nöthigen kaiserlichen Befehle erlassen.

Die

---

316) Das Reichs-Hofraths-Conclusum vom 19ten Jul. 1757. befahl dem Landgraien, sein Post-Hauß in Frankfurt am Mayn aufzuheben, und dem Rathe zu Frankfurt ward die Abstellung der hessencassellschen reitenden und fahrenden Posten aufgetragen, der denn solche auch wirklich untersagte. Wegen Chur-Braunschweig aber erging unter dem 22sten Sept. 1757. der kaiserl. Befehl an die Creyß-Ausschreibende Churfürsten von Cölln und Pfalz, Thurn und Taxis in den Besitz der sonst in den churbraunschweigischen Ländern gewesenen Postämter zu setzen

Die Stifter, Bamberg 317), Eichſtädt 318) und Fulda 319) bekamen neue Biſchöffe, in der Reichs-Abtey Eſſen 320) ward die Prinzeßin Charlotte von Lothringen, des Käyſers Schweſter, zur Coadjutorin erwählet. Das Reichsſtift Käyersheim 321) ward dem ſchwäbiſchen Reichs-Prälaten-Collegium zugeſellet, der Freyherr von Lanius 322) in den Reichsgrafenſtand, die Graffſchaft Waldenburg

317) Franz Conrad, Fürſt und Biſchof zu Bamberg, ein gebohrner Reichsgraf von Stadion, gieng den 6. Mart. 1757. mit Tode ab. An ſeine Stelle ward den 21. Apr. 1757. Adam Friedrich, ein gebohrner Graf von Seinsheim, der zugleich Biſchof von Würzburg iſt, gewählet.

318) Johann Joseph Anton, Biſchof von Eichſtädt, ein gebohrner Freyherr von Freyberg, ſtarb den 20. Apr. 1757. nach eilf jähriger Regierung. Raimund Anton Graf von Strasoldo, bisheriger Domdechant, ward den 5. Jul. 1757. an ſeine Stelle zum Biſchofe erwählt.

319) Amand, Biſchof und Fürſt von Fulda, gieng den 4ten Dec. 1756. zu Fulda nach neunzehen jähriger Regierung mit Tode ab. An ſeine Stelle ward Adalbert von Walderdorff, ein Bruder des Churfürſten von Trier, zum Abt erwählet. Der kaiſerl. Geſandte bey dem Reichs-Creißen, Johann Anton, Reichsgraf von Bergen, war als kaiſerl. Commiſſarius bey der Wahl gegenwärtig.

320) Dieſe Wahl geſchahe den 19. Jenner. 1757.

321) Die Einführung des Abts von Kaisersheim in das ſchwäbiſche Reichs-Prälaten-Collegium geſchahe den 14. Jenner 1757. bey dem ſchwäbiſchen Creiß-Convent zu Ulm.

322) Die Gebrüdere, Freyherren von Lanius zu Wöllimburg, nehmlich Franz Joſeph, kaiſerl. königl. Obriſt-Lieutenant des Cüraßier-Regiments, Erzher-

denburg 323) zum Reichsfürstenthum, der Graf von
Cästell 324) ward mündig erklärt, an Reichsabeleihungen aber gingen nur die von dem Bischof von
Chur 325) und Probst zu Elwangen 326) vor sich.

In Ansehung des Großherzogthums Toscana
sorgte der Kaiser nicht allein für die Sicherheit der
Handlung seiner dasigen Unterthanen gegen die Freibeuter von Algier, und ward durch die Bemühung
des holländischen Consul zu Tunis, Levret, in denjenigen Frieden mit eingeschlossen, welchen der Vice-
Admiral der General-Staaten der vereinigten Niederlande, Just Sels (den 27. Nov. 1757.) zu Algier
unterzeich

zog Peter Leopold und Carl Ludwig, Obrister beyden
Peter Waräsdiner Regiment, wurden den 15. Apr.
1757. in des heil. Röm. Reichs-Grafen-Stand erhoben.

323) Die im fränkischen Creiße gelegene und mit Sitz
und Stimme versehene Grafschaft Waldenburg ward
den 14. Aug. 1757. zu einem Reichs unmittelbaren
Fürstenthum mit allen auflebenden Ehren, Würden
Prärogativen und Präeminenzen erhoben.

324) Christian Adolph Friedrich Gottlieb, Reichsgraf
Cästell Remlingen ward im 21sten Jahre seines Alters
den 31 Jenner 1757. für mündig erklärt.

325) Johann Anton, Bischof von Chur, ein gebornn
Freyherr von Federspihl empfing den 23. März 1757.
die Reichs-Lehen durch seinen geheimden Rath und
gevollmächtigten Minister, Franz Anton von Marpn,
Probst zu St. Stephan in Wien, auch General-Vicarius des Erzbischoffs von Wien.

326) Anton Ignatz Joseph, des heil. Röm. Reichs Fürst
und Probst zu Elwana, ein geborner Reichsgraf von
Fuggerkirchberg, empfing den 2 April 1757. die Beleihung durch den Domherrn zu Salzburg, Passau,
Eichstädt und Elwangen, Carl Barromäus, Reichsgrafen von Daun.

unterzeichnet, sondern es ward auch, um keiner der kriegenden Mächte in Europa zu nahe zu treten, die Partheylosigkeit für den Hafen von Livorno angenommen und bekant gemacht.

Ich muß hier noch des Großmeisterthums des militairischen Marien-Theresien-Ordens 327) erwehnen, welches dem Kaiser von der Kaiserin übertragen ward. Der bey Collin den 18 Junius 1757 erfochtene Sieg hatte zu Errichtung dieses Ordens Gelegenheit gegeben. Die Kaiserin wolte dadurch nicht allein das Andenken der gedachten Schlacht auf die Nachwelt bringen, sondern auch die Officiers, welche sich hervorgethan, mit äusserlichen Ehrenzeichen

---

327) Ich habe in den Beylagen die Statuten dieses militarischen Ordens beygebracht. Hier will ich nur der auf die Errichtung dieses Ordens geschlagenen Schaumünze gedenken. Sie ist in Herrn Prof. Joachim neuerösneten Münz-Cabinet Th. 2. S. 107. in Kupfer gestochen zu sehen und deren Beschreibung folgende: Auf der Haupt-Seite siehet man die beyde Brustbilder Ihro kaiserl. Majestäten mit vorgekehrter rechter Gesichts-Seite. Ihro Majestät des Kaisers Bildniß hat auf dem Haupte einen Lorbeer-Cranz und auf der Brust siehet man die Ordens-Kette und Zeichen vom güldenen Vließ. Umher stehet: IMP.erator FRANC.iscus AVG.ustus ET M.aria THERES.ia AVG.usta. Unten stehen die Buchstaben M. D. F.

Auf der andern Seite stehet ein Genius zwischen allerhand Kriegsarmaturen, welcher in der rechten Hand ein Ordens-Crentz an einem Bande, und in der linken Hand einen Palm-Zweig hält. Die umher stehende Schrift heisset: PRAEMII VIRTVTI BELLICAE CONSTITVTIO. Zur Rechten neben einem Schilde stehen die Buchstaben T. F. In Abschnitt lieset man MDCCLVII. D.ie XVIII. IVNii.

chen begnadigen, und es ward solches durch ein kaiserlich-königliches Schreiben an den General-Feldmarschall Leopold, Reichsgrafen von Daun, dem ganzen Heer bekannt gemacht.

§. 33.

Von dem in Teutschland fortgesetzten Reichs-Kriege und andern Reichs-Angelegenheiten.

Im folgenden Jahre ward der Reichs-Krieg mit nicht minderer Hitze fortgesetzet. Die Reichslande, besonders die gegen Sachsen vorliegende Kreise, waren durch das in selbige verlegte Reichsheer den Winter hindurch zwar hinlänglich gedecket. Der Pfalzgraf, Friedrich von Zwenbrücken 328), welcher statt des Prinzen von Hildburghausen, den Oberbefehl

---

328) Nachdem der Herzog Joseph Friedrich von Sachsen-Hildburghausen die gesuchte Erlassung als Oberbefehlshaber des Reichs-Heeres erhalten, ward der Pfalzgraf, Friedrich Michael von Zwenbrück, welcher sowohl in französischen Diensten, als 1757. in Böheim unleugbare Proben seines Heldenmuths aber auch Erfahrungen gesammlet hatte, zum Ober-Feldherrn ernennt, und der schon bey den kaiserl. Heeren mit Nutzen gebrauchte General-Kriegs-Commissarius, Graf Joseph von Wilczeck, zum obersten Kriegs-Commissair bey dem Reichs-Heere erwehlet, welches dem Reiche durch ein kaiserl. Commissions-Decret vom 20. Febr. 1758. von dem Pfalzgrafen von Zwenbrücken aber durch ein Schreiben vom 18 Febr. bekannt gemacht ward. Im letzten geschahe zugleich das Ansuchen um eine Reichs-Feldmarschalls-Stelle. Beyde Schreiben stehe in der teutschen Kriegs-Canzley 6ten Bandg. auf das Jahr 1758. S. 151.

fehl über das Reichsheer bekommen, setzte solches sehr zeitig in Bewegung. Er rückte mit solchem nach Böheim, um von da aus die Unternehmungen gegen die sächsische von den preußischen Völkern besetzte Länder anzufangen, und ward durch verschiedene kaiserl. königliche Regimenter verstärkt. Diese Entfernung des grössesten Theils der Reichsvölker aus Franken zog einen preußischen Einfall in diesen Kreiß nach sich, jedoch entfernten sich die preußische Völker sehr bald, weil sowohl die Bewegungen der rußischen Völker, als die Aufhebung der Belagerung von Ollmütz den Schauplatz verändert hatten. Das Reichsheer drang darauf in Sachsen ein, es eroberte die Festung Sonnenstein, und machte Anstalten, auch die Residenzstadt Dresden durch eine förmliche Belagerung wegzunehmen. Jedoch die Annäherung der nach Aufhebung der Belagerung von Neisse aus Schlesien zurückkommenden Völker, die der König selbst anführte, und die Erscheinung derjenigen, welche nach Entfernung der rußischen und schwedischen Heere unter den Befehlen des General-Lieutenants Grafen von Dohna aus Pommern und der Mark nach Sachsen kamen, setzte die Sache wieder in das Gleichgewicht, und sowohl das Reichs als kaiserliche königliche Heer gingen nach Franken und Böheim in die Winterlager.

Ich muß hierbey noch eines besondern Umstandes gedenken. Die Brandschatzungs-Gelder, welche in den preußischen und andern Ländern gehoben wurden, und mehrentheils von geringen Gehalte waren, wurden zu Nürnberg in diesem und folgenden Jahren in bessers verwandelt, und aus solchen

sowohl

sowohl Ducaten, als Thaler und Gulden geschlagen 329,) welche an der Unterschrift Lege vindice känntlich sind.

Auf dem Reichstage, bey den Kreißtägen und bey dem Reichs-Hofrath ward die Sache gegen Preussen und dessen Bundesgenossen eifrig fortgesetzet. Im westphälischen Kreise entstand zwischen dem preußischen Hofe 330) und den Condirectoren dieses Kreises, eine grosse Irrung, weil man den preußischen Gesandten von dieser Kreißversammlung ausschloß, es blieb aber der preußischer Seits einge-

---

329) Die ersten dieser Ducaten, Thaler, Gulden, und zwanzig Kreutzer-Stücke sind 1758. zu Nürnberg, auch in den folgenden Jahren eben daselbst geschlagen worden. Sie sind sehr rar, weil der Stempel auf Befehl nach Wien eingeliefert worden. Alle sind von einem Stempel, und zeigen auf der Haupt-Seite das rechts-sehende Bild des Kaisers mit der Umschrift, FRANC.iscus D.ei. G.ratia, R.omanorum I.mperator S.emper A.ugustus, GE.rmaniae IERosolimae R.ex LO.tharingiae, B.ariae, M.agnus H.etruriae D.ux, der Name des Stempel-Schneiders. J. L. OE.xlein befindet unter dem römischen Habit, der des Kaisers Schultern bedecket. Auf der Rückseite ist der mit der Kaiser-Crone bedeckte, und auf der Brust das kaiserl. Wappen führende doppelte Reichs-Adler nebst der Jahrzahl im Abschnitt aber, die Worte Lege Vindice S. S. [N] I. M. F. zu lesen, daran die Anfangs-Buchstaben Nürnberg nebst den Namen des Special-Wardeins und Münz-Meisters anzeigen. Siehe Bauer auserlesene Neuigkeiten für Münz-Liebhaber. Nürnberg 1764. 4. Seite 27.

330) Man sehe die deßhalb gewechselte Schriften in dem ersten Bande der teutschen Kriegs-Canzley auf das Jahr 1758. S. 17. bis 22.

eingereichten Verwahrungschrift ungeachtet, bey dieser Verfügung. Bey dem Reichstage klagte sowohl der Herzog von Meklenburg-Schwerin 331) über die grosse Lieferungen, welche sein Land an die preußische Völker thun muste, als auch die churbraunschweigische Gesandschaft 332) wegen der Anhaltung ihres Gesandschafts-Kancellisten, Hessen-Cassel wegen der Bedrückungen 333), die dieses Land von den französischen Hülfsvölkern erlitten, und Chursachsen 334) über den beschwerlichen Aufenthalt der preußischen Völker. Aus den Reichsstädten musten alle bey den Kreisen bevollmächtigte preußische Gesandte und Residenten auf kaiserlichen Befehl ausgeschaft werden, und gegen alle in preußischen Diensten befindliche Reichs-Unterthanen ergingen die schärffste Befehle.

---

331) Die mecklenburgische Beschwerden siehe in dem 1sten Bande der teutschen Kriegs-Canzley auf das Jahr 1758. unter der 19, 20 und 21sten Nummer.
332) Die churbraunschweigis. Beschwerden zogen die Freylassung des Gesandschafts-Canzellisten la Grange nach sich. Man sehe von dem Verlauf dieser Sache die deshalb gewechselte Schriften unter der 28, 41, 42, 43 und 44sten Nummer des ersten Bandes der teutschen Kriegs-Canzley auf das Jahr 1758.
333) Das mit einer Menge von Beylagen versehene hessische Gesandschafs-Memorial vom 5ten Apr. 1758. leget das Verfahren der Crone Frankreich gegen die hessen-casselsche Lande weitläuftig vor Augen. Siehe solches im 1sten Bande der teutschen Kriegs-Canzley auf das Jahr 1758. S. 625. bis 903.
334) Siehe das chursächsische Gesandschafts-Memorial vom 3ten April 1758. im 1sten Bande der teutschen Kriegs-Canzley auf das Jahr 1758. S. 615. bis 624.

Von Seiten des Kaisers ward sowohl die Ernennung des Pfalzgrafen von Zweybrück zum Oberbefehlshaber des Reichs-Heeres und des General-Feldzeugmeisters, Grafen von Wilczeck zum General-Kriegs-Commissarius der Reichsversammlung bekannt gemacht, als auch eine anderweitige Bewilligung von Römer-Monaten zu Fortsetzung des Reichs-Krieges 335) gefordert. Churbrandenburg widersprach zwar sowol, als Churbraunschweig, die Mehrheit der Stimmen aber beschloß 336),

daß zwanzig Römer-Monate verwilliget und von den in der Zahlung säumigen Ständen durch Zwangsmittel beygetrieben werden solten.

Wegen der Churbraunschweigischen Theilnehmung an den preußischen Kriegs-Unruhen ergingen scharfe Reichs-Hofraths-Conclusa 337) und die gewöhnliche Avocatorien. Churbraunschweig suchte sein Verhalten durch eine sehr weitläuftige Staatsschrift zu rechtfertigen, und dieser Schriftwechsel dauert

---

335) Siehe das dieserhalb erlassene Commißions-Decret vom 5ten Junius 1758. im 1sten Bande der teutschen Kriegs-Canzley auf das Jahr 1758. S. 964.
336) Das damals im Reichs-Fürstenrath gehaltene Protocoll. nebst dem förmlichen Reichs-Schluß wegen Bewilligung von zwanzig Römer-Monaten sieh in dem 2ten Bande der teutschen Kriegs-Canzley auf das Jahr 1758. S. 968. bis 1072.
337) Siehe solche im 3ten Bande der teutschen Kriegs-Canzley auf das Jahr 1758. die Nummern 33. bis 36. 84. bis 89. 92. und 94. Die churbraunschweigische Gegenvorstellung aber Nummer 67. Die Vertheidigungs-Schriften von Hannover stehen im 1sten Bande eben des Jahres, S. 785. b. d. 857.

dauerte zwischen den streitenden Partheyen ununterbrochen fort.

Ich komme zu dem wichtigsten Vorfall, welcher sich bey dem Corpus evangelicorum zu Regensburg ereignete. Die Reichs-Acht gegen die Urheber des im Reiche entstandenen Krieges-Feuers hatte schon lange den Reichs-Hofrath beschäftiget. Man glaubte von Seiten des Corpus evangelicorum, daß man diese wichtige Sache nur nach der Mehrheit der Stimmen entscheiden, und sich nicht nach den Reichs-Satzungen dabey richten werde. Zu diesem Ende faßten die protestantische Stände ein Conclusum 338) ab, welches dahin ging,

daß man in eine den Reichs-Satzungen und der kaiserlichen Wahl-Capitulation widrige Veränderung nicht willigen, sondern daß nach jener Vorschrift verfahren werde, standhaft verlangen wolle.

Es zog dieser Vorfall ein nachdrückliches kaiserliches Rescript nach sich, davon ich weiter unten reden werde.

Wegen des Todesfalls des Herzogs von Sachsen-Weymar 339) entstunden in Ansehung der

X 4 Vor-

---

338) Es ist dieses gantze Conclusum corporis Evangelicorum im 3ten Bande der teutschen Kriegs-Cantzley auf das Jahr 1758. S. 705. u. f. zu lesen. Die Sache ward sehr geheim getrieben. Es widersprach niemand als der würtembergische und mecklenburgische Gesandte jedoch nahm der letztere es ad referendum an. Der chursächsische Gesandte sahe sich, das Conclusum zu dictiren, genöthiget, weil man ihm zu verstehen gab, daß im Weigerungs-Fall der folgende evangelische Gesandte solches bewürken solte.

339) Ernst August Constantin, Hertzog von Sachsen-Weimar, gieng den 28. May. 1758. im 21sten Jahre

seines

Vormundschaft einige Irrungen, die aber eben sowol als der zwischen Bayern und Würtemberg 340) entstandene Streit beygelegt wurden. Die Glaubens-Veränderung des Herzogs von Zweybrücken 341) hatte keine Folgen. Dieser Herr beruhigte seine Unterthanen durch eine ausgestellte Versicherungs-Acte. Der Streit wegen der Freyherren

seines Alters mit Tode ab. Er setzte in dem errichteten letzten Willen seine hinterlassene Herzoginn Witwe, nebst ihrem Vater, dem Herzog von Braunschweig-Wolfenbüttel, zur Ober-Vormünderinn, und den König von Dänemark zum Tutor honorarius. Die verwittwete Herzoginn erhielt darauf den 1. Aug. 1758. wegen Uebernehmung dieser Vormundschaft veniam aetatis, bekam den König von Polen zum Mit-Vormund, und da dieser diese Vormundschaft nicht annehmen wolte, den König von Dännemark 1759. aber erhielt sie die alleinige Landes-Verwaltung.

40) Der Herzog von Würtemberg hatte einen starken Vorrath des französischen Salzes zu übernehmen sich anheischig gemachet, und dahero die Einführung des churbayerschen Salzes verbothen. Der Churfürst von Bayern untersagte also den 18. Sept. 1758. allen Handel und Wandel mit den würtembergischen Ländern. Nachdem aber Würtemberg sich erklärt, daß das bayersche Salz nur so lange verbothen seyn solle, biß das französische verbraucht sey, ward die freye Handlung zwischen beyderseitigen Staaten den 1. Dec. 1758. wieder hergestellet.

341) Christian der 4te, Pfalzgraf von Zweybrücken, dem bey ermangelnder männlicher Nachkommenschaft des Churfürsten von Pfalz, die pfälzischen Lande zufallen werden, nahm den 12. Febr. 1758. zu Paris öffentlich den catholischen Glauben an, welches sein jüngerer Bruder, der Reichs-Feldmarschall, Pfalzgraf Friedrich bereits 1746. gethan.

ren von Esperance 342) ward durch Vergleich beygelegt, und die zwischen Churcölln und dem Abt von Cornelii Münster 343) lange Zeit gedauerte Irrungen durch Urtel und Recht entschieden.

Bey der Reichs-Generalität gelangte der Prinz Georg Wilhelm von Hessen-Darmstadt 344) zu der Stelle eines Reichs-Generals der Reuterey, und die Stifter Corvey 345) und Tridént 346) beka-

men

342) Den 12. Dec. 1758. kam vor der zu Wien angeordneten Hof-Commission der Vergleich zwischen dem Herzoge von Würtemberg, und dem Freyherrn von Esperance, Kindern des verstorbenen Herzogs, Leopold Eberhard von Würtemberg-Mümpelgard dahin zu Stande, daß sie von dem regierenden Hause jährlich 12000. Gulden bekommen, hingegen auf alle Ansprüche Wappen und Nahmen von Mümpelgard eidlich Verzicht thun müssen.

343) Zwischen dem Churfürsten von Cölln und den Reichs-Prälaten von St. Cornelii Münster im Herzogthum Jülich war schon lange Zeit wegen der geistlichen Gerichtsbarkeit, die der erstere über letztere verlangte, ein Rechts-Streit gewesen, welchen Pabst Clemens XIII. dahin entschied, daß diese Abtey mit ihren Pfarrern, Geistlichen und Einwohnern, jetzt und künftig der geistlicher Gerichtsbarkeit des Churfürsten von Cölln unterworfen seyn solle, und diese Verordnung ward den 24. Jenner 1759. in allen abteylichen Orten bekannt gemacht.

344) George Wilhelm, Prinz von Hessen-Darmstadt, erhielt den 13. Jenner 1758. die Stelle eines Reichs-Generals der Reuterey, welche der alte Feldmarschall, Friedrich Heinrich Reichsgraf von Seckendorff, niedergeleget hatte.

345) Caspar, Fürst und Abt von Corvey, ein gebohrner Freyherr von Böselager, gieng den 22. Jenner 1758. mit Tode ab. An seine Stelle ward den 6.

Merz

men neue Oberhäupter. Wegen der Verwaltung des gräflichen leiningischen Hartenburgischen Antheils 347) machte der Kaiser die rechtliche Verfügung, daß der Wild- und Rheingraf von Grumbach solche übernahm, der würtembergische Staats- und Cabinets-Minister von Montmartin 348), wie auch der rußische General von Fermer 349) wurden in den Reichsgrafenstand erhoben.

Aus Toscana zog der Kaiser 3300 Mann seiner dasigen Völker nach Teutschland, wo sie sich mit den kaiserlichen königlichen Völkern vereinigten, zu Livorno aber ließ er für diejenigen, welche sich in der dieses Jahr fertig gewordenen Vorstadt niederlassen wollen, grosse Freyheiten bekannt machen.

Von

Merz 1758. Philipp, ein gebohrner Freyherr Spiegel zum Desenberge, erwählt.

345) Dominicus Anton, Fürst und Bischof zu Trient, starb den 6. Sept. 1758. Der 1756. den 6. Merz bereits erwehlte Coadjutor, Franz Felix, Graf Alberti di Enno, trat darauf die bischöfliche Regierung an.

347) Christian Johann, Reichsgraf von Leiningen Westerburg, war in grosse Schuldenlast gerathen. Der Kaiser übertrug also dessen Schwieger-Vater, Carl Walrad Wilhelm, Wild- und Rhein-Grafen von Daun, die Regierung und Verwaltung dessen Vermögens.

348) Friedrich Samuel von Montmartin, herzoglich-würtembergischer erster Minister, ward im Jenner 1758. in des heil. Röm. Reichs-Grafen-Stand erhoben.

349) Die Erhebung des kaiserl. rußischen Generals-en Chef Wilhelm von Fermer, in des heil. Röm. Reichs-Grafen-Stand geschahe den 23. Junius 1758.

Von dem türkischen Hofe fand sich zu Wien ein neuer Botschafter 350), Achmet Effendi, ein, dessen Ankunft um so angenehmer war, weil er die Versicherung, daß sein Hof die friedfertigsten Gesinnungen hege, mitbrachte. Der algiersche Gesandte 351) that gleichfalls die Anzeige, daß dieser Freystaat den geschlossenen Frieden heilig halten wolle, und ward reichlich beschenkt entlassen. Von Reichsbelehnungen fiel wenig vor. Nur der Herzog von Modena 352) und Bischof von Bamberg 353) und Straßburg liessen solche empfangen.

§. 34.

Von dem Feldzuge des Reichsheeres im 1759sten Jahre, und den übrigen Vorfällen, welche sich in diesem Jahre ereignet.

Im 1759sten Jahre wendeten alle verbundene Mächte die äusserste Kräfte gegen die Kronen Großbritannien und Preussen an, und in dem grössesten Theile des Jahres lief alles unglücklich für die preussische und großbritannische Waffen ab.

Das

---

350) Er ist eben derjenige, dem 1764. die merkwürdige Gesandschaft an den preussischen Hof aufgetragen worden. Den 13. Merz 1758. kam er zu Wien an, und im Junius kehrte er wieder nach Hause.
351) Er hieß Haggi Demetrius Marcachi, und langte den 5. Oct. 1758. zu Wien an.
352) Anton Graf von Montecuculi, des Malteser-Ordens Ritter und herzoglicher modenesischer Gesandter, empfing den 19. Jenner 1758. die Beleihung.
353) Den 16. Merz 1758. ward der Bischof von Bamberg und den 1. Jul. der Bischof von Straßburg beliehen.

Das preußische Heer in Sachsen eröfnete den Feldzug durch einen Einfall in Franken, der aber von kurzer Dauer war. Das Andringen der rußischen Völker nöthigte den König von Preussen, den grösten Theil seiner Völker aus Sachsen zu ziehen, das Reichsheer fand also keinen Widerstand, und eroberte Leipzig, Torgau, Wittenberg, und Dresden ohne grosses Blutvergiessen, allein die preußische Generals von Fink und von Wuhsch nahmen die drey ersten Plätze in wenig Tagen wieder in Besitz, und der ganze Vortheil dieses Feldzuges bestand am Ende desselben lediglich darinn, daß man den Besitz der Residenzstadt Dresden behauptet.

Auch auf dem Reichstage ward mit der Feder heftig gestritten. Hessen-Cassel 354), und der Graf von Lippe-Bückeburg 355) klagten über die bedrängte Umstände ihrer Länder, und suchten ihr Betragen zu rechtfertigen. Das Kammergericht zu Wetzlar 356) that wegen dessen Sicherstellung mit unter

354) Das hessen-casselsche weitläuftige und mit vielen Beylagen versehene Beschwerungs-Schreiben siehe in dem 1sten Bande der tentschen Kriegs-Canzley auf das Jahr 1759. S. 16 bis 273.

355) Dem Reichsgrafen Friedrich Wilhelm Ernst von Lippe-Bückeburg war am 28sten Aug. 1758. die in großbritannischen Diensten stehende Völker zurück zu rufen und sein Kreiß-Contingent gegen Preussen bey Strafe der Acht zu stellen befohlen worden, er entschuldigte sich also in einen am 4ten Jenner 1759. zu Regensburg dictirten Vorstellung, und bat um Ersetzung des ihm von den französischen Völkern zugefügten Schadens.

356) Das an den Kaiser von dem Reichs-Cammer-Gerichte erlassene Bittschreiben, in welchem eine von
alle

unter den streifenden Partheyen der Krieg führenden Mächte Vorstellung. Dem kaiserlichen Principal-Commissarius zu Regensburg wurde befohlen, alle Gemeinschaft mit der churbraunschweigischen Gesandschaft aufzuheben, und solches derselben bekannt gemacht, welches zu einem Wortwechsel 357) Anlaß gab.

Von dem Reichs-Hofrath ward die Anschlagung der Avocatorien gegen Churbraunschweig in dem gesammten Reich nicht allein eifrig betrieben, sondern auch besonders zwey merkwürdige Schlüsse wegen der sächsischen Officier und der bambergischen Wechsel gegen den König in Preussen bekannt gemacht. Durch die bey der Gefangennehmung der chursächsischen Völker ausgestelleten schriftlichen Versicherungen hatten sich sämtliche Officiers anheischig gemacht, nicht wider den König von Preussen zu dienen. Der grösseste Theil derselben war nachher in französische Dienste gegangen, und diese wurden unter der gewöhnlichen Bedrohung von dem Könige zurück berufen. Der Kaiser hob also nicht allein die bey der Gefangennehmung geschlossene Capitulation auf, sondern befahl ihnen auch, den

preußi-

allen kriegehden Mächten zu gewährende Sicherheit für diese Stadt erlanat wird, stehet in dem 3ten Bande der teutschen Kriegs-Canzley auf das Jahr 1759. S. 875. bis 905.

357) Es geschahe die mündliche Aufkündigung aller Gemeinschaft den 13. Jenner 1759. Das, was dabey vorgefallen, ist aus den von beyden Theilen bekannt gemachten Protocollen zu ersehen, die in dem 1sten Bande der teutschen Kriegs-Canzley auf das Jahr 1759. S. 328. bis 321. befindlich sind.

preußischen Befehlen keine Folge zu leisten, und ließ diese Verordnung 358) öffentlich in den Reichsländern anschlagen. Demnächst hatten die preußischen Völker bey dem 1759. in Franken unternommenen Einfall auf Abschlag der geforderten Brandschatzung Wechselbriefe mitgenommen, deren Gültigkeit durch den zweyten Reichs-Hofraths-Schluß 359) vernichtet ward. Endlich ward auch in den Hessen-Casselischen Ländern von dem Reichsheer auf kaiserlichen Befehl, weil der Landgraf der Verbindung mit Großbritannien und Preussen nicht entsagen wolte, sehr starke Lieferungen und Geldsummen beygetrieben, und die Ursache dieses Betragens öffentlich bekannt gemacht 360).

Auf dem Reichstage ward ein kaiserliches Commißions-Decret 361) bekannt gemacht, welches das Verfahren der evangelischen Gesandten, die wegen der Reichsacht das obgedachte Conclusum abgefaßset,

358) Siehe die Rechtfertigung des Betragens dieser Officier im ersten Bande der teutschen Kriegs-Canzley auf das Jahr 1759. S. 724. ff. Das Reichs-Hofraths Conclusum vom 30. Apr. 1759. aber ist im 2ten Bande der Kriegs-Canzley eben des Jahres S. 116. ff. nachzulesen.

359) Siehe dieses kaiserl. Patent vom 31sten May 1759. im 2ten Bande der teutschen Kriegs-Canzley auf das Jahr 1759. S. 258. ff.

360) Siehe sowohl das Patent des Pfalz-Grafen von Zweybrück an die hessen-casselschen Unterthanen, als das kaiserl. Bekanntmachungs-Schreiben der Ursachen dieses Verfahrens in dem ersten Bande der teutschen Kriegs-Canzley auf das Jahr 1759. S. 420. u. f.

361) Dieses kaiserl. Commißions-Decret ist im 1sten Bande der teutschen Kriegs-Canzley auf das Jahr 1759. S. 412. ff. nachzulesen.

set, für ungültig erkannt und aufgehoben ward. Sowohl der churbrandenburgische und churbraunschweigische Reichstagsgesandte meldeten sich dagegen durch zwey Pro-Memoria 362) bey der Reichsversammlung, und die Sache wegen der Reichsacht ward in der Folge nicht mehr betrieben.

Im übrigen fiel wenig anmerkenswürdiges in dem teutschen Reiche vor. Das Bistum Fulda 363) bekam ein neues Oberhaupt. Der französische Marschall Herzog von Broglie 364) ward in den Reichsfürsten- und die kaiserl. geheimen Räthe Freyherren von Nettolitzki 365) und von Blümegen, wie auch der Freyherr von Eyck 366) in den Reichsgrafenstand

362) Siehe diese beyde Pro-Memoria in dem angezogenen Bande der teutschen Kriegs-Canzley, S. 682. u. f.
363) Adalbert, Fürst-Bischof von Fulde, ein Bruder des Churfürsten von Trier, gieng den 16. Sept. 1759. mit Tode ab. An seine Stelle ward Heinrich, ein gebohrner Freyherr von Bibra den 22. Oct. 1759. zum Bischof erwählet.
364) Victor Franz Herzog von Broglie, Marschall von Frankreich, ward im Junius 1759. in den Reichsfürsten-Stand erhoben.
365) Wenzel Casimir, Freyherr von Nettolitzki, kaiserl. königl. geheimder Rath, der aus einem alten böhmischen Geschlecht entsprossen, und Heinrich Cajetan Freyherr von Blümegen, kaiserl. königl. würkl. geheimder Rath, wurden im Mart. 1761. zu Reichs-Grafen ernennet.
366) Maximilian Emanuel Franz, Freyherr v. Eyck, churbayerscher geheimder Rath, und Gesandter am französischen Hofe, dessen Geschlecht in den Niederlanden blühet, und sehr alt ist, ward für sich und seine Nachkommen beyderley Geschlechts 1759. in den Reichs-Grafen-Stand erhoben.

stand erhoben, und der Fürst von Isenburg 367) für mündig erkläret. Die Ernennung einiger Ritter des goldnen Vliesses 367a), die Abschieds-Audienz des algierischen Gesandten 368), die Aufsetzung des

367) Wolfgang Ernst, des heil. Röm. Reichs Fürst von Isenburg-Birstein, erhielt den 26. Merz 1759. im 22sten Jahre seines Alters von des Kaisers Majestät veniam aetatis, und trat sogleich die Regierung an.

367a) Carl Philipp, Reichs-Graf von Cobenzl, bevollmächtigter Minister in den Niederlanden; und Georg Adam, Reichs-Graf von Stahremberg, kaiserl. königlicher Gesandter am französischen Hofe, wurden 1759. den 15. Aug. zu Brüssel von dem Herzog Carl von Lothringen, nach erhaltener Vollmacht in den Orden des goldnen Vliesses aufgenommen. Den 29. Nov. 1759. aber wurden zu Wien folgende Herren zu Rittern dieses Ordens ernennt. 1) Constantin, Landgraf von Hessen-Rheinfels-Rothenburg. 2) August Fürst Chigi. 3) Friedrich Ferdinand Reichsgraf von der Leyen. 4) Carl Emanuel Fürst v. Gavre, Gouverneur von Namur. 5) Friedrich Wilhelm, Reichsgraf von Hauqwitz, böheimischer Ober-Hofcanzler. 6) Nicolaus Graf Palfi, Hofcanzler des Königreichs Hungarn. 7) Philipp Reichsgraf von Kolomrat Krafowski, Ober-Burggraf des Königreichs Böheim. 8) Carl Adam Reichsgraf v. Breuner, kaiserl. königl. geheimder Rath und Präsident des Ober-Justitz-Collegium. 9) Rudolph Reichsgraf von Chotek, kaiserl. königl. geheimder Rath und Präsident der Banco-Deputation und des Commercien-Wesens, und der Münz- und Bergwerke Director. 10) Anton Marquis von Clerici, kaiserl. königl. General-Feldzeugmeister. 11) Alexander Fürst von Ruspoli.

368) Den 4. Jenner 1759. hatte der algierische Gesandte Haggi Demetrius Marcachi bey dem Kaiser die Abschieds-Audienz.

des dem päbſtlichen Nuntius Crivelli 369) ertheilten Cardinalhuts, und die Beleihung des Biſchofs von Tridtent 370) gaben zu prächtigen Feyerlichkeiten Gelegenheit, die ich aber bey der Menge wichtigerer Begebenheiten ausführlich zu beſchreiben unterlaſſen muß.

§. 35.

Von den im 1760ſten Jahre vorgefallenen Kriegs= und andern Begebenheiten.

Zu Anfang des 1760ſten Jahres ſchien es, als ob ein allgemeiner Friede zu Stande kommen würde. Die großbritanniſche und preußiſche Höfe 371) thaten deshalb die erſte Eröfnung, und erboten ſich, ihre Gevollmächtigte zur Unterhandlung an denjenigen

369) Den 21. Oct. 1759. ſetzte der Kaiſer dem an deſſen Hofe geſtandenen päbſtlichen Nuntius, Ignatz Crivelli, in der Auguſtiner Hof=Kirche mit den gewöhnlichen Feyerlichkeiten den Hut auf.
370) Franz Felix, Fürſtbiſchoff von Trient, ließ den 27. Sept. 1759. durch ſeinen Gevollmächtigten Gervaſius, Grafen Alberti di Enno vor dem kaiſerlichen Throne die Beleihung empfangen.
371) Die dieſerhalb im Haag den 25. Nov. 1759. durch den Herzog Ludwig Ernſt von Braunſchweig=Wolfenbüttel bey Geſandten der Krieg führenden Mächte gethane Erklärung iſt im 1ſten Bande der teutſchen Kriegs=Canzley auf das Jahr 1760. S. 189. u. f. Die Erklärung der Herren General=Staaten, welche Breda zum Verſammlungs=Ort angeboten, in eben dem Bande unter der 55ſten Nummer, und die Antwort, welche die Höfe von Wien, Petersburg und Verſailles auf den Friedens=Antrag gegeben, unter der 60ſten Nummer zu finden.

nigen Ort zu senden, den man dazu bestimmen würde. Die General-Staaten der vereinigten Niederlande schlugen ihre Stadt Breda zu Haltung einer Friedensversammlung vor, man nahm solche von Seiten der Könige von Frankreich, Großbritannien und Preussen an, allein in Ansehung des Krieges in Teutschland erklärten sich die Kaiserin Königin, die Kaiserin von Rußland, und der König von Frankreich, daß, weil man ihre Bundesgenossen, die Könige von Polen und Schweden, nicht mit zu der Friedensversammlung eingeladen hätte, diese Einladung zuförderst geschehen müsse. Nach dieser Eröfnung gerieth das Friedenswerk in Stecken, und der Krieg ward mit desto grösserer Hitze fortgesetzet.

Das Reichsheer brach unter Anführung des Pfalzgrafen von Zweybrücken nach verschiedenen glücklichen Scharmützeln im Junius aus Franken nach Sachsen auf, und lagerte sich, um Dreßden hinlänglich zu decken, bey dieser sächsischen Hauptstadt. Das preußische aus der Lausitz zurückkommende Hauptheer unternahm zwar darauf die Belagerung von Dreßden, und nöthigte das Reichsheer sich nach Groß-Sedlitz zurück zu ziehen, allein die Ankunft der österreichischen Hauptmacht aus Schlesien zog eine Veränderung des Schauplatzes nach sich. Der König von Preussen muste, nach dem Verlust des Treffens bey Landshut und der Festung Glatz, um das von den rußischen und kaiserl. königlichen Völkern zugleich bedrohete Schlesien zu retten, dahin eilen, mithin blieb in Sachsen nur der preußische General-Lieutenant von Hülsen zurück, der sich nach dem Gesechte bey Strehlen aus

einem

einem vortheilhaften Lager in das andere zog, und von dem Reichsheer Fuß vor Fuß verfolget ward. Es erschien zugleich der Herzog von Würtemberg 372) an der Spitze von 12000. Mann auf dem Kriegs-Schauplatz. Er hatte sich auf das kaiserliche Ansinnen dahin erkläret, einen Theil seiner Mannschaft dem teutschen Reiche, und der gemeinen Sache, als eine ausserordentliche Hülfe zuzuführen, und das Kriegsfeuer dämpfen zu helfen. Auf einer Seite kamen also die würtembergischen Völker, nachdem sie in den preußischen und andern Ländern der mit Preussen verbundenen Fürsten, starke Brandschatzung eingetrieben, und auf der andern das Reichsheer dem preußischen General-Lieutenant von Hülsen immer näher. Das Reichsheer eroberte Torgau, besetzte das von den Preussen verlassene Leipzig, und nahm nach einer hitzigen Belagerung auch Wittenberg ein. Die rußische, und mit ihnen vereinigte kaiserl. königl. Völker hatten Berlin besetzt, und es schien, als ob dieser Feldzug auf die glücklichste Art geendiget werden solte. Auf einmahl änderte sich das Kriegs-Glück. Der König von Preussen kam aus Schlesien nach Sachsen zurück, eroberte Torgau, Leipzig und Wittenberg, geschwinder wieder, als er solche verlohren, und nöthigte nach der Schlacht bey Torgau sowohl das Reichsheer, als die kaiserliche und würtembergische Völker zum Rückzuge. Die Hauptstadt Dresden

blieb

---

372) Man sehe die dieserhalb von dem würtembergischen Hofe öffentlich bekannt gemachte Erklärung im 2ten Bande der teutschen Kriegs-Cantzley auf das Jahr 1760. unter der 33sten Nummer.

blieb noch immer die einzige Frucht des in Sachsen geführten Krieges.

Die Ausgaben, welche dieser Feldzug erforderte, wurden durch eine neue Bewilligung von Römer-Monaten bestritten. Es kam diese Sache nach eingelaufenem kaiserlichen Commißions-Decret 373) bey der Reichsversammlung zu Regensburg zum Vortrage, und es wurde die Bezahlung von vierzig Römer-Monaten des Widerspruchs der churbrandenburgischen, churbraunschweigischen und derer mit diesen verbundenen Gesandten ungeachtet, durch die Mehrheit der Stimmen bewilliget 374).

Ausserdem kamen noch verschiedene andere wichtige Angelegenheiten bey der Reichs-Versammlung vor. Churcölln 375) beschwerte sich über die Bedrückungen, welche den churcölln-münster-paderborn osnabrück- und hildesheimischen Ländern von dem unter dem Herzog Ferdinand von Braunschweig stehenden verbundenen Heere, zugefüget worden. Diese Beschwerden wurden durch ein kaiserliches Hof-Decret an das versammlete Reich gebracht. Nicht weniger beschwerten sich verschiedene Reichs-Kreise

---

373) Siehe das dieserhalb an das Reich erlassene Commißions-Decret im 1sten Bande der teutschen Kriegs-Canzley auf das Jahr 1760. S. 691. u. f.

374) Das zu Stande gekommene Reichs-Gutachten ist im 2ten Bande der teutschen Kriegs-Canzley auf das Jahr 1760. S. 44. u. f. nachzulesen.

375) Man sehe das dieserhalb unter dem 1. Aug. 1760. an die Reichs-Versammlung erlassene Commißions-Decret und die selbigen angefügte Beylagen im 2ten Bande der teutschen Kriegs-Canzley auf das Jahr 1760. S. 348. u. f.

Kreise 376), daß für die an die französische Völker gethane Lieferungen, noch keine Zahlung erfolget. Der Herzog von Meklenburg, 377) der Fürst von Waldeck 378) und die nassauische Länder 379) klagten gleichfals über derselben allgemeine Verwüstung, Churſachsen 380) erhob besonders über die Einäscherung von Dresden und die Verwüstungen der sächsischen Waldungen, und Preußen 381) über die ausgeübte Gewaltthätigkeiten und Grausamkeiten grosse Klagen. Der Kaiser ließ die schärfste Befehle bekannt machen, daß den preußischen, churbraunschweigischen, und mit ihnen verbundenen Völkern keine Kriegsgeräthschaft und Lebensmit-

Y 3

376) Siehe solche S. 1. u. f. und S. 766. u. f. des 2ten Bandes der teutschen Kriegs-Canzley auf das Jahr 1760.
377) Siehe diese Beschwerden auf der 896. u. f. Seite des 2ten Bandes der angeführten Kriegs-Canzley auf das Jahr 1760.
378) Siehe die wiederhohlte an die Reichs-Versammlung gerichtete fürstliche waldeckische Vorstellungen im 2ten Bande der teutschen Kriegs-Canzley auf das Jahr 1760. S. 420. u. f. und Seite 663. u. f.
379) Siehe des Herzogs von Braunschweig-Wolfenbüttel, als Ober-Vormunds, an die Reichs-Versammlung dieserhalb erlassenes Schreiben auf der 518. u. f. Seite des angeführten 2ten Bandes.
380) Siehe das Memoire sur le Bombardement de Dresde, im angeführten 2ten Bande der teutschen Kriegs-Canzley S. 456. u. f. Das sächsische Pro-Memoria S. 479. u. f. eben des Bandes, wegen des Holz-Verkaufs aber Nummer 151.
381) Siehe das preußische dieserhalb erlassene Circular-Rescript S. 421. u. f. des 1sten Bandes der teutschen Kriegs-Canzley auf das Jahr 1760.

bensmittel zugeführet werden, und daß niemand an dem sächsischen Holzverkauf Theil nehmen solte, und aller Orten wurden die Stände zu baldiger Vollzählig=machung ihrer Völker angemahnet. Wegen der Theilung des eroberten Kriegs=Vorraths 382) entstand zwar zwischen dem General=Kriegs=Commissariat und den Reichs=Kreisen eine Irrung, allein sie ward die Erklärung des Grafen von Wilczek einstweilig beygelegt.

Von mehrerer Wichtigkeit war die Münz=Angelegenheit, die in diesem Jahre vorzüglich in Bewegung gerieth. Die ungeheure Menge von schlechten Münzsorten brachte Teutschland grossen Verlust, man suchte diesem Uebel kaiserlicher Seits sowohl durch ein an das gesamte Reich wegen des Münzwesens erlassenes Commißions=Decret, 383) als durch Beförderung der Einführung des österreichischen Conventions=Fusses abzuhelfen. Es ward auch zu Augsburg ein Münz=Probationstag auf kaiserliche Veranlassung gehalten, allein Churbayern 384) wolte den Schlüssen mit beytreten,
seine

382) Die Stände beschwerten sich, daß der in Torgau, Wittenberg, Leipzig eroberte Vorrath mit ihnen nicht gehörig getheilet worden. Der General=Kriegs=Commissarius Graf von Wilczek, versprach, daß solches nach dessen Anzeichnung geschehen solle, das Geschütz aber gar nicht in Vertheilung kommen könnte. Siehe die dahin gehörige Vorstellungen und Antwort. S. 865. u. f. des 2ten Bandes der teutschen Kriegs=Canzley auf das Jahr 1760.
383) Dieses ward den 13. Aug. 1759. an das Reich erlassen.
384) Der Kaiser erließ dieserhalb unter dem 20sten Aug. 1760. ein scharfes Rescript an Bayern, und verlangte
bey

seine Gesandten verliessen Augsburg, und die Sache gerieth ins Stecken. Besonders muste Frankfurt am Mayn die Folgen eines zerrütteten Münzwesens empfinden. Es ward zur Aufsicht über das Münzwesen bey Meßzeiten eine kaiserliche Commißion daselbst niedergesetzet. Die Stadt meldete sich deshalb bey der Reichsversammlung sowohl als mit weitläuftigen Vorstellungen bey dem Kaiser, und bat, sie bey dem Recht, welches jeder Reichsstand, die Münzverbrecher zu bestrafen, habe, gehörig zu schützen. Ihre Widersetzlichkeit ward durch ein neues Reichs-Hofraths-Conclusum 385) geahndet, sie muste die Commißion erkennen, und die Commißions-Kosten bezahlen. Die Vorstellungen des französischen Hofes aber wirken einen Aufschub der Commißion. Ich übergehe die Streitigkeiten des Reichs-General-Postamts mit 386) den vereinigten Niederlanden, weil solche

bey Vermeidung der reichs-gesetzmäßigen Strafen die Wiederbeschickung des Münz-Convents. Bayern entschuldigte sich aber damit, daß die Verhältniß zwischen Gold und Silber, welche man auf dieser Versammlung festsetzen wollen, ganz sichtbar ungleich sey, und es also, weil man seinen Widerspruch gar nicht in Betrachtung ziehen wollen, die Versammlung verlassen müssen.

385) Es war solches vom 5ten Aug. 1760. und befahl bey Verlust, Würden, Ehren, Vermögens, ja Leib und Lebens die Anerkennung der Commißion binnen 3. Tagen.

386) Die holländische Post-Commissarien hatten den Vergleich wegen der Abwechselung der Posten nach Holland 1757. aufgehoben, durch Anhaltung der nach Teutschland bestimmten holländischen Briefe, welche

solche bald anfangs durch einen Vergleich beygelegt wurden, und das, was wegen des Reverses 387), den die in preußischer Gefangenschaft gerathene Officier des nassau-weilburgischen Regiment ausgestellet, vorgefallen, indem letzteres von keinen Folgen war.

Im kayserlichen Hause selbst ereignete sich die höchst-beglückte Vermählung des Erzherzogs Josephs mit der Prinzeßin von Parma 387 a). Der Fürst

der Fürst von Taxis dem Postmeister zu Maseyck befahl, wurden sie zu Schliessung eines neuen Vergleichs genöthiget.

387) Die 1759. bey der Uebergabe von Leipzig zu Gefangenen gemachten Officier des Nassau-weilburgschen oberrheinischen und anderer Regimenter hatten sich verbindlich gemacht, in diesem Kriege nicht gegen Preussen zu dienen. Sie solten deshalb auf kaiserl. Befehl caßirt werden, nachdem sie aber dargethan, daß ihre Verbindlichkeit nur so lange biß sie ausgewechselt worden, sich erstrecke, und dieses selbst in der preußischen Citation anerkannt worden, ward die Sache beygelegt. Siehe deshalb die in dem 2ten Bande der teutschen Kriegscanzley auf das Jahr 1760. unter den Nummern 41. 49. 51. 52. 53. 54. befindliche Staatsschriften.

387 a) Die auf die Vermählung zu Wien von dem grossen Künstler Wideman verfertigte Schaumünze zeigt auf der einen Seite die beyden sehr sauber geschnittenen Brust-Bilder des kaiserl. königl. Cron-Prinzen und Erz-Herzogs und seiner Gemahlin, mit der Umschrift: JOSEPH. A.rchidux. A.ustriæ ELISAB.etha BORB.onia. PHILIP.pi HISP.aniae INF.antis FILIA. Unten stehet A. WIDEMAN. Auf dem Revers ist ein Hymenæus, welcher in der rechten Hand zween Kränze empor hält, und in der linken Hand mit einer brennenden Fackel auf einem Altar

ein

Fürst von Lichtenstein hatte die vorzügliche Gnade, dieses Heyrathsgeschäfte zu Stande zu bringen. Er that zu Parma als kayserlicher Abgesandter die feyerliche Anwerbung, die Prinzeßin ward ihm, in habender Vollmacht, angetrauet; und er begleitete sie bis nach Wien, woselbst die Trauung in der Augustiner Hofkirche den 6ten Oct. vor sich ging. Ich übergehe die prächtige Feyerlichkeiten, welche bey dieser Gelegenheit zu Wien, Parma und auf der ganzen Reise beobachtet worden, und bemerke nur dieses einzige, daß der kayserliche Hof mitten in dem schwersten und kostbarsten Kriege nichts an derjenigen Pracht fehlen lassen, welche dessen Würde erfordert, und daß der Fürst von Lichtenstein überall mit dem besten Geschmack und Anstand dasjenige auf das prächtigste veranstaltet, was die ihm aufgetragene hohe Ehrenstelle erfordert.

Bey der Reichs-Generalität erfolgte die Ernennung zweyer Feldmarschalle, der Pfalzgraf Friedrich von Zweybrücken erhielt die catholische, und der Prinz Carl August von Baden-Durlach die evangelische Stelle. Das Reichsgutachten 388) kam (den 20. Merz 1760.) durch Mehrheit der Stimmen zu Stande und ward sogleich vom Kayser durch ein Commißions-Ratificatious-Decret (den 27sten Merz 1760) bestätiget. Ausserdem ward der Reichs-

Y 5   versamm-

ein Feuer anzündet. Oben darüber stehet: FELIX CONNVBIVM. Im Abschnitte kommen die Worte vor: CELEBRAT. um VINDOB.onae VI. OCT. MDCCLX.

388) Siehe solches im 1sten Bande der teutschen Kriegscanzley auf das Jahr 1760. S. 536. und das kaiserliche Commißions-Decret S. 601. u. f.

verſammlung die Erhebung der Grafſchaft Walden‑
burg 389) zum Reichsfürſtenthum (im Febr. 1760)
bekannt gemacht. Der alte und verdiente kayſer‑
liche königliche General‑Feldmarſchall von Mar‑
ſchall 390), der rußiſche Hofmarſchall von Sie‑
vers 391) und die Brüder des rußiſchen Großcanz‑
lers Grafen von Woronzow wurden in des Heil.
Röm. Reichs‑Grafenſtand erhoben. Das Stift
Kempten 392) bekam ein neues Oberhaupt.

§. 36.

389) Sie war, wie oben erwehnt, ſchon 1757. geſchehen.

390) Ernſt Dietrich von Marſchall auf Pauſche, kaiſerl.
königlicher Feldmarſchall, Gouverneur von ⸺ xem‑
burg, und des militairiſchen Marien Thereſien‑Or‑
dens Großcreutz ward für ſich und ſeine Erben in den
Grafenſtand erhoben. Er hat in ſeinen ein halbes
Jahrhundert hindurch dem Hauſe Oeſterreich erwieſe‑
nen Dienſten, beſonders durch die Vertheidigung der
Feſtung Ollmütz, welche der König von Preuſſen ſelbſt
gelobt, im Jahr 1758. ſich ein unſterbliches Anden‑
ken geſtiftet.

391) Carl von Sievers, ein gebohrner Liefländer, und
Hofmarſchall, Cammerherr und General‑Lieutenant
in rußiſchen Dienſten, nicht weniger die beyde Brü‑
der des rußiſchen Großcanzlers, Grafen Michael
Woronzow, nehmlich 1) Roman Larionowitz und
2) Johann Larionowitz, beyde rußiſche General‑Lieu‑
tenants und Cammerherrn, wurden im Jenner 1760.
in des heil. Röm. Reichs‑Grafenſtand erhoben.

392) Engelbert, des heil. Röm. Reichs Fürſt und Abt
zu Kempten, ein gebohrner Freyherr von Siegenſtein,
ſtarb nach 13jähriger Regierung, den 25. May 1760.
An ſeine Stelle ward Honorius, ein gebohrner Frey‑
herr von Roth zu Schreckenſtein, der bis dahin Dom‑
dechant geweſen, den 16. Jun. 1760. durch einhellige
Stimmen zum Abt erwehlet.

392 a)

§. 36.

Von dem, was sich im 1761sten Jahre, sowohl in Ansehung der fortdauernden Kriegs-Unruhen als anderer Reichsangelegenheiten zugetragen.

Das 1761ste Jahr hindurch ward der Krieg eben so hitzig, als in allen vorhergehenden geschehen, fortgesetzet. Der König von Preussen verlohr die beyde wichtige Plätze Schweidnitz und Colberg, das österreichische Hauptheer bekam also festen Fuß in Schlesien, und das rußische in Pommern. Man konte sich also im folgenden Jahre die grössesten Vortheile mit guten Grunde versprechen. Das Reichsheer, welches in diesem Jahre, nachdem der Pfalzgraf von Zweybrücken die gesuchte Erlassung erhalten, den kayserlichen königlichen General-Feldmarschall

392 a) Die kleine Stadt Butzow im meklenburgischen ward von dem Herzog Friedrich von Meklenburg-Schwerin zu Anlegung einer neuen Friedrichs hohen Schule ausersehen, und im 1760sten Jahre der kaiserliche Freyheits-Brief deshalb ausgefertiget.

392 b) Turriglia und St. Stephan Vallis avanci, zwey Reichs-Lehen in Italien, welche der ältere Zweig des Hauses Doria besitzet, wurden den 13. May 1760. für den Fürsten Johann Andreas Doria von Melfi zu einem Fürstenthum und Reichs-Thronlehn erhoben, diese beyde Lehen für ihn und seine Nachkommen mit einander vereiniget, ihm die Benennung Illustrissimi auch Dilectioris & Consanguinei charissimi nach Ordnung der Erstgeburt beygelegt, und verordnet, daß St. Stephano Mannlehen bleiben, Turriglia aber auch den weiblichen Nachkommen verbleiben solle.

schall Graf von Serbelloni 393) zum Oberfeldherrn bekam, und durch eine grosse Anzahl kayserl. königl. Völker verstärkt war, machte zwar in diesem Feldzuge keine neue Eroberungen, vielmehr hatte es zu Anfang des Aprils einige nachtheilige Scharmützel mit den Preussen. Unterdessen deckte es doch Dresden, behauptete den Besitz eines ansehnlichen Theils von Sachsen, und ging erst im Dec. in die Winterquartiere, welche sich von Zeitz und Altenburg durchs Voigtland nach Thüringen und Franken erstreckten.

Mitten unter diesen Kriegsunruhen that man von Seiten der rußischen Kaiserin, mit Einverständniß der Bundes-verwandten Höfe, den Antrag 394), eine Friedensversammlung zu Augsburg anzustellen. Großbritannien und Preussen nahmen dieses sogleich an, der französische und großbritannische Hof schickten einander Bevollmächtigte, welche einen besondern Frieden, der dem allgemeinen Frieden zur Grundlage dienen konte, zu schliessen befehliget waren, allein die Bedingungen, welche Großbritannien

393) Johann Baptista, Graf von Serbelloni, kaiserl. königl. General-Feldmarschall, ein gebohrner Italiäner und sehr erfahrner General. Man hat ihn in Ansehung der überall gebrauchten Vorsicht und wohl geordneten Züge mit dem römischen Fabius und dem Feldmarschall Graf Daun, verglichen. Besonders war er ein strenger Beobachter guter Mannszucht.

394) Der Fürst Peter von Gallitzin, rußischer Gesandter am großbritannischen Hofe, that diese Erklärung den 30. May 1761. Man sehe die Erklärungen, welche die Krieg führende Mächte dieserhalb gegen einander gethan, unter der 51 und 52sten Nummer der Staats-Schriften, im 1sten Bande der teutschen Kriegs-Canzley auf das Jahr 1761.

alen forderte 395), wurden nach vielen Unterhandlungen von Frankreich verworfen, folglich die Gesandten aus Paris und London zurück berufen, und dieses zog auch nach sich, daß die Friedensversammlung zu Augsburg nicht eröfnet ward.

Die Reichsversammlung zu Regensburg ward von der anzustellenden Friedensversammlung gleichfalls durch ein kayserliches Hof-Decret 396) benachrichtiget. Die Höfe von Frankreich und Schweden gaben als gewährleistende Mächte des westphälischen Friedens der Reichsversammlung ihre friedliebende Gesinnung gleichfalls durch besondere Erklärungen 397) zu erkennen, und der Rath zu Augsburg 398) ließ die dieser Stadt bevorstehende Ehre durch Trompeten- und Pauckenschall bekannt machen. Es entstund darauf bey der Reichsversammlung die Frage, ob man dem Kayser das Friedensgeschäfte im Namen des ganzen Reichs übertragen, oder eine eigene

Reichs-

---

395) Man lieset alles, was damahls zwischen beyden Höfen gehandelt worden in dem Memoire historique sur la negociation de la France et de Angleterre depuis le 26 Mars 1761. jusq' au 20. Sept. de la meme annee, avec les pieces justificatives, dessen Uebersetzung im 2ten Bande der teutschen Kriegs-Canzley auf das Jahr 1761. unter der 30sten Nummer zu finden ist.

396) Es war solches vom 6. Jun. 1761. und ist in dem angeführten Bande der teutschen Kriegs-Canzley unter der 53sten Nummer nachzulesen.

397) Siehe diese den 30sten Jun. 1761. zu Regensburg dictirte Erklärungen im angezogenen Bande unter der 54 und 55sten Nummer.

398) Dieses Raths-Decret ward den 9. Jul. 1761. zu Augsburg bekannt gemacht, und findet sich unter des 56sten Nummer angeführten Bande.

Reichs=Deputation auf die Friedensversammlung senden wolle. Sämtliche catholische Stände wären der Meinung, dem Kayser Vollmacht wegen des zu schliessenden Friedens zu ertheilen, nur Churpfalz bestund auf Absendung einer Reichs=Deputation. Man entwarf darauf verschiedene Punkte, deren Besorgung bey Auftragung der Vollmacht besonders anempfohlen werden solten, und diese waren folgende:

1) Daß der westphälische Friede bestätiget,
2) Die Zölle von Preussen nicht erhöhet, und die magdeburgische Stapelgerechtigkeit nicht zu weit ausgedehnet werde.
3) Daß der preußischen Ausmünzung geringhaltiger Münzen gesteuret, und die Kreise wegen ihres deshalb erlittenen Verlustes entschädiget würden,
4) Den preußischen Werbungen im Reiche Grenzen gesetzet,
5) Die Kriegskosten und verursachte Schäden dem Reiche vergütet, und
6) Preussen zu Bezahlung der Cammer=Zieler und übrigen Reichslasten angehalten werde.

Einige evangelische Stände bestunden darauf, daß unter dem Punkt wegen Bestätigung des westphälischen und anderer darauf erfolgter von dem Reiche genehmigter Schlüsse der ryßwickische nicht verstanden werden solle, und diese Einschränkung ward genehmiget. Den grösten Widerspruch erregten Churbrandenburg und Churbraunschweig. Sie protestirten nicht allein wider die Erklärungen, welche der französische und schwedische Gesandte, als

gewähr=

gewährleistende Höfe des westphälischen Friedens, überreichet, sondern sie behaupteten auch, daß sowohl die Auftragung der Vollmacht, als die Punkte, welche man derselben beyfügen wolle, mit der Reichs-Wohlfart stritten. Einige andere protestantische Fürsten verlangten Aufschub in der Sache, als aber dieser nicht bewilliget werden wolte, traten einige evangelische Gesandschaften zusammen, und machten ein Conclusum, darin sie festsetzten,

von ihren aus den westphälischen Friedensschluß habenden Rechten nicht per directum oder indirectum sich verdringen zu lassen, an dem Reichs-Auftrag keinen Theil zu nehmen, und gegen das, was bey dem Friedensgeschäfte in modo agendi contra jura statuum oder sonst vorgehen möchte, sich protestando zu verwahren.

Churbrandenburg gab ein diesem Conclusum gleichlautendes votum commune Evangelicorum zum Protocoll, allein es konte weder dieses, noch die Sachsen-Gothaische Aeusserung den Schluß nicht rückgänglg machen, sondern die meisten Stimmen fielen dahin aus 399,

dem Kayser die Vollmacht von Reichs wegen, den Frieden zu schliessen, aufzutragen, und obgemeldete Punkte zur Rücksicht in Erinnerung zu bringen.

Dieses

399) Man sehe das Reichs-Gutachten vom 7ten August 1761. nicht weniger die Acten-Stücke, die bey der Reichs-Versammlung wegen des bevorstehenden Friedens-Geschäftes anzustellende Berathschlagungen betreffend, im angezogenen Bande der Kriegs-Canzley, unter den Nummern 64 bis 71.

Dieses Reichsgutachten ward sogleich von dem Kayser bestätiget, allein die Friedensversammlung kam, unerachtet viele Gesandten bereits Häuser zu Augsburg gemiethet, nicht zu Stande. Frankreich und Großbritannien konten der langwierigen Unterhandlung ohnerachtet nicht einig werden, und dies hatte auf das Friedensgeschäfte ihrer Bundesgenossen in Teutschland den grösseten Einfluß.

Dasjenige, was sich wegen der Bischofswahl zu Münster, Paderborn, Hildesheim und Osnabrück ereignete, verursachte gleichfalls im Reiche grosse Bewegungen. Diese Bistümer waren durch den Todt des Churfürsten von Cölln erlediget worden, allein sie waren mit Völkern des verbundenen Heeres besetzet, und diese wolten nicht zugeben, daß zur Wahl geschritten werde. Es erweckte dieses den Verdacht, als ob die Krieg-führende Mächte diese Stifter dereinst bey erfolgten Frieden zur Entschädigung des einen oder des andern in weltliche Fürstenthümer zu verwandeln, die Absicht hätten, allein derselbe ist durch die folgende Zeit widerleget worden. Der Kaiser ernannte den Grafen von Raab 400) zum Gevollmächtigten bey der Bischofswahl zu Osnabrück und Münster, den Gesandten im Haag, Freyherrn von Reischach 401) ordnete er zur Bischofswahl in Münster und Paderborn ab. Jedoch beyde wurden nicht zugelassen, und es ergieng desshalb ein sehr scharfes und weitläuftiges mit dreyzehen Beylagen versehenes Commißions-Decret

400) Siehe oben von ihm die 129ste Anmerkung.
401) Siehe oben von ihm die 255ste Anmerkung.

cret 402) an die Reichsversammlnng zu Regens:
burg, in welchem gezeiget ward, daß diese Hem=
mung der Bischofswahl den Umsturz der ganzen
Reichsverfassung nach sich ziehe, allein es war die
Macht auf der Gegenseite, und erst nach Verlauf
von ein paar Jahren bekamen diese Stifter bey ru=
higern Zeiten neue Oberhäupter.

Es fehlte auch nicht an andern Beschwerden bey
der Reichsversammlung. Baaden=Durlach 403)
und der fränkische Creyß klagten über die grosse
Menge von Lieferungen, welche sie an das franzö=
sische Heer thun müssen, Hessencassel 404) und
Braunschweig darüber, daß sie als der Empörung
anhangende Fürsten angesehen würden, da sie doch
ihre Völker nur kraft derjenigen Verbindung, die
sie vor Ausbruch der ietzigen Unruhen eingegangen,
der Krone Großbritannien überlassen, Sachsen
über die Verwüstung des Jagdschlosses Huberts=
burg,

402) Siehe sowohl das kaiserl. Commißions=Decret vom 8. May 1761. als die Vorstellungen des chur= cöllnischen Gesandten an die Reichs=Versammlung unter der 41, 42 und 43sten Nummer des 1sten Ban= des der teutschen Kriegs=Canzley auf das Jahr 1761.

403) Siehe die Durlachische Beschwerden unter der 61 Nummer des 2ten Bandes der teutschen Kriegs Canz= ley auf das Jahr 1761. und das was der fränkische Creyß wegen dieser Lieferungen sowohl bey dem Kai= ser als Frankreich vorgestellet, und der französische Ge= sandte verlanget, unter der 53, 54, 55, 56, 57, 61 und 63sten Nummer eben dieses Bandes.

404) Siehe das hessen=cassel sche und braunschweigische Pro=Memoria im angezogenen ersten Bande, Num= mer 12 und 13.

burg, 405) Preußen 406) über die von Oesterreich und andern feindlichen Völkern ausgeübte Grausamkeiten, die nassauische 407) Vormundschaft über die fortdauernde Bedrückungen dieser Länder, und einige Reichs-Creiße über die nicht gehörig geschehene Theilung der ereberten Magazine 408).

Hingegen wurden alle noch übrige Irrungen des Hauses Würtemberg mit den Kindern des letzten Herzogs von Mümpelgard (im October 1761.) zu Wien durch kaiserliche Vermittelung verglichen, und dem Freyherrn von Esperance die Ehrenbenennung eines Grafen von Horneburg zu führen, daben zugestanden. Auch ward durch kaiserliche Vermittelung die Stadt Homburg 409) wieder in den Genuß

---

405) Man sehe solche Beschwerden unter der 18. Nummer des gemeldeten ersten Bandes.

406) Die preußische Beschwerden siehe unter der 34. Nummer eben dieses Bandes.

407) Siehe des Herzogs von Braunschweig, als Vormunds, Schreiben an die Reichs-Versammlung, unter der 40 und 63sten Nummer eben dieses Bandes.

408) Man sehe den Entschluß des ober-rheinischen Kreises wegen dieser Sache, unter der 35sten Nummer des 2ten Bandes der Kriegs-Canzley auf das Jahr 1761.

409) Frankreich beschuldigte Hamburg, daß es seiner Feinde Werbung in der Stadt begünstiget, und ein von dem französischen Residenten zu Hamburg, von Champeaux, mit Pässen versehenes Schiff, anzuhalten. Durch einen königlichen Befehl vom 24. May 1760 ward diese Stadt aller bis dahin genossenen Freyheiten beraubet, der kaiserliche Abgesandte zu Paris, Graf George von Stahremberg, vermittelte aber die Sache dahin, daß die nach Frankreich gesendete hamburgische Abgeordnete bey dem König Gehör fanden, und die obgedachten Freyheiten ihnen aufs neue bestätigt wurden.

Genuß der Freyheiten, die sie ehedem in Frankreich genossen, gesetzet. Der Erbfolge Vertrag, welchen der König von Dännemarck mit dem Herzoge von Holstein-Plön 410) geschlossen, ward bestätigt und der König nahm nach Absterben des Herzogs sogleich von dessen Ländern Besitz. Bey dem niederrheinischen Creiß- und westphälischen Grafen-Collegium nahm der Graf von Ostein, 411) wegen der unmittelbaren Reichs-Herrschaft Müllendonck, Sitz, welches der Kaiser der Reichsversammlung durch ein Hof-Decret bekannt machte.

Die Wahl eines neuen Churfürsten von Cölln, 412) bey welcher sich der Graf von Pergen, 413)

als

410) Der letzte Herzog, Friedrich Carl von Holstein-Plön, schloß den 29sten Nov. 1756. mit dem Könige Friedrich dem 5ten von Dännemark, einen Vergleich, den auch die Verwandten genehmigten, krafft dessen, der ganze Landes-Antheil von Holstein-Plön nach des Herzogs Tode an Dännemark, welches aber dagegen die Schulden übernahm, fallen solte. Die kaiserliche Bestätigung erfolgte im May 1761. und der König nahm, nach dem den 18. Oct. 1761. erfolgten Absterben des Herzogs, Besitz.

411) Marie Anne, gebohrne und verwitwete Gräfin von Berteps brachte die Reichs-unmittelbare Herrschaft Mülendonc, ihrem 2ten Eheherrn, dem 1742. verstorbenen Reichs-Hofraths-Präsidenten, Johann Franz Heinrich Carl, Reichsgrafen von Ostein zu, und den 13 May 1761. machte der Kaiser durch ein Hof-Decret dem Reich bekannt, daß der älteste Sohn des verstorbenen Präsidenten, Johann Friedrich Carl Maximilian, Graf von Ostein, wegen dieser Herrschaft Sitz und Stimme erhalten habe.

412) Maximilian Friedrich, ein gebohrner Reichsgraf von Königseck-Aulendorff, Domdechant zu Cölln, ward

als kaiserlicher Gevollmächtigter befand, und die von einem Hoch- und Teutschmeister 414) ungehindert vor sich. Die Bistümer Passau 415) und Ollmütz 416), wie auch Sitten 416a) sahen die Stellen ihrer verstorbenen Bischöffe würdig ersetzt, und der vielgeltende Oberhofmeister des churpfälzischen Hofes,

ward den 6. Apr. 1761. zum Churfürsten erwählt, nachdem fast seit 200. Jahren die Churfürsten aus dem Hause Bayern gewehlt worden.

413) Johann Anton, Reichsgraf von Bergen, kaiserl. königl. würklicher geheimder Rath und gevollmächtigter Minister bey den vorliegenden Reichs-Creysen, ein sehr geschickter Minister.

414) Statt des verstorbenen Churfürsten von Cölln ward Herzog Carl von Lothringen, des Kaisers Bruder, nachdem er zuvor den 3. May. 1761. zum teutschen Ordens-Ritter geschlagen worden, den 4. May 1761. zum Hoch- und Teutschmeister erwählt, wobey der geheimde Rath, Johann Wenzel, Freyherr von Widmann, die Stelle eines kaiserl. Abgeordneten versahe.

415) Joseph Dominicus, ein gebohrner Reichsgraf von Lamberg, der römischen Kirche Cardinal, auch Fürstbischof von Passau, gieng den 30. Jul. 1761. im 87sten Jahre seines Alters zu Passau mit Tode ab. An seine Stelle ward Joseph Marie, Bischof von Gurck, ein gebohrner Reichs-Graf von Thun, den 19. Nov. 1761. mit einhelligen Stimmen erwählet.

416) Leopold Friedrich, Fürstbischof von Ollmütz, ein gebohrner Reichsgraf von Egg und Hungersbach, starb den 15. Dec. 1760. An seine Stelle ward Maximilian, Reichsgraf von Hamilton, Domherr v. Ollmütz erwählet. Der kaiserl. königl. geheimde Rath, Graf Rudolph Joseph von Korsenski, wohnte als kaiserl. Abgeordneter der Wahl bey

416a) Franz Joseph Friedrich Ambüel Domherr zu Sitten ward den 19. Jenner 1761. zum Reichs-Fürsten und Bischof zu Sitten erwählt.

Hofes, Graf von Gallean 417), ward den Reichs-fürsten zugesellet.

Bey der Reichs-Generalität besetzte das Reich unter kayserlicher Bestätigung die erledigte Feld-Zeugmeisterstellen, davon der Freyherr von Bretlach 418) die catholische, und die Prinzen Christoph von Baden-Durlach und Christian Carl von Stolberg die evangelische Stellen erhielt 419).

Um die Verdienste des gelehrten, großmüthigen und würdigen Prälaten, des Erzbischofs von Wien 420), zu belohnen, empfohl ihn der Kayser

zur

---

417) Carl Hyacinth Anton, Marquis von Gallean, Fürst des römischen Stuhls, Churpfälzischer Groß-Hofmeister, ward den 15. Sept. 1761. mit allen seinen Nachkommen in den Reichs-Fürsten-Stand erhoben, und mit dem teutschen Incolat begnadiget.

418) Johann Franz, Freyherr von Bretlach, kaiserl. königl. General der Reuterey, ein eben so geschickter Staatsmann als Feldherr. Seine Gesandschaft am rußischen Hofe hat ihm vorzüglichen Ruhm erworben.

419) Diese Ernennung geschahe durch das Reichs-Gutachten vom 4ten May 1761.

420) Christoph, Cardinal der römischen Kirche, Erzbischof von Wien, ein gebohrner Graf von Migazzi, hat sich sowohl unter den Grossen dieser Welt durch seine Gesandschaft an den spanischen Hof, als unter den Gelehrten durch verschiedene Schriften bekannt gemacht. Ich verweise meine Leser, wegen der Verdienste dieses würdigen Prälaten auf Herrn Prof. Johann Friedrich Joachim neueröfnetes Münz-Cabinet, 2ten Theil. S. 1 bis 8. woselbst eine auf denselben geschlagene Schaumünze in Kupfer gestochen, und von dem Alterthum und genealogischen Umständen dieses Hauses sowohl als von den Lebens-Umständen des Herrn Cardinals aus Archiven mitgetheilte Nachrichten befindlich sind.

zur Carbinalswürde, und er empfing solche unter allgemeinem Beyfall.

Im kayserlichen Hause selbst erfolgte der Todesfall des Erzherzogs Carl 421), hingegen erlebte der Monarch die Freude, den grossen Fortgang des Erzherzogs Peter Leopold 422) in den Wissenschaften

421) Carl Erzherzog von Oesterreich, ward den 18. Jenner 1761. dieser Sterblichkeit entrissen. Das Andenken dieser traurigen Begebenheit ist durch eine von dem kaiserl. Stempel-Schneider, Widemann, zu Wien verfertigte Schaumünze aufbehalten worden, welche Herr Prof. Joachim im 2ten Theil des neueröfneten Münz-Cabinets S. 9. u. f. im Kupferstich beybringt, und zugleich die Lebens-Umstände und Begräbniß-Feyerlichkeiten des verstorbenen anführet. Die Haupt-Seite dieser Schaumünze stellet das geharnischte und mit dem Orden des güldnen Vliesses gezierte Brust-Bild des hochseligen Erzherzogs dar, mit der Umschrift: CAROLVS ARCHIDVX AVSTRIAE. Unten liest man A. Wideman, welches der Name des berühmten und kunstreichen Medailleurs, Herrn Widemans zu Wien ist. Auf der andern Seite siehet man die auf einem zierlichen und erhabenen Postement sitzende, mit einem Kranz gezierte und geflügelte Fama, welche in der rechten Hand eine Trompete und in der linken das Brust-Bild des Erzherzogs in einem ovalen Rahme hält, mit der Umschrift: PARENTVM AMORI ET LOCTVI PVBLICO SACRVM. Im Abschnitte liest man: NATVS I. FEBR. uarii MDCCXLV. OB. iit XVIII. IAN. uarii MDCCLXI.

22) Der Erzherzog ward über das ganze Recht der Natur in Gegenwart des Kaisers, des Erzherzogs Joseph, und verschiedener Standes-Personen den 19. Dec. 1761. befragt, beantwortete die schwersten Fragen mit vieler Fertigkeit in lateinischer Sprache, und machte

ten bey einer angestellten Prüfung in allerhöchster
Person zu bemerken, und der durchlauchtigste Lehr-
ling sowohl als sein Lehrmeister wurden des grössesten und allerhöchsten Beyfalls versichert.

§. 37.

Von den merkwürdigsten Begebenheiten, welche sich im 1762sten Jahre ereignet.

Im 1762sten Jahre führte das Reichsheer den
Krieg in Sachsen mit abwechselndem Glück. Der
General-Feldmarschall, Graf Serbelloni, hatte eine
Zeitlang den Oberbefehl, legte solchen aber wegen
seiner kränklichen Umstände nieder, und bekam den
Prinzen von Stolberg 423) zum Nachfolger. Der
Prinz Heinrich von Preußen, welcher in Sachsen
an der Spitze der preußischen Völker sich befand,
nöthigte anfänglich das ziemlich schwache Reichsheer zum Rückzuge nach Franken, und es geschahen
wiederholte preußische Einfälle in den fränkischen
Kreiß, allein gegen das Ende des Jahres wendete
sich das Glück. Das Reichsheer gieng durch Böheim abermals nach Sachsen, vereinigte sich bey
Dresden mit den österreichischen Völkern, die aus

Z 4 Schlesien

machte dadurch seinem Lehrmeister, dem unter-oester-
reichischen Regierungs-Rath, D. Carl Anton Mar-
tini, Ehre.

423) Christian Carl Prinz von Stollberg, kaiserl.
königl. General-Feldzeugmeister, ward zum Anfüh-
rer des Reichs-Heeres ernannt, und solches durch
ein kaiserl. Commißions-Decret vom 10ten Nov.
1762 dem Reich bekannt gemacht. Siehe dasselbe
im 2ten Bande der teutschen Kriegs-Canzley auf das
Jahr 1762. Numero 23.

Schlesien ansehnlich verstärkt worden, und zwang nach verschiedenen glücklichen Treffen den Gegentheil zu Verlassung des ganzen Erzgebürges. Jedoch nach der verlohrnen Schlacht bey Freyberg änderte sich der Schauplatz auf einmal. Das Reichsheer zog sich nach dieser Schlacht in das Erzgebürge an die böhmische Grenze zurück. Der preußische General-Major von Kleist that darauf einen neuen Einfall in Franken, und drang bis nach Nürnberg vor. Das Reichsheer muste dieserhalb, der harten Witterung ungeachtet, zur Rettung von Franken, den Weg aus Böheim dahin antreten, und bezog sodenn in dem fränkischen Kreisse die Winterläger.

Die Unterhaltung dieses Reichsheeres geschahe größtentheils aus kayserlichen Kassen. Ein kayserliches Comißions-Decret 424) verlangte zwar neuerlich eine Bewilligung von Römer-Monaten, und meldete zugleich, daß der Kayser schon zwey Millionen vorgeschossen habe, allein die Erklärung 425), welche der preußische Reichstags-Gesandte zu Regensburg an dem Tage, da man wegen Verwilligung neuerlich verlangten Römer-Monate rathschlagete, that, erweckte einen gewissen Anstand unter den Stän-

---

424) Es ward daßelbe den 4. Merz 1762. zur Dictatur bey der Reichs-Versammlung gebracht, und ist im ersten Bande der teutschen Kriegs-Canzley auf das Jahr 1762. S. 262. f. nachzulesen.

425) Sie enthielt unter andern, daß der König mit zweyen seiner Feinde sich verglichen, mit Sachsen im Vergleich stehe, und daher eine neue Verwilligung von Römer-Monaten für eine förmliche Kriegs-Erklärung ansehen werde.

Ständen. Die westphälischen Stifter liessen sogar erklären, daß man auf keine neue Verwilligung sich einlassen könne, weil diese Stifter in der Alliirten Händen wären. Es kam also die Sache wegen der Römer-Monate nicht zum Schluß, und viele Reichs-Stände zeigten ihr Verlangen nach einem baldigen Frieden sehr deutlich. Bey dem Ende des Jahres schien bey dem preußischen Einfall des General-Majors von Kleist in Franken für die Sicherheit der Reichsversammlung zu Regensburg Gefahr vorhanden zu seyn, der preußische Gesandte, Freyherr von Plotho, that sogar den reichsstädtischen Abgeordneten die Erklärung 426), daß sein Herr drey starke Corps ins Reich sende, welche die Stände zwingen solten, ihre Völker von dem Reichsheer abzurufen, und billige Genugthuung zu geben. Dieses Vorgeben war zwar nicht gegründet, unterdessen gab doch die Erscheinung der preußischen Völker in dem fränkischen Kreise den Vorschlägen, welche von preußischer Seite dahin geschahen, daß das Reich bey dem Kriege partheyloß bleiben solte, ein mehreres Gewichte. Der Freyherr von Plotho erhielt eine königliche Vollmacht 427), sich mit allen Reichsständen, die dazu willig wären, zu vergleichen, und eine Neutralitäts-Convention zu schliessen. Man fieng von Seiten verschiedener Gesandschaften mit dem preußischen Unterhandlungen an, öffentlich aber kam nichts zum Vortrage. Es erließ der Kayser zwar

(unter

---

426) Siehe solche im 2ten Bande der teutschen Kriegs-Cantzley auf das Jahr 1762. S. 417. u. f.
427) Siehe solche in der teutschen Kriegs-Cantzley im 2ten Bande auf das Jahr 1762. S. 430. f.

(unter dem 30. Nov. 1762.) ein scharfes Ermahnungsschreiben an die Kreiß-ausschreibende Fürsten, welches sie zur eifrigen Fortsetzung des Krieges aufmunterte, allein der bayersche und schwäbische Kreiß 428) stelleten die Noth des Krieges und die Folgen desselben sehr beweglich vor, klagten über das Verhalten gegen die Reichsvölker, und nennten die Partheylosigkeit als das einzige Mittel, die Kreise von ihrem Untergange zu retten. Frankreich und Schweden waren als gewährleistende Mächte des westphälischen Friedens von dem Schauplatze abgetreten. Rußland hatte sich mit Preussen, und Frankreich mit Großbritannien verglichen, und es fürchtete also ein grosser Theil der Reichsstände, daß die Last des Krieges in der Folge sie allein drücken werde. Die Erklärungen 429) welche von Seiten des französischen und großbritannischen Hofes an die Reichsstände, wegen der zu erwählenden Partheylosigkeit, geschahen, beförderten die Unterhandlung, das Reich in Ruhe zu setzen, und da der Beyfall des kayserlichen und kayserlichen königlichen Hofes dazu kam: so ward die Sache im folgenden Jahre gar bald zu Stande gebracht.

Ausser dieser wichtigen Sache wegen Herstellung der Ruhe im teutschen Reiche wurden noch verschiedene

---

428) Man sehe solche im 2ten Bande der teutschen Kriegs-Canzley auf das Jahr 1762. S. 433. u. f.

429) Der Großbritannische Gesandte im Haag, Ritter Joseph Dorck, that diese Erklärung den 23. Dec. 1762. im Haag an die daselbst befindliche Gesandten der Höfe von Chur-Cölln, Bayern, Pfalz, Bayreuth, Würtemberg, Baaden, und Lüttich, und der französische Staats-Secretair, Herzog von Praßlin den zu Paris anwesenden Gesandten der Reichs-Fürsten.

dene Beschwerden und Streitigkeiten einzelner Kreise oder Reichsstände bey dem Kayser und der Reichsversammlung an- und vorgebracht, davon ich nur einiger erwehnen will. Der Herzog von Sachsen-Gotha 430) beschwerte sich wegen des fortdaurenden besonders harten Verfahrens der Reichsvölker gegen seine Länder; der Herzog von Sachsen-Meinungen 431) stellte das, was sein Landes-Antheil von den französischen und chursächsischen Völkern erlitten, sehr lebhaft vor, zog sich aber dadurch das Misvergnügen des französischen Hofes, das in Drohungen ausbrach, zu, und fand sich genöthiget, seine Erklärung zurück zu nehmen. Die Beschwerden der Reichs-Kreise 432), wegen noch nicht völlig erfolgter Theilung des eroberten preußischen Vorraths von Lebensmitteln und Kriegsbedürfnissen, dauerten fort, vorzüglich aber zog dasjenige, was sich wegen der holsteinischen Streitigkeiten zwischen Rußland und Dännemark ereignete, und die Erklärung des Landgrafen von Hessen-Cassel wegen Hanau, die Aufmerksamkeit des ganzen Reichs auf sich.

Die

430) Man sehe solche in dem ersten Bande der teutschen Kriegs-Cantzley auf das Jahr 1762. unter der 1. 20 und 32sten und im zweyten Bande eben des Jahres unter der 55 und 56sten Nummer.

431) Des Herzogs von Sachsen-Meinungen Pro Memoria dieser Sache halber siehe im 2ten Bande der teutschen Kriegs-Cantzley auf das Jahr 1762. unter der 50 und 51 Nummer.

432) Siehe des schwäbischen Creises Entschluß dieserhalb im zweyten Bande der teutschen Kriegs-Cantzley auf das Jahr 1762. unter der 22sten Nummer.

Die Ansprüche, 433) welche das Hauß Holstein-Gottorf auf den vormals gehabten Antheil von Schleswig und andere Gerechtsame an den König von Dännemarck machte, solten, nachdem sie lange Zeit unerörtert geblieben, von dem Kaiser Peter dem 3ten mit gewafneter Hand entschieden werden. Dieser aus dem holsteinschen Hause entsproßene Monarch hatte kaum den rußischen Thron bestiegen, als er nach dem mit Preußen geschloßenen Frieden seine ganze Aufmerksamkeit auf die Behauptung seiner Rechte gegen Dännemarck richtete. Seine in Pommern vertheilte Völker wurden ansehnlich verstärkt, und näherten sich mit starken Schritten den holsteinschen Landen, er wolte sich selbst an die Spitze derselben stellen, und sein väterliches Erbtheil mit dem Degen in der Hand erfechten, als dessen Entthronung auf einmahl diese Anschläge zernichtete, und zu Herstellung der Ruhe Gelegenheit gab. Der König von Dännemarck, welcher den Krieg von seinen Gränzen entfernen wolte, ließ sein schon lange im Holsteinischen in Bereitschaft gestandenes Heer bis ins meklenburgische den Rußen entgegen rücken. Die Reichsstadt Hamburg bekam bey dieser Gelegenheit (den 17. Jun. 1762.) einen unangenehmen Besuch von dänischen Völkern, und muste sich zu einem Vorschuß von einer Million Bancothaler, bequemen, es ward auch der freyen Reichsstadt Lübeck zuständige Paß Travemünde (den 30. Jun. 1762.) von dänischen Völkern

---

433) Ich verweise die Leser auf die 1762. in 4to herausgekomnene Sammlung der diese Irrungen betreffenden Schriften und Urkunden.

kern besetzet. Die Entthronung des rußischen Kaisers schien den nordischen Gegenden für das Künftige die Ruhe zu gewähren, und die rußische Völker traten würklich den Rückweg aus Pommern an, als wegen der Vormundschaft über Peter des 3ten hinterlassenen minderjährigen Prinzen, deren sich der König von Dännemarck anmassete, neue Irrungen entstunden. Diese Vormundschaft gehörte eigentlich dem Könige von Schweden, als nächsten Vetter, allein dieser hatte sich derselben, im 1750sten Jahre, zum Vortheil des regierenden Königs von Dännemarck begeben. Die Kaiserin Catharine mit dieser Abtretung unzufrieden, hielt solche für ungültig, und verlangte als Mutter alleinige Vormünderin zu seyn. Man sahe dem Ausbruch neuer blutiger Streitigkeiten entgegen, jedoch die Liebe zum Frieden behielt die Oberhand, und die Vermittelung freundschaftlicher Mächte, und die Nothwendigkeit, in welcher sich die rußische Kaiserin befand, für die innerliche Ruhe ihres Reichs zu sorgen, würkten soviel, daß Dännemarck der Mitvormundschaft und Verwaltung der holsteinischen Länder freywillig sich begab, und solche der Kaiserin allein überließ.

Die Streitigkeit, welche der regierende Landgraf von Hessencassel, wegen der Grafschaft Hanau, rege machete, 434) war von nicht minderer Wichtigkeit

---

434) Man sehe dieserhalb die 1762. von hessencasselscher Seite herausgegebene kurze Ausführung der Rechtsursachen, warum Se. Hochfürstl. Durchl. der regierende Herr Landgraf zu Hessencassel die von ihren im Jahr 1754. geschehenen Entsagung

tigkeit. Dieser Herr hatte bey seinem Uebertritt zu dem catholischen Glauben die von dem alten Landgrafen geschehene Abtretung und Uebergabe der Grafschaft Hanau an seinen ältesten Prinzen genehmiget. Dieser Abtretung war von verschiedenen Mächten die Gewähr versprechen. Der Landgraf glaubte an diese Verfügung nicht ferner gebunden zu seyn, weil sein Vater nicht, wie er vorgegeben, zuerst die Grafschaft Hanau an sein Haus gebracht, sondern solcher Besitz den Verträgen und der Verordnung der Ahnherrn zu danken, mithin keine andere Erbfolge in dieser Grafschaft, als nach dem Rechte der Erstgeburt, statt haben könne. Er ließ dieserhalb eine weitläuftige Staatsschrift bey der Reichsversammlung austheilen, und verlangte deren Entscheidung, wobey er sich erklärte, daß er seiner Gemahlin und Kindern zu ihrem standesmäßigen Unterhalt, hundert tausend Gulden statt der Einkünfte der Grafschaft Hanau aussetzen wolte. Es erfolgte aber in dieser weit aussehenden Sache weiter nichts, und der älteste Prinz des Landgrafen befindet sich noch jetzt in dem ruhigen Besitz der Grafschaft Hanau. Hingegen ward der Streit zwischen Hessen-Darmstadt und Hessen-Hanau wegen des Amtes Babenhausen

gung Dero Erbfolge in der Grafschaft Hanau nicht verbindlich achten, nebst Beylagen von A bis L. wie auch die 1765. in 4to erschienene partheyische Geschichte der im Jahr 1754 bekannt gewordenen Religions-Veränderung des jetztregierenden Herrn Landgrafen von Hessencassel, mit den dazu gehörigen Beweisschriften und Urkunden.

sen 435) gütlich beygeleget. Ein merkwürdiges Kammergerichts=Urtheil sprach dem Churfürsten von Pfalz die Wiedereinlösung der Stadt Kaysers=verth 436) zu, und befahl Cöln, solche gegen Em=pfang des Pfandschillings abzutreten, allein diese Wiederabtretung ist bis jetzo noch nicht erfolget.

In Ansehung des Einfalls der Preussen in den fränkischen Kreiß erfolgte ein scharfer Reichs=Hof=rathsschluß, welcher die Verbindlichkeit der an die preußischen Völker ausgestellten Wechsel 437) auf=hob, und die Erhebung der Lehne Torriglia und San Stefano zu einem Reichs=Fürstenthume 438) ward der Reichsversammlung durch ein besonderes kayserliches Hof=Decret bekannt gemacht. Die Bi=schofswahl zu Münster 439) ging im Beysenn des Kaisers

439) Hessen=Hanau zahlte an Hessen=Darmstadt 600,000. fl. baar, und versprach dieses Amt mit Darmstadt gemeinschaftlich zu besitzen. Der Streit war darüber, ob Babenhausen zur Grafschaft Hanau=Münzenberg oder Hanau=Lichtenberg gehöre. Das letztere behauptete Hessen=Darmstadt.
436) Dieses den 15. May 1752. bekannt gemachte Ur=theil befahl, gegen Bezahlung des Pfandschillings von 54089. fl. Kaiserswerth abzutreten. Churcöln aber ergrif den Recurs an die Reichsversammlung.
437) Siehe dieses kaiserliche Patent vom 18. Dec. 1762. im 2ten Bande der teutschen Kriegs=Canzley auf das Jahr 1762. S. 440. f.
438) Diese bereits 1760. geschehene Erhebung ward erst durch ein kaiserliches Commißions=Decret vom 19ten April 1762. der Reichsversammlung bekannt gemacht.
439) Den 16. Sept. 1762. ward Maximilian Friedrich, Churfürst von Cöln, ein geborner Reichsgraf von Kö=nigsegg durch Mehrheit der Stimmen, zum Bischof von Münster erwehlt.

kayserlichen Abgeordneten und geheimden Raths, Freyherrn von Reischach, ungehindert vor sich, und fiel auf den Churfürsten von Cölln, nicht weniger bekam das Stift Basel 440) ein neues Oberhaupt, der Hoch- und Teutschmeister 441), der Bischof von Eichstedt 442) und der Abt von Kempten 443) empfingen die kayserliche Beleihung, der Marggraf von Baaden-Baaden 444) ward in den hohen Orden des goldnen Vliesses aufgenommen, und die Geschlech-

440) George Joseph, Fürstbischof von Basel, ein gebohrner Freyherr Rinck von Baldenstein, ging den 21. Sept. 1762. zu Broudrüt, nach 19jähriger Regierung mit Tode ab. Und Simon Nicolaus Eusebius Ignatz, Graf von Froberg, ward den 26. Oct. 1762. an seine Stelle zum Bischof erwählt.

441) Carl Reichsgraf von Colloredo, kaiserlicher königlicher geheimder Rath und General-Feldmarschall-Lieutenant, empfing den 24. Nov. 1762. im Namen des Herzogs Carl von Lothringen, als Hoch- und Teutschmeister, die Beleihung.

442) Raimund Anton Fürstbischof zu Eichstädt, ein gebohrner Reichsgraf von Strasoldo, ward den 6. Merz 1762. in der Person seines Gevollmächtigten, Johann Anton Ernst, Freyherr von Zehmen, Domdechant zu Eichstedt, beliehen.

443) Honorius Fürst und Abt von Kempten, ein gebohrner Reichs-Freyherr von Roth, zu Schreckenstein, ward den 20. Merz 1762. in der Person des vorbemeldeten Freyherrn von Zehmen belichen.

444) August Georg, regierender Marggraf von Baden-Baden ward den 8. Nov. 1762. auf erhaltene kaiserl. Vollmacht, von dem regierenden Herzoge Carl von Würtemberg-Stuttgard in den Orden des goldnen Vliesses aufgenommen.

schlechter von Thoralne 445), von Manteufel 446) und von Haßlinger 447) wurden in den Reichsgrafenstand erhoben.

Im kayserlichen Hause erlebte der Monarch die Freude, in der neugebornen Prinzeßin des Erzherzogs Josephs 448) eine geliebte Enkelin zu sehen, so wie hingegen der ganze Hof durch das Absterben der Erzherzogin Johanne Gabriele 449) in die grösseste Betrübniß versetzet ward.

445) Franz von Theas de Thoranne, der als königl. französischer Lieutenant du Roi oder Unter-Statthalter zu Frankfurt am Mayn gestanden, ward im Merz 1762. in den Reichs-Grafen Stand erhoben.
446) Johann von Manteufel, rußischer kaiserl. Land-Rath in Liefland, der aus einem cyrländischen Geschlechte entsprossen, ward 1762. mit Bewilligung der rußischen Kaiserinn in den Reichs-Grafen-Stand erhoben.
447) Die Erhebung des Johann Wolfgang Reichs-Freyherrn von Haßlingen, auf Guhren in Schlesien, in den Reichs-Grafen-Stand für sich und seine Nachkommen, geschahe den 15. Jenner 1762.
448) Therese Elisabeth Philippine Ludovike Josephe Johanne, erstgebohrne Prinzeßinn des Erzherzogs Joseph erblickte zu Wien den 20. Merz 1762. die Welt.
449) Johanne Gabriele, Erzherzoginn von Oesterreich, starb an einem hitzigen Fieber den 22. Dec. 1762. Sie war den 4. Febr. 1756. gebohren, ihr Todt verursachte ihrer ganz ausnehmenden Eigenschaften halber eine allgemeine Betrübniß. Herr Prof. Joachim hat im 2ten Theil des neu-eröfneten Münz-Cabinets S. 219. u. s. die auf diese traurige Begebenheit geschlagene Schaumünze beygebracht. Sie stellet auf der Haupt-Seite das Brust-Bild der höchstseeligen Prinzeßinn vor, mit der Umschrift: IOANNA GABRiela ARCHID.ucissa AVSTR.iae. Unten lieset
man:

In Florenz 450) that zwar der unvermuthet in der schätzbaren Kunstgallerie entstandene Brand einigen Schaden, allein der für Künste und Wissenschaften so gnädig gesinnte Kayser gab Befehl, denselben möglichst zu ersetzen, und es hat dieser Innbegrif von künstlichen und kostbaren Sachen und Gemählden dadurch nichts von seiner Pracht verlohren.

§. 38.

Teutschland wird in Ruhe gesetzt, und wegen der römischen Königswahl ein Churfürsten-Tag ausgeschrieben.

Im 1763sten Jahre kam endlich der längst gewünschte Friedensschluß zu Stande. Die Reichsstände beschäftigten sich zuförderst zu Regensburg mit Berathschlagungen wegen Annehmung einer völligen Partheylosigkeit bey dem noch fortdauernden Kriege. Der großbritannische Gesandte im Haag, Ritter Yorck, hatte auf Befehl seines Hofes den daselbst anwesenden Gesandten einiger Reichsfürsten anempfohlen, durch einen feyerlichen Vertrag

---

man: A. WIDEMAN. Die Rückseite zeiget das Bild der Unsterblichkeit, von welcher sie auf einem Adler sitzend, mit einem langen Stabe in der Hand, von der Erde in den Himmel geführet wird. Umher stehen die Worte: SIDERIBVS RECEPTA XXIII. DEC.embris MDCCLXII. Unten in dem Abschnitte: NATA IV. FEB.ruarii MDCCL.

450) Diese Feuers-Brunst entstand den 22. Aug. 1762. Man wolte den Schaden auf etliche 30,000. Scudi rechnen.

trag mit Preussen festzusetzen, daß das Reich an
diesem Kriege keinen Antheil mehr nehmen wolle,
und der französische Hof hatte den Reichsständen
eben diese Erklärung schriftlich gethan. Diese beyde Höfe liessen eben dieses auf dem Reichstage nochmals erklären, und es kam darauf die Sache bey
der Reichsversammlung zum öffentlichen Vortrage.
Churpfalz und Bayern stimmten sogleich für die Ausscheidung aus dem bisherigen Reichskriege bey,
im fürstlichen Collegio war auch der grösseste Theil
der Stimmen derselben günstig, viele aber schützten
den Mangel nöthiger Verhaltungs-Befehle vor.
Ehe diese anlangten, und also der Schluß zu Stande kommen konte, erschien ein kayserliches Commissions-Decret 451), welches dem versammelten Reich
zu erkennen gab,

   daß der Kayserin Königin Majestät sich großmüthigst entschlossen, sich der ihr aus dem Reichsschluß von 1757. und den Reichsgrundgesetzen
gemäß geleistete Reichshülfe zu begeben, und das
Reich der fernern Kriegslast zu entheben.

Es ward zugleich hinzugefügt, daß, weil des Kaysers Majestät hoffe, daß der König von Pohlen und
Churfürst von Sachsen gleiche Gesinnungen hegen
werde, allerhöchst Dieselbe allen Reichsgesetzmäßigen Mitteln, die Ruhe wieder herzustellen, die Hände bieten wolten. Die Sache kam darauf gar bald
zum Schluß. Einige Reichstagsgesandten trugen
darauf an, diese Sache ohne Rücksicht auf das erst
nachhero als die Sache schon zum Vertrage gekom-

A a 2   men,

---

451) Siehe solches im 2ten Bande der teutschen Kriegs-
Cantzley auf das Jahr 1762. S. 568. u. f.

men, eingelaufene kayserliche Commißions-Decret zu behandeln, und dadurch die in dem westphälischen Frieden bestätigte Gerechtsame der Stände, Bündnisse, Krieg und Frieden zu schliessen, neuerlich in Ausübung zu bringen, jedoch das Reichsgutachten 452) fiel endlich dahin aus,

> daß das Heer aus einander gehen, und an dem Kriege kein weiterer Antheil genommen werden solle.

Das kayserliche Commißions-Ratifications-Decret dieses Reichsgutachtens erfolgte bald darauf, und gab dem Reich zugleich zu erkennen, daß durch den Hubertsburger geschlossenen Frieden die Kriegs-Unruhen geendiget, und der Kayserin Königin Majestät das Beste ihrer Mitstände in vorzüglichen Bedacht zu nehmen geruhet. Das teutsche Reich hatte an diesem zu Hubertsburg geschlossenen Frieden unmittelbar keinen Antheil, und es war weder ein kaiserlicher noch ein Gesandter der Reichsstände in Hubertsburg zugegen, unterdessen ward es nahmentlich in den Frieden eingeschlossen, insbesondere aber des Königs von Großbritannien als Churfürsten von Braunschweig, und des Landgrafen von Hessen-Cassel nahmentlich gedacht. Der König von Preussen versprach den mit Churpfalz wegen der Jülichschen Erbfolge geschlossenen Vertrag unter

---

452) Siehe solches sowohl als die von jedem Reichs-Collegio abgefaßete Schlüße, nicht weniger das im Reichs-Fürstenrath abgehaltene Protocoll wegen dieser Angelegenheit im angeführten 2ten Bande unter folgenden Nummern. 61. 62. 63. 64. 65. 66. 74. 75. 76. 77.

ter den Bedingungen zu erneuern, unter welchen er
ehedem geschlossen worden, und das gesammte teutsche Reich ward aller derjenigen Bedingungen theilhaftig gemacht, welche die Kayserin Königin für
sich selbst in dem 2, 4, 5, 6 und 7ten Friedens-Artikel festgesetzet, mithin eine völlige Amnestie, die
Aufhebung aller Feindseligkeiten, die Räumung der
besetzten Orte und Länder, die Einstellung aller
Brandschatzung und Lieferung, auch unentgeldliche
Rückgab der ausgestellten Wechsel und Kriegsgefangenen versprochen 453).

453) Dieser Friedens-Schluß ist in aller Händen, ich
will also nur die Artickel, welche das Reich angehen,
hier beybringen:

Art. II. Von beyden Theilen ist eine allgemeine Amnestie beliebet; und alle, während den letztern Kriegs-
Unruhen, von br. beden Seiten begangene Feindseligkeiten und verursachte Schäden, Verluste und Nachtheile, von welcherley Beschaffenheit sie auch seyn mögen, werden in ein ewiges Vergessen gestellet, dergestalt, daß deren forthin niemahls weiter gedacht,
noch solcher halben einige Schabloßhaltung, unter was
vor einem Nahmen oder Vorwande es auch seyn möchte, gefordert werden soll. Die beyderseitigen Unterthanen sollen darüber niemahls beunruhiget werden,
sondern sich dieser Amnestie und aller derselben Wür-
kungen völlig zu erfreuen haben, ohngehindert derer
ergangenen und publicirten Avocatorien. Alle verfügte Confiscationes sollen gänzlich aufgehoben, und
die eingezogenen oder sequestrirten Güter ihren Eigen-
thümern, welche selbige vor den letztern Kriegs-Unruhen besessen haben, wieder eingeräumet werden.

Art. IV. Von dem Tage anzurechnen, da dieser
Friedens-Schluß gezeichnet worden, hören auf beyden Seiten alle Feindseligkeiten gänzlich auf, zu welchen

Der Feldzug des Reichsheeres hatte also ein Ende. Desselben oberster Feldherr, der Fürst von Stollberg,

chem Ende;man so fort die erforderlichen Befehle an die Armeen und Trouppen beyder hohen contrahirenden Theile in alle Gegenden, wo selbige sich befinden, ergehen lassen wird. Dafern es sich auch zutragen solte, daß jemand, dem dieser Friedens-Tractat und dasjenige, was darinnen fest gesezt ist, noch nicht bekannt geworden, nach dem Tage der Unterzeichnung des Friedens-Schlusses annoch einige Feindseligkeiten ausüben solte, so soll selbiges die Würkung des gegenwärtigen Friedens-Schlusses dennoch auf keine Weise hindern, und in solchem Fall solle alle Beute und Effecten, die aufgehoben, und weggenommen seyn möchten, getreulich zurücke gegeben werden.

Art. V. Ihro Majestät die Kaiserinn und Apostolische Königinn von Ungarn und Böhmen werden Dero Trouppen aus allen Staaten und Landen von Teutschland, welche nicht zu Dero Bothmäßigkeit gehören, in Zeit von 21. Tagen nach erfolgter Auswechselung der Ratificationen des gegenwärtigen Friedensschlusses zurücke ziehen, und in eben solchem Zeitraum werden Höchstdieselbe die Grafschaft Glatz und überhaupt alle Staaten, Länder, Städte, Plätze und Vestungen, welche Se. Königl. Majest. in Preussen vor dem gegenwärtigen Kriege besessen, es sey in Schlesien oder anderwärts, und welche von Ihro Majest. der Kaiserinn und apostolischen Königin von Ungarn und Böhmen, oder Dero Freunden und Bunds-Genossen Trouppen während dem Laufe des gegenwärtigen Kriegs eingenommen worden, gänzlich einräumen, und hochgedachter Sr. Königl. Majestät in Preussen restituiren lassen. Die Vestung Glaz, Wesel und Gelbern, sollen Sr. Königl. Majestät in Preussen in eben solchen Befestigungs-Zustande, in welchen selbige sich zur Zeit der geschehenen Einnahme befunden, und mit der Artillerie, welche zu gleicher Zeit in denselben befindlich

Stolberg, hatte bereits [den 11. Jenner 1762.] zu
Anfang des Jahres durch den dazu bevollmächtigten

findlich gewesen, restituirt werden. Se. Majest. der
König in Preussen, werden in eben der Frist von 21.
Tagen nach erfolgter Auswechselung der Ratificationen des gegenwärtigen Friedens-Schlusses, Dero
Trouppen aus allen Staaten und Landen von Teutschland welche nicht zu Dero Bothmäßigkeit gehören, zurücke ziehen, und sie werden ihres Orts alle Sr. Majestät dem Könige in Pohlen und Churfürsten zu Sachsen zugehörige Staaten, Länder, Städte, Plätze und
Vestungen, nach Maaßgabe des am heutigen Tage
zwischen Ihro Königl. Majestäten in Preussen und
Pohlen geschlossenen Friedens-Tractats räumen und
restituiren, dergestalt und also, daß die Räumung
und Restituirung derer von beyden Seiten occupirten
Provinzen, Städte und Vestungen zu gleicher Zeit mit
gleichen Schritten geschehen soll.

Art. VI. Alle Contributiones und Lieferungen von
welcher Beschaffenheit selbige auch seyn mögen, ingleichen alle Forderungen an Recruten, Arbeits-Leuten, Wagen und Pferden, und überhaupt alle Kriegs-
Prästationes hören mit dem Tage der Unterzeichnung
des gegenwärtigen Friedens-Schlusses auf, und alles
was nach solchem Tage gefordert, genommen oder erhoben seyn möchte, soll getreulich und ohne Anstand
zurück gegeben werden. Man begiebt sich von beyden
Seiten aller Rückstände an Contributionen und allen
und jeden Prästationen; die Wechsel-Briefe oder andere Verschreibungen, welche von beyden Seiten darüber gegeben seyn möchten, werden annulliret, und
sollen denen, welche selbige ausgestellet, ohnentgeldlich zurück gegeben werden. Man wird auch die Geisseln, welche solcher halben gegeben und genommen
werden, ohne Ranzion entlassen, und alles obbeschriebene soll gleich nach erfolgter Auswechselung derer Ratificationen gegenwärtigen Frieden-Schlusses in Würkung gesetzt werden.

Art. VII.

General-Feldwachtmeister, Freyherrn von Würtzburg 454), einen Waffenstillstand, um einander is
ben

Art. VII. Alle Kriegsgefangene sollen ohne Ranzion und ohne Rücksicht auf ihre Anzahl oder Kriegs-Bedienungen treulich von beyden Seiten losgegeben werden; jedoch müssen sie die Schulden, welche sie etwan während ihrer Kriegs-Gefangenschaft gemacht haben mögen, zuvor bezahlen. Man wird von beyden Seiten sich desjenigen begeben, was denenselben zu ihrem Unterhalt und zu ihrer Verpflegung geliefert oder vorgeschossen worden, und sobald die Kranken und Verwundeten zu ihrer Genesung gelanget, soll es mit ihnen in allen Stücken auf gleichen Fuß gehalten werden. Zu dem Ende wird man von beyden Seiten Generals oder Commissarien ernennen, welche sogleich nach erfolgter Auswechselung der Ratificationen an denen Orten, über welche man sich vergleichen wird, zur Auswechselung aller Kriegsgefangenen schreiten sollen. Alles was in diesem Articul bedungen worden, soll auch in Ansehung derer Reichs-Stände, zufolge der im XIX Artickel aus gedruckten generalen Stipulation statt haben. Da aber Se. Majest. der König in Preussen und die Reichs-Stände den Unterhalt ihrer beyderseitigen Kriegsgefangenen selbst besorgen lassen und zu solchem Behuf einige Particuliers einigen Vorschuß gethan haben könnten, so sind beyde hohe contrahirende Theile nicht gemeint, solchen Forderungen der Particuliers durch oben stehende Verabredung zu derogiren.

Art. XIX. Das ganze Reich wird in die Stipulationes des 2ten, 4ten, 5ten, 6ten und 7ten Articuls mit eingeschlossen und vermittelst dessen sollen alle Fürsten und Stände des Reichs der Würkung dieser Stipulationen sich vollkommen zu erfreuen haben, und was zwischen Ihro Majest. der Kaiserin und apostolischen Königin von Ungarn und Böhmen und Sr. Königl. Majestät in Preussen darinnen feste gesetzet und geschlossen

den Winterquartieren nicht zu beunruhigen, geschlossen, und es ward auch zu Saalfeld 455) wegen schlossen worden, soll zwischen höchstgedachten Majestäten und allen Fürsten und Ständen des Reichs auf gleiche Weise und von beyden Seiten statt haben. Der westphälische Friedens-Schluß und alle übrige Reichs-Constitutiones werden auch durch gegenwärtigen Friedens-Tractat bestätiget.

Die Acte wegen der Aliirten beyder Theile lautet also:

Da in dem XX. Artikul des zwischen Ihro Majestät der Kaiserin und Apostolischen Königin von Ungarn und Böhmen, und Sr. Majestät dem Könige in Preussen, den 25sten Febr. 1763. geschlossenen Friedens, verabredet worden, daß gedachte Ihro Majest. mit einander übereingekommen sind, in diesem Friedens-Tractat Ihre Aliirte und Freunde mit einzuschliessen, und daß Sie sich vorbehalten, selbige in einer Separat-Acte zu benennen, welche eben die Stärke als der gedachte Haupt-Tractat haben, und gleicher Weise durch die Theilnehmenden Mächte genehm gehalten werden soll: so hat man nicht länger Anstand nehmen wollen, diese Stipulation in Erfüllung zu bringen, dem zu gefolge erklären Ihro Majestät die Kaiserin und Apostolische Königin von Ungarn und Böhmen, und Se. Majestät der König in Preussen, daß Sie in dem vorgedachten Friedens-Tractate vom 15. Febr. 1763. nahmentlich und ausdrücklich mit einschliessen, Ihre Aliirte und Freunde nähmlich von Seiten Ihrer Majestät der Kaiserin und Apostolischen Majestät von Ungarn und Böhmen Sr. Majestät den Allerchristlichsten König, Sr. Majestät den König von Schweden, Sr. Majestät der König von Pohlen, Churfürsten zu Sachsen und alle Fürsten und Stände des Röm. Reichs, welche entweder Ihre Aliirte oder Freunde sind; und von Seiten Sr. preußischen Majestät dem König von Großbritannien, Churfürsten zu Braunschweig

gen Auswechselung der Kriegsgefangenen eine Zusammenkunft veranstaltet. Der Kayser erließ darauf Befehl 456), auf die schleunige Einbringung der rückständigen Römer-Monate bey dem versammel-

schweig Lüneburg und den Durchlauchtigsten Landgrafen von Hessencassel.

Die hohen contrahirenden Theile schliessen gleichfalls in den nur gedachten Friedens-Tractat vom 15. Febr. 1763. Ihro Majestät die Kaiserin von allen Reussen ein, in Betrachtung der Verbindungen der Freundschaft, welche zwischen Selbiger und den beyden hohen contrahirenden Theilen bestehet, und dem Interesse, welches Ihro Majestät bezeuget haben, an der Wiederherstellung der Ruhe in Teutschland zu nehmen.

Dem Zufolge haben Wir die Bevollmächtigten Ihrer Majestät der Kaiserin Königin, und Sr. Majest. des Königs in Preussen Kraft unserer Vollmachten und Instructionen gegenwärtige Acte unterzeichnet, die von eben der Verbindlichkeit seyn soll, als wenn Selbige von Wort zu Wort dem Friedens-Tractate vom 15. Febr. 1763. einverleibet, und gleicher Weise von beyden hohen contrahirenden Theilen genehm gehalten worden wäre.

Heinrich Gabriel von Collenbach.
Ewald Friedrich von Hertzberg.

454) Carl August Freyherr von Würzburg, kaiserlicher königl. General-Feldwachtmeister, und der königliche preußische General-Lieutenant Freyherr Friedrich von Wylich, waren die hierbey gebrauchten Gevollmächtigte.

455) Der Obristwachtmeister von Wolfing war von Seiten des Reichsheers, und der königl. preußische Obristwachtmeister und Flügel-Adjutant, Friedrich Wilhelm Carl Graf von Schwerin, waren die Abgeordnete, welche diese Sache zu Stande brachten.

456) Siehe das kaiserl. Rescript im 2ten Bande der teutschen Kriegs-Canzley auf das Jahr 1762. Num. 80.

melten Reich zu bringen, damit sowohl der gethane Vorschuß von drey Millionen, als die denjenigen, welche Lieferungen gethan, schuldige Rückstände, nebst dem nach unbezahlten Kriegssold abgetragen werden könten, allein es kam diese Sache nicht zum Vortrage.

Das vornehmste Reichsgeschäfte war nunmehro die römische Königswahl. Der König von Preussen, welcher diesem wichtigen Geschäfte vorhin die grösseste Hinderniß in den Weg geleget, hatte sich bey Gelegenheit des zu Hubertsburg geschlossenen Friedens in einem besondern Artikel für die römische Königswahl geneigt erklärt, und er beförderte diese wichtige Handlung mit allem Eifer. Der Kayser erließ darauf an den Director des churfürstlichen Collegii, den Churfürsten von Maynz ein Schreiben, welches das Ansinnen ihm zu erkennen gab, die Churfürsten zu einer Versammlung nach Augsburg zu berufen, um über die römische Königswahl zu rathschlagen.

Es wurden dieserhalb verschiedene Anstalten zu Augsburg vorgekehret, allein man befand hernach für zuträglicher, den Churfürstentag zu Frankfurt zu halten, und daselbst zugleich die römische Königswahl vorzunehmen. Es ward also diese auf den 15. Dec. 1763. nach Augsburg ausgeschriebene Zusammenkunft nach Franckfurt verlegt, und Chur-Maynz ließ an alle Churfürsten die Einladung ergehen, sich den 7. Jenner 1764. zu Franckfurt am Mayn einzufinden.

Auf dem Reichstage ward dieser Sache wegen unter den Fürsten, Grafen und Reichsstädten berathschlarathschlaget, wie man in Ansehung der Frage, ob die Wahl eines römischen Königs zuträglich sey? zu Aufrechthaltung der Gerechtsame von Seiten des fürstlichen Collegii auf eine weder dem kayserlichen Hofe mißfällige noch anstößige Art sich verhalten müsse, und was wegen der bevorstehenden Wahl-Capitulation zu beobachten sey. Man beschloß also, dem kayserlichen Principal-Commissario, Fürst von Thurn und Taxis zu fernerer Berichterstattung wegen Aufrechthaltung der fürstlichen Gerechtsame eine Vorstellung zu überreichen, die Erinnerungen wegen der Wahl-Capitulation aber durch zwey fürstliche Gesandten abfassen zu lassen 457).

Der Tod des Herzogs Anton Ulrich von Sachsen-Meinungen 458) gab zu einer grossen Streitigkeit wegen der Vormundschaft Anlaß. Der Verstorbene hatte seine hinterlassene Witwe und Söhne erster Ehe zu Ober-Vormündern und Landes-Administratorn ernennt. Allein die herzoglichen Höfe von

457) Es ward dem erzbischöflichen saltzburgischen Directorial-Gesandten und würklichen geheimden Rath, Joseph Gottfried Graf von Saurau, und dem Baden-Durlachischen Gesandten und würklichen geheimden Rath, Joachim Ludwig von Schwarzenau, aufgetragen.

458) Man sehe von dieser Sache die von den Herzogl. Sächsischen Häusern bekannt gemachte wahrhafte Nachricht von dem gesetzmäßigen und von allen tadelhaften Absichten weit entfernten Betragen der Herren Herzoge von Sachsen-Coburg, Gotha und Hildburghausen Hochfürstl. Durchl. in Ansehung der durch den Todesfall des Herrn Herzogs Anton Ulrich Hochfürstl. Durchl. eröfnete Meinungische resp. Succession, Tutel- und Landes-Administration.

von Sachsen-Gotha, Saalfeld und Hilbburghausen wolten nach den gemeinen Rechten und Hausverträgen die Vormundschaft haben, und liessen dieserhalb Völker ausrücken, mit denen es zu blutigen Thätlichkeiten bey Meinungen kam. Die fürstliche Witwe wendete sich sowohl als die Prinzen erster Ehe an den kayserlichen Hof und an den fränkischen Kreiß, und bat um Hülfe. Der Kayser befahl darauf sogleich bey zwey tausend Mark löthigen Goldes Strafe die Abführung der sächsischen Völker, verwarf die gesuchte Mitvormundschaft der sächsischen Häuser, hob die von den Prinzen erster Ehe mit ergriffene Besitznehmung der Vormundschaft aus dem Grunde auf, weil solche der herzoglichen sächsischen Würde und Erbfolge unfähig erkläret worden, und bestätigte, nachdem die Herzogin Witwe auf eine zweyte Vermählung gewöhnlicher massen Verzicht gethan, selbige als alleinige Vormünderin. Der Rechtsstreit daurete darauf noch verschiedene Jahre fort, die Herzogin Witwe aber nahm von der Regierung Besitz, und ward auch zur Stimmführung bey der Reichsversammlung ohne Bedenken zugelassen.

Im Hause Oettingen 459) entstand ein schwerer Rechtsstreit wegen desjenigen Vergleichs, den der Graf Philipp Carl von Oettingen-Wallerstein mit dem Kloster Nerresheim geschlossen, durch welchen er solches gegen Auszahlung gewisser Geldsummen

---

459) Man sehe die 1763. in Regensburg erschienene Nerresheimische Vergleichs-Rechtfertigung, gegen welche Oettingische Anmerkungen herausgegeben worden.

nien von der Landes=Hoheit und Schirmgerechtig=
keit, die Oettingen über selbiges zustehet, befreyet.
Der Kayser befahl dem Grafen auf Ansuchen des
Fürsten von Oettingen, der als Geschlechts=ältester
in diesen Vergleich nicht willigen wolte, den Ver=
gleich nicht zum Vollzug zu bringen, und seit dem
dauret der Schriftwechsel noch immer fort.

Der Tod des Churfürsten von Maynz gab gleich=
fals zu einem kleinen Streit wegen des Directorial=
Amts 460) auf dem Reichstage Gelegenheit. Chur=
trier verlangte solches, da aber kein churtrierscher
Reichstagsgesandter vorhanden war, der solches
führen konte, so ließ man es churtrierscher Seits
bey einer bekant gemachten Erklärung und Ver=
wahrung, daß solches niemals zum Nachtheil der
zustehenden Gerechtsame angezogen werden solle,
bewenden.

Zwischen Hessen=Darmstadt und Wezlar 461)
entstunden wegen der dem erstern Hause über diese
freye Reichsstadt zustehende Reichserbvogtey Schutz=
Geleits=Gerechtsamen eine grosse Irrung. Man
beschuldigte Wezlar, daß dasige Bürger, als man
darmstädtischer Seits ein kaiserliches Regiment
durch Wezlar geleitet, den darmstädtschen Major
vom Pferde gerissen, und andere Ausschweifungen
began=

460) Der Churfürst von Maynz war mit Tode abge=
gangen, mithin verlangte Trier, als zwenter geistli=
cher Churfürst das Directorium so lange, bis ein
neuer churmaynzischer Directorial=Gesandter sich le=
gitimiret, und verwahrte deshalb seine Gerechtsame.
461) Siehe von diesen Streitigkeiten Mosers Staats=
Archiv von 1751. Th. 2. S. 129. von 1752. Th. 1.
S. 59.

begangen. Es rückte eine grosse Anzahl darmstädtischer Völker ein, die verschiedene wetzlarsche Bürger nach Darmstadt abführte. Diese Beunruhigung des Reichs Cammergerichts zog harte kaiserliche Befehle nach sich, die Mannschaft ward wieder abgeführet, und die Sache bey dem kaiserlichen Hofe zur rechtlichen Erörterung anhängig gemacht.

Dasjenige, was sich bey der Reichsversammlung wegen des verlangten Vorgangs vor den churfürstlichen Gesandten mit dem neuerlich daselbst angelangten königlichen großbritannischen ausserordentlichen Abgesandten, Stanhope, 462) ereignete, war von keinen Folgen. Die churfürstliche Höfe beharreten auf ihrem Entschluß, keinem Gesandten auswärtiger Mächte, er möge mit einem Character bekleidet seyn, mit welchem er wolle, vor ihren mit den Repräsentativ-Character versehenen Gesandten, den Vortritt einzuräumen, der Großbritannische Hof ruffe also seinen Gesandten zurück, und beschloß fürs künftige, nur einen Charge d'affaires an die Reichsversammlung zu senden.

An Churpfalz erließ der Kaiser wegen des unfreundlichen Betragens des churpfälzischen General-Lieutenants, Graf von Effern, 463) ein sehr scharfes

---

462) Philipp Stanhope ward als königl. großbritannischer ausserordentlicher Abgesandter nach Regensburg gesendet, und wegen dieses Characters verlangte er den Vorgang vor den churfürstlichen Reichstags-Gesandten.

463) Johann Wilhelm, Reichsgraf von Effern, churpfälzischer General-Lieutenant, hatte nicht allein, ohne dem commandirenden General etwas davon zu melden,
die

scharfes Rescript, Churpfalz versprach nach vorgängiger Untersuchung die Bestrafung, allein ich kan nicht melden, ob selbige wirklich erfolget sey.

Nach dem Tod des Churfürsten von Maynz befürchtete man eine zweyspaltige Wahl, da aber durch den großmüthigen Entschluß des Domprobsts, Grafen von Elz, alle Stimmen vereiniget wurden; so ward solche in Beyseyn des kaiserl. Wahlgesandten, Grafen von Pergen, in der Person des Domdechants, Freyherrn von Breidenbach 464) zu Bürresheim glücklich vollzogen. Hingegen konte alle angewendete Bemühung des kaiserlichen Wahlgesandten, die zwiespaltige Bischofswahl zu Lüttich 465) nicht hindern, ein Theil der Domherren wähleten

die sämmtliche pfälzische Völker von dem Reichs-Heer abgesondert, und nach den churpfälzischen Ländern zurück geführet, sondern auch den Obristen, Freyherrn von Winckelhausen, der zu Saalfeld mit dem preußischen General-Lieutenant von Wylich wegen Auswechselung der Gefangenen in Unterhandlung stand, von da zurück berufen. Wegen dieses Verhaltens verlangte der Kaiser dessen Bestrafung.

464) Emmerich Joseph, Freyherr von Breidenbach zu Bürresheim, ward den 5ten Julius 1763. zum Churfürsten von Maynz erwehlet, nachdem er vorher Domdechant daselbst gewesen. Der Domprobst, Hugo Franz Carl, Reichsgraf von Elz, welcher nach ihm die meisten Stimmen hatte, trat zu denjenigen, welche der Freyherr von Breidenbach-Bürresheim hatte, und beförderte also durch diesen großmüthigen Entschluß dessen Wahl, bey welcher sich der kaiserliche geheimde Rath, Johann Anton, Reichsgraf von Pergen, als kaiserlicher Wahlgesandter befand.

465) Den 5ten April 1763. geschahe die Wahl eines Bischofs zu Lüttich. Der kurz vorher erwehlte Graf

von

wähleten den Prinzen Clemens von Sachsen und
der andere den Grafen von Oultremont. Der Kaiser
ser übertrug die Landesregierung dem gesamten
Domcapitul, bis die päbstliche Entscheidung wegen
dieser streitigen Wahl erfolgt, und diese geschahe
endlich zum Vortheil des Grafen von Oultremont.
Hingegen ward zu Regensburg und Freysingen 466)
der Prinz Clemens von Sachsen zum Bischof erwehlt, jedoch bis zu Erreichung des erforderlichen
Alters ein Coadministrator gesetzet. Zu Paderborn ward in Gegenwart des kaiserlichen Wahlgesandten, Grafen von Raab, der Freyherr von Asseburg, 467) zu Hildesheim aber in Beysenn eben
dieses Gesandten der Freyherr von Westphalen 468)
durch

von Pergen war kaiserl. Wahlgesandter. Ein Theil
der Domherren wählete den Prinzen Clemens von
Polen und Sachsen, der andere aber den Domherrn
zu Lüttich, Carl Nicolaus Alexander, Grafen von
Oultremont. Der letztere ward den 20. Dec. 1763.
von dem Pabst nach Untersuchung der von beyden Theilen angeführten Gründen als rechtmäßiger Bischof erkannt.

466) Clemens Wenzel, königl. Prinz von Polen und
Sachsen ward den 18ten April 1763. zu Freysingen,
und den 27. April 1763. zu Regensburg zum Bischof
erwählet. Bey beyden Wahlen war der kaiserliche
Con-Commissarius bey der Reichsversammlung zu Regensburg, und würkliche geheime Rath, August
Friedrich, Reichsgraf von Seydewitz, zugegen.

467) Wilhelm Anton, Freyherr von Asseburg zur Hinbenburg, gewesener Dompropst zu Osnabrück, ward
den 25. Jenner 1763. zum Bischof von Paderborn
erwählet.

468) Friedrich Wilhelm, Freyherr von Westphalen,
Domherr zu Hildesheim, Münster und Paderborn
ward

durch Mehrheit der Stimmen aber mit Widerspruch der übrigen Domherren erwählt, jedoch dieser letztere bald darauf von dem Pabst bestätiget. Zu Passau 469) ward der Graf von Firmian in Beysenn des kaiserlichen Wahlgesandten Grafen von Schlick, und zu Worms der Churfürst von Trier 470) zum Bischof erwehlt, zu Tribent 471) aber setzte der Pabst, weil die Domherren sich nicht vereinigen konten, und die zur Wahl gesetzte Zeit verstreichen lassen, einen neuen Bischof.

In der Person des verstorbenen Fürsten von Waldeck 472) verlohr das römische Reich einen eben
so

ward den 7ten Februar 1763. zum Bischof von Hildesheim, durch die meiste Stimmen erwählet, dagegen aber die dreyzehen überstimmete Domherrn protestirten, der Pabst bestätigte aber den 16ten May 1763. die geschehene Wahl.

469) Joseph Marie, Fürst und Bischof von Passau, ein geborner Reichsgraf von Thun, ging den 16ten Junius 1763. mit Tode ab. An seine Stelle ward den 1sten September 1763. in Gegenwart des kaiserl. Wahlgesandten, Leopold Franz, Reichsgrafen von Schlick, der Bischof von Seckau, Leopold Ernst, Reichsgraf von Firmian, zum Bischof erwählt.

470) Johann Philipp, Churfürst von Trier, ward Statt des verstorbenen Churfürsten von Maynz, Johann Friedrich Carl, eines gebornen Reichsgrafen von Ostein, den 20. Julius 1763. zum Bischof von Worms erwählt.

471) Zu Tribent ward den 4. Jul. 1763. Christoph, aus dem edlen Geschlechte Sizzo von Norik, Domherr zu Tribent, von dem Pabste zum Bischofe ernennt.

472) Carl August Friedrich, des heil. Röm. Reichs Fürst von Waldeck, kaiserl. königl. General-Feldmarschall

so grossen Kriegshelb als wütdigen Reichsfürsten, und dessen hinterlassener ältester Prinz folgte unter der Vormundschaft der fürstlichen Witwe in der Regierung.

Bey dem Reichs-Kammergericht erhielt der würdige und gelehrte Reichsgraf von Spauer 473) die wichtige Stelle eines Kammer-Richters, wegen des Freyherrn von Künsperg 474) aber, den der fränkische Kreiß zum Kammer-Assessor präsentiret, entstunden grosse Irrungen, die aber durch den Tod dieses Freyherrn sich endigten.

Bb 2   Bey

schall, ging den 29. Aug. 1763. mit Tode ab. Sein ältester Prinz, Carl August Friedrich, folgte ihm unter Vormundschaft der Frau Mutter in der Regierung.

473) Nachdem der Reichs-Kammerrichter, Carl Philipp Franz, Reichsfürst zu Hohenlohe-Bartenstein, den 1. Merz 1763. mit Tode abgegangen, ward der bisherige Reichs Kammergerichts-Präsident, Franz Reichsgraf von Spauer, zum Reichs-Kammerrichter, und Johann Rudolph, Reichsgraf von Waldpott-Bassenheim zum Kammergerichts-Präsidenten ernennt.

474) Der vormalige markgräfliche anspachische Hofrath und teutsche Ordens-Ritter, Freyherr von Künsperg, ward zum fränkischen Kammer-Gerichts-Assessor, catholischer Religion, präsentirt, allein das Kammer-Gericht wolte denselben nicht annehmen, weil er dem Herkommen gemäß, sich verbindlich machen müsse, binnen den nächsten sechs Jahren seine Stelle nicht zu verlassen, welches aber mit dem Gehorsam, welchen er dem teutschen Orden geschworen, nicht bestehen konnte, und er beharrete eines kaiserlichen in dieser Sache ergangenen Rescripts ungeachtet bey seinem Widerspruch, bis endlich der Tod des neuen Kammer-Gerichts-Assessor dem Streite ein Ende machte.

Bey der oberrheinischen Kreißversammlung ereignete sich der merkwürdige Vorfall, daß der Landgraf von Hessen-Cassel, 475) der seit langer Zeit sich von diesem Kreise getrennet, sich wieder mit selbigem vereinigte. Der kayserliche-königliche berühmte General von Haddick 476), der königliche polnische geheimde Rath von Sacken 477) und der brandenburg-bayreuthische erste Minister, Freyherr von Ellrod 478) wurden in den Reichsgrafenstand erhoben. Von Reichsbeleihungen aber ging nur die einzige passauische 478 a) vor sich.

In dem kaiserlichen Hause verursachte das frühzeitige Absterben der durchlauchtigsten Gemahlin des
Erzher-

> 475) Das Hauß Hessen-Cassel hatte sich seit vielen Jahren von dem oberrheinischen Kreiße getrennet, verlangte aber gegen das Ende des 1763sten Jahres von neuem Sitz und Stimme bey den Kreiß-Tagen, und ward im 1764sten Jahre eingeführet.

> 476) Andreas von Haddick, kaiserl. königl. General der Reuterey, Großcreutz des Marien Theresien-Ordens und Gouverneur von Ofen, ward im Sept. 1763. in den Reichs-Grafenstand erhoben.

> 477) Carl von der Osten, genannt Sacken, königl. polnischer und chursächsischer geheimer Rath, ein gebohrner Curländer, ward den 8 Merz 1763. für sich und seine Erben beyderley Geschlechts in den Reichs-Grafen-Stand erhoben.

> 478) Philipp Friedrich von Ellrod, maragräflicher brandenburg-bayreuthischer erster Minister, ward den 1sten Oct. 1762 nebst allen seinen Nachkommen in den Reichsgrafenstand erhoben.

> 478 a) Joseph Marie, Bischof von Passau, ward den 16. Merz 1763. vor dem kaiserl. Throne beliehen.

Erzherzogs Joseph 479) eine allgemeine Betrübniß, so wie auf der andern Seite das geschwinde Wachsthum in nützlichen Erkenntnissen des Erzherzogs Leopold 480) von jedermann bewundert ward. Die beschlossene Vermählung dieses Prinzen mit der spanischen Prinzeßin hatte für das Hauß Oesterreich 481) die glücklichste Folgen, und auf den Wohlstand der kayserlichen eigenen Staaten in Italien den stärksten Einfluß. Der König von Spanien that in Rücksicht auf die reiche Mobiliar-Erbschaft des letzten Großherzogs von Toscana Verzicht, und das wichtige Großherzogthum Florenz ward dem Erzherzoge Peter Leopold zum Eigenthum überlassen, so wie denn auch der Rückfall des Herzogthums Piacenza auf den Fall, da der jetzige Besitzer, Infant Don Philipp, ohne männliche Erben mit Tode abgehen, oder in Sicilien oder in Spanien auf den Thron kommen sollte, für das Hauß Oesterreich vorbehalten ward.

§. 39.

479) Marie Isabelle, Prinzeßinn von Parma, und Gemahlin des römischen Königs, verließ den 27sten Nov. 1763. dieses Zeitliche, nachdem sie den 22sten Nov. eine Prinzeßinn gebohren, die Christine genennet worden, aber gleich nach der Taufe verschieden.

480) Der Erzherzog Peter Leopold ward 1763. zu dreyen verschiedenen mahlen, zwey Stunden lang, aus dem Kirchen- und bürgerlichen Recht und der Kriegs-Wissenschaft befragt, und die bewiesene Geschicklichkeit erwarb ihm der anwesenden allerdurchlauchtigsten Eltern, Beyfall.

481) Die Vermählung des Erzherzogs Peter Leopold ward den 5ten August 1765. zu Jnspruck glücklich vollzogen und den 18ten desselben Monats ward er durch Absterben des Kaisers würklicher Groß-Herzog von Toscana.

§. 39.

Von der glücklich vollzogenen römischen Königswahl und andern Reichs-Angelegenheiten.

Im 1764sten Jahre kam endlich die längst erwünschte Wahl eines römischen Königs in der Person des durchlauchtigen Erzherzogs Joseph zu Stande. Der Ruhestand des teutschen Vaterlandes ward dadurch gesichert, und das unannehmliche, welches oft den Zeitpunkt, da der Kayserthron erlediget gewesen, in der Geschichte bezeichnet, vermieden.

Die Eröfnung des Churfürstentages ward vom 15ten Jenner bis zum 6ten Febr. ausgesetzet, an diesem Tage aber würklich vollzogen. Bald darauf kamen die kayserlichen Abgeordneten, der Fürst von Lichtenstein und der Freyherr von Bartenstein 482) zu Frankfurt am Mayn an, und eröfneten nach

---

482) Die sämmtliche Gesandten, welche bey dem Churfürsten-Tage und der darauf erfolgten Königs-Wahl gegenwärtig gewesen, waren folgende.

1) Von Seiten Chur-Maynz.

Der erste, Friedrich Carl Joseph, Freyherr von Erthal, Domherr zu Wor ij und Bamberg, churmaynzischer würklicher geheimber Rath und Hofraths-Präsident, auch hochfürstl. bambergischer würklicher geheimber Rath und Rector magnificentissimus der alten Universität Maynz.

Der zweyte: Friedrich Carl Freyherr von Groschlag zu Dieburg, churfürstlicher maynzischer würklicher geheimder Staats- und Conferenz-Minister, Vice-Groß-Hofmeist r, würklicher geheimber Rath und Amtmann zu Gerusheim und Dieburg.

Der

nach einigen Tagen den verſammleten churfürſtli=
chen Geſandten den kayſerlichen Antrag. Dieſer
                                                Chur=

 Der dritte: Johann Werner Joſeph, des heil.
Röm. Reichs Freyherr von Vorſter, würklicher Reichs=
Hofrath, churmaynziſcher würklicher geheimder Rath,
Conferenz=Miniſter und Hofcanzler.

    Von Chur=Trier.

 Der erſte: Carl Ernſt Georg Friedrich Joſeph,
Freyherr von Breidenbach zu Bürresheim, weiland
kaiſerl. geheimder Rath, Dompropſt zu Trier, Dom=
herr zu Lüttich, Archidiaconus zu Ardenne, Groß=Canz=
ler zu Lüttich.

 Der zweyte: Hugo Caſimir Edmund, Freyherr
von Keſſelſtadt, Herr zu Lühren, Ahrenrath, Doden=
burg, Bruch, Loſſenich und Bauſſendorff, churfürſtli=
cher trierſcher geheimder Rath, Land=Hofmeiſter, Erb=
kämmerer und Amtmann zu Pfalzel, auch Ober=Voigt
im Cröver Reich.

 Der dritte: Johann Joachim Georg Münch von
Bellinghauſen, churfürſtlicher trierſcher würklicher ge=
heimder Rath, Reviſions=Gerichts= und Hof=Kriegs=
raths=Director, auch Hofcanzler und Lehn=Probſt, wei=
land kaiſerl. würklicher Reichs=Hofrath.

    Von Chur=Cölln.

 Der erſte: Franz Heinrich Anton Chriſtoph des
heil. Röm. Reichs Graf von Hohenzollern=Sigmarin=
gen und Behringen, des heil. Röm. Reichs Erz=Käm=
merer, Dompropſt zu Cölln, Land=Hofmeiſter des Erz=
Stifts Cölln, churfürſtlicher cöllniſcher geheimder und
extra Conferenzial=Regierungs=Miniſter und Kriegs=
Raths=Präſident.

 Der zweyte: Carl Otto Theodor, Freyherr von und
zu Gymnich, Herr zu Gymnich, Viſchel, Wald, Sah=
fry, Neurath, Laurenzberg, Rödvenich, Irresheim,
           Kleburg,

Churfürstentag dauerte bis zum 20. Febr. an welchem die Frage, ob und wie ein römischer König zu erwäh-

Aleburg, Rheindorf und Boslar, churfürstlicher cöllnischer geheimder Conferenz-Rath, Hof- und Kriegs-raths-Präsident, auch Amtmann zu Lielberg.

Der dritte: Johann Arnold Engelbert Freyherr von Francken Sierstorf, churcöllnischer geheimder Regierungs-Rath und Gräfe zu Cölln.

Von Chur-Böheim.

Der erste: Nicolaus Joseph, des heil. Röm. Reichs Fürst Esterhasi, Ritter des goldenen Vliesses und des Marien-Theressen Ordens, wie auch des St. Andreas- und Alexander Newsky-Orden, kaiserl. königl. würklicher Cämmerer und geheimder Rath, General-Feldzeugmeister und Obrister eines Regiments Fußvolk, wie auch königl. hungarischer Cronhüter.

Der zweyte: Johann Anton des heil. Röm. Reichs Graf von Vergen zu Sebenstein und Aspang, kaiserl. und kaiserl. königl. wirklicher Cämmerer, geheimder Rath und bey der vorliegenden Reichs-Creyßen bevollmächtigter Minister.

Der dritte: Egidius Valentin Felix, Freyherr von Borie zu Schönbach, Herr zu Salsburg, Neuhaus und Dornhof, Ihro römisch kaiserlichen Majestät Reichshofrath, und Ihre kaiserlichen königlichen apostolischen Majestät Hof- und Staatsrath, in teutsch-inländischen Geschäften.

Von Churbayern.

Der erste: Johann Joseph Franz Thaddeus Maximilian, Reichsgraf von Baumgarten, Herr der Herrschaften Ehrnegg zum Frauenstein, auf Ehring, Malching, Pocking und Stubenberg, churfürstlicher bayerscher Cämmerer, würklicher geheimder Rath und Conferenz-Minister, des St. Georgen-Ordens-Comthur, auch der

erwählen, burch einhellige Stimmen entschieden, der 3te Merz zu Eröfnung der Wahltags-Conferen-
zen

der Landschaft in Bayern verordneter Landsteuer-Rent-
amts Burghausen.

Der zweyte: Heinrich Joseph, Freyherr von
Schneid, Herr zu Hirschling, churbayerscher würklicher
geheimder Rath, und in der allgemeinen Reichsversammlung zu Regensburg Gesandter von Bayern und Leuch-
tenberg.

Von Chursachsen.

Der erste: Carl August, des heil. Röm. Reichs
Graf von Rex auf Kayna, weiland königlicher polnischer
und churfürstl. sächsischer Cabinets- und Conferenz-Minister, würklicher geheimder Rath, Ritter des polnischen
weißen Adler- und rußischen St. Andreas-Ordens.

Der zweyte: Johann Georg von Ponickau, Herr
auf Pohle, churfürstlicher sächsischer Conferenz-Minister
und würklicher geheimder Rath, bey der Reichsversammlung Gesandter.

Der dritte: Philipp Carl von Wessenberg, Freyherr von Ampringen, churfürstlicher sächsischer geheimder Rath.

Von Churbrandenburg.

Der erste: Erich Christoph, Reichs Freyherr von
Plotho, königlicher preußischer und churfürstlicher bran-
denburgischer würklicher geheimder Staatsminister und
Reichstagsgesandter.

Der zweyte: Gebhardt Werner, des heil. Röm.
Reichs Graf von Schulenburg, auf Wolfsburg, Broh-
me, Bistorf, Delitz rc. königl. preußischer Hofmarschall
und Domherr zu Magdeburg.

zen bestimmt, und der Prinz von Lichtenstein 483) mit dieser angenehmen Nachricht nach Wien abgesendet ward.

Von Churpfalz.

Der erste: Peter Emanuel, Freyherr von J...., churfürstlicher pfälzischer Kämmerer, geheimer Staats- und Conferenzminister, Oberamtmann zu Neustadt, und Ritter des churpfälzischen St. Huberts-Ordens.

Der zweyte: Joseph Anton von Reibeld, churfürstlicher pfälzischer würklicher geheimder Rath, Canzley-Director, geheimder Referendarius in ecclesiasticis und Religions-, wie auch Churpfälzischen, Pfalz-Neuburgschen und Pfalz-Sulzbachischen Hoheits-Jurisdictionalien Lehn und Justiz auch sämtlichen dieser Lande Verfassung betreffenden Sachen, des St. Huberts-Ordens Vice-Canzler.

Von Churbraunschweig.

Der erste: Johann Clamer August von dem Bussche, Erbherr auf Walbeck und Quenstedt, königlich großbritannischer und churfürstlicher braunschweigischer würklicher geheimder Rath.

Der zweyte: Ludwig Eberhard von Grumming Hornberg, Erbherr auf Fränkisch-Grumbach und R.... chelselbe, Hof- und Canzley-Rath auch Reichstags gesandter zu Regensburg.

Von auswärtigen Gesandten waren zugegen:

Der Päbstliche: Nicolaus Oddi, Erzbischof von Trajanopel und Nuntius in der Schweiz.

Der Königliche Französische: Florentius Ludovicus Marie, Graf von Charelet-Lomont, königl. französ. Ambassadeur am Kaiserlichen, und kaiserlichen königlichen ... Ritter der königlichen Orden, und Maréchal de Camps.

Die ganze Reichsversammlung ward von diesem Wahlgeschäfte durch ein kayserliches Rescript 484) benachrichtiget und am Ende desselben geäussert, wie man nicht zweifle, daß die Versammlung diese Sache als eine glückliche Begebenheit ansähe und deren baldige Vollziehung wünschen werde. Das fürstliche Collegium, welches sich geschmeichelt hatte, daß man ihm besonders dieses Geschäfte bekannt machen, und dessen Beystimmung und Einwilligung verlangen würde, nahm darauf sogleich das Rescript in Berathschlagung, und fassete einen Schluß dahin ab,

daß man für die zu Erhaltnng allerseitiger Zuständigkeiten bezeigte Vorsorge alleruntertänigst danken,

Der Spanische: Demetrius Graf Mahoni, königlicher spanischer Marechall des Camps und bevollmächtigter Gesandter am kaiserlichen königlichen Hofe.

Der Schwedische: Nicolaus Graf von Barck, königlicher schwedischer Gesandter am kaiserlichen Hofe, Ritter des Nordstern-Ordens, Cammerherr und Canzley-Rath.

483) Es war dieses der Prinz Johann Simplicius von Lichtenstein, kaiserlicher königlicher Cämmerer und Obrister des Reuterey-Regiments Buccow, ein Bruders Sohn des kaiserlichen ersten Commissarii, Fürsten Wenzel von Lichtenstein, in dessen Gefolge er sich befand.

484) Es war dasselbe den 24. Februar 1764. zu Wien unterzeichnet, und ward den 25sten darauf von dem kaiserlichen Principal-Commissario, Fürsten von Thurn und Taxis, dem fürstlichen salzburgischen Directorial-Gesandten, Grafen von Sauran, eingehändiget. Den 29sten Februar kam das Reichsgutachten zu Stande.

..ken, und die Nutzbarkeit der vorseyenden Wahl unbeschadet eines jeden Collegium Stimme und anderer Gerechtsamen von gesammten Reichsfürstenraths wegen anerkennen wolte.

Das Reichsfürsten-Collegium sowohl als die reichsstädtische liessen darauf ihre bey Errichtung der Wahl-Capitulation zu beobachtende Erinnerungen abfassen und dem churfürstlichen Collegio überreichen. Die erstern waren den 1745. übergebenen gleich, und wurden von dem nach Franckfurt, jedoch ohne Character abgesendeten Grafen von Saurau 485), im Nahmen des Erzbischofs von Salzburg, dem solches von dem fürstlichen Collegio aufgetragen war, überreichet. Die reichsstädtische aber wurden in einem Schreiben an den Churfürsten von Maynz übersendet.

Man hatte zu Vermeidung alles Aufenthalts verglichen, daß der churfürstliche maynzische Hof die gewöhnliche Einladung zur römischen Königswahl bey den zu Frankfurt anwesenden Gesandten thun lassen wolte, und nachdem dieses geschehen, ward den 3. Merz die erste Wahl-Conferenz gehalten, man brachte in den darauf folgenden die Wahl-Capitulation zu Stande, und den 27. Merz ward die Wahl, wobey die 3 Churfürsten von Mayntz, Cölln und Trier zugegen waren, in der Person des Erzherzogs Joseph glücklich vollzogen. Der Churfürst von Maynz verrichtete die Ausrufung der Wahl

---

485) Joseph Gottfried Graf von Saurau, Freyherr zu Wolkenstein, hochfürstl. salzburgischer würcklicher geheimer Rath und Directorial-Gesandter.

Wahl in dem Conclave, und der Dom-Dechant zu Maynz, Freyherr von Fechenbach 486) bey offenen Kirchthüren.

Der Kayser, welcher mit dem Erzherzog Joseph und Leopold und einem sehr starcken Gefolge aus Wien zu Heusenstamm angelangt, empfing daselbst durch den Grafen von Lemberg die erste Nachricht von der vollzogenen Wahl. Diesem folgte der Reichs-Erbmarschall Graf von Pappenheim, und Tages darauf überbrachte der Pfalzgraf von Zwey-brück 487) das Wahl-Diploma. Nach gehalte-nem Einzuge in Frankfurt am Mayn ward die Wahl-Capitulation von dem neuen römischen Könige be-schworen, und die Krönung 488) von den drey geist-lichen Churfürsten vollzogen, bey welcher feyerlichen Begebenheit unter andern die Grafen von Hohen-lohe 489) Kaunitz, Colloredo und Khevenhüller in den

486) George Adam Freyherr von Fechenbach, Dom-dechant zu Maynz, churmayntzischer würklicher gehei-mer Rath und Statthalter zu Maynz.

487) Friedrich Michael Pfalz-Graf von Zweybrücken ward für Ueberbringung dieser erfreulichen Nachricht mit einem kostbaren goldenen mit Brillanten besetzten Degen beschenket.

488) Von den Feyerlichkeiten, welche bey der römischen Königs-Wahl und Crönung beobachtet worden, werde ich in dem merkwürdigen Regierungs-Antritt des jetzigen Kaisers Majestät umständlicher handeln.

489) Carl, Graf von Pallyan, kaiserl. königl. Gene-ral-Feldmarschall, und gewesener Ober-Hofmeister des römischen Königes, ein gebohrner hungarischer Magnat, ward den 3ten Jenner 1764. in den Reichs-Fürsten-Stand erhoben, und erhielt zugleich die

Münz

den Reichsfürstenstand erhoben worden, welches kurz vorhero mit dem Grafen von Bathyani geschehen war.

Nach vollzogener Krönung ward die Rückreise nach Wien angetreten, und die bevorstehende Vermählung des römischen Königs ward nunmehro eine Hauptbeschäftigung des kayserlichen Hofes. Der römische König reisete der Prinzeßin Charlotte von Lothringen, welche aus den Niederlanden kam, nach Bayern entgegen, und hielt bey dieser Gelegenheit mit dem churbayerschen Hofe zu Straubingen eine Zusammenkunft. Bald darauf geschahe die Anwerbung um die Prinzeßin von Bayern, und die Vermählung ward in dem folgenden Jahre beglückt vollzogen.

Unter den übrigen Reichs-Angelegenheiten machte die osnabrücksche Streitigkeit zwischen dem Könige von Großbritannien und dem dasigen Dom-Capitel

Münz-Gerechtigkeit, die er auch sofort durch Ausprägung vortreflicher Thaler und Gulden in Ausübung brachte, deren Beschreibung in dem zweyten Theile des Herrn Hofrath von Madai vollständigen Thaler-Cabinets, Seite 556. zu finden ist. Den 4ten April 1764. wurden die gräfliche Häuser Hohenlohe-Oeringen, Langenburg, Ingelfingen und Kirchberg, in den Reichs-Fürsten-Stand erhoben, welche Ehre Ihnen schon 1744. von Kaiser Carl den VIIten angeboten, aber damahls ausgeschlagen worden. Johann Joseph Reichsgraf von Khevenhüller, kaiserl. Obrist-Cämmerer, ward auch den 4ten, Wenzel Anton, Reichsgraf von Kaunitz, kaiserl. Obrist-Hofcanzler und Rudolph Joseph, Graf von Colloredo, Reichs-Vicecanzler aber den 8ten April 1764. in den Reichs-Fürsten-Stand erhoben.

pitel die grösseste Bewegung. Das Dom-Capitel hatte in Gegenwart des kayserlichen Abgeordneten, Grafen von Raab, den minderjährigen Prinzen, Friedrich von Großbritannien, jüngsten Sohn des Königs, einmüthig zum Bischof 490) erwehlet, der König hob darauf die bisherige Administration auf, und verordnete, daß das Dom-Capitel nebst den zugeordneten Räthen aus Hannover, die Regierung führen solten. Das Dom-Capitel behauptete, daß ihm die Regierung nach dem 33 Artikel der beständigen Wahl-Capitulation allein zustehe, und weigerte sich also, die zugeordnete Räthe zu erkennen. Man wendete hannöverscher Seits ein, daß besagter Artikel mit Zusammenhaltung der übrigen nur von einer mittelbaren Regierung des Dom-Capitels zu verstehen sey, und daß, wenn ja eine Dunkelheit der Worte obwalte, solche nicht von einer richterlichen Entscheidung, sondern von einer einstimmigen Entscheidung beyder Religions-Theile abhänge. Ueber diesen Streit ruhete die osnabrückische Stimme im Reichsfürsten-Rathe, und es erschienen von beyden Theilen weitläuftige Schriften, die Sache selbst aber ist bis jetzo noch unentschieden.

In dem Bisthum Augsburg 491) fiel die Wahl eines Coadjutor für den 75 jährigen Bischof Joseph,

490) Friedrich Prinz von Großbritannien ward den 27. Febr. 1764. zum Bischof von Osnabrück postulirt, nachdem er kurz vorher, nehmlich den 16ten August 1763. das Licht der Welt erblicket.
491) Clemens Wenzel, Prinz von Polen und Sachsen, ward den 5ten November 1764. zum Coadjutor erwählt.

seph, gebornen Landgrafen von Hessen, einmüthig auf den Prinzen Clemens von Sachsen, nicht weniger bekamen die Abteyen Herforden 492) und Cornelius-Münster 493) neue Oberhäupter. Durch das Absterben des Fürsten von Hohenlohe-Pfedelbach 494) fiel der pfedelbachische Landes-Antheil an den Fürsten von Hohenlohe-Bartenstein. Der Streit, welcher zwischen dem herzoglichen Sachsen-weimarschen Hause und dem Bischoffe von Fulda wegen des von letztern wieder eingelöseten Amts Fischberg 495) entstanden, und lange Zeit gedauret, ward durch Vergleich dergestalt beygeleget, daß

Wel-

492) Friederike Charlotte Leopoldine Louise, Tochter des Marggrafen Friedrich Heinrich von Brandenburg, folgte der den 13. August 1764. verstorbenen Herzogin Hedwig Sophie Auguste von Holstein, deren Coadjutorin sie gewesen, als Aebtißin.

493) Mathias Ludwig, Freyherr von Plettenberg, ward den 23. Oct. 1764. statt des verstorbenen Carl Ludwig Freyherrn von Sickingen zum Abt von Cornelius-Münster erwählet.

494) Joseph Anton Fürst von Hohenlohe-Pfedelbach, Domherr zu Cölln, Strasburg, Ellwangen, Salzburg und Augsburg gieng den 14ten May 1764. mit Tode ab, und fiel dessen Landes-Antheil an den Fürsten Ludwig von Hohenlohe-Bartenstein.

495) Im Jahr 1707. hatte Fulda das an Henneberg versetzte Amt Fischberg eingelöset. Der Herzog Ernst August von Sachsen-Weimar aber bemächtigte sich 1741. verschiedener erb-hennebergischer Güter, Leute, Steuern, Gefälle und Gerechtigkeiten, die Herzog Johann Wilhelm von Sachsen-Eisenach ohne seine Einwilligung 1707. an Fulda verkaufet. Darüber gieng der Rechts-Streit an, der erst 1764. verglichen worden.

Weimar sieben Dörfer mit Zubehör,, Fulda aber fünf Dörfer des Amts Fischberg erhielt, der Religions-Zustand der unter Fulda gekommenen evangelischen Unterthanen aber gesichert ward.

In Ansehung der Irrungen 496), welche sich zwischen dem regierenden Herzoge von Würtemberg-Stuttgard und seinen Landständen in Ansehung verschiedener Beschwerden hervorthaten, konten durch einen Vergleich nicht beygeleget werden, sondern gaben zu grossen Bewegungen im ganzen teutschen Reiche Gelegenheit. Die nächste Veranlassung gab die von dem Herzoge ohne Einwilligung der Landstände zur Erhaltung eines die Verhältniß der Landes-Einkünfte weit übersteigenden starken Kriegs-Staats ausgeschriebene ausserordentliche Kriegs-Steuer, welche der Landes-Herr mit äusserster Schärfe beytreiben ließ. Die Landstände wendeten sich an den kayserlichen Gesandten, Freyherrn von Widmann, der sich zu Stuttgard befand, nicht weniger an die königliche preussische und dänische, auch großbritannische Höfe, welche auch ihre Gesandten an den Herzog sendeten, aber zum Vortheil der Landstände nichts ausrichten konten. Die Sache gelangte darauf zur rechtlichen Entscheidung bey dem Reichs-Hofrathe, welcher dem Herzoge die Haltung des gewöhnlichen

---

496) Man sehe von diesen Irrungen die 1765. herausgekommene Sammlung der in diese Sache einschlagenden Urkunden und Vorstellungen beyder streitenden Theile.

chen Landtags und die Loßlassung des in Verhaft genommenen landschaftlichen Consulenten, von Moser, befahl, demnächst aber die Beytreibung aller ungewöhnlichen die Kräfte des Landes weit übersteigenden Anlagen verbot.

Die Visitation des Reichs-Kammer-Gerichts ward gleichfalls eifrig betrieben. Die Punkte, über welche in dieser wichtigen Sache gerathschlaget werden sollte, wurden von Churmaynz dictiret, allein weil man in Ansehung des Hauptumstandes die Classe der dazu nöthigen Reichs-Deputation einzurichten, nicht einig werden konte, gerieth die Sache wieder ins Stecken.

Hingegen kam der Churfürsten Verein 497) in diesem Jahre bey Gelegenheit der römischen Königswahl völlig zu Stande, und hatte dieses besondere, daß sämtliche neun Churfürsten solchen zum erstenmahl beschworen. Nicht weniger ward die Angelegenheit der Bürger der Stadt Sanct Remo 498), welche die Oberherrschaft des Freystaats von Genua nicht erkennen, sondern als Unterthanen des teutschen Reichs angesehen werden wollen, dem Kayser von dem churfürstlichen Collegio besonders empfolen.

Der

---

497) Die Churfürsten beschworen solchen, Churbraunschweig ausgenommen, zu Frankfurt am Mayn bey Gelegenheit der römischen Königs-Wahl, Churbraunschweig aber im Oct. 1764. zu Regensburg.

498) Das Churfürstliche Collegium, an welches sich St. Remo gewendet, empfahl diese Angelegenheit dem Kaiser in einem besondern Schreiben bey Gelegenheit der römischen Königswahl.

Der kayserliche geheimde Rath Freyherr von Enzenberg 499), der churſächſiſche Ober-Stallmeiſter von Lindenau und der churſächſiſche Kammerherr von Rex wurden in den Reichs-Grafenſtand, der Heſſencaſſelſche verdiente Miniſter, Waiz, aber in den Reichs-Freyherrenſtand erhoben. Von Beleihungen erfolgte nur die tridentiniſche 500) und fuldaiſche.

§. 40.

Die Vermählung des römiſchen Königs wird vollzogen, und von den übrigen Reichs-Angelegenheiten bis zum Abſterben des Kayſers.

Die letztern Lebens-Jahre des Kayſers waren unſtreitig die vergnügteſten deſſelben. Er ſahe den

---

499) Cajetan Freyherr von Enzenberg, kaiſerl. königl. würklicher geheimer Rath, ein Tyroler von Geburt, ward im April 1764. Heinrich Gottlieb von Lindenau, churſächſiſcher würklicher geheimer Rath und Ober-Stallmeiſter im Nov. 1764. und Johann Caſpar Gottlob von Rex, churſächſiſcher Cämmerer und Vicemarſchall, in den Reichsgrafen-Stand erhoben, Jacob Siegmund Waiz, heſſen-caſſ'lſcher Cammer-Präſident und Staats-Miniſter, 1764. im Junius, unter dem Namen Freyherr von Eſchen in den Reichs-Freyherren-Stand erhoben.

500) Johann Carl, Reichsgraf von Herberſtein, Domherr zu Trient, empfieng den 30 ſten Junius 1764. die Beleihung für den neuen Biſchof, Chriſtoph v. Sizzo und den 15ten Dec. 1764. der kaiſerl. Cämmerer, Freyherr von Bibra für den Biſchof von Fulda, Heinrich von Bibra.

Erzherzog Joseph zum römischen König erhoben, er erlebte desselben zweyte Vermählung, und der Erzherzog Leopold 500 a) ward mit einer spanischen

500 a) Dieser Erzherzog hat den Namen Leopold um deßhalb erhalten, weil er an demjenigen Tage, da der heilige Leopold von Oesterreich verehret wird, gebohren worden. Die Begebenheit seiner Geburt ist durch folgende von dem Regensburgischen Münzmeister, Johann Christoph Pusch, verfertigte Schaumünze für die Nachwelt aufbehalten worden. Auf der ersten Seite derselben stehet das sauber geschnittene Rechts sehende Bildniß Ihro Majestät der Kaiserin Königin, und um dasselbe dieser in etwas veränderte Vers des Lucretii:

ARCHIDVCVM GENETRIX DIVVMQVE
HOMINVMQVE VOLVPTAS.

Die andere Seite stellet allerhöchst gedachte kaiserliche königliche Majestät auf einem mit Adlern und Löwen ausgezierten und vor dem prächtigen Wochenbette stehenden Stuhle sitzend vor, mit der Rechten den neugebohrnen durchlauchtigen Erz-Herzog, mit der Linken aber die im Februario des vorigen Jahres gebohrne Prinzeßin und Erz-Herzogin Marie Amalie haltend. Zur rechten des Stuhls stehet der durchlauchtige Erz-Herzog und Groß-Prinz zu Florenz, Joseph, im hungarischen Anzuge, nebst Dero Herrn Bruder, dem zweyten kaiserlichen Prinzen und Erz-Herzogen Carl; zur Linken aber die übrigen durchlauchtigen kaiserlichen Prinzeßinnen und Erz-Herzoginnen. Aus denen über dem kaiserlichen Wochenbettis stehenden Wolken fället ein lieblicher mit Blumen vermengter Thau herab, den Seegen des Himmels und die Mayen-Zeit zu bemerken; die über denen Wolken schimmernde 2. Sternen aber zeigen die zwey hochseeligen Prinzeßinnen an, welche die allerhöchste kaiserlichen Eltern 1737. und 1741. dem Himmel wieder gegeben. Die Umschrift:

schen Prinzeßin beglückt verbunden. Diese angenehme Beschäftigungen wechselten mit der Sorgfalt auf die wichtigste Reichs-Angelegenheiten ab. Die würtembergische Irrungen, deren sich die Könige von Großbritannien, Dännemark und Preussen durch eigenhändige Schreiben an den Kayser vorzüglich angenommen, erforderten eine besondere Aufmerksamkeit. Um allen üblen Folgen eines fortdauernden Rechtsstreits und der dadurch wachsenden Verbitterung vorzubeugen, verordnete der Kayser eine besondere Hof-Commißion, welche die Sache vergleichen sollte. Demnächst befahl er dem Herzoge, sich der Verwüstung der Waldungen durch übermäßiges Holzschlagen zu enthalten, die anerbotene Verminderung seiner Völker zu bewürken, und zu der Erhaltung des Kriegsstaats jährlich mit vier hundert und sechszig tausend Gulden sich zu begnügen.

In Ansehung des zwischen Churpfalz und den General-Staaten wegen einer Schuld-Forderung der letztern, entstandenen Streits, ließ der Kayser den General-Staaten die Erklärung thun, wie er als oberster Lehnsherr nicht zugeben werde, daß sie die, Churpfalz als ein Reichslehen zustehende Herrschaft Ravenstein, um sich zur Bezahlung zu verhelfen, mit ihren Völkern besetzten.

Von Religions-Beschwerden machte besonders die Dierdorfsche vieles Auffehen. Die reformirte

Umschrift dieser Seite heißt: MARIA THERES. AVG. NOVIES FECVNDA. Im Abschnitt stehet: Nato CAES. PRINC. MDCCXLVII.

Bürger daselbst beschwerten sich, daß der neue Landes-Herr die Erlaubniß der catholischen Religions-Uebung für die Capuciner bestätiget, und diese Mönche sehr über die Schranken geschritten, mithin die reformirte Religion in Gefahr gerathen sey. Diese Vorstellung zog ein Bittschreiben des Corpus Evangelicorum an den Kayser nach sich.

Die Münz-Angelegenheit, die Kammergerichts-Visitation, und die osnabrückische Irrungen kam abermahls in Bewegung. Es erschienen deßhalb verschiedene Schriften, allein die Annehmung des zwanzig Gulden Fußes kam so wenig durchgehends zu Stande, als ein Schluß wegen der Visitation und ein Vergleich in der osnabrückschen Sache bewürket werden konte.

Die Grafschaft Hohenems, welche nach Abgang der männlichen Erben, so viel die Lehnstück betrift, für den Kaiser erlediget worden, gab derselbe dem Hause Oesterreich zu Lehen, wie er dann auch die Coadjutorwahl in dem Bisthum Lübek zum Vortheil des dänischen Prinzen Friedrich bestätigte.

An Belehnungen erfolgte die Baselsche, Bentische, Passauische. Da die Vermählung des Erzherzogs Peter Leopold mit der spanischen Prinzeßin Marie Louise zu Inspruck vollzogen werden solte: so trat der Kaiser, die Kaiserin, der römische König und die Erzherzogin Marie Anne und Marie Christine dahin die Reise an. Es ist genug, wenn ich sage, daß diese Vermählung mit größter grössester Pracht vollzogen worden, daß auf der ganzen Reise die Unterthanen diejenige Freude und Ehrfurcht blicken lassen, auf welche Gerechtigkeit und die Wohlfart der Länder vorzüglich liebende Oberhäupter jederzeit Rechnung machen können, und daß nur der unverhofte Todesfall des Kaisers den angestellten Feyerlichkeiten ein Ende gemacht.

Der Monarch hatte die Reise in bester Gesundheit angetreten, und befand sich auch während des Aufenthalts zu Inspruk ganz wohl. Er speisete noch an dem Tage seines Absterbens 501) öffentlich, und wohnete Abends dem italiänischen Singspiele bey. Als er aber aus demselben ins Zimmer kam, klagte er über einige Schwachheit, sank, von einem Schlagflusse gerührt, nieder, und verschied nach wenig Minuten in den Armen des römischen Königs. Die Standhaftigkeit des letztern bey dieser betrübten Gelegenheit zeigte die wahre Grösse seiner Seele in ihrem völligen Glanze, und die verwitwete Kayserin bewieß durch die Ergebung in den göttlichen Willen, daß die Frömmigkeit, welche in ihr vorzüglich bewundert wird, auch in den traurigsten Fällen den besten Trost und grösseste Aufrichtung gewähret.

Die Leiche ward darauf geöfnet, einbalsamirt, und nachdem sie einige Zeit in Inspruk öffentlich ausgesetzet worden, nach Wien zur Beerdigung zu Wasser abgeführt. Hier ward, wie gewöhnlich, das Herz in der Loretto Kapelle der Augustiner Hofkirche,

---

501) Es war derselbe der 18te August 1765.

Kirche, das Eingeweide in der heiligen Stephans-Kirche, und der Leichnam in der Capuciner Kirche beygesetzet. Ich übergehe die bey dieser schmerzhaften Begebenheit beobachtete Feyerlichkeiten und das Gepränge des Leichenzuges, um den vortrefflichen Character des Monarchen für den Leser zu schildern.

Wenn der grösseste Ruhm 502) der Beherrscher weitläuftiger Staaten in einer tiefen Ehrfurcht gegen das höchste Wesen, welches Scepter und Kronen austheilet, zu suchen ist: so verdienet Franz der Erste in diesem Stück gewiß die grösseste Bewunderung. Er war der Ruhm und die Zierde der Religion, sein Beyspiel lehrte laue Christen, bey öffentlichen Umgängen scheuete er keine Unannehmlichkeit der Witterung, seine Hoheit hielt ihn niemals von Ausübung der Kirchen-Gebräuche ab. Er war ein zärtlicher und treuer Ehegemahl, und der liebreichste und sorgfältigste Vater gegen seine Durchlauchtigste Kinder. Ihre Versorgung machte seine Hauptbeschäftigung, und die gesammlete Schätze

---

502) Leser, welche die vornehmste Lebens-Umstände des verstorbenen Kaisers in einer angenehmen Kürze und mit einer männlichen Beredsamkeit vorgetragen lesen wollen, verweise ich auf des Vaters der Gesellschaft Jesu, Carl Mastollier, in der Kirche des theresianischen Collegium zu Wien gehaltene Trauer-Rede, und auf diejenige, welche der kaiserl. Hof-Prediger, Edmund Fritz, in der Hofkirche gehalten. Beyde sind in groß Folio 1765. zu Wien bey dem kaiserlichen königlichen Hof-Buchdrucker, Johann Thomas Edlen von Trattnern gedruckt worden, und ich habe sie mit Vergnügen durchgelesen.

ße zeigen von der vernünftigen Ausübung einer wohlgeordneten Sparsamkeit. Gegen seine Unterthanen bewieß er bey allen Gelegenheiten Mitleiden, Liebe und Vorsorge, er setzte sich, als alle Schiffer die Gefährlichkeiten scheueten, zuerst auf die Donau in ein Fahrzeug 503), und ermunterte dadurch die weit geringern, ihren Mitbürgern, den Einwohnern der Leopoldstadt bey Wien, bey der damaligen Wassersnoth, die ihnen so höchstnöthige Lebensmittel zuzuführen. Er ließ bey der Hungersnoth in Italien für Toscana Getreyde aufkauffen, und unter die Nothleidende unentgeldlich austheilen. Er ließ einer Menge von Bedrängten, vornehmen und geringen Standes, Wohlthaten in Auszahlung ansehnlicher Geldhülfen zufliessen, und sie durften die Hand nicht kennen, welche ihnen Gutes that.

Künste und Wissenschaften verehrten ihn als den mildreichsten Beförderer. Er ließ den Bücherschatz in dem Pallast Pitti zu Florenz 504) zu öffentlichen

---

503) Dieses geschahe 1744.
504) Eduard solche Eröfnung im Jahre 1765. bewürket, und über den Eingang dieses Bücher-Schatzes folgende Inschrift gesetzet.

  Imp. Caesar, Franciscus Pius Felix Aug.
  Bibl. suae usum communem facit
  Nemo Limen clanculum transcurrito
  Neve loculis Manum admoveto
    Quem optas librum
  Petito, Vtitor, purum servato,
  Ne igitur caesim punctioue ferito, seque
    Notis compungito
  Philyram interserere et quaevis excerpere
    Fas esto,

Gebrauch öfnen. Die durch seinen Vorschuß errichtete Manufacturen beförderten den blühenden Wohlstand der Länder und den Umlauf des Geldes. Die Sammlung des vollständigsten Vorraths von Seltenheiten der Natur und Künste und einer unschätzbaren Menge von Münzen 505) zeigen von seiner

In eo ne incumbito exscripturus ne papyrum imponito
Atramentum et arenam longe dextrorsum arceto.
Idiota, famulus, iners, fabulator, obambulator, exesto.
Silentium teneto, neve altius legendo alios obtundito
Abiturus librum claudito, parvum in manus reddito
Magnum, ministro, admovito, super tabula relinquito
Nihil solvito, Ditior abito, frequentior redito.

505) Ich will dieses Cabinet mit den Worten eines Augenzeugen, des Kayserl. Hoffactor Bauer, beschreiben, welcher in den auserlesenen Münzneuigkeiten davon also redet: Dieses Cabinet ist in dreyzehen grosse Kasten eingetheilet. Der erste Kasten hat 67 Schubladen und enthält die goldenen Medaillons und Medailles; der zweyte Kasten bestehet aus 82 Schubladen, darinnen sich die kleinern goldenen Medailles, Ducaten und Goldgulden befinden; der dritte, vierte und fünfte Kasten, wovon jeder 67 Schubladen hat, enthalten die Thaler und Gulden; In dem sechsten und siebenden Kasten, wovon jeder aus 100 Schubladen bestehet, befinden sich die kleinern Silber-Münz-Sorten; der achte Kasten, so 68 Schubladen hat, enthält lauter orientalische Münzen; in dem neunten und zehnten Kasten, davon jeder 57 Schubladen hat, liegen die grossen silbernen Medaillons; der eilfte, zwölfte und dreyzehente Kasten, wovon jeder aus 67 Schubladen bestehet

ner Kenntniß und Einsicht. Er belohnte Künstler und Gelehrte nach Verdienst, er hestieg die Stern-
warte

bestehet, enthält die kleinen silbernen Medailles. Alle dreyzehen Kasten sind von indianischen Holze verfertiget und recht mit sonderbarem Fleiß ausgearbeitet. Die Beschläge und grosse Handhaben daran sind sehr stark von Silber und auf das schönste gearbeitet. Die Kasten stehen auf ansehnlichen Postementen, welche mit der schönsten Bildhauer-Arbeit versehen sind, und ist alles daran sehr stark vergoldet. In den kleinen Schubladlein, darinnen, so wie alle Münzen, also auch die Thaler liegen, ist für jeden Thaler so viel Platz ausgeschnitten, damit er nicht weichen kann. In einem jeden dieser ausgeschnittenen Plätze lieget unter dem Thaler eine geschriebene Nachricht, welche in französischer Sprache mit wenigen Worten anzeiget, wer der Herr, den der Thaler angehet, und seine Eltern gewesen sind, was er für eine Gemalin gehabt, wenn er geboren worden und wenn er wieder gestorben ist ꝛc. Die Thaler-Sammlung in diesem weltberühmten Cabinet hat gewiß ihres gleichen nicht, welches man ohne Schmeicheley behaupten muß, wenn man sie gesehen hat.

Dieses kayserliche Cabinet bestehet allein aus goldenen und silbernen Schau- Denk- und Current-Münzen aus der ganzen Welt und auch besonders aus den indianischen Ländern, von mittlern und neuern Zeiten. Aus den ältern Zeiten findet sich hier auch eine grosse Anzahl höchst rarer Medailles vieler parthischen Könige, welche mit den Münzen der folgenden persischen Könige und arabischen Caliphen eine besondere Sammlung ausmachen. Von den italienischen Münzen aus den mittlern Zeiten findet man sehr viele rare und sehr beträchtliche Stücke in diesem kostbaren und unvergleichlichen Cabinet. Ihro römisch-kayserliche Majestät haben schon seit geraumer Zeit an diesem kostbaren Münzschatze sammlen lassen, und es sind bisher grosse Geldsummen darauf verwendet worden, wie dann solches

warte zu Wien zum öftern, um seltene Erscheinungen am Himmel selbst wahrzunehmen, er war nicht zufrie-

ches täglich noch vermehret wird. Es ist aber auch gewiß, daß kein Münz-Cabinet in Europa dem kayserlichen kann den Vorzug streitig machen. Dieser Monarch ist ein sehr grosser Liebhaber und Beschützer der freyen Künste und Wissenschaften und unterläßt nichts, was zu deren Beförderung und Aufnahme nur irgends gereichen kann. Die Nachwelt wird die grossen Eigenschaften dieses allerhöchsten Monarchen Ehrfurchtsvoll bewundern. Nicht nur dieses Münzcabinet, sondern auch das vortrefliche Naturaliencabinet, die Sammlung der Modelle von besondern und meistens neu erfundenen Maschinen, und der mit den seltesten Gewächsen und ausländischen Geschöpfen prangende kaiserliche Lust- und Thiergarten, zeugen von einem wahrhaftig kaiserlichen Aufwand, von dem allervortreflichsten Geschmack und der allervollkommensten Kenntniß, die Ihro kaiserliche Majestät von den Wissenschaften haben. Dieses vortrefliche und unschätzbare Münzcabinet, hat der wackere und grundgelehrte Herr du Val, kaiserlicher Antiquarius und Bibliothecarius zu Florenz eingerichtet. Die Zahl, Schönheit, Seltenheit und Werth der Münzen ist etwas ausnehmendes, so daß man dergleichen Sammlung auch in Paris und Rom nicht antreffen können. Auf allerhöchsten kaiserlichen Befehl sind die darinn befindlichen goldenen Münzen, wie auch die Thaler und Gulden in Kupfer gestochen, und in groß Folio auf recht schönes und dickes Papier in zwey Bänden sehr prächtig abgedrucket worden. Der erste Band führet den Titul: Monnoies en Or, qui composent une des differentes Parties du Cabinet de Sa Majesté l'Empereur, depuis les plus grandes pieces, jusqu'aux plus petites. Der andere Band hat den Titel: Monnoies en Argent, qui composent vne des differentes Parties du Cabinet de Sa Majesté l'Empereur, depuis les plus grandes pieces jusqu'au Florin inclusivement.

zufrieden, Schätze von Seltenheiten zu besitzen, sondern ließ solche auch durch den Druck zum allgemeinen Nutzen bekannt machen. Kurtz, Gottesfurcht, Menschenliebe und Einsicht hatten den vortreflichen Character des Verstorbenen gebildet, und Franz des Ersten Andencken wird so lange bey der Nachwelt im Seegen bleiben, als erhabene Tugenden auf die Bewunderung der Zeitgenossen und Nachkommen gerechte Ansprüche machen
können.

ENDE.

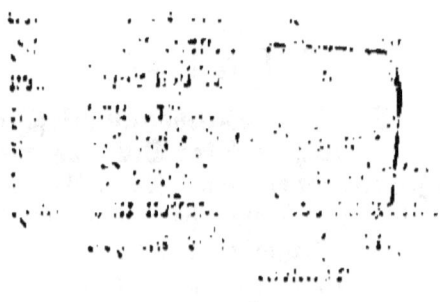

Anhang.

No. I.

Kaisers Franz des Ersten Wahl-Capitulation.*)

Wir Franz von Gottes Gnaden, erwehlter Römischer König, zu allen Zeiten Mehrer des Reichs, zu Germanien und Jerusalem König, Herzog zu Lothringen und Baar, Groß-Herzog von Toscana, Marchis, Herzog zu Calabrien, Geldern, Montferrat,

---

*) Durch die Anmerkungen und im Druck gebrauchte verschiedene Schrift wird der Leser in den Stand gesetzet, mit einem mahl zu übersehen, was sowohl in Karl des VIIten, als in Franz des Ersten Wahl-Capitulation geändert, und zugesetzet worden, wobey folgendes zu merken:

1) daß, wo in Karl des VIIten Wahl-Capitulation ein neuer Zusatz gekommen, solcher im Teutschen durch Schwabacher, und im Lateinischen durch *Cursiv*-Schrift bemerket worden.

2) daß in den mit kleinern lateinischen Buchstaben bemerkten Anmerkungen die Aenderung der Capitulation Karl des sechsten angezeiget, und

3) der Unterscheid der neuesten Wahl-Capitulation durch grössere Schrift, die Aenderung und Auslassung aber durch die mit grossen lateinischen Buchstaben gezeichnete Anmerkungen in das gehörige Licht gesetzet worden.

rat, in Silesien zu Teschen, Fürst zu Charleville, Marquis zu Pont a Mousson, und Romeny, Graf zu Provinz, Vaudemont, Blankenberg, Zütphen, Saarwerden, Salm, und Falkenstein ꝛc. ꝛc. Bekennen öffentlich mit diesem Brief: als nach zeitlichem Ableben weyland Carl des Siebenten Kaiserliche Majestät, Christmildest- und Glorwürdigster Gedächtniß. Wir aus Schickung des Allmächtigen, durch vorgenommene ordentliche Wahl des Hochwürdigsten Johann Friedrich Carln, zu Maynz Ertz-Bischoffen, des Heil. Römischen Reichs durch Germanien Ertz-Canzlern, Unsers lieben Neven und Churfürsten Liebden, wie nicht weniger von wegen deren Hochwürdigst- und respective Durchlauchtigsten Franz Georgen zu Trier, und Clement August, zu Cölln, Ertz-Bischöffen, des Heil. Römischen Reichs durch Gallien und das Königreich Arelat, auch Italien Ertz-Canzlern, sodann deren Durchlauchtigsten und respective Großmächtigen, Maria Theresien, zu Hungarn und Böheim Königin, von wegen Chur-Böheim, Maximilian Joseph, Churfürsten in Bayern, Friedrichs August, König in Pohlen, als Churfürsten zu Sachsen, und Georgen, Königs in Großbritannien, als Churfürsten zu Braunschweig-Lüneburg des Heil. Römischen Reichs Ertz=Schencken, Ertz=Truchseſſen, Ertz=Marſchallen und Ertz=Schatzmeiſtern, Unſerer lieben reſpective Neven, Gemahlin, Brüderen, Oheimen und Churfürſten Lbd. Lbd. Lbd. Lbd. Lbd. Lbd. gevollmächtigter Botſchaften, Dieterich Carl, Grafen von Ingelheim, genannt Echter von Meſpelbrunn, Ferdinand Leopold Anton, Grafen von Hohenzollern, Johann Wilhelm, Grafen von Wurmbrand, Joſeph Frantz Maria, Grafen von Sinsheim, Johann Friedrich, Grafen von Schönberg, und Gerlach Adolphen von Münchhauſen, zur Ehr und Würde des Röm. Königlichen Nahmens und Gewalts erhoben, erhöhet und geſetzet ſeynd, deren Wir Uns auch, GOtt zu Lob, dem Heil. Reich zu Ehren, und um der Chriſtenheit und Deutſcher Nation, auch gemeinen Nutzens willen beladen: Daß Wir Uns demnach aus freyem gnädigen Willen mit denenſelben Unſeren lieben Neven, Gemahlin, Brüderen, Oheimen, und Churfürſten, für ſich und ſämmtliche Churfürſten, Fürſten und Stände des Heil. Röm. Reichs Geding= und Pactsweiß dieſer nachfolgenden Articulen vereiniget, verglichen, angenommen und zugeſaget haben, alles wiſſentlich und Kraft dieſes Briefs:

a 2

Arti-

Articulus I.

§. 1.

Schutz der Christenheit des Pabstes ꝛc.

Zum ersten, daß Wir in Zeit solcher Unserer Königlichen Würden, Amt und Regierung, die Christenheit, den Stuhl zu Rom, Päbstl. Heiligkeit, und Christliche Kirch, als derselben Advocat, in gutem treulichen Schutz und Schirm halten sollen und wollen.

§. 2.

Erhaltung des Reichs und dessen Ständ ꝛc. bey ihren Rechten.

Wie Wir denn auch in alle Wege wollen die Deutsche Nation, das Heil. Röm. Reich, und die Churfürsten, als dessen vorderste Glieder, und des Heil. Röm. Reichs Grund-Seulen, insonderheit auch die weltliche Chur-Häuser bey ihrem Primogenitur-Recht, ohne dasselbe restringiren zu lassen, besag der güldenen Bull, sonderlich des 13ten Tituls, dann auch die Fürsten, Prälaten, Grafen, Herren und Stände, (die unmittelbare freye Reichs-Ritterschafft mit begriffen,) bey ihren Hoheiten, geist- und weltlichen Würden, Gerechtigkeiten, Macht und Gewalt, sonst auch einen jeden bey seinem Stand und Wesen lassen.

§. 3.

Insbesondere bey Sitz und Stimm auf Reichs-Tägen.

Bevorab aber allen und jeden Ständen des Reichs ihren freyen Sitz und Stimm auf Reichs-Tägen aufrecht erhalten, und ohne der Churfürsten,

ſten, Fürſten und Stände vorhergehende Bewilligung keinen Reichsſtand der Seſſionem & Votum in denen Reichs-Collegiis hergebracht, davon proviſorie, noch in ſonſtige Weiß, ſuſpendiren und ausſchlieſſen,

§. 4.
Und bey der Regierung.

Noch ihrer Landes-Regierung, es geſchehe gleich *proviſorie* oder *in contumaciam*, oder auff irgend eine andere Weiſe, entſetzen;

§. 5.
Annahm neuer Reichsſtände.

Auch keine Fürſten, Grafen und Herren in Fürſtlichen oder Gräflichen Collegiis an- oder aufnehmen, ſie haben ſich dann vorhero dazu mit einem Immediat-Fürſtenthum, reſpective Graf- oder Herrſchaft genungſam qualificiret, und mit einem Standes-würdigen Reichs-Anſchlag (weßhalben *in Comitiis* das nöthige förderſamſt zu reguliren) in einen gewiſſen Crayß eingelaſſen und verbunden, und über ſolches alles, neben dem Churfürſtlichen, auch dasjenige Collegium und Banck, darinnen ſie aufgenommen werden ſollen, in die Admiſſion ordentlich gewilliget.

§. 6.
Erſtreckung erloſchener Comitial-Stimmen.

Wir wollen Uns einer Prorogation und Erſtreckung des von einer Linie eines Fürſtlichen Hauſes entfallenen Sitz- und Stimm-

Rechts auf die andere, so dergleichen nicht hergebracht, ohne obverstandene Chur- und Fürstlichen *Collegiorum* Einwilligung für Uns alleine nicht anmassen.

§. 7.
Examinirung der Qualitäten der bishero recipirten Ständen.

Sodann solle wegen der A. 1654. und seithero aufgenommenen Fürsten und Ständen Ordnungs-mäßigen Qualificirung die Comitial-Untersuchung von Uns fordersamst zu Stand gebracht werden.

§. 8.
Der Landes-Hoheit und Pacis nicht einzugreifen.

Wir wollen weder denen Reichs-Gerichten, noch sonst jemand, wer der auch seye, gestatten, daß denen Ständen in ihren Territoriis in Religions-Politischen- und Justitz-Sachen *sub quocunque praetextu*, wider den Friedens-Schluß oder aufgerichtete, rechtmäßige und verbindliche *Pacta*, vor- oder eingegriffen werde.

§. 9.
Bestätigung der Stände Freyheiten und Cassation alles Widrigen.

Sollen und wollen auch Churfürsten, Fürsten und Ständen, (die unmittelbare freye Reichs-Ritterschaft mit eingeschlossen,) ihre Regalien, Obrigkeiten, Freyheiten, Privilegien, die vor diesem unter ihnen denen Reichs-*Constitutionibus* gemäß gemachte

machte Vniones, zuvorderst aber die unter Churfürsten, Fürsten und Ständen aufgerichtete Erb-
Verbrüderungen, Reichs-Pfandschaften, (so wie
dieserhalben in dem *Instrumento Pacis* a) Vorsehung geschehen,) Gerechtigkeiten, Gebrauch und
gute Gewohnheiten, so sie bishero gehabt, oder in
Uebung gewesen, zu Wasser und Land, auf gebührendes Ansuchen, ohne Weigerung und Aufhalt,
in beständiger Form confirmiren, sie auch dabey als
Römischer König handhaben und schützen, und niemanden einig Privilegium darwider ertheilen, und,
da einige vor oder bey währenden Kriegen ertheilet,
so im Friedens-Schluß nicht approbiret, dieselbe
gänzlich cassiren und annulliren, auch hiermit cassirt und annullirt haben.

§. 10.
Der Evangelischen Vorbehalt wegen der Päbstlichen Advocatie.

So viel aber in diesem Artickel, den Stuhl zu
Rom, und Päbstl. Heiligkeit betrift, wollen die der
Augspurgischen Confeßion zugethane Churfürsten
vor sich und ihre Religions-Verwandte, Fürsten
und Stände, (unschlüßig derselben Religion zugethanen freyen Reichs-Ritterschaft) Uns darmit nicht
verbunden haben, gestalten dann auch solche Advo-
catia dem Religion- und Profan- auch dem Mün-
ster- und Oßnabrückischen Friedensschluß zu Nachtheil nicht angezogen, noch gebrauchet, sondern denen obgedachten Churfürsten und sämmtlichen Ihren

---

a) In der Capitulation Karl des sechsten stunden die
Worte, secundum Instrumentum Pacis.

ren Religions-Verwandten im Reich gleicher Schutz geleistet werden solle.

§. II.

Der Evangelischen Intercessionales und Beschwerden, auch Processe in Religions-Sachen.

Wo auch selbige sich gegen das *Instrumentum Pacis*, Nürnbergischen Executions-Receß, *arctiorem modum exequendi* und andere Reichs-Constitutiones beschweret zu seyn erachtet, sollen und wollen Wir Uns auf ihre Augspurgischen Confeßionverwandten Churfürsten, Fürsten und Stände, (die Reichs-Ritterschaft mit begriffen) sammt oder sonders an Uns thuende Vorstellungen ohne allen Anstand, obgedachten Reichs-Grund-Gesetzen gemäß, entschliessen, sofort sothane Unsere Entschliessung denenselben zu wissen thun, solche auch ungesäumt zum würcklichen Vollzug bringen, keinesweges aber *in causis Religionis* Processe verstatten, sondern darunter lediglich oberwähnten Reichs-Grund-Gesetzen nachgehen; nicht weniger daran seyn, damit die bishero angebrachte, zur Zeit noch ohnerledigte Religions-Beschwerden des fordersamsten Reichs-Gesetz-mäßig abgethan werden. Wie Wir ihnen, Churfürsten und sämmtlichen ihren Religions-Verwandten, ein gleiches aber auch jenen, der Catholischen Religion, Kraft dieses versprechen, und Uns hiemit zu einem wie anderem verbinden.

Articulus II.

§. 1.
Des Reichs-Schirmung ꝛc.

Wir sollen und wollen das Reich, so viel in Unsern Kräften ist, schirmen und vermehren

§. 2.
Ausschliessung alles Erbrechts, ꝛc.

Uns keiner Succession oder Erbschaft desselben anmassen, unterwinden, noch unterfangen, noch darnach trachten, dasselbe auf Uns, Unsere Erben und Nachkommen, oder auf jemanden anders zu wenden.

§. 3.
Beobachtung der gůldenen Bull, Religion- und Land- auch westphälischen Friedens- und andere Reichs-Gesetze.

Wollen die gůldne Bull, mit der auf die Braunschweig-lüneburgische Chur geschehenen Extension, den Frieden in Religions- und Profan-Sachen, den Land-Frieden, samt der Handhabung desselben, (wie er auf dem zu Augspurg im Jahr 1555. gehaltenen Reichs-Tag aufgerichtet, verabschiedet, verbessert, auch in denen darauf erfolgten Reichs-Abschieden wiederhohlet und confirmiret worden,) sonderlich aber obgedachte Münster- und Oßnabrückische Friedensschlüsse, b) bevor-

_____
b) Der Parenthesis in Kaiser Karl des sechsten Wahl-Capitulation, von Unverbindlichkeit dessen, was in dem westphälischen Friedenschluß zum Vortheil der Krone Frankreich, wie auch wegen des Rückfalls der

ab was Art. 5. §. 2. und Art. 8. de Juribus statuum, wie auch Art. 7. unanimi quoque &c. (als nach dessen Inhalt alles dasjenige, was denen Catholischen und Augspurgischen Confeßions-Verwandten Ständen, die dieser c) Religion zugethane freye Reichs-Ritterschafft mit eingeschlossen, auch deren allerseitigen Unterthanen, zu gutem in gegenwärtiger Capitulation verglichen und verordnet worden, ebenfalls denenjenigen, welche unter diesen d) Reformirte genennet werden, zustehen, und zu statten kommen solle,) begriffen, sodann den Nürnbergischen Executions-Receß, wie auch insonderheit alles dasjenige, was bey vorigen Reichs-Tägen verabschiedet und geschlossen, und durch die nachfolgende Reichs-Constitutionen und Gesetze nicht wieder aufgehoben worden, oder e) bey Reichs-Tägen ferner für gut befunden und geschlossen werden möchte, gleich wäre es dieser Capitulation von Worten zu Worten einverleibet, stet, vest und unverbrüchlich halten, und unter keinerley Vorwand, er sey, wer er wolle, ohne Churfürsten, Fürsten und Stände auf einem Reichs- oder ordinai-ren

alten churpfältzischen Chur-Würde, Ertztruchsessen-Amts, und der Ober-Pfaltz von der Wilhelminischen auf die Rudolfinische Linie enthalten gewesen, weggelassen worden, ingleichen das darauf folgende Wörtlein, als.

a) In der Capitulation Karl des sechsten stand das Wort solcher.

d) In Karl des sechsten Capitulation stand das Wort ihnen.

e) In eben derselben stand hier das Wort und, statt oder.

ren Deputations-Tag vorgehende Bewilligung daraus schreiten, sondern daſſelbe gebührend handhaben und darwider niemand beſchweren laſſen, auch nicht geſtatten, daß in Religions-Sachen jemand dem Inſtrumento Pacis, dem Nürnbergiſchen Executions-Receß und denen mit andern habenden Pactis entgegen vorgewaltiget, graviret, oder turbiret, wie auch, daß an einigen Orten, von welchen das Inſtrumentum Pacis diſponiret, in Eccleſiaſticis & Politicis, ſub quocunque Praetextu, oder ungleicher Auslegung deſſelben, dargegen, oder wider die im Reichs-Abſchied de Anno 1555. einverleibte Executions-Ordnung directe vel indirecte gehandelt werde.

§. 4.
Der Reichs-Geſetze Erneuer- und Aenderung.

Desgleichen auch andere des Heil. Reichs-Ordnungen und Geſetze, ſo viel dem obgedachten im Jahr 1755. zu Augsburg aufgerichteten Reichs-Abſchied A) und mehr erwehnten Friedensſchluß nicht zuwider ſeynd, erneueren und dieſelbe mit Conſens Unſers Churfürſten, Fürſten und Ständen, wie es des Reichs Gelegenheit jederzeit erfodert, beſſeren, keinesweges aber ohne Churfürſten, Fürſten und Ständen auf Reichs-Tägen gleichmäßig vorgehende Bewilligung ändern.

§. 5.

A) Dem weſentlichen Innhalte nach, ſagen dieſe Worte eben das, was in Karl des ſiebenten Capitulation ſtehet, nur ſind ſie deutlicher.

§. 5.
Auch Interpretation.

Vielweniger neue Ordnungen und Gesetze im Reich machen, noch allein die Interpretation der Reichs-Satzungen und Friedensschlusses vornehmen, noch dergleichen Unserm Reichs-Hofrath oder Cammer-Gerichte gestatten, sondern mit gesammter Stånden Rath und Vergleichung auf Reichs-Tågen damit verfahren, zuvor aber darinn nichts verfügen, noch ergehen lassen, als welches solchenfals ungültig und unverbindlich seyn soll.

§. 6.
Wider den westphälischen Frieden laufende Schriften und Protestationes.

Zumahlen auch diejenige, so sich gegen jetzt ermeldten Friedensschluß, und darinn bestätigten Religions-Frieden, als ein immerwährendes Band zwischen Haupt und Gliedern, und diesen unter sich selbsten, zuschreiben, oder etwas in öffentlichen Druck heraus zugeben, (als dadurch nur Aufruhr, Zwentracht, Mistrauen und Zank im Reich angerichtet wird,) unternehmen würden, oder solten, gebührend abstrafen, die Schriften und Abdruck cassiren, und gegen die Autores sowohl, als Complices, wie erst gemeldet, mit Ernst verfahren, auch alle wider den Friedens-Schluß eingewendete Protestationes und Contradictiones, sie haben Namen, wie sie wollen, und rühren, woher sie wollen, nach Besag erstgedachten Friedensschlusses, verwerfen und vernichten, wie sie denn auch längst verworfen und vernichtet seynd.

§. 7.

§. 7.

Reichs-Hofraths und Bücher-Commissariats-Aufführung gegen beederley Religions-Verwandte.

Auch weder Unserm Reichs-Hofrath, noch dem Bücher-Commissario zu Frankfurth am Mayn verstatten, daß jener auf des Fiscals, oder eines andern Angeben in Erkennung, Fortsetz- und Aburtheilung deren Processen, sodann gebührlichen Execution, und dieser in Censir- und Confiscirung deren Bücher, einem Theil mehr, als dem andern favorisiren.

§. 8.

Libri sympolici etc. sind Censur etc. frey.

Am wenigsten aber sich anmasse, denen heilsamen Reichs-Satzungen zuwider, über neue Editiones der Augspurgischen Confessions-Verwandten *Librorum symbolicorum*, so sie vor oder nach dem Religions-Frieden davor angenommen, oder noch annehmen möchten, den Fiscal zu hören oder Proceß ausgehen zu lassen; Gleichen Rechtens sollen auch die Catholischen ihres Orts zu geniessen haben, jedoch daß von beyden Theilen in den künftig neu zu verfertigenden Schriften oder Büchern alle anzügliche und schmähliche Ausdrückungen gegen beyderley Religionen im Reich, denen heilsamen Reichs-Satzungen gemäß, vermieden bleiben und sich deren enthalten werde.

Articulus

Articulus III.

§. 1.
Hochachtung der Churfürsten.

Wir sollen und wollen des Heil. Röm. Reichs Churfürsten, als dessen innerste Glieder und die Hauptstücken des Heil. Reichs, jederzeit in sonderbahrer hohen Consideration halten.

§. 2.
Ihre Titulatur aus der Reichs-Cantzley.

Denenselben, wie bereits im Eingang dieser Unserer Capitulation geschehen, also auch fürohin, das Prädicat, respective Hochwürdigst und Durchlauchtigst zulegen, und darmit continuiren.

§. 3.
Ihre zu Rathziehung in allen wichtigen Sachen.

Sodann in wichtigen Sachen, so das Reich antreffen, nach Anleitung der güldenen Bulle, jedoch dem Friedens-Schluß ohne Abbruch ihres Raths, Bedenckens und Gutachtens Uns gebrauchen, auch ohne dieselbe hierinne nichts vornehmen.

§. 4.
Erhaltung ihrer Vorrechte.

Sie bey ihrer wohl erlangten Chur-Würde, und sonderbahren Rechten, Hoheiten, Präeminentien und Prärogativen erhalten.

§. 5.
Braunschweigische Chur- und Ertz-Amt.

Den mit Einwilligung gesammter Churfürsten, Fürsten und Ständen eingeführten Braunschweig-Lüne-

lüneburgischen Electorat f) handhaben und manutentiren, im übrigen aber so fort nach angetretener Unserer Kayserl. Regierung daran seyn und beym Reichs-Convent nachdrücklich befördern, daß diese Chur mit einem convenablen und anständigen Ertz-Amte versehen werde.

§. 6.
Vereine der Churfürsten.

Wie nicht weniger die gemeine und sonderbare Rheinische Verein der Churfürsten, als welche ohne das mit Genehmhaltung und Approbation der vorigen Kaysern rühmlich aufgerichtet und was darüber noch weiters die Herrn Churfürsten allerseits unter einander gut befinden und vergleichen mögen, auch Unsers Theils approbiren und confirmiren.

§. 7.
Andern unnachtheilig.

Jedoch dem Instrumento Pacis und andern Reichs-Satzungen, auch denen von Fürsten und Ständen, (die ohnmittelbare Reichs-Ritterschaft mit eingeschlossen) hergebrachten Iuribus, Hoheiten und Privilegiis ohnabbrüchig.

§. 8.
Crönung.

Wie auch Uns geziemen will, und Wir hiemit versprechen, die Röm. Königl. Cron förderlichst zu empfahen,

---

f) In Karl des VIsten Capitulation stunden nach Electorat die Worte und Ertzschatzmeister-Amt, die aber in Karl des VIIten Capitulation vermöge des folgenden Zusatzes geändert worden.

empfahen, sollen und wollen Wir alles dasjenige dabey thun, so sich derenthalben gebühret, auch die Churfürsten, um ihr Amt zu versehen, zu solcher Crönung erfordern.

§. 9.

Vergleich deswegen zwischen Mayntz und Cölln.

Und was zwischen beeden Churfürsten zu Mayntz und Cölln, wegen der unter ihnen der Crönung halber entstandener Irrungen gütlich beygeleget und verglichen worden, das wollen Wir hiermit gleichfalls confirmiret und bestätiget haben.

§. 10.

Erhaltung der Churfürsten Wahl-Gerechtigkeit.

Wir sollen und wollen auch die Churfürsten, ihre Nachkommen und Erben, bey ihrer freyen Wahl-Gerechtigkeit, nach Inhalt der güldenen Bull, verbleiben lassen.

§. 11.

Römische Königswahl.

Und nachdeme von Churfürsten und Fürsten b) zu Regenspurg nach Anleitung Articuli octavi Instrumenti Pacis, von der Wahl eines Römischen Königs, bey Lebzeiten eines erwählten Römischen Kaysers, gehandelt und verglichen worden, daß die Churfürsten nicht leichtlich zur Wahl eines Röm. Königs, vivente imperatore, schreiten, es wäre dem,

g) In Karl des VIsten Capitulation stunden die Wort alle und jede Churfürsten.
h) Hier ist das Wörtlein ohnlängsthin ausgelassen.

denn, daß entweder der erwählte und regierende
Röm. Kayser sich aus dem Röm. Reich begeben
und beständig oder allzulang aufhalten wollte, oder
derselbe wegen seines hohen Alters, oder beharrli-
chen Unpäßlichkeit, der Regierung nicht mehr vor-
stehen könnte, oder sonsten eine anderwärtige hohe
Nothdurft, daran des Heil. Röm. Reichs Consideration und Wohlfahrt gelegen, erforderte, einen
Römischen König noch bey Lebzeiten des regierenden Kaysers zu erwählen, und dann, daß in solchem
ein und andern angeregten, wie auch erstgedachtem
Nothfall, die Wahl eines Röm. Königs durch die
Churfürsten, mit oder ohne des regierenden Röm.
Kaysers Consens, wann derselbe auf angelegte Bitte ohne erhebliche Ursach verweigert werden sollte,
vorgenommen, und damit der güldenen Bull, auch
ihrem von dem Heil. Röm. Reich tragenden Amt
und Pflichten nach, von ihnen allerdings frey und
ohngehindert verfahren werden solle: So wollen
und sollen Wir diesen deren Churfürsten und Fürsten unter einander verabfaßten Schluß, wie hiermit beschiehet, für genehm und Uns deme gemäß
und conform halten.

§. 12.
Churfürsten-Täge.

Wir lassen auch zu, daß die Churfürsten je zu
Zeiten, vermög der güldenen Bulle und der sich
darauf gründenden Churfürstlichen Vereinigung, B) nach Gelegenheit und Zustand des Heil.

Römi-

B) Hier ist das in der Capitulation Carl des VI..ten befindliche überflüßige Wort und, weggelassen.

Römischen Reichs zu ihrer Nothdurft, auch, so sie beschwerliches Obliegen haben, zusammen kommen mögen, dasselbe zu bedenken und zu berathschlagen, das Wir auch nicht verhindern, noch irren, und derohalben keine Ungnad oder Widerwillen gegen ihnen sämmtlich oder sonderlich schöpfen und empfangen.

§. 13.
Ohne des Kaysers Concurrentz erlaubt.

Noch auch, daß solches mit Unserem Vorwissen und unter Unserer Autorität geschehen, Unsere Gesandten auch zu dergleichen besondern Deliberationen schlechterdings zugelassen werden müsten, verlangen, sondern Uns in deme und andern der güldenen Bull gemäß gnädiglich und unverweigerlich halten sollen und wollen.

§. 14.
Erhaltung der Wahlgerechtigkeit und Churfürsten-Raths.

Wir i) wollen auch die gemeldte Churfürsten, wie vorgedacht, zu jeglicher Zeit bey ihrer freyen Wahl, wie von Alters her auf sie kommen, und die güldene Bull, alte Rechte und andere Gesetze, oder Freyheiten vermögen, wie auch bey ihrem gesonderten Rath, in Sachen, das Heil. Römische Reich belangend, geruhiglich bleiben und ganz ungekränkt lassen. Wo aber dawider von jemand etwas gesucht, gethan, oder die Churfürsten in dem gedrungen würden,

---

i) Dieser nebst den folgenden Absätzen sind mehrerer Deutlichkeit halber geändert.

würden, so doch keinesweges seyn soll, das alles solle nichtig seyn.

§. 15.
Erhaltung der Reichs-Vicarien.

Gleichergestalten wollen Wir die Vicarien des Reichs bey ihren uralten, in der güldenen Bull und dem unverrückten Herkommen gegründeten Rechten der Verwesung des Reichs, sowohl nach Absterben eines Römischen Kaysers oder Königs, als auch bey dessen langwührigter Abwesenheit ausser Reichs, oder wann derselbe das Regiment selbst zu führen, durch andere Umstände gehindert werden sollte, unbeeinträchtiget bleiben lassen, auch nicht nachgeben, daß die Vicariaten und deren Jura, sammt was denenselben anhängig, von jemand disputiret und bestritten, oder restringiret werden.

§. 16.
Ihre Befugniß in judicialibus.

Und weilen, nach Jnnhalt der güldenen Bull, denen Reichs-Verwesern die Gewalt, im Reich Recht zu sprechen, zustehet; also solle berührte Befugniß derer Reichs-Verwesere nicht bloß auf neue, oder solche Rechts-Sachen, wobey *periculum in mora*; oder die Gefahr einer Unruhe und Thätlichkeiten abzuwenden, eingeschränket seyn, sondern sich auch auf Fortstellung derer vorhin bey dem Kayserlichen Reichs-Hofrath anhängig gewesenen Proceß- und Rechts-Händel vor denen Vicariats-Hofgerichten allerdings

dings erstrecken, und zu solchem Ende an erwähnte Reichs-Vicariats Gerichte die bey dem besagten Reichs-Hofrath vorhin verhandelte in der Reichs-Canzley vorhandene *Acta in originali*, gegen Bescheinigung und Erklärung wegen deren ohnfehlbaren Restitution zu dem Reichs-Archiv sogleich nach geendigtem *Interregno*, durch Anordnung des Churfürsten zu Maynz, als des Reichs Ertz-Canzlern, auf Verlangen derer Vicariaten und Kosten derer Partheyen ohnweigerlich verabfolget werden.

§. 17.
Lieferung der Vicariats-Acten zum Reichs-Archiv.

Dahingegen seynd die Reichs-Vicariaten gehalten, sollen mithin keinesweges unterlassen, so bald nach geendigtem *Interregno*, und zwar längstens innerhalb sechs Monaten, die vor ihnen verhandelte Acta jedesmal an dem neuerwählten Kayser einzuschicken, um zu erwähnter Reichs-Canzley durch Chur-Maynz, als den Ertz-Canzlern, oder den desselben Stelle vertretenden Reichs-Hof-Vice Canzlern, zur nothwendigen Ergänzung des Reichs-Archivs, gebührend hinterlegt zu werden.

§. 13.
Der Kayser will den zwischen Chur-Bayern und Chur-Pfaltz errichteten Alternativ-Vicariats-Vergleich dem Reich vorlegen, und dessen Begnehmigung befördern;

Nachdeme das Churfürstliche Collegium den in Anno 1745. zwischen beyden Chur-Häusern

ſern Bayern und Pfalz des Rheiniſchen Vicariats und deſſen Alternation halber errichteten
Vergleich, zu gänzlicher Aufhebung deren unter denenſelben alt obgewalteten Irrungen, er-
ſprießlich und zugleich zu Beförderung der heilſamen Juſtitz tempore Interregni vorträglich
angeſehen; ſo ſollen und wollen Wir daran
ſeyn, daß ſothaner Vergleich gleich nach Antritt
Unſerer Kayſerlichen Regierung dem geſammten
Reich vorgeleget und deſſen Begnehmigung
gedeihlich befördert werde.

§. 19.

Und dieſe Vicariats-Handlung confirmiren.

k) C) In ungezweifelter Zuverſicht, das
verſammlete Reich werde oberwähnten Vica-
riats-Vergleich auf gleiche Weiſe anſehen, und
dahero demſelben ſeine Begnehmig- und Ein-
willi-

k) Da wegen des rheiniſchen Vicariats in dem 18 und
19ten §. bereits Vorſehung geſchehen; ſo war dieſer
Paſſus, welcher in Karl des VIſten Capitulation beyde Vicariate zugleich begriffen, auf das ſächſiſche allein gerichtet.

C) Der 18 und 19te §. der Capitulation Karl des VIIten
war auf die damals im Werk geweſenen Vergleich der
Churhäuſer Bayern und Pfalz wegen des Vicariats
gerichtet. Nachdem ſich aber dieſelben den 26. Merz
1745. auf wechſelsweiſe Führung deſſelben verglichen:
ſo iſt die neueſte Wahl-Capitulation nach dieſem Vergleich eingerichtet worden.

willigung beyzulegen keinen Anstand nehmen, sollen und wollen Wir, mit Vorbehalt derselben, die während dieses letzt vorgewesenen Interregni bey dem Rheinischen Vicariat sowohl in Justitz- als Gnaden-Sachen vorgegangene Handlungen und Verleihungen eben so, als dasjenige,

§. 20.
Wie auch die des Sächsischen Vicariats.

Was von Sächsischen Reichs-Vicariats wegen in mittler Zeit der Vacanz und bis Wir die Wahl-Capitulation in Person beschworen, folglich das Regiment würklich angetreten, laut der güldenen Bull und vermög derer Reichs-Ordnungen, gehandelt und verliehen worden, es seye in Justitz- oder Gnaden Sachen, in der allerbeständigsten Form genehm halten, confirmiren und ratificiren, wie sich dasselbe gebühret und geziemet, immassen Wir solches hiermit confirmiren und ratificiren.

§. 21.
Der Churfürstlichen Gesandten Rang und Honores am Kayserlichen Hof.

Nachdermahlen sich auch eine Zeitlang zugetragen, daß ausländischer Potentaten, Fürsten und Republiquen Gesandte, und zwar diese unter dem Nahmen und Vorwand, als wären die Republiquen vor gecrönte Häupter, und also denenselben in Würden gleich zu achten, an den Königlichen Höfen und Capellen die Præcedenz vor denen Churfürstlichen

lichen Gesandten prätendiren wollen; so sollen und wollen Wir ins künftige solches weiter nicht gestatten. Wäre es aber Sach, daß neben denen Churfürstlichen Gesandten deren recht titulirter und gecrönter regierender ausländischer Königen, Königlichen Wittiben, oder Pupillen, (denen die Regierung, so bald sie ihr gebührendes Alter erreichet, zu führen zustehet, und immittelst in der Tutel oder Curatel begriffen seynd) Bottschaffter zugleich vorhanden wären, so mögen und sollen zwar dieselben denen Churfürstlichen Gesandten, diese aber allen andern auswärtiger Republiquen Gesandten, und auch denen Fürsten in Person, ohne Unterschied vorgehen, und unter ihnen, nehmlich denen Churfürstlichen Gesandten, Primi Ordinis, es mögen auch deren mehr als einer seyn, an Unserm Kayserlichen Hof, auch sonsten aller Orten, in und ausser dem Reich keine Distinction mehr gemachet, sondern allen und jeden gleiche Honores in allem, wie denen Königlichen Gesandten, gegeben werden.

§. 22.
Erhaltung der Churfürsten persöhnlichen Würden ꝛc.

Auch sollen und wollen Wir im übrigen die Vorsehung thun, daß denen Churfürsten selbst Ihre von Alters hergebrachte und sonst gebührende Würde und Prärogativen erhalten, und darwider von fremder Regenten und Republiquen Gesandten, oder andern, an Unserm Kayserlichen oder Königlichen Hof, oder wo es sich sonst begeben könnte, nichts nachtheiliges oder neuerliches vorgenommen oder gestattet werde.

§. 23.

§. 23.

Reichs-Grafen-Rang bey Reichs-Solennitäten am Kayserlichen Hof und überall.

Es sollen auch bey Kayserlichen und Königlichen Crönungen und andern Reichs-Solennitäten, denen Immediat-Reichs-Grafen und Herren, die im Reich Sessionem & votum haben, vor andern aus- und inländischen Grafen und Herren, wie auch Kayserlichen Räthen und Cammerherren, und zwar gleich nach dem Fürstenstand, vor allen andern, weil sie im Reichs-Fürsten-Rath Votum & Sessionem hergebracht, deswegen ihnen auch billig, wie bey denen Consultationibus, Oneribus und Beschwerlichkeiten, also auch solchen Actibus solennibus, die Stelle und was dem anhanget, gelassen und ebenmäßig auſſer solchen Reichs-Festivitäten am Kayserlichen Hof und allen Orten observiret werden.

§. 24.

Erhaltung der Reichs-Erb-Aemter und deren Gefälle.

Wir wollen auch die Verfügung thun, wann die Churfürsten Amts-Verwesere und Erb-Aemter bey Unserm Kayserlichen Hof begriffen, daß dieselbe jederzeit, und insonderheit, wann und so oft Wir auf Reichs-Wahl- und andern dergleichen Tägen Unsern Kayserlichen Hof begehen, oder Sachen vorfallen, darzu die Erb-Aemter zu gebrauchen seynd, in gebührendem Respect gehalten und Ihnen von Unsern Hof-Aemtern keinesweges vor- oder eingreiffen; oder da je wegen Abwesenheit ihre Stellen mit berührten Unsern Hof-Aemtern je zuweilen ersetzet werden

werden solten: So wollen Wir jedoch, daß ihnen, denen Churfürstlichen Amts-Verwesern und Erb-Aemtern, einen Weg als den andern, die von solchen Verrichtungen fallende Nutzbarkeiten, wenigers nicht, als Sie dieselbe selbsten verrichtet und bedienet, ohnweigerlich gefolget, und gelassen, und nicht von denen Hof-Aemtern entzogen werden, oder auch, da solches würklich geschehen solte, Wir, auf erfolgende geziemende Anzeig, dieses sofort ein- und besagte Erb-Aemter klagloß stellen wollen.

§. 25.
Ertz- und Hof-Marschalls-Amt Rechte.

Und weisen, bey Aufrichtung der Policey- und Tax-Ordnung auf Reichs- und Wahltägen das Directorium zu führen und solche Ordnung in Unserm Namen zu publiciren, dem Ertz-Marschallen-Amt zukommet und gebühret, so sollen von Unserm Hof-Marschallen-Amt, oder anderen, weder unterm Prätext Kayserlicher Comißion, noch sonsten darinnen, so zu solchem Reichs-Amt gehörig ist, Hinderung gemacht und etwas nachtheiliges concediret: Gleichwohl aber dem Hof-Marschall in seinen zukommenden und von dem Ertz-Marschallen-Amt dependirenden Amts-Verrichtungen durch Unsere Landes-Regierung, oder andere, kein Eintrag oder Hinderung gemacht werden.

Articulus IV.
§. I.
Der Reichs-Stände jura comitialia.

In allen Berathschlagungen über die Reichs-Geschäften, insonderheit diejenige, welche in dem

Instru-

Instrumento Pacis nahmentlich exprimiret, und dergleichen, sollen und wollen Wir die Churfürsten, Fürsten und Stände des Reichs ihres Iuris suffragii sich gebrauchen lassen, und ohne derselben Reichstägige freye Beystimmung in selbigen Dingen nichts fürnehmen noch gestatten.

§. 2.
Friedfertigkeit gegen Benachbarte, auch Kriege und Bündnisse mit ihnen.

Wir sollen und wollen auch Uns in Zeit Unserer Regierung gegen die benachbarte Christliche Gewälte friedlich halten, Ihnen allerseits zu Widerwärtigkeiten gegen das Reich keine Ursach geben, vielweniger das Reich in fremde Kriege impliciren, sondern Uns aller Aßistentz, daraus dem Reich Schaden und Gefahr entstehet, gänzlich enthalten, auch kein Gezänk, Vehde, noch Krieg, in- und ausserhalb des Reichs, von desselben wegen, unter keinerley Vorwand, wie der auch seye, anfangen, oder Bündniß mit Ihnen machen, es geschehe dann solches mit der Churfürsten, Fürsten und Ständen Consens auf offenem Reichstag, oder zum wenigsten der sämmtlichen Churfürsten Vorwissen, Rath und Einwilligung in eilenden Fällen, wo hiernächst gleichwohlen, und so balden mit gesammten Reich die Gebühr zu beobachten.

§. 3.
Reichs-Kriege.

Dergleichen Reichs-Kriege sodann nach Inhalt der Reichs-Constitutionen, der Executions-Ordnung,

nung, und des Instrumenti Pacis geführet, auch die von Uns und dem Reich in gleicher Anzahl von beyden Religionen zu bestellende Generalität, samt denen ebenfals in gleicher Anzahl von beeden Religionen 1) zu ernennenden Kriegs-Raths-Directoren und Räthen sowohl, als das ganze Kriegsheer, in Unsere und des Reichs Pflichten genommen werden solle, wie solches alles die auf solche Reichs-Kriegs-Fälle ergangene Reichs-schlüsse erfordern und mit sich bringen.

§. 4.

Worein sich des Kaysers eigene Generalität nicht zu mischen.

Dagegen wollen Wir Unserm eigenen Kriegs-Rath und Generalität nicht gestatten, wider die Reichs- und Creyß-Verfassungen eigenen Gefallens, das Marsch-Wesen anzuordnen, jemanden von derley gemeinen Lasten zu entbürden, sich einer eigenmächtigen Cognition über die Contrebande, oder andere Commercien-Händel anzumassen, über die Reichs-Vestungen zu disponiren oder der Reichs-Generalität einseitige Verhaltungs-Befehle zuzuschicken.

§. 5.

Defensiv-Krieg.

Wo Wir aber des Reichs wegen angegriffen würden, mögen Wir Uns aller dem Reich unnachtheiligen Hülfe gebrauchen.

§. 6.

1) Bestellten.

§. 6.
Festungen in der Stände Landen.

Jedoch sollen und wollen Wir weder in währendem solchen Reichs-Krieg, noch auch sonsten, in der Churfürsten, Fürsten und Stände Landen und Gebieten keine Vestungen von neuem anlegen oder bauen, noch auch zerfallene oder alte wiederum erneuern, vielweniger andern solches gestatten oder zulassen, immassen dieses allein die Landesherren nach denen Reichs-Satzungen in ihren Territoriis zu thun befugt und berechtiget seyn.

§. 7.
Werbungen und fremde Völker.

m) Desgleichen sollen und wollen Wir auch ohne vorgedachten Consens der Churfürsten, Fürsten und Stände des Reichs keine Werbung im Reich anstellen, noch eines Kriegs-Volk ins Reich führen, oder führen lassen, sondern da von einem oder mehr Ständen des Reichs ein fremdes Kriegs-Volk in oder durch das Reich, wem sie auch gehören, unter was Schein und Vorwand immer es seyn möchte, gegen den Münster- und Osnabrückischen Friedenschluß geführet würde, dasselbe wollen Wir mit Ernst abschaffen, Gewalt mit Gewalt hintertreiben und dem Beleidigten Unsere D) Hülfe,

m) Der 7, 8 und 9te §. sind nicht in Karl des VIsten Capitulation befindlich, sondern aus dem Project der beständigen Wahl-Capitulation in die von Karl dem VIIten gebracht worden.

D) Hier ist das überflüßige Wort, seine weggeblieben.

Hülfe, Handbiet- und Rettungs-Mittel kräftiglich wiederfahren und nach Inhalt der Reichs-Satzungen und Executions-Ordnung gedeyhen.

§. 8.
Kriegs-Volk im Reich zu behalten.

Und das Kriegs-Volk, ohne Churfürsten, Fürsten und Stände Vorwissen und Bewilligung ausserhalb des Reichs nicht führen, sondern zu desselben Defension und Rettung der bedrängten Stände gebrauchen und anwenden lassen.

§. 9.
Einquartierung und andere Kriegs-Beschwerden.

Wir wollen auch keine Einquartierung im Reich, ohne vorgehende Einwilligung der gesammten Churfürsten, Fürsten und Stände, ausschreiben oder machen, auch über das zu keiner Zeit keinen Stand des Reichs mit Einquartierung, Muster-Plätzen, Durchzügen, und dergleichen Kriegs-Beschwerden, wider die Reichs-Constitution selbst belegen, noch durch jemand anders beschwehren lassen.

§. 10.
Befreyung des Cammer-Gerichts-Orts von Quartieren.

Besonders sollen und wollen Wir den Ort, woselbst Unser und des Reichs Cammer-Gericht sich befindet, von dem Natural-Quartiers-Last, gegen einen billigmässigen Ersatz an die

die dabey Interessirte, in Zukunft jederzeit frey erhalten.

§. 11.
Friedens-Tractaten und modus agendi.

Sodann sollen und wollen Wir n) auch keine verbindliche Präliminar- weniger Haupt-Friedens-Tractaten, ohne Zuthun und Mitbewilligung Churfürsten, Fürsten und Ständen des Reichs vornehmen, weniger schliessen, es wäre dann, daß eine wahre und würkliche eilende Noth ein solches nicht gestatte, welchen Falls Wir wenigstens einsweilen, bis die Sache an das gesamte Reich gebracht werden kann, des Churfürstlichen Collegii Einwilligung einhohlen wollen, ehe Wir Uns in etwas verbindliches einlassen. So fort wollen Wir auch gedachte Churfürsten, Fürsten und Stände des Reichs bey denen Friedens-Handlungen ihres Deputations- und Beywürkungs-Rechts sich ohngeschmälert gebrauchen und ihnen daran keinen Eintrag geschehen lassen, also daß zwischen Unserer Gesandschaft und denen Reichs-Deputirten der auf Reichs- und andern Deputations-Tagen herkommliche *modus tractandi* beobachtet, so viel aber die Congresse mit Alliirten oder andern auswärtigen, besonders deren Mächten, mit welchen man in Krieg verfangen gewesen, Gesandten betrift, die Reichs-Deputirte zu selbigen

n) Von hier bis an die Worte, weniger schliessen, ist dieser Passus geändert, der Rest dieses §. hingegen ganz neu zugesetzet.

selbigen ohnweigerlich zugelassen, und ohne deren Zuziehung nichts verhandelt, weniger von denen Unsrigen unternommen werde, die Reichs-Deputirte zu vertreten. Im Fall aber Uns Churfürsten, Fürsten und Stände zur Friedens-Handlung Vollmacht ertheilen würden, wie ihnen allerdings frey stehet; so sollen und wollen Wir sothane Vollmachten weiters nicht erstrecken, noch gebrauchen, als deren Wörtlicher Verstand mit sich bringet.

§. 12.
Redintegration alles vom Feind im Geist- oder Weltlichen veränderten.

Wir sollen und wollen auch bey erfolgendem Frieden ernstlich daran seyn, damit das von dem Feind im Reich occupirte oder in Ecclesiasticis & Politicis geänderte, zu der bedrückten Stände und deren Unterthanen Consolation in den alten, denen Reichs-Fundamental-Gesetzen und Friedensschlüssen, (worunter die Augspurgische Confessions-Verwandten den Nymwickischen Frieden nicht verstanden haben wollen, die Catholische aber sothane Reservation an seinen Ort ausgestellet seyn lassen,) gemässen Stand restituiret werde.

§. 13.
Beobachtung des westphälischen Friedens.

Absonderlich aber sollen und wollen Wir dasjenige, was zu Münster und Osnabrück zwischen Unseren Vorfahren am Reich, dem Heil. Röm. Reich und sämmtlichen Churfürsten, Fürsten und Ständen

den an einem, dann denen mit-paciscirenden Cronen am andern Theil, gehandelt und geschlossen worden, ohnverbrüchlich halten, darwider weder von Uns etwas vernehmen, noch andern dergleichen zu thun gestatten, wodurch dieser allgemeine immerwährende Friede und wahre aufrichtige Freundschafft gekränket, betrübet oder gebrochen werde.

§. 14.
Frembe Werbungen.

Und bieweilen denen fremden Potentaten, je zu Zeiten im Reich ihre Werbungen anzustellen, wohl verstattet wird, auch in dem Instrumento Pacis und denen Reichs-Constitutionibus vorhin zur Gnüge versehen, wie weit einem Stand oder Angesessenen des Reichs, sich bey auswärtigen in Kriegs-Dienste zu begeben oder einzulassen, erlaubet: so sollen und wollen Wir, dafern etwa von Uns oder andern einiges Volck im Reich oder in seinen eigenen Landen zu ausländischer Potentaten Diensten geworben würde, zuförderst dahin sehen, daß das Reich der Mannschaft nicht entblösset werde, auch die Verfügung thun, daß die Churfürsten, Fürsten und Stände des Reichs samt allen dessen Angehörigen, bey obgemeldter Werbung mit Versammlung, Durchfuhr- und Einquartierungen, Muster-Plätzen, oder sonst in einige andere Weg, wider die Reichs-Constitutiones und das Instrumentum Pacis nicht beschweret oder darwider verfahren werde.

§. 15.

§. 15.

Der Kayserlichen ꝛc. Völker-Verpflegung auf Marschen ꝛc.

Mithin sollen unsere eigene sowohl, als Unsere etwa habende Hülfs-Völker nicht anderst, als nach vorhergehender gewöhnlicher Requisition, durch der Churfürsten, Fürsten und Stände Lande einen ohnschädlichen Durchzug nehmen und für dieselbe führohin keine Etappenmässigen Verpflegung gefodert werden; sondern es sollen solche beyderley Völker im Marsch und im Feld für den Landläuffigen Preiß und durch ihr eigen Commissariat leben, mithin alles nöthige und vom Land anschaffende baar bezahlen.

§. 16.

Wie auch der Generalität, Artillerie ꝛc.

Es sollen also die Völker bey Quartieren und Stationen in derer Ständen Landen alleinig Tach und Fach, und keinesweges einige Verpflegung sich anweisen lassen, so sich gleichfalls auf die Generalität, Artillerie, das Commissariat und Feld-Canzeleyen verstehet.

§. 17.

Caution wegen dessen Beobachtung.

Welches alles, damit es in Begebenheiten befolget werden möge, von wegen derer durchziehenden Völker genugsame Sicherheit und annehmliche Bürgschaft mittelst hinlänglich angesessener

ſeſſener Wechsler und Kaufleuten in Reichs-
ſtädten gegeben werden ſolle, wie bereits in denen Reichs-Conſtitutionen verſehen, oder ſich
mit denen damit betreffenden Ständen in Fällen
zu vergleichen.

§. 18.
Denen durch fremde Kriegs-Ungelegenheiten bedruck-
ten Ständen zu aſſiſtiren.

Und nachdem auch je zuweilen verſchiedene
Immediat-Fürſtenthümer, Stifter, Graf- und
Herrſchaften ohne einig Recht und Befugniß durch
auswärtige Völker mit Einquartierung und andern
Kriegs-Ungelegenheiten höchſt beſchweret werden,
und dahero des ſo theuer erworbenen Friedens-
Schluſſes in nichts genieſſen mögen, vielmehr dem
Reich entzogen, und gleichſam zu Mediat-Ständen
gemacht werden wollen; als verſprechen wir nicht
allein durch eiferige Interpoſition die Abſtellung zu
befördern, ſondern auch, vermög der Reichs-Conſtitutionen, bey denen nächſt angeſeſſenen Creiß-
Ständen, die Vorſehung zu thun, daß ermeldter ohn-
mittelbaren Fürſtenthümern, Stiftern, Graf- und
Herrſchaften kräftiglich aſſiſtiret und ſie bey ihrer zu-
ſtehenden Immedietät per omnia gelaſſen werden.

§. 19.
Verſprochener Schutz bey obigen allen.

Bey welchem allen Wir Churfürſten, Fürſten
und Stände, (die freye Reichs-Ritterſchaft mit begriffen,) ſamt derer allerſeits Landen, Leuten und
Unterthanen, nach Vermögen ſchützen, manuteniren

ren und handhaben und darwider in keinerley Weise beschweren lassen wollen.

Articulus V.

§. 1.
Stände mit Auflagen ꝛc. nicht zu beschweren.

Wir sollen und wollen auch die Churfürsten und andere des Heil. Röm. Reichs Stände mit Canzley-Geldern, Nachreisen, Auflagen und Steuern ohne Noth nicht beladen, noch beschweren.

§. 2.
Der Reichs-Steuren Bewilligung.

Auch in zugelassenen, nothdürftigen, unverzüglichen Fällen die Steuern und dergleichen An- und Auflagen, es sey zu Kriegs- oder Friedens-Zeiten, anderst nicht, als mit Rath, Wissen und Verwilligung der Churfürsten, Fürsten und Stände auf allgemeinen Reichstägen ansetzen.

§. 3.
Einnahm.

Dieselbe in denen gewöhnlichen Leg-Städten, durch die von denen Creyßen dahin verordnete Bediente, empfangen lassen und daran seyn, damit der Rückstand von denen vorhin bewilligten Reichs-Steuern eingetrieben,

§. 4.
Vorrechnung

Und von denen E) Reichs-Pfenningmeistern,

E) In Karl des VIIten Wahl-Capitulation stunden die Worte dem Reichs-Pfennigmeister.

stern, F) denen solchenfals die Erhebung und Zusammenbringung derer in denen Leg=Städten eingegangenen Gelder, denen Reichs=Gesetzen und Verfassungen gemäß, ohne Eintrag zu überlassen, jedesmal dem Reich, oder wen dasselbe bey der Verwilligung, zur Aufnahm solcher Rechnungen verordnen wird, auf dem sodann fürwährenden, oder da selbiger Zeit keiner wäre, dem nächst darauf folgenden Reichstag, wenn es nicht Anlagen betrift, welche zu eines Römischen Kaisers freyer Disposition verwilliget worden, anwenden, richtige Rechnung gethan werde,

§. 5.
Und Anwendung.

Auch die von denen Reichs=Ständen eingewilligte Steuern und Hülfen zu keinem andern Ende, darzu sie gewilliget worden, anwenden.

§. 6.
Exemtiones davon.

Wollen auch weder Uns selbst mit unsern Erblanden des Beytrags zu denen vom Reich verwilligten Hülfen und Anlagen entziehen,

§. 7.
Sessiones et vota.

Noch auch gestatten, daß ein Stand, welcher Sessionem et votum bey Reichs=Conventen hat,

von

F) Das folgende ist ein neuer Zusatz.

von solchen Reichs-Hülfen und Anlagen, unter was Vorwand solches geschehen möge, sich Befreyungs-Weise eximire, oder von Uns, oder sonst jemanden inner- und ausserhalb Reichs, auf einigerley Weiß eximiret werde.

§. 8.
Assignationes, Compensationes.

So wollen Wir auch niemanden *Assignationes* auf Reichs-Creyße oder Stände wider deren Willen ausstellen, keine *Compensationes* ohne des Reichs Vorwissen oder Bewilligung, am wenigsten mit denen Reichs- sodann Unsern oder andern Privat-Geldern oder Schulden gestatten.

§. 9.
Exemptiones, Moderationes

Auch selbsten keine Exemptiones oder Moderationes der Anschläge und Matricul, ohne Vorwissen und Verwilligung der Churfürsten, Fürsten und Stände des Reichs ertheilen,

§. 10.
Redintegratio Circulorum, Moderation, Peraequation, Exemtion.

Sondern vielmehr daran seyn, daß der Punctus redintegrationis Circulorum, Moderationis Matriculae et Peraequationes und überhaupt die Exemptions-Irrungen im Reich auf gemeinem Reichs- oder einem absonderlichen Moderations-Tag rechtmäßig und förderlichst, wo möglich innerhalb 2 Jahren, vorgenommen und erörtert,

§. 11.

Anhaltung eines jeden zu seiner Schuldigkeit.

Auch im übrigen jeder Stand zu Leistung seiner Schuldigkeit angehalten und wider die Contumaces, vermöge der Executions-Ordnung verfahren werde.

Articulus IV.

§. 1.

Bündnisse in Reichs-Sachen.

Wir sollen und wollen auch vor Uns selbst, als erwählter Römischer Kayser, in des Reichs Händeln keine Bündniß oder Einigung mit andern inn- und ausserhalb des Reichs machen, Wir haben dann zuvorhero der Churfürsten, Fürsten und Stände Bewilligung auf einem Reichstag hierzu erlangt.

§. 2.

Wie in diesen und andern publicis zu verfahren, wann periculum in mora ist.

Da aber publica salus et vtilitas eine mehrere Beschleunigung erforderte, da sollen und wollen Wir aller Churfürsten sämtliche Einwilligung, zu gelegener Zeit und Mahlstatt, und zwar auf einer Collegial-Zusammenkunft, und nicht durch absonderliche Erklärungen, bis man zu einer gemeinen Reichs- o) Berathschlagung kommen kan, wie sonsten in allen andern des Reichs Sicherheit und statum publicum

o) In Kaysers Karl des VIsten Wahl-Kapitulation stehet hier das Wort, Versamlung.

cum concernirenden Sachen, also auch vornehmlich in dieser, zuvor erlangen.

§. 3.
Bündnisse wegen der Kayserlichen Erb-Lande.

Wann Wir auch inskünftig Unserer eigenen Landen halber einige Bündniß machen würden, so solle solches anderer Gestalten nicht geschehen, als unbeschädiget des Reichs und nach Inhalt des Instrumenti Pacis.

§. 4.
Bündnisse derer Reichs-Stände.

So viel aber die Stände des Reichs belanget, solle denenselben allen und jeden das Recht, Bündnisse unter sich und mit Auswärtigen zu ihrer Sicherheit und Wohlfahrt zu machen, dergestalt frey bleiben, daß solche Bündniß nicht wider Uns den regierenden Römischen Kayser und das Reich, noch wider den allgemeinen Landfrieden, auch Münster- und Osnabrückischen Friedens-Schluß sey, und daß dieß alles nach Laut desselben und unverletzt des Eydes geschehe, womit ein jeder Stand dem regierenden Römischen Kayser und dem Heil. Röm. Reich verwandt ist.

§. 5.
Fremde Hülfe.

Daß auch die von fremden Potentaten begehrende Hülf also, und nicht anderst, begehret werde, noch gethan sey, denn daß dadurch dem Reich keine Gefahr noch Schaden zuwachsen möge.

Articulus VII.

§. 1.

Policey und Commercien.

Ferner sollen und wollen Wir über die Policey-Ordnungen, wie die seynd und noch ferners auf dem Reichstag geschlossen werden, halten, und die Commercia des Reichs, zu Wasser und zu Land, nach Möglichkeit befördern.

§. 2.

Manutenenz der Hansee-Städte.

Auch wie die Handlung treibende Städte überhaupt, also die insonderheit vor andern zum gemeinen Besten zur See trafiquirende Städte Lübeck, Bremen und Hamburg bey ihrer Schiffarth und Handlung, Rechten und Freyheiten, dem *Instrumento Pacis* gemäß, erhalten und kräftigst schützen.

§. 3.

Abstellung der Kaufmanns-Gesellschaften ꝛc.

Dagegen aber die grosse Gesellschaften und Kaufgewerbs-leute, und andere, so bishero mit ihrem Geld regieret, ihres Willens gehandelt, und mit Wucher und unzuläßigen Verkauf und Monopolien viele Ungeschicklichkeiten dem Reich und dessen Inwohnern und Unterthanen merklichen Schaden, Nachtheil und Beschwerung zugefüget und noch täglich einführen und gebähren thun, mit der Churfürsten, Fürsten und anderer Ständen Rath, immassen, wie deme zu begegnen, hiebevor auch bedacht,

bedacht und vorgenommen, aber nicht vollstrecket
worden, gar abthun,

§. 4.
Privilegia auf Monopolia.

Keinesweges auch jemanden einige Privilegia und
Monopolia (es geschehe solches bei Kauf-Handel,
Manufacturen, Künsten und andern in das Poli-
cey-Wesen einlaufenden Sachen, oder wie es sonsten Nahmen haben möge,) ertheilen, sondern,
da dergleichen erhalten, dieselbe, als denen Reichs-
Satzungen zuwider, abthun und aufheben.

§. 5.
Auch in andern Policey-Sachen.

Woneben Wir fürohin keinerley von Unsern Vorfahren zu ertheilen nicht hergebrachte
Privilegia, so derer Churfürsten, Fürsten und
Ständen in Dero *Territoriis* zustehenden Policey-
Wesen und gleichfalls hergebrachten Gerechtsamen in einigerley Wege vorgreifen, ertheilen, noch die etwa bereits ertheilte erneuern
sollen noch wollen.

§. 6.
Repressalien auf den Fall der Sperrung des Com-
mercii.

Wann auch in den benachbarten Landen die
Durch- oder Einfuhr und Verhandlung der im Reich
gefertigten Manufacturen und guter aufrichtiger
Waaren verboten seynd oder verboten werden solten, weilen solches der Freyheit der Commercien
zuwider,

zuwider, so sollen und wollen Wir Uns desselben Abstellung angelegen seyn lassen; im Widrigen aber die Vorsehung thun, daß andere Waaren hinwieder aus ermeldten Landen ins Reich zu bringen gleichergestalt nicht zugelassen seyn solle.

Articulus VIII.

§. 1.
Verbot der Zoll-Ertheil-Erhöh-Verlegungen ꝛc.

Wir sollen und wollen auch insonderheit, dieweil die deutsche Nation und das Heil. Röm. Reich zu Wasser und Land zum höchsten darmit beschweret, (jedoch unbeschädiget der vor Aufrichtung p) Weil. Kaisers Caroli VI. Wahl-Capitulation, mit Beobachtung der zur selbiger Zeit erforderlichen Requisiten gewilligter und von Unsern Vorfahren, Röm. Käysern, absonderlich denen Churfürsten des Reichs, ertheilten und in Observanz gebrachten Zoll-Concessionen, Prorogationen und Perpetuationen) keinen Zoll von neuem geben, noch einige alte erhöhen oder prorogiren, weniger von einem Ort oder Bezirck zum andern, weiters, als sichs gebühret und rechtmässig hergebracht, erstrecken oder verlegen lassen, auch vor Uns selbst keinen aufrichten, erhöhen oder prorogiren:

§. 2.
Bewilligung der Churfürsten.

Es sey dann nicht allein mit aller und jeder Churfürsten Wissen und Willen, Zulassen und Collegial-Rath,

---

p) In Kaysers Karl des Sechsten Wahl-Capitulation stehet Aufrichtung gegenwärtiger ꝛc.

Rath, durch einhelligen Schluß, also in diesem Stück verfahren, daß keines Churfürsten Widerrede oder Dissens dargegen und dergestalt alle und jede in Dero Collegial-Stimmen, einmüthig seyn, massen dießfalls die Majora nicht zu attendiren und ohne die vnanimia nichts zum Stande zu bringen,

§. 3.
Vernehmung der Benachbarten ꝛc.

Sondern auch die interessirte Benachbarte und derjenige Creyß, in welchem der neue Zoll aufgerichtet, oder ein alter erhöhet, transferiret, prorogiret oder perpetuirt werden will, darüber gehöret, deren darwider habende Bedenken und Beschwerden von Uns und denen gesammten Churfürsten gebührend erwogen, und nach befundener Billigkeit, beobachtet werden.

§. 4.
Verbot der Promemorial-Schreiben ꝛc.

Gleichergestalt sollen und wollen Wir auch allen denjenigen, so um neue Zöll, es sey gleich zu Wasser oder Land, oder der alten Verlegung und Erhöhung, oder auch solcher Erhöhung Prorogation, anhalten werden, keine Wertröstung oder Promotorial-Schreiben an die Churfürsten geben, noch ausgehen lassen, sondern dieselbe schlechter Dingen einer Collegial-Versammlung der Churfürsten zu erwarten, erinnern,

§. 5.
Neue Zölle ꝛc. sollen den alten unnachtheilig seyn.

Und, neben dem Churfürstlichen Collegio, jedesmahl dahin sehen, damit durch die ertheilende neue

neue Zöll und Concessiones, andere Churfürsten, Fürsten und Stände in ihren vorhin habenden Zoll- Einkünsten und Rechten keine Verringerung, Nachtheil oder Schaden zu leiden haben,

§. 6.
Verbot aller Sperr- und Verhinderung des Commercii.

Auch weder am Rhein, noch sonstigen einigen schiffbaren Strom im Heil. Reich, keine armirte Schiff-Ausläger, Licenten, und andere ungewöhnliche Exactionen, oder was sonsten zu Sperr- und Verhinderung der Commercien, vornehmlich aber den Rheinischen, und andern Churfürsten, Fürsten und Ständen des Reichs zu Schaden und Schmälerung Ihrer hohen Regalien und anderer Gerechtigkeiten und Herkommens gereichig, verstatten oder zulassen.

§. 7.
Schifbarmachung der Flüsse.

Derentwegen Wir dann auch nicht zugeben wollen, daß, wo ein in den Rhein oder andern schiffbahren Strohm gehender Fluß, weiter schiffbar gemacht werden könte, solches durch eines oder andern angelegenen Stands darauf eigennützig vorgenommenen verhinderlichen Bau, verwehret werde, sondern es sollen solche Gebäu, zu Beförderung des gemeinen Wesens, wenigst also eingerichtet werden, daß die Schiffe ohngehindert auf- und abkommen können, und also der von GOtt verliehenen stattlichen Gelegenheit und Beneficirung der Natur selbsten ein Stand weniger nicht, als der

andere,

andere, nach Recht und Billigkeit sich gebrauchen
möge.

§. 8.
Aufhebung der eigenmächtigen Zölle.

Auf den Fall auch einer oder mehr, was Stands
oder Wesen er oder die wären, einige neue Zölle,
oder eines alten Verlegung, Ersteigerung oder
Prorogation in ihrem Chur- und Fürstenthum, Graf-
und Herrschaften, und Gebieten zu Waſſer and
Land, in Auf- und Abführen, für ſich ſelbſt, ohne
der vorigen Römiſchen Kayſer und des Churfürſtlichen Collegii Bewilligung und damaligen Requiſiten angeſtelt und aufgeſetzt hätten, oder künſtiglich
anders, als obgemeldt, anſtellen oder aufſetzen
würden,

§. 9.
Und der ungebürlich extendirten.

Oder falls auch jemanden diejenige Zoll-Con-
ceſſion, ſo er von einem Römiſchen Kayſer und denen Churfürſten auf ſich und ſeine Leibeserben erlangt, hernacher von Ihr, der Churfürſten, Be-
willig- und Beobachtung gehöriger Requiſiten auf
andere Erben oder Beſitzere hätte extendiren und
erweitern laſſen, den oder dieſelbe, ſo bald Wir
deſſen von Uns ſelbſten in Erfahrung kommen, oder
von andern Anzeig davon empfangen, wollen Wir
durch Mandata ſine Clauſula, und andere behörige
nothdürftige Rechts-Mittel, auch ſonſten in alle
andere mögliche Weg, abhalten und was alſo vorgenommen, oder ſonſt von jemand anders wider

der dergleichen auf die Eheliche Leibes-Erben und Nachkommen allein restringirte Concession sich angemasset worden, gänzlich abthun und cassiren.

§. 10.

Verbot eigenmächtiger Zölle ꝛc.

Auch nicht gestatten, daß hinführo jemand de facto und eigenes Vornehmens neue Zölle anstellen, für sich dieselbe verlegen, erhöhen, oder sich deren gebrauchen und annehmen mögen.

§. 11.

Accis, Umgeld, und dergleichen Imposten.

Wann auch einige, sie seyen gleich unmittelbar, oder mittelbar dem Reich unterworfen, sich unterstanden haben, und noch unterstehen solten, unter ihren Thoren, oder sonsten andern Orten, in- und vor denen Städten, die ein- aus- und durchgehende Waaren, Geträyd, Wein, Salz, Vieh und anderes, mit gewissen Aufschlag unter dem Nahmen Accis, Umgeld, Niederlag, Stand- und Markt-Recht, Pforten-Brücken- und Weg-Kauf-Hauß-Rent-Pflaster-Steinfuhren- und Cento-Gelder, Mulcter-Steuer, und andern dergleichen Imposten zu beschweren, solches alles aber in dem Effect und Nachfolg für nichts anders, als einen neuen Zoll; ja oftmahls weit höher, zu halten, und denen benachbarten Churfürsten, Fürsten und Ständen, denen Landen, Leuten und Unterthanen, auch dem gemeinen Kauf- und Handelsmann, zu nicht geringen Schaden und Ungelegenheit gereichig, auch der

Freyheit

Freyheit der Commerciorum des Handels und Wandels zu Wasser und Land schnurstracks zuwider, so sollen und wollen Wir bald bey Eintretung Unserer Regierung hierüber gewisse Information einziehen lassen, auch, worinnen solche unzuläßige Beschwerungen und Mißbräuche bestehen, von denen benachbarten Churfürsten, Fürsten und Ständen Nachricht erfordern,

§. 12.
Abstellung der ungebührlichen Rhein-Zölle, Geleits-Gelder.

Und dann dieselbe, wie nicht weniger am Rhein und andern schiffbaren Ströhmen, geklagte neuerlich und zur Ungebühr vor und unter währendem dreyßigjährigen deutschen Krieg oder nachhero aufgerichtete und erhöhete Zöll und Licenten, auch ungebührliche wider das Herkommen, auch alte und neue Verträg lauffende Geleit-Gelder, aller Orten ohne Verzug abstellen und aufheben; auch gegen die Uebertretere gebührenden Ernstes Einsehen thun, ingleichen Unsern Kayserlichen Fiscal gegen dieselbe, auf vorgemeldte von Uns eingezogene Information, oder auf eines oder andern hierunter beschehene Denunciation, mit oder ohne des Denuncianten Zuthun, schleunigst zu verfahren, anbefehlen.

§. 13.
Strafe auf den Mißbrauch ꝛc. der Zölle.

Gestalten auch jeder Churfürst, Fürst und Stand, so sich der habenden Zoll-Gerechtigkeit mißbrauchet und diese mehrers oder weiter, als er befuget, erstrecket

ſtrecket oder erhöhet oder noch führohin und inskünfſ:
tig erhöhen und erſtrecken würde, dieſer mit der
That ſelbſten, wenn er nicht alsbalden ſolchen Er:
ceß, auf zuvor beſchehene Erinnerung der Creyß:
Ausſchreibenden Fürſten, mit Ernſt abſtellen wür:
de, ſo lang ein ſolcher Churfürſt, Fürſt und Stand
im Leben ſeyn würde, und eine Communität auf
dreyſſig Jahr, wirklich verfallen und verwirket und
derentwegen a competente judice alſobalden ad declarationem
geſchritten werden,

§. 14.
Auch bey Mediatis.

Es auch in obigem allem eine gleiche Meynung
und Verſtand haben ſoll, wann ſchon der Uebertre:
ter kein Immediat: ſondern ein mittelbarer Land:
Stand wäre.

§. 15.
Wie, wann ein Creyßausſchreibender Fürſt ſelbſt intereſ- ſirt wäre, oder jemand ſich zu keinem Creyſſe hielte?

Mit dieſer weiteren Erläuterung, daß, wenn
einer aus den Creyß:Ausſchreibenden Fürſten mit
Mißbrauchung der Zoll:Conceſſion ſelbſt intereſ:
ſirt wäre, die Ermahnung dem andern mit aus:
ſchreibenden Fürſten obliegen, im Fall aber beede
intereſſirt wären, oder ihr Amt darunter zu beob:
achten unterlieſſen, ſolche Ermahnung denen an:
dern Ständen des Creyſſes zuſtehen, oder auf, da
derjenige, ſo auf obige Weiſe die Zoll-Conceſ:
ſionen mißbrauchet, ſich etwa noch zur Zeit ei
gentlich

gentlich zu keinem Creysse hielte, denen Benachbarten dadurch Beschwerde leidenden und solchergestalt dabei interessirten Ständen gebühren soll.

§. 16.
Erlaubte Selbsthülfe.

Und solle darneben einem jeden Churfürsten, Fürsten und Stand, (die freye Reichs-Ritterschaft mit begriffen,) erlaubt seyn, sich und die Seinige solcher Beschwerden q) selbst, so gut er kann, zu erledigen und zu befreyen.

§. 17.
Verbot unerlaubter Niederlagen, Stapel ꝛc.

Dieweilen sich aber zuträgt, daß zwar der Nahme des Zolls bisweilen nicht gebrauchet, sondern unter dem Mißbrauch und Prätext einer Niederlage, Licent, Stapel-Gerechtigkeit, oder sonsten, von den auf- und abfahrenden Schiffen und Waaren eben so viel, als wenn es ein rechter Zoll wäre, erhoben, auch der Handlung und Schiffarth durch ungebührliche und abgenöthigte Aus- und Einladen, Ausschiffen, und Ausschütten des Getreyds und anderer Güter oder Consumtibilien, merkliche grosse Beschwer- und Verhinderung verursachet und zugefüget wird; so sollen alle und jede dergleichen, sowohl unter währendem Krieg, als vor und nach demselben, auf allen Ströhmen und schiffbahren Wassern

q) In Kaisers Karl des VIsten Wahl-Capitulation stehen hier noch die Worte, wie allschon vermeldet.

Waſſern des Reichs, ohne Unterſcheid neuerlich anmaſſende Vornehmen.

§. 18.
Deren Annullirung.

Und in Summa alle ohne die zu ſelbiger Zeit erforderliche Requiſita ausgebrachte, hinführo aber ohne ordentliche einhellige Bewilligung des Churfürſtlichen Collegii, auch obgedachte von neuem r) feſtgeſetzte Erforderniſſe ausbringende Zoll-Conceſſiones, oder ſonſt ein und andern Orts jetzt und inskünftig vor ſich unternehmende Uſurpationes ſothaner Auflagen, unter was Schein und Nahmen auch dieſelbe erhalten werden, oder eigenes Gewalts und Willen durchzuführen geſucht werden möchten, null und nichtig ſeyn:

§. 19.
Künftige Requiſita derſelben.

Dergleichen auch von Uns niemand, von was Würden oder Stand auch der oder dieſelbe ſeynd, ohne Ohnlauts des Churfürſtlichen Collegii Conſens und Einwilligung ertheilet werden,

§. 20.
Erlaubte Selbſthülfe dagegen.

Auch einem jedweden des Heil. Röm. Reichs Churfürſten, Fürſten und Stand, welcher ſich damit beſchweret findet, frey und bevorſtehen, ſich ſolcher Beſchwerung, ſo gut er kan, ſelbſten zu entheben.

§. 21.

r) In Kaiſers Karl des VIſten Wahl-Capitulation heiſſet es, *ſtatuirte Requiſita*.

§. 21.

Vorbehalt der rechtmäßigen, dergleichen Freyheiten.

Doch soll denenjenigen Privilegien, welche Churfürsten, Fürsten und Stände des Reichs, (die freye Reichs-Ritterschaft mit eingeschlossen,) von Weyland denen vorgewesenen Römischen König- oder Kayseren, zur Zeit da der Churfürstliche Consens per pacta et capitulationes noch nicht also eingeführet oder nöthig gewesen, rechtmäßig erlangt, oder sonsten ruhiglich hergebracht, hierdurch nichts präjudiciret oder benommen, sondern von Römischen Kaysern auf gebührendes Ansuchen confirmirt und die Stände dabey ohne Eintrag männiglich gelassen, und auf deren Anrufen nachdrücklich geschützet,

§. 22.

Nochmalige Cassation aller unrechtmäßigen Zölle ꝛc.

Alle unrechtmäßige Zölle, Stapel und Niederlag aber, sowohl auf dem Land, als auf denen Strömen, oder desselben Mißbräuche, da einige wären, gleich cassirt und abgethan,

§. 23.

Requisita der Stapel-Gerechtigkeit.

Und inskünftige ganz keine Privilegia auf Stapel-Gerechtigkeit mehr ertheilet werden, es geschehe dann erst besagter Massen, mit einmüthigem Collegial-Rath und Bewilligung, der sämmtlichen Churfürsten.

b 2 §. 24.

§. 24.

Verbot der Zoll-Befreyungen.

Und nachdeme vormahls die Churfürsten, Fürsten und Stände an Dero an schiffbahren Ströhmen und sonsten habenden Zöllen mit vielen und großen Zoll-Freyungen über ihre Freyheit und Herkommen, oftmahl durch Beförderungs-Briefe, auch Exemptions-Befehl und, um Präjudiz der Churfürsten, Fürsten und Ständen Zoll-Gerechtigkeiten ertheilte Privilegia und in andere Weg ersucht und beschwert worden, so sollen und wollen Wir solches als unerträglich abstellen, fürkommen und zumahlen nicht verhängen, noch zulassen, forthin mehr zu üben, noch zu geschehen,

§. 25.

Cassation der unbewilligten.

Auch keine Exemptions-Privilegia mehr ertheilen und die, so darwider ohne Consens des Churfürstlichen Collegii bey vorigen Kriegen ertheilet worden, sollen cassirt und ab seyn.

§. 26.

Zoll-Freyheit der Churfürstlichen Gesandten, Diener, Unterthanen ꝛc.

Auch sollen und wollen Wir diejenigen Stände, denen von Unsern Vorfahren, Römischen Kaysern, mit Verwilligung des Reichs Churfürsten, mit dieser Maaß und Vorbehaltung entweder neue Zölle gegeben, oder die alte erhöhet oder prorogirt worden, daß die mehrgedachten Churfürsten, deren

Gesandte

Gesandte und Räthe, und deren Wittwen und Erben, bey ihren Ein- und Abzug, wie auch ihre Unterthanen, Diener, zugewandte und andere gefreyte Personen, auch derenselben Haab und Güter, mit solchen von neuem gegebenen, erhöheten oder prorogirten Zöllen nicht beschweren, sondern von allen und jeden Orten ihrer Fürstenthümer und Landen mit ihren Waaren und Gütern Zollfrey durchpaßiren, verfahren und treiben laſſen, ſich auch ſonſten der Zoll-Erhöhung halber gewiſſer vorgeſchriebener maſſen verhalten, und darüber, vermittelſt eines ſonderbahren verglichenen Reverſes, gegen die Churfürſten kräftiglich verbinden ſollen; die aber ſolche Reverſe noch nicht von ſich gegeben, mit allem Ernſt, auch bey Verluſt des concedirten Privilegii, dahin erinnern und anhalten, ſich hierinnen der Schuldigkeit zu bequehmen und angeregten Revers ohne längern Verzug heraus zu geben, und denen Churfürſten einzuhändigen.

§. 27.
Künftige Reverſirung deswegen.

Denen aber, ſo inskünftige, obbeſchriebener maſſen, neue Zöll, oder der alten Erſteigerung oder Prorogation, erhalten werden, wollen Wir vor Herausgebung ſolcher Reverſen ſolche Unſere Kayſerliche Conceßiones keinesweges ausfertigen, noch ertheilen laſſen.

§. 28.
Einziehende Erkundigung wegen der Zölle bey den Creyß-Ausſchreib-Aemtern.

Damit man auch über die hin und wieder im Reich zu Waſſer und Land eingeführte neue Zöll und der alten Erhöhung, neben andern Imposten und Auflagen, ob und wie jeder Prätendent darzu berechtiget? destomehr beständige Information und Nachricht haben möge; so sollen und wollen Wir Uns dessen bey jedes Creysses ausschreibenden Fürsten ohnausstellig und baldmöglichst erkundigen, darüber auch eine Specification geben lassen,

§. 29.
Oder andern.

Wie nicht weniger eine solche Specification oder Information der Sach, auf den Fall, da etwan die Creyßausschreibenden Fürsten selbsten gegen diese Verordnung der Zölle wegen handeln solten, von den benachbarten und gravirten Ständen ein- und annehmen, und darauf der Abschaffung und Reduction halben, wie obstehet, wirklich verfahren.

§. 30.
Der Creysse Berichte darüber.

Wie denn auch! die Creyßausschreibe-Aemter, oder daselbe dabey interessirt, die nächst vorsitzende Stände deren Creyssen, schuldig und gehalten seyn sollen, Uns alle solche vorgehende Zoll-Neuerungen so balden anzuzeigen, um dagegen von Unsers höchsten Amtes wegen die Gebühr verhängen zu können;

§. 31.
Zoll-Freyheit der Stände und ihrer Gesandten auf Reichs-Collegial- Deputations- und Creyß-Tägen.

Nachdem auch die Billigkeit erfordert, daß Churfürsten, Fürsten und Ständen, und deren
Abge-

Abgesandten, so sich auf Reichs- Collegial- Deputations- und Creyß-Tägen befinden, oder alldahin verfügen, ihre an das Ort der anberaumten Zusamkunft abschickende Mobilia und Consumptibilia, als Wein, Bier, Getreyd, Vieh und andere Nothdurft, ohne Zoll, Mauth, Auffschlag, oder einig andern dergleichen Entgeld, wie es auch Namen haben mag, auf Fürweisung beglaubter und mit ihr, der Churfürsten, Fürsten und Stände oder ihrer Abgesandten Unterschrift und Insiegel, bekräftigter Urkund aller Orten, in gesammten Reichs- auch Unsern Erblanden, ohne Ausnahm, paß- und respective repaßiret, zugleich wenn jemand von diesen ableibete, deren Erben und Nachfolgeren, ingleichen angeregte Mobilia, ohne Zoll, Mauth, Auffschlag oder anderwärtigen Entgeld, zurück- und durchgelassen werden: Als sollen und wollen Wir die würkliche Vorsehung thun, daß deme allem nachgelebet und hinwieder kein Churfürst, Fürst oder Stand, noch Dero Abgesandter, auf einigerley Weise beschweret, dabey jedoch aller Unterschleif vermieden werde.

Articulus IX.

§. I.

Remedur der Müntz-Gebrechen.

Denen jedesmahl vorfallenden Beschwerungen und Mängeln der Müntzhalter, sollen und wollen Wir zum förderlichsten, mit Rath der Churfürsten, Fürsten und Ständen des Reichs zuvorkommen

men und in beständige Ordnung und Weise zu stellen, möglichsten Fleiß vorwenden,

§. 2.
Gegenwärtige Mittel dazu.

Auch zu dem End diejenige Mittel, so im Reichs-Abschied de An. 1570 wegen der in jedem Creyß anzulegenden drey oder vier Creyß-Müntz-Stadten, ingleichen wegen der in An. 1603. und auf vorigen, auch nachfolgenden Reichs-Tägen beliebten Conformität, sowohl im ganzen Röm. Reich, als auch mit den Benachbarten, und besonders der dabey denen Creyß-Directoriis aufgetragener Abstrafung deren Contravenienten und daraus resultirenden höchstnöthigen Abschaffung der Hecken-Müntzen, durch Churfürsten, Fürsten und Ständen des Reichs insgemein bedacht, in gute Obacht nehmen,

§. 3.
Und künftige

Und was ferner zuträgliches, zu Abwendung aller dergleichen Unrichtigkeiten, auf künftigen Reichs-Tägen, vor gut befunden werden möchte, zumahlen nichts unterlassen.

§. 4.
Comitial-Berathschlagungen wegen des Müntzwesens.

Nachdeme sodann in denen Jahren 1737 und 1738 bey der allgemeinen Reichs-Versammlung, wegen Herstellung des Müntz-Wesens verschiedenes gehandelt und von vornächstem Unserem Vorfahrer am Reich genehmet worden, theils noch

noch zu erörtern ausgesetzet ist; als sollen und wollen Wir so balden nach angetretener Unserer Regierung ernstlich daran seyn, damit alles und jedes vollends gänzlich zu Stande gelange, mithin das noch zu berathschlagen übrige zu seinem Schluß bestens befördert, das bereits beschlossene aber einsweilen, mittelst auszulassener Münz-Verordnungen und darzu gehöriger Valvations-Tabellen verkündet, auch allenthalben ohne Unterscheid und besonders von denenjenigen, die sich des Münz-Regalis bedienen, genauest befolget werde.

§. 5.
Münz-Probations-Täge und frembe Müntzen.

Immassen Wir denn auch nachdrücklichst darob seyn wollen, daß die Münz-Probations-Täg bey denenjenigen Creyssen, wo selbige zeithero in Stecken gerathen, wieder in Gang gebracht und ordentlich gehalten werden mögen; besonders aber überhaupt darauf halten, daß, nach Maaßgab der älteren und jüngern Reichs-Ordnungen ausländische Münz-Sorten in keinem höhern Werth, als nach dem Reichs-Satzungs-Mässigen Schrot und Korn, in denen Reichs-Landen und im Handels-Lauf geduldet werden.

§. 6.
Requisita bey Ertheilung des Münzrechts.

Wir sollen und wollen auch hinführo ohne Vorwissen und absonderliche Einwilligung der Churfürsten

sten und Vernehmung, auch billige Beobachtung, desjenigen Creysses Bedenken, darinnen der neue Münz=Stand gesessen, niemand, wes Stands oder Wesens der seye, mit Münz=Freyheiten oder Münz= Städten begaben und begnadigen,

§. 7.
Verlust auf dessen Mißbrauch.

Auch, wo Wir beständig befinden, daß diejenige Stände, denen solches Regal und Privilegium verliehen, dasselbe, dem Münz=Edict und andern zu desselben Verbesserung erfolgten Reichs=Constitutionen entgegen, mißbrauchen, oder durch andere mißbrauchen lassen und sich also ihrer Münz= Gerechtigkeit ohne fernere Erkänntniß verlustig gemacht, ihnen, wie auch denenjenigen, so solches Regal nicht rechtmässig erhalten, oder sonsten beständig hergebracht, dasselbe nicht allein verbieten und durch die Creyß gebührend wider sie verfahren lassen,

§. 8.
Restitution eines also gestraften Standes.

Sondern auch einen solchen privilegirten Stand, ausser einer allgemeinen Versammlung und der Stånden Bewilligung, nicht restituiren.

§. 9.
Weitere Strafe auf den Mißbrauch.

Wie Wir dann auch gegen diejenige, so obgedachter massen das ihnen zukommende Münz=Regal gegen die Reichs=Constitutiones mißbrauchet, oder
durch

durch andere mißbrauchen laſſen, nebſt der Privation gedachten ihres Regalis, auch mit der Suſpenſion a Seſſione et voto, (jedoch auf Art und Weiſe, wie in dem erſten Artickel dieſer Capitulation enthalten,) verfahren und ſolchen ſuſpendirten Stand gleichfalls, anders nicht, als auf einem gemeinen Reichs-Tag, nach gegebener Satisfaction, reſtituiren laſſen ſollen und wollen.

§. 10.

Strafe des Mißbrauchs bey Mediatis.

Woſern ſich aber dergleichen bey Mediat-Ständen und andern, ſo dem Reich immediate nicht, ſondern Churfürſten, Fürſten und andere des Reichs Ständen unterworfen, begäbe, alsdann ſolle durch Dero Lands-Fürſten und Herrn wider ſie, wie ſichs gebühret, verfahren, und ſolche Münz-Gerechtigkeit ihnen gänzlich gelegt, caſſirt und ferner nicht ertheilt werden.

§. 11.

Requiſita bey Ertheilung des Münz-Rechts und anderer hohen Privilegien bey Mediatis.

Maſſen Wir denn auch denen mittelbaren Ständen mit dergleichen und andern höhern Privilegien ohne Mit-Einwilligung der Churfürſten und Vernehmung, auch billiger Beobachtung ſelbigen Creyſes Bedenkens, als obgedacht, und der Mit-Intereſſirten, vielweniger zu derſelben Abbruch, nicht willfahren wollen.

Articu-

Articulus X.

§. 1.

Verbot aller Veränderungen und Verpfändungen ꝛc. vom Reich.

Weiters und insonderheit sollen und wollen Wir dem Heil. Röm. Reich und dessen Zugehörungen in- und ausserhalb Teutschlandes nicht allein ohne Wissen, Willen und Zulassen der Churfürsten, Fürsten und Ständen, sämmtlich, nichts hingeben, verschreiben, verpfänden, versetzen, noch in andere Weg veräussern oder beschweren,

§. 2.

Wie auch der exorbitirenden Privilegien.

Sondern Uns auch alles dessen, was etwan zu Exemption und Abreissung vom Reich Ursach geben könte, insonderheit der exorbitirenden Privilegien und Immunitäten enthalten,

§. 3.

Herbeybringung des ohngebührlich abgekommenen.

Vielmehr aber Uns aufs Höchste bearbeiten, und allen möglichsten Fleiß und Ernst vorwenden, dasjenige, so davon kommen, als verpfändete und verfallene Fürstenthümer, Herrschaften und Lande, auch confiscirte und ohnconfiscirte merkliche Güther, die zum Theil in anderer fremde Nationen Hände ungebührlicher Weise erwachsen, zum förderlichsten wiederum darzu zu bringen und zuzueignen,

§. 4.

§. 4.

Manutenenz der Reichs-Pfandschaften.

Die Churfürsten, Fürsten und Stände aber bey denen ihnen verschriebenen und innhabenden Reichs-Pfandschaften, nach Maaßgebung des *Instrumenti Pacis*, ohne Wiederlösung und Wiederrufung zu schützen und ruhig dabey, bis auf anderweite Vergleichung zwischen denen Römischen Kaysern und Reichs-Ständen, bleiben,

§. 5.

Reichs-Gränzscheidungen.

In vorkommenden Reichs-Gränzscheidungen auch ohne des Reichs und der dabey interessirten Ständen Mit-Einwilligung nichts vornehmen zu lassen,

§. 6.

Veräusserte Reichs-Lehen in Italien und sonst.

Vornehmlich auch, dieweilen vorkommen, daß etliche ansehnliche dem Reiche angehörige Herrschaften und Lehen in Italien, und sonsten veräussert worden seyn sollen, eigentliche Nachforschung derentwegen anzustellen, wie es mit solchen Alienationen bewandt und die eingeholte Berichte zur churfürstlichen Maynzischen Canzley, um solches zu der übrigen Churfürsten Fürsten und Ständen Wissenschaft zu bringen, innerJahresfrist, nach unserer angetretener Königl. Regierung anzurechnen, unfehlbarlich einzuschicken,

§. 7.

§. 7.
Wer dabey zu Rath zu ziehen.

Auch in diesem und obigem allem, mit Rath, Hülf und Beystand, derer sämmtlichen Churfürsten allein, oder, nach Gelegenheit der Sachen, auch der Fürsten und Ständen, jederzeit an die Hand zu nehmen, was durch Uns und Sie vor rathsam, nützlich und gut angesehen und verglichen seyn wird.

§. 8.
Johanniter-Orden.

Weilen auch dem Ritterlichen Johanniter-Orden, inn- und ausserhalb des Reichs, insonderheit bey denen hiebevorigen 80 jährigen Niederländischen Kriegen, gantz unverschuld ansehentliche Güter entzogen, und bishero vorenthalten worden: So wollen Wir, solche Restitution durch gütliche Mittel zu befördern, Uns angelegen seyn lassen, jedoch dem Westphälischen Frieden ohnabbrüchig und einem jeden an seinen Rechten ohne Präjudiz.

§. 9.
Des Kaysers ohne Titul besitzende Güter.

Und ob Wir selbst oder die Unsere etwas, so dem Heil. Röm. Reich zuständig und nicht verliehen, noch mit einem rechtmässigen Titul bekommen wäre oder würde, inhätten, das sollen und wollen Wir, bey unseren schuldigen und gethanen Pflichten, demselben Reich ohne Verzug, auf ihr, der Churfürsten Gesinnen, wieder zu Händen wenden.

§. 10.

§. 10.
Aufrechthaltung der Reichs-Lehen, sonderlich in Italien.

In alle Weg sollen und wollen Wir Uns angelegen seyn lassen, alle dem Röm. Reich angehörige Lehen und Gerechtigkeiten, in- und ausserhalb Deutschland und sonderlich in Italien, unter andern nach Maaßgab des Reichs-Schlusses vom 9. Dec. 1722. aufrecht zu erhalten, und derentwegen zu verfügen, daß sie zu begebenden Fällen, gebührlich empfangen und renoviret, auch wider allen unbilligen Gewalt die Lehen und Lehen-Leute manutenirt und gehandhabet werden.

§. 11.
Des Kaysers besitzende Reichs-Lehen.

Da auch Wir deren eines oder mehr Uns angehend befinden, so wollen Wir das oder dieselbe ohnweigerlich empfangen, oder wann das nicht bequemlich geschehen könte, deswegen dem Reich zu dessen Versicherung gebührenden Revers und Recognition zustellen,

§. 12.
Verbot ungebührlicher Contributionen.

Nicht weniger sollen und wollen Wir in- und ausser dem Reich niemand mit Contribution über die Gebühr beschweren lassen.

Articulus XI.

§. 1.
Belehnung nach dem vorigen Tenor.

Wir sollen und wollen auch die Lehen und Lehen-Brief denen Churfürsten, Fürsten und Ständen ben des Reichs, (die unmittelbare Reichs-Ritter: mit begriffen,) und andern Reichs-Vasallen jedesmahl nach dem vorigen Tenor, in so weit nicht die inzwischen von Seiten dererselben vorgekommene besondere Umstände eine andere Einrichtung erforderen, unweigerlich und ohne alle Contradiction, (als welche zum rechtlichen Austrag zu verweisen) ohngehindert wiederfahren,

§. 2.
Pacta familiae, strittige Lehen-Taxen, u. d.

Dabey auch dieselbe mit der Edition der alten Pactorum Familiae nicht beschweren, vielweniger die Reichs-Belehnung wegen erstgedachter Edition der Pactorum Familiae, (welchen jedoch, wann sie nach denen Reichs-Grundgesetzen, auch habenden und gleichfalls Reichs-Constitutions-mäßigen Kayserlichen Privilegiis, aufgerichtet, durch dergleichen Belehnungen an ihrer Validität und Verbindlichkeit nichts abgehen solle,) die seyen neue oder alte, noch wegen der illiquiden und streitigen Lehn-Taxen oder Laudemien-Gelder und dergleichen, aufhalten,

§. 3.
Reichs-Lehen-Pflicht.

Noch die Reichs-Lehen-Pflicht auf Unser Hauß zugleich richten,

§. 4.
Der Geistlichen Chur- und Fürsten Bevollmächtigte.

Besonders auch denen Geistlichen, Chur- und Fürsten keine Maaß vorschreiben, oder dieselbe

dieselbe zu Empfahung ihrer Reichs-Lehen von dem Kayserlichen Thron, Geistliche *ex gremio Capitulorum*, oder weltliche Gevollmächtigte, abzuschicken für gut befinden mögen.

§. 5.
Belehnungen der Minderjährigen und Pupillen.

Wann auch ein Churfürst, Fürst oder sonst ohnmittelbarer Stand und Lehen-Mann des Reichs, mit Tod abgehet, und minderjährige Lehens-Erben, sive puberes, sive impuberes, hinter sich verlässet, so soll der Vormunder, oder die Vormündere, nach angetretener würklicher Administration der Tutel oder Curatel, ihre der Minderjährigen, von dem Reich habende Regalien und Lehen innerhalb Jahr und Tag würklich suchen und bey der darauf folgenden Belehnung das gewöhnliche Iuramentum Fidelitatis ablegen, und die Gebühr entrichten, an welche der Vormünder Empfahung und endliche Versprechung die Minderjährige selbsten nach erlangter Pubertät und respective Majorennität, dergestalt gebunden seyn sollen, als wann sie, Minderjährige, berührte Regalien und Lehen, nach übernommener Regierung selbsten empfangen und den Lehns-Eyd erstattet hätten.

§. 6.
Ihre Verschonung mit einer neuen Belehnung nach erlangter Volljährigkeit.

Dargegen sollen und wollen Wir sie, Minderjährige, nach erlangter ihrer Pubertät oder Majorennität, zu anderwärtiger Empfängniß solcher

Lehen

Lehen und Regalien, wie auch Lehens=Eyd, nicht, vielweniger einer doppelten oder weiteren Entrichtung des Lehen=Taxes anhalten, sondern sie bey obgedachter ersteren denen Vormündern ertheilten Belehnung allerdings lassen.

§. 7.
Belehnung der Reichs=Vicarien.

Welche Meynung es dann auch haben solle mit denjenigen Lehen, welche die Reichs=Vicarien in Kraft der güldnen Bull, (als worinnen die von Uns *coram Throno* zu empfangende Lehen allein ausgenommen seynd,) verleihen können.

§. 8.
Expeditiones der Lehen=Briefe und Expectanzien.

Und sollen auch die Lehens=Brief und Expectantien über des Heil. Reichs angehörige Lehen bey keiner andern, als bey des Reichs Cantzley inskünftige ertheilet und ausgefertiget werden.

§. 9.
Ungültige Extensiones derer Expectanzien.

Sodann diejenige, welche denen von vorigen Kaysern ertheilten und bestätigten Anwartungen, auch darauf beschehenen und confirmirten Erb=Vergleichen zu Präjuditz auf andere, so in den alten Lehen=Briefen nicht begriffen, extendirt worden, ganz ungültig seyn.

§. 10.
Wie verwürkt und heimgefallene Lehen wieder zu vergeben?

Wann auch inskünftige Lehen dem Reich durch Todes=Fälle oder Verwürkung eröfnet und ledig heim=

heimfallen werden, so etwas mercfliches ertragen,
als Churfürstenthümer, Fürstenthümer, Grafschaften, Herrschaften, Städt und dergleichen, die
sollen und wollen Wir, die Churfürstenthümer ohne des Churfürstlichen Collegii, die Fürstenthümer, Graf- und Herrschaften, Städt und dergleichen aber, ohne der Churfürstlichen, Fürstlichen,
auch (wann es nehmlich eine Reichsstadt betreffen
thut,) Städtischen Collegiorum Vorwissen und
Consens ferner niemanden leihen, auch niemanden
eine Expectantz oder Anwartung darauf geben.

§. 11.
Oder von dem Kayser einzuziehen?

Sondern zu Unterhaltung des Reichs, Unser
und Unserer nachkommender König und Kaysern behalten, einziehen und incorporiren.

§. 12.
Vorbehalt der gültigen Expectantien.

Doch Uns von wegen Unserer Erblanden und
sonsten männiglich an seinen Rechten und Freyheiten, auch denen von unsern Vorfahren am Reich
denen Ständen propter bene merita ertheilten und
denen damahligen Reichs Constitutionibus gemässen
Anwartungen auf künftig sich erledigenden Reichslehen an ihrer Kraft und Bindlichkeit unschädlich.

§. 13.
Vorbehalt der Reichs Onerum auf denen incamerirten.

Auf den Fall aber zukünftiger Zeit Churfürstenthum, Fürstenthum, Grafschaften, Herrschaften,

After- und Lehenschaften, Pfandschaften und andere Güter dem Heil. Röm. Reich mit Dienstbarkeiten, Reichs-Anlagen, Steuren und sonsten verpflichtet, dessen Jurisdiction unterwürfig und zugethan, nach Absterben der Inhaber, Uns durch Erbschaften, oder in andere Wege, heimfallen oder anwachsen und Wir die zu unseren Händen behalten,

§. 14.
Oder wieder vergebenen,

Oder, mit Vorwissen und Bewilligung der Churfürsten, die Churfürstenthümer, dann die Fürstenthümer, Graf- und Herrschaften, mit Vorwissen und Bewilligung der Churfürstlicher und Fürstlicher Collegiorum, so dann auch, (wann es nehmlich, wie obgedacht, eine Reichs-Stadt betreffen thäte) des Städtischen, anderen zukommen lassen würden, oder, da Wir dergleichen, allbereit in Unsern Händen hätten,

§. 15.
Oder von dem Kayser besitzenden Reichs-Lehen, wie auch dieser Lehen-Rechten, ꝛc.

Daran sollen dem Heil. Reich seine Recht und andere schuldige Pflicht, wie darauf hergebracht, in dem Creyß, dem sie zuvor zugehöret haben, hintangesetzt aller prätendirten Exemptionen, geleistet, abgerichtet und erstattet, auch solche Land und Güter bey ihren Privilegien, Recht und Gerechtigkeiten in Geist- und Weltlichen Sachen, dem Instrumento Pacis gemäß, gelassen, geschützet und beschirmet werden.

§. 16.

§. 16.
Herbeybringung der Reichs-Städte Steuren.

Wir sollen und wollen auch, neben andern, die Reichs-Steuern der Städt, und andere Gefälle, so in sonderer Personen Hände erwachsen und verschrieben seyn möchten, wiederum zum Reich ziehen, und zu dessen Nutzen anwenden,

§. 17.
Deren Designation,

Auch eine gewisse Designation, in was Stand dieselbe jederzeit seyn, inner Jahres Frist, nach würklicher Antretung Unserer Kayserlichen Regierung zu der Churmayntzischen Reichs-Cantzley zu fernerer Communication an die Stände unabbleiblich einschicken,

§. 18.
Und Beybehaltung.

Und nicht gestatten, daß solche dem Reich und gemeinen Nutzen wider Recht und alle Gerechtigkeit entzogen werden.

§. 19.
Requisita bey deren Veräusserung in vorigen und künftigen Zeiten.

Es wäre dann, daß solches mit rechtmäßiger Collegial-Bewilligung sämmtlicher Churfürsten beschehen wäre.

§. 20.

Dergleichen Bewilligung jedoch für das künftige von Churfürsten, Fürsten und Ständen ertheilet werden sollen.

§. 21.
Der Churfürsten Zuziehung zu allen wichtigen
Reichs-Sachen.

Wir sollen und wollen auch in wichtigen Sachen, so das Reich betreffen, und von hoher Präjudiz und weitem Aussehen seyn, bald Anfangs der Churfürsten, als Unserer innersten Räthen, Gedanken vernehmen, auch, nach Gelegenheit der Sachen, Fürsten und Ständen Rath, Bedenkens Uns gebrauchen, und ohne dieselbe hierinne nichts vornehmen.

Articulus XII.

§. 1.
Ergänz- und Erhaltung der Reichs-Creysse.

Auch sollen und wollen Wir die Ergänzung der Reichs-Creyssen, wann es immittelst nicht geschehen, befördern, und nachdrücklichst besorgen, daß denenselben keine von Alters einverleibte gewesene Stände und Lande entzogen und abgerissen werden, noch sich davon eigenwillig selbst entziehen.

§. 2.
Reichs-Gutachten deswegen, und Manutenenz der
Restituirten

Gestalten Wir dann wegen derer Wiederherbeybringung, auch Ergänzung derer Reichs-Creyssen

Creyſſen bewandten Dingen nach ein Reichs-Gutachten erforderen und dahin ſehen wollen, daß die alſo reſtituirte Creyſſe und Stände bey ihrer wohlhergebrachten Freyheit und Reichs-Immedietät ungekränkt belaſſen, fort alle attentirte Thätlichkeiten und Zumuthungen fordersamſt abgeſchaft werden, und zu dem Ende den Creyß-ausſchreibenden Fürſten, und wann es die Nothdurft erfordert, denen andern hohen Creyß-Aemtern die würkliche Hand biethen.

§. 3.
Creyß-Verfaſſungen.

Wollen auch nicht hindern, ſondern vielmehr daran ſeyn, daß ſie, laut Inſtrumenti Pacis und der Reichs-Conſtitutionen in Verfaſſung geſtellt und darinne beſtändig erhalten, und alles das, was in der Executions-Ordnung und deren Verbeſſerung verſehen, gebührend beobachtet,

§. 4.
Verbotene Einmiſchung der Reichs-Gerichte in Creyß-Sachen.

Denen Reichs-Gerichten aber keineswegs geſtattet werde, die in die innere Kriegs-Civil- und Oeconomiſche Verfaſſung derer Reichs-Creyſſe Hand einzuſchlagen, darüber auf einigerley Weiſe zu erkennen, oder wohl gar Proceſſe ausgehen zu laſſen.

§. 6.
Verbotene Aenderung der Creyß- und Executions-Ordnung ꝛc.

Wie Wir dann in der Reichs-Executions- und Creyß-Ordnung nichts ändern wollen, ohne was

gedachter

gedachter Executions-Ordnung halber auf allgemeinen Land-Tag von allen Ständen beliebet und geschlossen werden möchte, und daß die letzte Hand an die Revision derselben gelegt werde, Wir vielmehr möglichst befördern wollen.

§. 6.

Herstell- und Erhaltung der ordinari Reichs-Deputation.

Wollen gleichfals die ordinari Reichs-Deputation, nicht nur auf nächstem Reichs-Tage wiederum in ihren Reichs-Constitutions-mäßigen Stand, Ordnung und Activität setzen, sondern auch dieselbe darinnen ohnverrückt lassen und erhalten, auch darunter weder an denen verordneten Personen, noch aufgetragenen Rechten und andern etwas ändern, es seye dann, daß solches ebenmäßig auf öffentlichen Reichs-Tagen von den gesammten Churfürsten, Fürsten und Ständen geschehe.

§. 7.

Kayserliche Rechte dabey.

Doch vorbehaltlich der denen Römischen Kaysern bey dergleichen Deputations-Conventen, Vermög der Reichs-Satzungen, zukommender Autorität und mittelst der Kayserlichen Commissarien, mit denen Ständen fürgehender Vergleichung, allermassen bey Reichs-Tägen üblich und Herkommens.

Articulus

Articulus XIII.

§. 1.
Ansetzung neuer Reichs-Täge.

Ferner sollen und wollen Wir, wann dermahleins die Comitia cessiren solten, wenigst alle 10. Jahr und sonsten so oft es die Sicherheit und Zustand des Reichs oder einigen Creyssen Nothdurft erfordert, mit Consens der Churfürsten; oder da uns die Churfürsten darum anlangen und erinnern, einen allgemeinen Reichstag innerhalb des Reichs deutscher Nation halten und also Uns mit denenselben jedesmahl vor der Ausschreibung sowohl der eigentlichen Zeit, als der Wahl-statt, vergleichen,

§. 2.
Der Kaysers-Erscheinung und Proposition.

Auf solchen Reichs-Tägen auch entweder in Person, oder per Commissarios in termino erscheinen und darauf so bald nach erschienenem Termino die Proposition thun oder zum längsten nicht 14. Tage aufhalten lassen,

§. 3.
Beförderung der Comitial-Berathschlagungen.

Auch sonst, so viel an Uns, daran seyn, daß die Berathschlagungen und Schlüsse nicht gehindert, sondern möglichster massen beschleuniget, und die in gedachter Proposition angezogene, wie auch die von Uns unter währendem Reichs-Tag etwan noch weiters proponirende und sonsten jedesmahl obhabene dene Materien von dem Churmaynzischen Reichs-Directorio proponirt und zu gebührender Erledigung gebracht werden mögen.

§. 4.
Ordnung der Consultationen.

Wobey jedoch die Churfürsten, Fürsten und Stände an die Ordnung der *in Propositione* **enthaltenen Puncte nicht gebunden seyn sollen.**

§. 5.
Kayserliche Resolutiones auf die Reichs-Gutachten.

Wie Wir dann nicht weniger über die an Uns von dem Reich geziemend gebrachte Gutachten Unsere Erklärung und Decreta schleunigst ertheilen wollen.

§. 6.
Chur-Maynzisches Propositions-Recht in allen Fällen.

s) Wir sollen und wollen auch obbemeldten Churfürsten zu Maynz der Kayserlichen Proposition zu Folg und dem Reich zum Besten, ein und andere Sachen, wie auch der klagenden Ständen Beschwerniß, wann auch schon dieselbe Unsere Hauß-Reichs-Hof- und andere Räthe und Bediente ihrer Art nach betreffen, in das Churfürstl. oder in alle Reichs-Collegia zu bringen, zu proponiren und zur Deliberation zu stellen, keinen Einhalt thun, noch sonst in den Chur-Maynzischen Ertz-Cancellariat

---

s) Hier stunden in Karl des VIsten Wahl-Capitulation die Worte, Gestalten Wir denn auch

fariat und Reichs-Directorio Ziel und Maaß geben,

§. 7.
Dictatur der Memorialien und Anstand dabey.

Noch daran hinterlich seyn, daß die in dergleichen Sachen eingegebene Memorialien, wann dieselbe anders mit behöriger Ehrerbietung t) und ohne unziemliche harte Ausdrückungen, (worüber jedoch, wann sich deshalb einiger Anstand findet, das Reichs-Directorium mit dem Churfürstl. Collegio vorgängige Communication und Beredung zu pflegen, und darnach zu verfahren hat) eingerichtet seynd, förderſamſt G) zur Dictatur gebracht, und denen Ständen auf solche Weise communicirt werden.

§. 8.
Reichs-Directorium nicht zu hindern, sondern zu seinem Amt anzuhalten.

Wie Wir denn auch die Directoria an demjenigen, was Ihres Directorial-Amts ist, auf keinerley Weise hindern, oder gestatten wollen, daß von diesen selbst darunter einige Hinderniß gemacht werde, vielmehr darob besonders halten, daß von denselben die bey dem Reichs-Convent einkommende *Gravamina* und *Desideria statuum*, nach der von dem Churmaynzischen

---

t) In Karls des VIsten Wahl-Capitulation stand das Wort Ehrerbietsamkeit.

G) Dieses Wort stand in Kaysers Karl des Siebenten Wahl-Capitulation vor dem Worte eingerichtet.

zischen Directorio geschehenen und unter keinerley Vorwand zu verweigernden oder zu verzögernden, sondern so fort zu verfügenden Dictatur, von besagtem Reichs-Directorio längstens innerhalb 2. Monaten, oder, wo *periculum in mora* ist, noch ehender zur Proposition und Berathschlagung gebracht werden.

§. 9.
Der Reichs-Vicarien Iura comitialia.

Und da nach Absterben eines Kaysers, oder in dessen Minderjährigkeit und langwührigen Abwesenheit ausser Reichs, denen Reichs-*Vicariis* die Ausschreib- und Haltung eines Reichstags, oder, da dergleichen schon vorhanden, die Continuirung desselben statt eines Römischen Kaysers allerdings zukommt, so sollen dieselben solchenfalls mit Ansetzung eines neuen Reichstags nach obiger Vorschrift sich gleichfalls zu achten schuldig, die stehende *Comitia* aber, zu continuiren befugt seyn, und beyde Arten anderst nicht, als unter derer *Vicariorum* Autorität, gehalten und fortgesetzt werden.

§. 10.
Creyß-Colleglal- und andere Zusammenkünfte der Reichs-Stände.

So soll auch in- und ausserhalb der Reichs-Tage denen Reichs- und Creyß-Ständen unverwehret seyn, so oft es die Noth und ihr Interesse erfordert, entweder circulariter, oder Collegialiter, oder
sonsten

ſonſten, ungehindert männiglichen zuſammen zu kommen und ihre Angelegenheiten zu beobachten.

Articulus XIV.

§. 1.

Beſchwerde wegen Uebertretung der Concordaten.

Wir ſollen und wollen auch bey dem Heil. Vater, dem Pabſt und Stuhl zum Rom, Unſer beſtes Vermögen anwenden, daß von demſelben gleich wie Wir, ohnehin des Vertrauens ſeynd, die Concordata principum, und die zwiſchen der Kirchen, Päbſtlicher Heiligkeit oder dem Stuhl zu Rom und der deutſchen Nation aufgerichtete Verträge, wie auch eines jeden Ertz- und Biſchoffen, oder der Dom-Capitulen abſonderliche Privilegia, u) hergebrachte Statuta und Gewohnheiten allerdings beobachtet und dagegen durch unförmliche Gratien, Reſcripten, Proviſionen, Annaten, der Stift Mannigfaltung, Erhöhung der Officien im Röm. Hof- und Reſervation, Diſpenſation und ſonderlich Reſignation, dann darauf unternehmende Collation, all ſolcher Präbenden, Prälaturen, Dignitäten und Officien (welche ſonſt per obitum ad curiam romanam nicht devolviret werden, ſondern jederzeit, ohnerachtet in welchem Monat ſie auch ledig und vacirend würden, denen Ertz- und Biſchöffen, auch Capitulen und andern Collatoren heimfallen,) wie weniger nicht per Coadjutoris Prælaturarum Electivarum et Praebendarum, judicatum

ſuper

u) Hier ſtehen in Karl des Viſten Wahl-Capitulation die Worte, und rechtmäßig.

super statu Nobilitatis, oder in andere Weg, zu Abbruch der Stifter, Geistlichkeit und anders wiedergegebene Freyheit und erlangte Rechten, darzu zu Nachtheil des juris Patronatus und der Lehen-Herren, in keine Weiß x) gehandelt.

§. 2.
Auch übereilter Röm'ischer Processe.

Noch auch die Ertz- und Bischöffe im Reich, wann wider dieselbe von denen ihnen untergebenen Geist- und Weltlichen etwan geklagt werden solte, ohne vorherige genugsame Information über der Sachen Verlauf und Beschaffenheit (welche, damit keine sub- et obreptio contra facti varietatem Platz finden möchte, in partibus einzuholen) auch ohnangehörter Verantwortung des Beklagten, wann zumahlen derselbe autoritate pastorali, zu Verbesserung und Vermehrung des Gottesdienstes, auch zu Conservation und mehrerer Aufnahm der Kirchen, wider die Ungehorsame und üble Haußhalter verfahren hätte, mit Monitoriis Interdictis und Comminationibus oder Declarationibus Censurarum übereilet oder beschweret werden möchten, sondern wollen solches, mit der Churfürsten, Fürsten und anderer Ständen Rath kräftigst abwenden, und vorkommen.

§. 3.
Manutenenz der Concordaten, Privilegien rc.

Auch darob und daran seyn, daß die vorgemeldte Concordata Principum und aufgerichtete Vertrag

---

x) Das in Kaysers Karls des VIsten Wahl-Capitulation befindliche unverständliche Wörtlein von ward in der Capitulation Karl des VIIten weggelassen.

Vertrag, auch Privilegia, Statuta und Freyheit gehalten, gehandhabet, und denenselben vestiglich gelebt und nachkommen, jedoch, was vor Beschwerung darinn gefunden, daß dieselbe, vermöge gehabter Handlung zu Augspurg in dem 1530. Jahr bey gehaltenem Reichs-Tag abgeschaffet und hinfürter dergleichen ohne Bewilligung der Churfürsten nicht zugelassen werde.

§. 4.

Verbotener Recurs nach Rom in Civil-Sachen.

Gleichergestalt wollen Wir, wann es sich etwan begäbe, daß die Causæ civiles von ihrem ordentlichen Gerichte im Heil. Röm. Reich ab- und ausser dasselbe ad nuntios apostolicos, und wohl gar ad curiam romanam gezogen würden, solches abschaffen, vernichten, und ernstlich verbieten, auch Unsern Kayserl. Fiscalen, so wohl an Unserm Kayserl. Reichs-Hofrath, als Cammer-Gericht, anbefehlen, wider diejenigen, sowohl Partheyen, als Advocaten, Procuratoren und Notarien, die sich hinführo dergleichen anmassen, und darinn einiger gestalt gebrauchen lassen würden, mit behöriger Anklag von Amts wegen zu verfahren, damit die Uebertreter demnächst gebührend angesehen und bestraft werden mögen.

§. 5.

Separation der causarum secularium ab ecclesiasticis.

Und weilen vorberührter Civil-Sachen Willen zwischen Unseren und des Reichs höchsten Gerichten, so dann denen Apostolischen Nuntiaturen, mehrmah-

mehrmahlige Streit- und Irrungen entstanden, indem so ein- als anderen Orts die ob der Officialen Urtheil beschehene Appellationes angenommen, Processus erkannt, selbige auch durch allerhand scharfe Mandata, zu gröster Irr- und Beschwerung der Partheyen, zu behaupten gesuchet worden: Womit dann diesem Vorkommen und aller Jurisdictions-Conflict möchte verhütet werden, so wollen Wir daran seyn, daß die Causæ seculares ab ecclesiasticis rechtlich distinguiret, auch die darunter vorkommende zweifelhafte Fälle durch gütliche mit dem Päbstl. Stuhl vornehmende Handlung und Vergleich erlediget, fort der Geist- und Weltlichen Obrigkeit einer jeden ihr Recht und Judicatur ungestört gelassen werden möge.

§. 6.

Reservation der Evangelischen wegen dieses Artikuls.

Doch, so viel diesen Artickel betrift, denen der Augspurgischen Confession zugethanen Churfürsten, auch ihren Religions-Verwandten, Fürsten und Ständen, (die unmittelbare Reichs-Ritterschaft mit begriffen,) und deren allerseits Unterthanen y) wie auch denen, welche unter Catholischer Geist- oder Weltlicher Obrigkeit wohnen, oder Landsassen seynd, (unter denen Augspurgischen Confessions-Verwandten die Reformirten allenthalben mit eingeschlossen,) dem Religion- und Profan-Frieden, auch dem zu Münster und Osnabrück

---

y) Diese Worte wurden in Karl des VIIten Wahl-Capitulation mehrerer Deutlichkeit halber hinzugesetzet.

nabi ück aufgerichteten Friedens-Schluß, und was
deme anhängig, wie obbemeldt, ohnabbrüchig und
ohne Consequenz, Nachtheil und Schaden.

Articulus XV.

§. 1.

Schutz- und Gehorsams-Anweisung der mittelbaren
Unterthanen.

Wir wollen die mittelbare Reichs- und der
Ständen Lands-Unterthanen in Unserm Kayserl.
Schutz haben und zum schuldigen Gehorsam anhalten.

§. 2.

Verbotene Exemtiones derselben.

Wie Wir dann keinem Churfürsten, Fürsten
und Stand, (die unmittelbare Reichs-Ritterschaft
mit begriffen,) seine Landsassen, ihme, mit oder
ohne Mittel unterworfene Unterthanen, und mit
landsfürstlichen auch andern Pflichten zugethane
Eingesessene und zum Land gehörige, von deren
Botmässigkeit und Jurisdiction, wie auch wegen
Landes-Fürstlichen hohen Obrigkeit und sonsten
rechtmässig hergebrachten respective Steuren, Zehenden und andern gemeinen Bürden und Schuldigkeiten, weder unter dem Prätext, der Lehen-
Herrschaft, Standes-Erhöhung, noch einigem
andern Schein eximiren und befreyen noch solches
andern gestatten,

f §. 3.

§. 3.
Landsteuren und Beytrag zu denen Vestungen ꝛc.

Auch nicht gut heissen, noch zugeben, daß die Land-Stände die Disposition über die Land-Steuer, deren Empfang, Ausgab und Rechnungs-Recessirung, mit Ausschliessung des Landes-Herrns, privative vor und an sich ziehen, oder in dergleichen und andern Sachen ohne der Landes-Fürsten Vorwissen und Bewilligungen Conventen anstellen und halten, oder wider des jüngsten Reichs-Abschiedes und anderer darüber zeithero errichteter Reichs-Schlüsse, ausdrückliche Verordnung, sich des Beytrags, womit jedes Churfürsten, Fürsten und Standes Landsassen und Unterthanen zu Besatz- und Erhaltung derer einem und anderem Reichs-Stand zugehöriger nöthiger Vestungen, Plätzen und Guarnisonen, wie auch zu Unsers und des Heil. Reichs Cammergerichts Unterhalt, an die Hand zu gehen, schuldig seynd, zur Ungebühr entschlagen.

§. 4.
Unterthanen ꝛc. in dergleichen nicht leichtlich zu hören.

Auf den Fall auch jemand von den Landes-Ständen oder Unterthanen wider dieses oder andere oberührte Sachen bey Uns oder Unserem Reichs-Hofrath oder erstbemeldten Cammer-Gericht etwas anzubringen oder zu suchen sich gelüsten lassen würde, wollen Wir daran seyn, und darauf halten, daß ein solcher nicht leichtlich gehöret, sondern a limine judicii ab- und zu schuldiger Parition an seinen Landes-Fürsten und Herrn gewiesen werde.

§. 5.

§. 5.

Caſſation der widerrechtlichen Privilegien und Proceſſe.

Geſtalten Wir auch alle und jede dargegen und ſonſten contra ius Tertii, und ehe derſelbige darüber vernommen, hiebevor sub et obreptitie erhaltene Privilegia, Protectoria und Exemtiones, ſamt allen derſelben Clauſuln, Declarationen und Beſtätigungen, wie auch alle darauf, und denen Reichs-Satzungen zuwider, an Unſerem Kayſerl. Reichs-Hofrath oder Cammer-Gericht wider die Lands-Fürſten und Obrigkeiten, ohne derſelben vorhero ſchriftlich begehrten und vernommenen Bericht ertheilte Proceſſus, Mandata et decreta, praevia ſummaria cauſae cognitione, für null und nichtig erklären und dieſelbe caſſiren und aufheben ſollen und wollen.

§. 6

Caſſation der unziemlichen Verbindungen der Unterthanen.

Alle unziemliche, häſſige Verbündniſſe, Verſtrickung und Zuſammenthuung der Unterthanen, wes Stands oder Würden die ſeyn, ingleichen die Empörung und Aufruhr und ungebührliche Gewalt, ſo gegen die Churfürſten, Fürſten und Stände, (die unmittelbare Reichs-Ritterſchaft mit begriffen,) etwan vorgenommen ſeyn und hinführo vorgenommen werden möchten, wollen Wir aufheben, und mit Ihrer, der Churfürſten, Fürſten und Ständen Rath und Hülf daran ſeyn, daß ſolches, wie es ſich gebühret und billig iſt, in künftiger Zeit verboten und vorgekommen,

§. 7.

§. 7.

Verbot, solche zu veranlassen.

Keinesweges aber darzu, durch Ertheilung unzeitiger Processen, Commißionen, Rescripten und dergleichen Uebereilung, Anlaß gegeben werde.

§. 8.

Selbst-Manutenenz bey der Landes-Hoheit.

Immaßen denn auch Churfürsten, Fürsten und Ständen, (die unmittelbare freye Reichs-Ritterschaft mit begriffen) zugelassen und erlaubt seyn soll, sich, nach der Verordnung der Reichs-Constitutionen, bey ihren hergebrachten und habenden Landes-Fürstlichen und Herrlichen Iuribus selbsten, und mit Aßistentz der benachbarten Ständen, wider ihre Unterthanen zu manuteniren und sie zum Gehorsam zu bringen, jedoch andern benachbarten oder sonst interessirten Ständen ohne Schaden und Nachtheil.

§. 9.

Ausmachung dergleichen Streitigkeiten.

Da aber die Streitigkeiten vor dem Richter mit Recht verfangen, sollen solche aufs schleunigste ausgeführt und entschieden werden.

Articulus XVI.

§. 1.

Erhaltung Einigkeit und Gerechtigkeit.

Wir sollen und wollen im Röm. Reich Fried und Einigkeit pflanzen, Recht und Gerechtigkeit aufrichten und verfügen, damit sie ihren gebührenden

den Gang, dem Armen, wie dem Reichen, ohne Unterscheid der Personen, Stands, Würden und Religionen, auch in Sachen Uns und Unsers Hauses eigenes Interesse betreffend, gewinnen und haben auch behalten und denenselben Ordnungen, Freyheiten und alten löblichen Herkommen nach errichtet werden möge.

§. 2.
Niemanden außer Reichs zu laden.

Wir sollen und wollen auch keinen Stand oder Unterthanen des Reichs zur Rechtfertigung außerhalb dem Reich deutscher Nation heischen und laden, oder auch wegen der Lehen-Empfängniß dahin zu kommen begehren, z) sondern innerhalb dessen sie alle und jede, laut der güldenen Bull, der Cammer-Gerichts-Ordnung und anderer Reichs-Gesetzen, zu Verhör- und Ausführung ihres Rechtens kommen und entscheiden lassen.

§. 3.
Reichs-Gerichte in statu quo zu lassen.

Wir sollen und wollen auch kein altes Reichs-Gerichte verändern, noch ein neues aufrichten, es wäre dann, daß Wir mit Churfürsten, Fürsten und Ständen solches auf einem allgemeinen Reichstag vor gut befunden.

§. 4.
Unpartheyische Justitz und glimpflicher Stylus.

Wir wollen die Justitz nach Inhalt des Instrumenti Pacis beym Cammergericht und Reichs-Hofrath

---

z) Hier stehet in Kaysers Karl des Sechsten Wahl-Capitulation noch das Wörtlein vornemlich.

rath unpartheylich administriren, anbey verfügen
laſſen, damit in denen ein- wie anderen Orts er=
gehenden Erkänntniſſen derer unglimpflichen
Ausdrückungen, bevorab gegen die Churfür=
ſten des Reichs, ſich enthalten werde.

§. 5.

Verhütung der Thätlichkeiten, Lite pendente etc,

Ferner wollen Wir die Vorſehung thun,
damit in Rechtshängigen Sachen und unter wäh=
render Litis=Pendenß kein Stand den andern mit
Repreſſalien, Arreſten und andern, wider die
Reichs=Saß=Ordnungen, auch wider den allgemeinen
Friedens=Schluß lauffender Thätlichkeiten, be=
ſchwere,

§. 6.

Ordnungen derer Reichs=Gerichte ꝛc.

Und darin über die bereits aufgerichtete und
verbeſſerte, oder noch aufrichtende und zu verbeſſern=
de Cammer=Gerichts=Reichs=Hofraths und Execu=
tions=Ordnungen feſt halten,

§. 7.

Reichs=Gerichte einander nicht einzugreifen ꝛc.

Dem Proceß dieſer Reichs-Gerichte ſeinen ſtra=
cken Lauf, auch keinen von dem andern eingreifen,
oder Proceſſus avociren, vielweniger über die Sen-
tentias und Iudicata Camerae von Unſerem Reichs=
Hofrath, unter was vor Prätext es ſey, cognoſci=
ren laſſen, dem Cammer=Gericht durch keine
abſonderliche Kayſerliche Reſcripta die Hände
binden,

binden, noch daſſelbe von ſeiner Schuldigkeit gegen das Reich abziehen, oder an Erſtattung ſeines Berichts an die Reichs-Verſammlung in denen dahin gehörigen Sachen hindern, überhaupt auch dem Reichs-Hofrath und Cammer-Gericht keinen Einhalt thun, noch von andern im Reich directe oder indirecte zu geſchehen geſtatten,

§. 8.
Manutenenz des Cammer-Gerichts.

H) Inſonderheit aber ermeldtes Kayſerliche und Reichs-Cammer-Gericht bey ſeinen Gerechtſamen, Gerichtbarkeit und Reichs-Conſtitution-mäſſigen Verfaſſung, Ehren und Anſehen gegen männiglichen in alle Weg ſchützen, erhalten und handhaben.

§. 9.
Nichts gegen die Reichs-Geſetze ergehen zu laſſen.

Auch wider dieſe Unſere Zuſag, die güldene Bull, die Reichs-Hofraths- und Cammer-Gerichts-Ordnung, oder wie dieſelbe inskünftige geändert und verbeſſert werden möchte, den obangeregten Frieden in Religion- und Profan-Sachen, auch den Landfrieden, ſamt der Handhabung deſſelben, wie auch mehr ermeldten Münſter- und Osnabrückſchen Friedens-Schluß und den zu Nürnberg 1650 aufgerichteten Executions-Receß und andere Geſetz und

H) Hier iſt aus Kayſers Karl des VIIten Wahl-Capitulation weggelaſſen, daß der Kayſer keine Promotoriales, Schreiben um Bericht, und dergleichen an das Kammer-Gericht erlaſſen ſolle.

und Ordnungen, so jetzo gemacht und künftig mit
der Churfürsten, Fürsten und Ständen Rath und
Zuthun möchten aufgerichtet werden, kein Rescript,
Mandat, Commißion oder etwas anders beschwerliches, so wenig *provisorie*, als sonsten, ausgehen lassen, oder zu geschehen gestatten, in einige
Weiß oder Weg. aa)

§. 10.
Noch zu erlangen, oder sich dessen zu gebrauchen.

Weiters sollen und wollen Wir auch vor Uns
selbsten wieder obbemeldte güldene Bull und des
Reichs-Freyheit, den Frieden in Religion- und
Profan-Sachen, auch Münster- und Osnabrückschen Friedens-Schluß und Land-Frieden, sammt
der Handhabung desselben, von niemand ichtwas bb)
erlangen, noch auch, ob Uns oder Unserem Hause
etwas dergleichen aus eigener Bewegniß gegeben
würde, cc) gebrauchen.

§. 11.
Caſſation alles Widrigen.

Ob aber diesen und andern in dieser Capitulation enthaltenen Artickeln und Puncten einiges zuwider

aa) Hier geschahe in Karl des Sechsten Capitulation
der Contraventionen, so gegen die Reichs-Hofraths-
Ordnung vorgegangen seyn sollten, Erwehnung. In
seines Nachfolgers Capitulation ward es weggelassen,
und wegen der Verbindung zum 4ten Absatz des 24sten
Artikels gesetzet.

bb) In Karl des Sechsten Capitulation stehet hier das
Wörtlein nichts.

cc) Hier ist das unverständliche Wörtlein nicht ausgelassen.

wider erlanget oder ausgehen würde, das alles soll
kraftlos, und ab seyn, immaßen wir es jetzt alsdann, und dann als jetzt, hiemit caßiren, tödten
und abthun, und, wo Noth, denen beschwerten
Partheyen, derhalben nothdürftige Urkund und
briefliche Schein zu geben und wiederfahren zu laſſen, ſchuldig ſeyn wollen, Argliſt und Gefährde
hierinne ausgeſchieden.

§. 12.

Verbotene Einmiſchung der Kayſerlichen Miniſters in die
vor den Reichs-Hofrath gehörige Sachen.

Auch wollen Wir nicht geſtatten, verhängen
oder zugeben, daß andere Unſere Räthe und Mini-
ſtri, wie die Namen haben mögen, insgeſamt oder
jemand derſelben, ſich in des Reichs-Sachen, welche vor den Reichshofrath gehören, einmiſchen,
oder darinn auf einigerley Weiß demſelben eingreifen, vielweniger mit Befehl oder Decreten beſchweren, oder irren, oder ihme in cognoſcendo vel ju-
dicando, oder ſonſt in einige Weg, Ziel oder Maaß
geben,

§. 13.

Und deren Reſolution und Expedition ohne ſeinen
Vorbewuſt.

Noch auch, daß einige Proceß, Mandata,
Decreta, Erkänntniſſen und Verordnungen, was
Namens oder Geſtalt dieſelben ſeyn mögen, anders-
wo, als im Reichs-Hofrath reſolvirt, noch ohne
deſſen Vorbewuſt, expedirt werden ſollen.

f 5 §. 14.

§. 14.

Caſſation alles Widrigen und Manutenenz des
Reichs-Hofraths.

Weme auch, deme alle zu entgegen, inskünftig etwas widriges vorgenommen werden, oder entſtehen möchte, das ſoll an ſich ſelbſt null und nichtig, auch der Reichs-Hofrath ſamt und ſonders pflichtig und verbunden ſeyn, deswegen geziemende Erinnerung zu thun, die Wir denn damit allergnädigſt anhören, und ſie, nebſt ungeſäumter Abſtellung der angezeigten Eingriffen und Beſchwerden, wider männigliches Anfeinden kräftiglich ſchützen und das geſamte Reichs-Hofraths-Collegium bey der ihme gebührenden Autorität gegen andere Unſere Räthe und Miniſtros, ernſt- und kräftiglich, handhaben ſollen und wollen.

§. 15.

Relation der Reichs-Hofraths-Gutachten.

Wo auch ein Reichs-Hofrath in wichtigen Juſtitz-Sachen ein Votum oder Gutachten abgefaßt, und uns referirt werden ſolte, wollen Wir Uns ſolches änderſt nicht als in Anweſen des Reichs-Hofraths-Präſidenten und Reichs-Vice-Canzlers, mit Zuziehung der Re- und Correferenten und anderer Reichs-Hofräthen beyder Religionen, inſonderheit, wann die Sach beederſeits Religions-Verwandten betrift, vortragen laſſen, mit denenſelben darüber berathſchlagen, und in keinen andern Rath reſolviren.

§. 16.

§. 16.

Remedia gegen die Cammer-Gerichts-Urtheile.

Was auch einmahl in erstgedachtem Unserm Reichs-Hofrath oder Cammer-Gericht in judicio contradictorio cum debita causae cognitione, ordentlicher Weiß abgehandelt und geschlossen ist, dabey soll es förderst allerdings verbleiben, und nirgend anders, es sey denn durch ordentlichen Weg der in oftermeldten Frieden-Schluß beliebter und nach dessen Art. 5. §. quoad processum judiciarium anstellender Revision oder Supplication, von neuem in Cognition gezogen,

§. 17.

Verbotene Avocatio der am Cammer-Gericht anhängigen Sachen an den Reichs-Hofrath.

Die am Kayserlichen Cammer-Gericht aber anhängig gemachte und noch in unerörterten Rechten schwebende Sachen, von da nicht ab- noch an Unsern Reichs-Hofrath gefordert, in andere Weiß rescribiret, ingleichen die währender allda Rechtshängiger Hauptsache daraus entspringende Neben-Puncten, welche in jene dergestalt, daß sie ohne deren Entscheidung nicht erörtert werden können, einschlagen, bey dem Reichs-Hofrath nicht angenommen, dd) auch hinkünftig nichts gegen dieses alles vorgenommen, sondern all

Widriges

---

dd) Von hier bis an das Wort all widriges sind zwar die Worte der Capitulation Kaysers Karl des VIsten, aber nicht der Verstand verändert.

Widriges als null und unkräftig vom Cammergericht gehalten werden. ee)

Articulus XVII.

§. 1.
Execution der abgeurtheilten Sachen nicht aufzuhalten.

Wenn nun im Reichs-Hofrath oder Cammergericht ein End-Urtheil gefällt und dasselbe Kraft Rechtens ergriffen, so sollen und wollen Wir dessen Execution in keinerley Weiß noch Weg hemmen oder hindern, vielweniger dieselbe verschieben, sondern damit nach der Reichs-Hofraths- oder Cammer-Gerichts-Ordnung schlechterdingen ohne einige Verzögerungen und Beobachtung einiger derer Rechten nach wider die Execution nicht zulässiger Exception verfahren und vollziehen und dergestalten einem jedweden ohne Ansehn der Person schleunig zu seinen erstrittenen Rechten verhelfen.

§. 2.
Revision und Supplication zu gestatten und zu befördern.

Wiewohl aber, oberstandner massen, das Beneficium Revisionis et supplicationis im Reich statt hat, und daher auch bey Unserem Kayserl. Reichs-Hofrath wider dessen Erkänntnisse oder Unsere Selbst-eigene auf Reichs-Hofräthliche Gutach-

---

ee) Die in Karl des VIsten befindliche Worte von Verbesserung der Reichs-Hofraths-Ordnung sind hier ausgelassen, aber an einen schicklichern Ort, nemlich zum 5ten Absatz des 24sten Artikels gebracht worden.

Gutachten abgefaſſete, daſelbſt publicirte Kayſerliche *Reſolutiones pro odioſo* oder unzuläſſig
durchaus nicht gehalten und wann die Forma-
lia ihre Richtigkeit haben, niemanden verſagt,
weder durch übermäſſige Sporteln ſchwer gemacht werden ſoll, damit jedoch die abgeurtheilte
Rechtfertigungen nicht wieder zur Bahn gebracht,
noch die erhobene Streitigkeiten an dem Kayſerl.
Cammer-Gericht, oder Reichs-Hofrath gar un-
ſterblich, oder die Juſtitz kraftloß gemacht werden
mögen; ſo wollen Wir ſothane Reviſiones nicht allein nach aller Möglichkeit beſchleunigen, befördern
und die Reviſores durch gebührende Mandata, ſo
oft es vonnöthen darzu anmahnen, ſondern auch,
zu deſto mehrerer Abkürzung ſolcher Reviſionen Unſers Kayſerl. Cammer-Gerichts die bißfalls in dem
Reichs-Abſchied de Anno 1656. beliebte und noch
ferner beliebende Ordnung genau in Acht nehmen,
und demſelben keinen *Effectum ſuſpenſivum* zuge-
ſtehen, noch geſtatten, daß die Cognition über
die nach dem Reichs-Abſchied *de Anno* 1654.
§. 124. *in caſum ſuccumbentiae* zu erlegende Caution *de reſtituendo* und deren Zulänglichkeit dem
Cammer-Gericht entnommen und vor die Reviſores gezogen werden möge.

§. 3.

Cammer-Gerichts-Viſitationes zu beſchleunigen.

Und immaſſen Wir Uns bereits hieroben
im 12. Artikel anheiſchig gemacht haben, die
ordinari Reichs-Deputation bald möglichſt
herzuſtellen, mithin auch die ſonſt gewöhnliche
Viſita-

Viſitationen und Reviſionen des gedachten Unſers und des Reichs-Cammer-Gerichts hinwieder in Gang und Ordnung zu bringen, Uns äuſſerſt angelegen ſeyn laſſen werden, inzwiſchen aber die Aufrechterhaltung des gedachten Cammer-Gerichts und der heilſamen Juſtitz keinen längern Verzug leidet, auch denen in letztern Zeiten in Ermangelung des *Remedii Reviſionis ad Comitia* genommenen *Recurſibus* Ziel und Maaß zu ſetzen iſt, wie dann auch ferner der jüngere Reichs-Abſchied §. 130. und folgends zu Tag leget, daß hierinnen mittelſt des Inhalts deſſelben beſchloſſenen extraordinari Reichs-Deputation zu helfen; als wollen und ſollen Wir daran ſeyn, daß ſothanen Reichs-Schluß die würkliche Folge dermahlen forderſamſt geleiſtet werde.

§. 4.
Beſchreibung der erſten Claß.

So fort ſollen und wollen Wir, ſo balden nach angetrettener Unſerer Regierung, und zwar längſtens binnen drey Monaten die Vorſehung thun, damit nebſt Unſeren Commiſſarien, die, Inhalts des beſagten jüngern Reichs-Abſchieds und der denſelben beygefügten erſteren Claſſe zu ſothaner Reichs-Deputation verordnete Stände auf den 1 Tag 1) Maji des nächſtkommenden Jahres 1740. bey dem Cammer-Gericht durch

---

1) In Karl des VIIten Wahl-Capitulation war der Termin auf den 1ſten September 1742, mithin auf acht Monate hinausgeſetzet, welches in der jetzigen eben alſo gehalten worden.

durch ihre dahin abſchickende der Sachen wohl
gewachſene Räthe ohnfehlbar ſich einfinden,
und darzu durch Chur-Mayntz, als des Reichs-
Ertz-Cantzlern in Zeiten Ordnungs-mäſſig, beſchrieben werden mögen.

§. 5.
Aenderung einiger Deputirten.

Geſtalten nun unter ſothanen, vermöge er-
ſterer Claß, im Jahr 1654. deputirter Stände wegen der mit Pfaltz-Lautern und der Stadt
Straßburg ſeit deme vorgefallenen Veränderung die Nothdurft *proviſorie* zu beobachten iſt;
als ſollen vor dißmahl in Platz des erſtern das
Hertzogthum Bremen und an ſtatt der andern
die Reichs-Stadt Nürnberg dazu gezogen werden.

§. 6.
Ihre Inſtruction.

Sodann ſollen beſagte Deputirte Reichs-
Stände wegen ihres Verhalts, bis zu weiterer Unſerer und des Reichs Fürſehung, auf
dasjenige gewieſen ſeyn, was dieſer wichtigen
Verrichtung halben die obhandene Reichs Geſetze und bevorab der mehr gedachte letztere
Reichs-Abſchied, auch die ältere und jüngere
Viſitations-Abſchiede und was dahin einſchlägt,
ſodann auch die der letztern extraordinari Reichs-
Deputation von Reichs wegen ertheilte Inſtruction, ſo weit ſie auf jetzige Umſtände ſchicklich
iſt, enthalten.

§. 7.

§. 7.
Caſus abſentiæ.

Im Fall auch wider beſſeres Vertrauen, ein oder anderer Deputirter Stand an Beſchickung ſothaner Deputation, ohne erhebliche zeitliche Anzeige ſich verſäumen, oder gar auſſen bleiben würde; ſo laſſen Wir es bey denen hierauf in denen Reichs-Satzungen vorhin geſetzten Strafen zur Zeit und in ſo lang bewenden, bis vors künftige wegen deren Schärfung bey gemeinem Reichs-Tag das weitere verordnet ſeyn wird. Vornehmlich wäre auf ſolchem Fall in Platz des ſäumigen Standes ſo balden der nächſtfolgende von Chur-Maynz zu erfordern.

§. 8.
Wie ſich die Deputation einzutheilen.

Und nachdem gedachter jüngerer Reichs-Abſchied beſaget, daß die beliebte extraordinari-Reichs-Deputation theils zur Viſitation Unſers und des Reichs-Cammer-Gerichts und theils zu denen alten Reviſionen (wegen welcher die Partheyen, gemäß dieſem Reichs-Abſchied §. 130. bey der Canzley zu Maynz ſich gemeldet haben) dann neuern Reviſions-Sachen ſich zu verwenden habe, und zu dem Ende die in jeder Claß befindliche vier und zwanzig Stände in vier *Senatus* abzutheilen wären; als ſollen dem zu folge, die nächſt Unſeren Commiſſarien *in Termino* erſcheinende Stände,

Stände, so bald sich also abtheilen, und die *Senatus* formiren, mithin derer ersterer auch dermahlen sothane Visitation zuförderst vornehmen, von denen drey übrigen *Senatibus* aber zwey die alte Revisions-Sachen, und der vierte die neuern unter die Hand nehmen, und rechtlicher Gebühr entscheiden.

§. 9.
Was der erste Senat nach vollendeter Visitation zu thun.

Insonderheit solle der, zu erstbesagter Visitation bestimmte Senat, nach Vollendung derselben, auch gemäß dem jüngern Reichs-Abschied, die Revidir- und Verbesserung des so genannten Concepts der Cammer-Gerichts-Ordnung besten Fleisses vornehmen und darüber an Uns und das Reich Bericht thun.

§. 10.
Edict wegen Prosecution der Revisionen.

Die Revisionen betreffend, wollen und sollen Wir innerhalb gedachten 3 Monaten von Antritt Unserer Regierung ein Edict ins Reich ergehen lassen, zu Folge wessen alle und jede Impetranten wegen Prosequirung der Revision sich innerhalb vier Monaten bey Chur-Maynz und dem Cammergericht *sub poena desertionis* zu melden hätten.

§. 11.
Verbot eines Iustitil.

Es solle gleichwohl weder durch sothane Visitation, noch Revision, das Cammergericht

richt in seinen Verrichtungen aufgehalten seyn, sondern darinn allerdings fortfahren.

§. 12.

Reichs-Gutachten in dieser Materie und Provisional-Verordnung bis dahin.

Wir sollen und wollen innerhalb mehrbesagter drey Monaten dem gesamten Reich auf dessen von Uns sobalden herzustellender Versammlung durch ein Kayserliches Commissions-Decret von sothaner auf den jüngern Reichs-Abschied gegründeter Provisional-Vorsehung Nachricht geben, sofort desselben Gutachten, wie hierunter zu des Vaterlandes Besten hinkünftig weiters fortzufahren sey? allerfordersamst einzuziehen, benebens daran seyn, damit viel berührtem jüngerem Reichs-Abschied ein völliges Genügen geleistet, und die von Reichs wegen beschlossene Extraordinari-Deputation durch die weitere Classes der Gebühr vollzogen werden möge.

§. 13.

Cammer-Zieler und Vermehrung der Assessoren.

Wollen und sollen Wir weniger nicht allen Ernst anwenden, und die nachdenksame Vorkehr thun, damit dasjenige ohne Mangel und Säumniß erfüllet werde, was der Reichs-Schluß vom Jahr 1719 wegen besserer Unterhaltung des Cammergerichts und Vermehrung dasiger Beysitzer enthält.

§. 14.

§. 14.

Remedium supplicationis bey dem Reichs-Hofrath.

Mit der im Reichs-Hofrath, an statt der Revision, gebräuchlicher Supplication wollen Wir nach Inhalt des Instrumenti Pacis Art. 5. §. quoad processum judiciarium, und nach der Reichs-Hofraths-Ordnung allerdings verfahren und darob seyn, daß derselben ein Genügen geleistet und darwider keinesweges gehandelt werden möge.

§. 15.

Verbotene geheime Raths-Decreta in judicialibus.

Wie dann auch kein Stand des Reichs in Sachen, so praeviam causae cognitionem erfordern, und obverstandener massen vor den Reichs-Hofrath gehören, mit Kayserlichen Decretis aus Unserem geheimen Rath beschweret, noch dieselbe in judicia angezogen werden sollen.

§. 16.

Manutenenz der Executionen.

Wir sollen auch res judicatas imperii gegen allen auswärtigen Gewalt kräftiglich schützen und manuteniren, auch, auf begebenden Fall einiger Potentat oder Republik die ordentliche Execution des Reichs verhindern, sich derselben einmischen oder widersetzen würde, solches nach Anleitung des Instrumenti Pacis oder Executions-Ordnung und der Reichs-Constitutionen abkehren, und alle behörige Mittel dargegen vorwenden.

§. 17.
Canzley= und Tax=Gelder.

Bey diesen hohen Gerichten wollen Wir niemand mit Canzley=Geldern oder Tax=Gefällen beschweren, noch beschweren lassen, auch keine andere Canzleyen oder andere Taxen gebrauchen, als die von gesamten Churfürsten, Fürsten und Ständen des Reichs auf öffentlichem Reichs=Tag, (welches Wir möglichst beschleunigen wollen,) beliebet und verglichen seynd, und dieselbe ohne Vorbewust und Einwilligung der Ständen nicht erhöhen noch von andern erhöhen lassen, sondern die dagegen vorkommende Beschwerden ohnverzüglich abstellen, auch sothane ehedessen *in Comitiis* beliebter Tax=Ordnung inner Jahreszeit nach angetretener Unserer Regierung Churfürsten, Fürsten und Ständen auf allgemeinen Reichs=Tag zu deren mehrerer Nachricht und allenfals gut findender besserer Eintheilung mittheilen lassen.

§. 18.
Lehen=Tax.

In der Lehen=Tax aber wollen Wir bey der Verordnung der güldnen Bull, vermög deren von einer Belehnung, wann gleich verschiedene Lehen empfangen werden, mehreres nicht, als ein einfacher Tax zu entrichten, verbleiben und darwider kein Herkommen einwenden, noch einige Erhöhung ohne der Ständen Willen auffkommen lassen,

§. 19.

§. 19.
Laudemien und Anfalls-Gelder.

Vielweniger die Churfürsten, Fürsten und Stände mit denen Laudemien und Anfalls-Geldern von denen Lehen, damit sie allbereit coinvestirt gewesen oder sonst mit ungewöhnlichen und neuerlichen Anforderungen nicht beschweren, noch beschweren lassen.

Articulus XVIII.

§. 1.
Keine Exemtion von den Reichs-Gerichten zu gestatten.

Wir sollen und wollen auch einigem Reichs-Stand, der die Exemtion von des Reichs-Jurisdiction, entweder durch Vertrag mit dem Römischen Reich oder durch Privilegia, oder andern rechtmäßigen Titul, von Röm. Kaysern vorhin nicht erlanget, noch in deren Besitz erfunden wird, von des Reichs höchsten Gerichten sich zu eximiren und auszuziehen, inskünftige nicht gestatten,

§. 2.
Doch die Berechtigte zu manuteniren, sub reciproco.

Dahingegen denenjenigen Ständen, welche die Exemtion von des Reichs Jurisdiction entweder durch Vertrag mit den Römischen Reich, oder durch Privilegia, oder andere rechtmäßige Titul, von den Römischen Kaysern vorhin erlanget, und in deren Besitz erfunden worden, die Eximir- und Ausziehung von des Reichs höchsten Gerichten inskünftig gestatten, und sie nach Anleitung der Cammer-Gerichts-Ordnung Parte secunda, Tit. 27. und des Instrumenti Pacis Art. 8. dabey schützen und handhaben, zugleich aber auch dieselben darzu anhalten, daß sie die Verträge auch ihres Orts auf das genaueste beobachten, und was sie, denenselben zu Folge, oder auch sonst, dem Reich zu präſtiren schuldig sind, unnachbleiblich thun und leisten mögen.

§. 3.

Jedem bey seinen ordentlichen Rechten zu lassen.

Wir wollen auch die Churfürsten, Fürsten, Prälaten, Grafen, Herren und andere Stände des Reichs, (die unmittelbare Reichs-Ritterschaft mit begriffen,) und Dero allerseits Unterthanen im Reich mit rechtlicher oder gütlicher Tagleistung von ihren ordentlichen Rechten nicht dringen, erfordern oder vorbescheiden;

§. 4.

Erſte Inſtanz zu manutenieren.

Sondern einen jeden bey seiner Immedietæ Privilegiis de non appellando et evocando, so wohl in Civil- und Criminal- als Lehns-Sachen, Electionis Fori, item jure Austregarum tam legalium, quam conventionalium, vel familiarium, bey der erſten Inſtanz und deren ordentlichen unmittelbaren Richtern, mit Aufheb- und Vernichtung aller deren bis dahero etwa dagegen, unter was Schein und Vorwandes seyn möge, beschehener Contraventionen, ergangenen Reſcripten, Inhibitorien und Befelichen bleiben,

§. 5.

§. 5.

Verbotene Eingrif dagegen.

Und keinen mit Commißionen, Mandaten und andern Verordnungen darwider beschweren oder eingreifen, noch auch durch den Reichs-Hofrath und das Cammergerichte, oder sonsten eingreifen; in specie aber bey Erkennung der Commißionen die Verordnung des Instrumenti Pacis Art. 5. §. in convent. b. s Deputatorum 51. genau beobachten lassen, dabey auch, wann die Sachen beyderley Religions-Verwandten betreffen, in Ernennung der Commissarien, so viel möglich, auf eine Gleichheit sehen, hingegen keinen, der ein eignes Interesse dabey hat, darzu verordnen, immassen sonsten dergleichen Commißiones von keiner Kraft seyn sollen.

§. 6.

Privilegia de non appellando &c. nicht leicht zu ertheilen.

In Ertheilung aber der jetztgemeldter Privilegiorum de non appellando, non evocando, Electionis Fori und dergleichen, welche zu Ausschliessung und Beschenkung des Heil. Reichs Jurisdiction, oder der Ständen älteren Privilegien, oder sonsten zum Präjudiz eines Tertii, ausrinnen können, sollen und wollen Wir die Nothdurft väterlich beobachten.

§. 7.

Noch das Recht der Austräge.

Und nach Inhalt des Reichs-Abschiedes de An. 1654 mit Conceßion der Privilegien erster Instanz oder ſonderbarer Austrág auf diejenige, welche dieſelbe bishero nicht gehabt oder hergebracht, förderſt an Uns halten.

§. 8.

Beſchwerden wider das Rothweiliſche Hof- und die Schwäbiſche Land-Gerichte abzuthun.

Als auch von Churfürſten, Fürſten und Ständen ſchon von langen Jahren her ſowohl wider das Kayſerliche Hofgericht zu Rothweil, als das Weingartiſche und andere Land-Gerichte in Schwaben, allerhand groſſe Beſchwerungen vorkommen, auf unterſchiedlichen hiebevorigen Reichs-Conventen angebracht und geklagt, dahero auch in Frieden-Schluß deren Abolition halber allbereit Veranlaſſung geſchehen, ff) ſo wollen Wir alles Ernſtes daran ſeyn, daß ſolchen derer Ständen (einſchließlich der Reichs-Ritterſchaft) Beſchwerden würcklich aus dem Grund abgeholfen und wegen der Abolition erſtberührter Hof- und Land-Gerichter auf dem Reichs-Tage bald möglichſt ein gewiſſes ſtatuiret. immittelſt aber und innerhalb einer Jahrs-Friſt, die eine zeithero wider die alte Hof- und Land-Gerichts-Ordnungen, extendirte Ehehafts-Fälle abgethan, und die darbey ſich befindliche Exceſſus und Abuſus (zu welcher Erkundigung Wir ohnintereßirte Reichsſtände eheſt deputiren, und ſolches an die Chur-Mayntziſche Cantzley, um das von dannen denen
übrigen

---

ff) Von hier bis an die Worte Jahres-Friſt ward die Wahl-Capitulation Karl des Sechſten 1742. geändert.

übrigen des Heil. Röm. Reichs Churfürsten, Fürsten und Ständen davon Nachricht gegeben werden möge, notificiren wollen) förderlichst aufgehebt.

§. 9.
Exemtions-Privilegia, dagegen zu manuteniren.

Sonderlich aber Churfürsten, Fürsten und Stände bey ihren darwider erlangten Exemtions-Privilegien, ohneracht solche cassirt zu seyn vorgewendet werden möchte, gehandhabt werden.

§. 10.
Appellationes zu gestatten.

Und nechstdeme jedem gravirten frey stehen soll, von mehr erwehnten Hof- und Land-Gerichten ad Aulam Cæsaream oder an Unser und des Reichs-Cammer-Gericht, ohne einige Unsere Widerrede oder Hinderung, zu appelliren.

§. 11.
Hergebrachte Exemtiones auch zu manuteniren.

In alle Weg aber wollen Wir den Churfürsten und ihrer Unterthanen, auch anderer, von Alters hergebrachte Exemtion von vorberührten Rothweilischen und andern Gerichten bey ihren Kräften erhalten, und sie darwider nicht turbiren, noch beschweren lassen.

Articulus XIX.

§. 1.
Rückständige Restituenda ex Pace Westphalica zu befördern.

Was die zeithero einem Churfürsten, Fürsten, Prälaten, Grafen, Herren, der Reichs-Ritterschaft

schaft und anderen, oder Dero Vor-Eltern und Vorfahren Geist- oder Weltlichen Standes ohne Recht gewaltiglich genommen, oder abgedrungen, oder Inhalt des Münster- und Osnabrückischen Friedens-Executions-Edicts, arctioris modi exequendi und Nürnbergischen Executions-Recesses zu restituiren rückständig ist, und annoch vorenthalten wird, darzu sollen und wollen Wir einen jeden, der Billigkeit nach, wider männiglich, ohne Unterscheid der Religion, verhelfen,

§. 2.
Und selbst ein gleiches zu thun ꝛc.

Auch dasjenige, so Wir selbsten, vermöge jetztgedachten Friedens-Schlusses und darauf zu Nürnberg und sonsten aufgerichteter Edictorum et arctioris modi exequendi, zu restituiren schuldig, einem jedweederen so bald und ohne Verweigerung vollkommentlich restituiren, bey solchem auch, so viel Wir Recht haben, schützen und schirmen,

§. 3.
Denen in den Erb-Landen eingesessenen Reichs-Ständen unpartheyisch Recht wiederfahren zu lassen.

Auch sowohl denen in Unseren und anderen der Churfürsten, Fürsten und Ständen, respective Erb-Königreichen und Landen eingesessenen Immediat-Ständen als den Einheimischen, ohnpartheyisch und gleiches Recht wiederfahren lassen, ohne alle Verhinderung und Auffenthalt.

§. 4.

§. 4.

Bedrückte Stände nicht an den Processen zu hindern.

Und ob auch einiger Churfürst, Fürst oder anderer Stand, (die freye unmittelbare Reichs-Ritterschaft mit eingeschlossen) seiner Regalien, Immedietät, Freyheiten, Rechten und Gerechtigkeiten halber, daß sie ihm geschwächet, geschmälert, genommen, entzogen, bekümmert und bedrückt worden, mit seinem Gegentheil und Widerwärtigen zu gebührlichen Rechten kommen, und ihn fürfördern wolte, dasselbe sollen und wollen Wir, wie alle andere ordentliche schwebende Rechtfertigungen, nicht verhindern, sondern vielmehr befördern und zur Endschaft beschleunigen.

§. 5.

Keine unrechtmäßige Zölle ꝛc. zu manuteniren.

Auch zu Behauptung der neuerlichen ohne Consens der Churfürsten und sonsten, dem vorhergegangenen achten Artikul zugegen, unternommenen Zöllen, Auflagen und Attentaten einige Proceß oder Mandata nicht erkennen.

§. 6.

Klagen der Unterthanen wider ihre Landes-Herren.

Wann auch Land-Stände und Unterthanen wider ihre Obrigkeit Klage führen, so sollen und wollen Wir, insonderheit wann es die Landesherrliche Obrigkeit und Regalien, so wohl überhaupt, als in specie die Jura Collectarum, Armaturæ, Sequelæ, Landes-Defension, Besatzung der Vestungen

stungen und Unterhaltung der Garnisonen, nach Inhalt des Reichs-Abschieds de Anno 1654. §. Und gleichwie ꝛc. ꝛc. und dergleichen betrift, ad nudam instantiam subditorum keine Mandata, noch Protectoria, oder Conservatoria, ertheilen, sondern, nach Inhalt des jetztgedachten Reichs-Abschieds §. Benebens sollen Cammer-Richter ꝛc. ꝛc. und §. Was dann Churfürsten, Fürsten und Ständen ꝛc. ꝛc. zuförderst die Austräg in Acht nehmen.

§. 7.
Wie darin zu verfahren?

Wo aber die Jurisdictio fundirt, dennoch, ehe und bevor die Mandata ergehen, die beklagte Obrigkeit mit ihrem Bericht und Gegen-Nothdurft zuförderst vernehmen, (gestalten bey dessen Hinterbleibung ihnen verstattet und zugelassen seyn soll, solchen Mandatis keine Parition zu leisten) und wann alsdenn sich befinden würde, daß die Unterthanen billige Ursach zu klagen haben, dem Proceß schleunig, doch mit Beobachtung der Substantialium, abhelfen, immittelst gleichwohl sie zu schuldigem Gehorsam gegen ihre Obrigkeit anweisen.

§. 8.
Keine Hofnung zu Straf-Geldern zu machen.

In Straf-Fällen sollen und wollen Wir auch denenjenigen, so in der Sache cognosciren, oder denen darinne Commission aufgetragen worden, von der Strafe nichts versprechen, noch die geringste Hofnung dazu machen.

Articu-

Articulus XX.

§. 1.

General-Regeln in Achts-Sachen.

Wir sollen und wollen auch in Acht- und Ober-Acht-Sachen Uns demjenigen, was vermög Instrumenti Pacis in dem jüngern Reichs-Abschied §. Nachdem auch in dem Münster- und Osnabrückischen Friedens-Schluß ꝛc. ꝛc. verglichen und statuiret worden, allerdings gemäß achten,

§. 2.

Erforderter Consens der Reichs-Stände.

Absonderlich aber darauf halten, daß hinführo niemand, hohen oder niedern Standes, Churfürst, Fürst oder Stand, oder anderer, ohne rechtmäßig- und genugsame Ursach, auch ungehört und ohne Vorwissen Rath und Bewilligung des Heil. Reichs Churfürsten, Fürsten und Stände in die Acht oder Ober-Acht gethan, gebracht und erkläret,

§. 3.

Führung der Processe.

Sondern in denen künftigen Casibus, darin nach Beschaffenheit des Verbrechens auf die Acht oder Privation entweder von Kayserl. Fiscal-Amts wegen, oder auf Berufen des lädirten und klagenden Theils zu procediren und in Rechten zu verfahren und darüber Wir entweder an dem Reichs-Hofrath oder Unserem und des Reichs-Cammer-Gericht pro administratione justitiæ angerufen und implorirt werden, zuförderst in Decretirung oder

Auslaß

Auslassung deren auf die Reichs-Acht oder Privation gebetenen Ladungen und Mandaten, sodann in der Sachen weiteren Ausführung bis zum Beschluß, auf des Heil. Reichs hierüber vorhin gefaste Gesetze und Cammer-Gerichts-Ordnung genaue und sorgfältige Achtung geben, damit der Angeklagte nicht präcipitirt, sondern in seiner habenden rechtmässigen Defension der Nothdurft nach angehört werde.

§. 4.
Abfassung des Urtheils.

Wann es dann zum Schluß der Sachen kommt, so sollen die ergangene Acta auf öffentlichen Reichs-Tag gebracht, durch gewisse hierzu absonderlich verendigte Stände, (den Prälaten- und Grafen-Stand mit eingeschlossen) aus allen dreyen Reichs-Collegiis in gleicher Anzahl der Religionen, examinirt und überlegt, deren Gutachten an gesammte Churfürsten, Fürsten und Stände referirt, von denen der endliche Schluß gefaßt,

§. 5.
Dessen Approbation, Publication und Execution.

Und das also verglichene Urtheil, nachdeme es von Uns, oder Unserem Commissario gleichfalls approbirt, in Unserem Nahmen publicirt, auch die Execution sowohl in diesem, als andern Fällen, anders nicht, als nach Inhalt der Executions-Ordnung, durch den Creyß, darinnen der Aechter gesessen, und angehörig, fürgenommen und vollzogen werden.

§. 6.

§. 6.
Des Geächteten Güter und daraus leistende Satisfaction.

Was nun dem also in die Acht erklärten abgenommen wird, daß sollen und wollen Wir Uns und Unserem Hauß nicht zueignen, sondern es soll dem Reich verbleiben, vor allen Dingen aber dem beleidigten Theil daraus Satisfaction geschehen,

§. 7.
Sein Particular-Lehen.

Jedoch, so viel die Particular-Lehn, so nicht immediate von Uns und dem Reich, sondern von andern herrühren, betrift, dem Lehen-Herrn, auch sonst der Cammer-Gerichts-Ordnung, und einem jeden an seinem Recht und Gerechtigkeiten unbeschadet.

§. 8.
Acht schadet den unschuldigen Agnaten nicht.

Gestalten auch im Heil. Röm. Reich bey verwürkten Gütern des Aechters desselben Verbrechen denen Agnaten, und allen andern, so Anwartung und Recht daran haben, und sich des Verbrechens in der That nicht theilhaftig gemacht, an ihrem Jure Succedendi in Feudum und Stamm-Gütern nicht präjudiciren, sondern das Principium, als ob auch Agnati innocentes propter feloniam des Aechters des dadurch verwirkten Lehens und anderen zu priviren, keinesweges statt haben soll.

§. 9.

§. 9.

Ohnverzügliche Restitution des Beleidigten.

Und da auch der gewaltthätiger Weiß entsetzte und spolirte, pendente processu Banni, um unverlängte Restitution anhalten würde, so sollen und wollen Wir daran seyn, daß dem Kläger, nach Befindung, ohne Verzug, und unerwartet des Ausgangs des quoad poenam Banni anhängig gemachten Processus, zu seiner uneingestellten Redintegration durch zulängliche Mittel, vernöig der Cammer-Gerichts-Ordnung und andern Kayserl. Constitutionen, cum pleno effectu, verholfen werden solle.

§. 10.

Was gegen obiges geschiehet, ist nöthig.

Und wann auch auf vorbeschriebene Maaß, Form und Weiß, wie von Puncten zu Puncten versehen, nicht verfahren würde, so soll alsdann selbige ergangene Achtserklärung und Execution ipso jure vor null und nichtig gehalten werden.

§. 11.

Bannum contumaciæ abgeschafft.

Und soviel das Bannum contumaciæ belanget, wollen Wir selbiges, als ein aus vielen Considerationen unzulängliches Mittel, gar abthun, und es in civilibus causis auch bey denen Civilibus coercendi et compellendi mediis bewenden lassen. gg)

Arti-

---

gg) In Karl des Sechsten Wahl-Capitulation war hier eine Untersuchung der in den verwürkten Reichs-Lehen geschehenen Artikels-Veränderungen versprochen, diese Stelle blieb bey seinem Nachfolger weg.

Articulus XXI.

§. 1.

Manutenenz der Reichs-Stände Lehen, herrliche Rechte.

Wir gereden und versprechen, Churfürsten, Fürsten und Ständen des Reichs, (die freye Reichs-Ritterschaft mit begriffen,) wegen ihrer angehöriger Lehen, sie seyen gelegen, wo sie wollen, bey ihren lehenherrlichen Befugnissen, auch Gerichtbarkeit in denen dahin nach denen Lehen-Rechten gehörigen Fällen allerdings ohnbeeinträchtigt und ihnen darinnen von keinem Reichs-Gerichte, *neque sub practextu continentiae causarum, neque judicii vniversalis,* eingreifen zu lassen.

§. 2.

Ihre freye Disposition über ihrer Vasallen verwürkte Lehen.

Wann auch derselben Vasallen, oder Unterthanen *ex crimine laesae maiestatis* oder sonsten, dieselbige verwürket hatten oder noch verwürken möchten, so wollen und sollen Wir sie derenthalben nach ihrem Willen schalten und walten lassen.

§. 3.

Keinesweges aber die gedachte Lehen zum Kayserlichen Fisco einziehen, noch ihnen die vorige oder andere Vasallen aufdringen.

h §. 4.

§. 4.
Wie auch ihrer Unterthanen verwürkte Allodialien.

Die Allodial-Güter auch, welche ex crimine laesae maiestatis, oder sonsten, vorgesetzter massen verwürkt seynd, oder verwürket werden möchten, denen mit den Iuribus fisci belehnten oder dieselbe sonsten durch beständiges Herbringen habenden Churfürsten, Fürsten und Ständen, unter welcher Obrigkeit Botmäßigkeit sie gelegen, nicht entziehen, sondern die Landes-Obrigkeiten oder Dominos Territorii, mit deren Confiscirung gewähren lassen.

§. 5.
Verbotene Vergewaltigung sub specie justitiæ.

Sollen und wollen auch die Churfürsten, Fürsten und Prälaten, Grafen, Herren und andere Stände des Reichs, (die unmittelbare Reichs-Ritterschaft mit eingeschlossen,) in oberzählten oder andern Fällen, unter dem Schein des Rechtens und der Justitz, nicht selbst vergewaltigen, solches auch nicht schaffen, noch anderen zu thun verhängen.

§. 6.
Streitigkeiten via juris auszumachen.

Sondern wo Wir oder jemand anders zu ihnen allen, oder einem insonderheit, Zuspruch oder einige Forderung vorzunehmen hätten, dieselbe wollen Wir samt und sonders, Aufruhr, Zwietracht und andere Unthat in Heil. Röm. Reich zu verhüten, auch Fried und Einigkeit zu erhalten, vor die ordentliche Gericht, nach Ausweisung der Reichs-Abschied,

Abschied, Cammer-Gerichts-Executions-Ordnung, zu Münster und Osnabrück aufgerichteten Friedens-Schlusses, auch zu Nürnberg darauf erfolgten Edicten, zu Verhör und gebührlichen Rechten stellen, und kommen

§. 7.

Und darinnen keine Thätlichkeiten zu gestatten.

Auch daselbst sowohl in cognoscendo, als exequendo, nach obbesagten Reichs-Constitutionen und Friedens-Schluß verfahren lassen, und nicht gestatten, daß sie, worinn sie ordentlich Recht leiden mögen und dessen erbietig seynd, mit Raub, Brand, Pfändung, Wehden, Krieg, neuerlichen Exactionen und Anlagen, oder anderer Gestalt, beschädiget, angegriffen, überfallen und beschweret werden.

§. 8.

Vergewaltigte zu restituiren und schadlos zu stellen.

Oder da dergleichen Vergewaltigung von hh) jemanden gegen einen oder andern Reichs-Stand vorgenommen worden oder würde, so sollen und wollen Wir alsobald die sichere Anstalt machen, daß die beleidigte Stände unverlängt restituirt und der zugefügte Schaden, nach unpartheischer Erkänntniß durch beyderseits benannte Arbitros, oder auf einem Reichstag nach billigen Dingen ersetzet werde.

h 2 *Articulus*

hh) In Kaisers Karl des VIsten Wahl-Capitulation stehet hier das Wort ihm.

Articulus XXII.

§. 1.
Wie die Standes-Erhöhungen zu ertheilen?

Bey Collation Fürst- und Gräflicher, auch anderer Dignitäten, sollen und wollen Wir seit Unserer Königlichen und Kayserlichen Regierung dahin sehen, damit inskünftige auf aller Fall dieselbe allein denen von Uns ertheilet werden, die es vor andern wohl meritirt, im Reich gesessen, und die Mittel haben, den affectirenden Stand pro Dignitate auszuführen.

§. 2.
Keinem neu-erhöheten die Reichs-Standschaft zu ertheilen.

Niemand aber von denen neu-erhöheten Fürsten, Grafen und Herren zur Seßion und Stimm im Fürsten-Rath oder gräflichen Collegiis mit Decretis und dergleichen anders, als wenn er vorhero dasjenige erfüllet, was nach dem ersten Articul dieser Unserer Wahl-Capitulation darzu erfordert wird, zu statten kommen,

§. 3.
Niemand andern präjudicirliche Dignitäten ꝛc. zu ertheilen.

Auch keinen derselben, wer er auch sey, zum Präjudiz oder Schmälerung einiges alten Hauses oder Geschlechts, desselben Dignität, Stands und üblichen Tituls, mit neuen Prädicaten, höheren Titeln oder Wappen-Briefen begaben,

§. 4.

§. 4.

Miß-Heyrathen.

Noch auch denen aus ohnstreitig notorischer Miß-Heyrath erzeugten Kinder eines Standes des Reichs, oder aus solchem Hause entsprossenen Herrns zu Verkleinerung des Hauses die väterliche Titul, Ehren und Würden beylegen, vielweniger dieselben zum Nachtheil derer wahren Erb-Folger und ohne deren besondere Einwilligung für ebenbürtig und Successionsfähig erklären, auch, wo dergleichen vorhin schon geschehen, solches für null und nichtig ansehen und achten.

§. 5.

Standes-Erhöhungen denen Landes-Herrn unpräjudicirlich.

So sollen auch des ein- oder andern unter Churfürsten, Fürsten und Ständen des Reichs Gesessenen und Begüterten dergleichen höhern Standes-Erhöhungen dem Iure Territoriali nicht nachtheilig seyn, und derselbe so wohl, als die ihme zugehörige und in solchen Land gelegne Güter einen als den andern Weg unter voriger Lands-Fürstlicher Jurisdiction verbleiben.

§. 6.

Beschwehrden in diesem Stücke abzuthun.

Wie dann, wo ein oder anderer Stand erweißlich darthun würde, daß er ii) in einigem obi-

ii) In Karl des VIsten Wahl-Capitulation stehen die Worte gegen solches.

ger Stücken bis daher gravirt und an seinen Gerechtsamen durch neue Stands-Erhöhungen beeinträchtiget worden, derselbe mit seinen habenden Beschwerden genüglich gehöret und das unbillig vergangene geändert und abgestellet werden solle.

§. 7.
Was unter Kayserlichem Namen ergehet, in der Reichs-Cantzley zu expediren.

Sollen und Wollen auch in fleißige Obacht nehmen, und verschaffen, daß alle Expeditionen, so in Kayserlichen und des Reichs Staats- auch Gnaden- und andern kk) Sachen, insonderheit aber Diplomata über den Fürsten- Grafen- und Herren-Stand, auch Nobilitationen, Palatinaten, (auf deren Mißbrauchung absonderliche Obachtung zu halten, und die Mißbräuchere empfindlich zu bestrafen seynd) und Kayserliche Raths-Titulen, von allen Gattungen, samt andern Freyheiten und Privilegien, welche Wir unter dem Namen eines Römischen Königs oder Kaysers ertheilen werden, bey keiner andern, als der Reichs-Cantzley, wie solches von Alters Herkommen, auch Unserer und des Reichs Hoheit gemäß ist, geschehen sollen.

§. 8.
Was darwider geschiehet, ist nichtig.

Wie dann in Kraft dieses diejenige Diplomata, so bey einer andern, als der Reichs-Cantzley, unter Kayserlichem Titul Zeit währender Unserer Kayserlichen

kk) In Karl des VIsten Capitulation stehet hier noch Wort dergleichen.

ſerlichen Regierung expediret werden, hiemit null und nichtig ſeyn, und die Impetranten, ehe und bevor ſie aus der Reichs-Cantzley gegen gebührende Tax-Erlegung confirmirt und legitimirt, dafür im Reich nicht geachtet, noch ihnen das Prädicat oder Titul gegeben werden ſolle.

§. 9.

Der Reichs-Cantzley Intimationes von den Erb-Land-Cantzleyen ohnentgeltlich anzunehmen und zu beobachten

Was aber für Gnaden-Brief, Standes-Erhöhungen und andere Privilegien in Unſerer Reichs-Cantzley ausgefertiget und von daraus andern Unſern Cantzleyen intimirt werden, dieſelbe ſollen hiemit ſchuldig ſeyn, gedachte Intimationes nicht allein ohne allen Entgeld oder Abforderung einer neuen Taxe oder Cantzley-Iurium, wie die Namen haben mögen, anzunehmen, ſondern auch denen Impetranten, dem erhaltenen Stand und Privilegio gemäß, das verwilligte Prädicat und Titul in denen Expeditionibus daſelbſten unweigerlich zu geben, und, bey Vermeidung der darinn geſetzten Poen, nicht zu entziehen.

§. 10.

Chur-Maynz kan allein den Tax moderiren.

Wellen auch dem Reichs-Cantzley-Tax-Amt und andern Bedienten an deren nothwendigen Unterhalt die Nachlaß und Moderation der Tax-Gefäll, ſo dann, daß über die Kayſerliche Conceſſiones der Privilegien, Standes-Erhöhungen und

h 4 anderer

anderer Gnaden, die gewöhnliche Diplomata der Gebühr nicht ausgelöst werden, zu grosser Schmälerung und Abgang gereichet; Als sollen und wollen Wir, zu dessen weiterer Verhütung, neben dem Churfürsten von Maynz als Ertz-Cantzlern, daran seyn, und darauf halten, daß von ihme, der allein, als des Reichs-Ertz-Cantzler, die Nachlaß und Moderation zu thun berechtigt ist, an denen üblichen Reichs-Cantzley-Iuribus und Taxen von obgedachten Kayserlichen Conceßionen oder Privilegien, Standes-Erhöhungen und andern Gnaden, nichts mehr nachgelassen und moderirt werde.

§. 11.

Unausgelösete Diplomata sind nichtig.

Wir sollen und wollen auch, daß denen so von Uns Begnadigungen inskünftige erlangen, und innerhalb 3 Monat Zeit hernach darüber ihre Diplomata bey der Reichs-Cantzley nicht redimiren und erheben, sich der verwilligten Gnad und Conceßionen zu rühmen oder deren sich würklich zu gebrauchen, keinesweges zugegeben oder verstattet werde,

§. 12.

Strafe derer, die sich derselben anmassen.

Sondern die Kayserliche Begnadigungen sollen solchenfals nach erwähnten Termino ipso facto hinwieder gefallen, caßirt und aufgehoben, und Unsere Kayserliche Reichs-Fiscalen wider alle, welche dergestalt unbefugter Weise solcher Standes Erhöhungen, Nobilitationen, Raths-Titulen, oder Namens- auch Wappens-Verleihungen und dergleichen,

chen, sich anrühmen, zu verfahren und nach vorgängiger der Sachen Untersuchung, dieselbe, nach Gestalt des Verbrechens und der Persohnen, zu behöriger Strafe zu bringen, schuldig und gehalten seyn.

§. 13.
Oder sich dergleichen Begnadigungen fälschlich rühmen ꝛc.

Welches dann zumahl auch gegen diejenigen statt haben, und ohne weitern Anstand vollzogen werden solle, die entweder dergleichen Begnadigungen von Unsern Vorfahren am Reich erhalten zu haben, fälschlich vorgeben und deren sich anmassen, oder selbe zwar erhalten, aber bey der Reichs-Cantzley bis dahero nicht ausgelöset haben, noch in 6 Monaten von nun an würklich auslösen.

Articulus XXIII.

§. 1.
Kayserliche Residentz.

Wir sollen und wollen Unsere Königliche und Kayserliche Residentz, Anwesung und Hofhaltung im Heil. Röm. Reich deutscher Nation, es erfordere dann der Zustand der Zeiten ein anderes, allen Gliedern, Ständen und Unterthanen desselben zu Nutzen, Ehr und Gutem, beständig haben und halten,

§. 2.
Schleunige Audienzen und Expeditionen.

Allen des Heil. Reichs Churfürsten, Fürsten und Ständen sowohl, als ihren Botschaftern und Gesand-

Gesandten, (die von der freyen Reichs-Ritterschaft Abgeordnete mit begriffen,) jederzeit schleunige Audientz und Expedition ertheilen und dieselbe mit keinen Nachreisen beschweren, noch mit Hinterziehung der Antwort aufhalten,

§. 3.

Sprachen, so am Kayserlichen Hof zu gebrauchen.

Auch Schriften und Handlungen des Reichs an Unserm Kayserl. Hof keine andere Zung noch Sprach gebrauchen lassen, dann die Deutsche und lateinische, es wäre dann an Orten ausserhalb des Reichs, da gemeiniglich eine andere Sprach in Uebung wäre und im Gebrauch stünde, jedoch, sonderlich letztern Falls, in alle Weg an Unserem Reichs-Hofrath der deutschen und lateinischen Sprach unabbrüchig.

§. 4.

Besetzung der Hof-Aemter.

Sollen und wollen auch inskünftig, bey Antretung Unserer Kayserlichen Regierung, Unsere Kayserliche und des Reichs Aemter am Hof, und die Wir sonsten in und ausserhalb Deutschland zu vergeben und zu besetzen haben, als da seynd Protectio Germaniae, Gesandtschaften, Obrist-Hof-Meisters, Obristen-Cämmerers, Hof-Marschallen, Harschier- und Leib-Guarde-Hauptmanns, und dergleichen, mit keiner andern Nation, dann gebohrnen Deutschen, oder mit denen, die aufs wenigste dem Reich mit Lehen-Pflichten verwandt, des Reichs-Wesens kundig und von Uns dem Reich nützlich

nützlich erachtet werden, die nicht niedern Stands noch Wesens, sondern nahmhafte hohe Persohnen und mehrentheils von Reichsfürsten, Grafen, Herren und von Adel, oder sonsten guten tapfern Herkommens, besetzen und versehen,

§. 5.
Erhaltung deren Rechten 2c.

Auch obgemeldte Aemter bey ihren Ehren, Würden, Gefällen (in so weit selbige vermöge dieser Wahl-Capitulation denen Reichs-Erb-Aemtern nicht vorbehalten seynd) auch Recht und Gerechtigkeiten, bleiben und denselben nichts entziehen oder entziehen lassen.

Articulus XXIV.

§. 1.
Besetzung des Reichs-Hofraths.

Deßgleichen sollen und wollen Wir Unsern Reichs-Hofrath mit Fürsten, Grafen, Herren, von Adel und andern ehrlichen Leuten, beyderseits Religion, vermög Instrumenti Pacis, aus denen Reichs-Creyssen besetzen,

§. 2.
Qualität der Reichs-Hofräthe.

Und zwar nicht allein aus Unseren Untersassen, Unterthanen und Vasallen, sondern mehrentheils aus denen, so im Reich deutscher Nation anderer Orten gebohren und erzogen, darinnen nach Standes-Gebühr angesessen und begütert, der Reichs-Satzun-

Satzungen wohl erfahren, gutes Nahmens und Herkommens, auch rechten Alters und gehöriger in Examine, gleich in dem Cammer=Gericht, wohlbestandener Geschicklichkeit, auch guter in solchen wohlgeordneten deutschen Dicasteriis, worinnen Rechts=Händel vorkommen, oder auch juristischen Facultäten, erworbener Experienz,

§. 3.
Ihre Pflichten ꝛc.

Und niemand, dann Uns und dem Reich (Inhalt der in der Reichs=Hofraths=Ordnung enthaltenen, jedoch künftighin auf das Reich nahmentlich mit zu richtenden Eides=Notel) und sonsten keinem Churfürsten, Fürsten oder Stand des Reichs, vielweniger ausländischen Potentaten, mit absonderlichen Pflichten, Bestallung oder Gnaden=Geld verwandt seyn.

§. 4.
Beschwehrden gegen Reichs=Hofrath.

ll) Und weilen auch Beschwerde geführet worden, ob sollten gegen vorgemeldte Reichs=Hofraths=Ordnungen Contraventiones vorgegangen seyn; so sollen und wollen Wir nach angetretener Unserer Regierung bey Unserm alsdann neu bestelten Reichs=Hofrath solche nachdrückliche Vorstellung thun, damit der Sachen rechtlicher Gebühr remidiret,

ll) Der vierte und fünfte §phus sind aus dem 16ten Artikel wegen Verbindung der Materien hierher gebracht; das mit Schwabacher=Schrift gedruckte aber zugesetzet worden.

remidiret, und zumahlen in Zukunft dergleichen nicht begangen, weniger geduldet, sondern vielmehr dagegen alle genaue Vorkehr beobachtet werden.

§. 5.
Verbesserung der Reichs-Hofraths-Ordnung.

Auch sollen und wollen Wir gleich nach angetretener Unserer Regierung per Decretum vom Reich ein Gutachten wegen zu verbessernder Unserer Reichs-Hofraths-Ordnung erfordern, und so weiter sothane Verbesserung möglichster Dingen befördern, so fort dieselbe zu ihrem Stande bringen lassen.

§. 6.
Form der Reichs-Hofraths-Visitationen auszumachen.

Wir sollen und wollen weniger nicht sogleich nach angetretener Unserer Kayserlichen Regierung, vermittelst eines Commißions-Decrets, von Churfürsten, Fürsten und Ständen ein Reichs-Gutachten über das, was im *Instrumento Pacis* zur nächsten Reichs-Deliberation ausgesetzet worden, und den *modum visitandi* betrift, erfordern und dem darauf erfolgenden Reichs-Schluß seine behörige Kraft und Nachdruck geben.

§. 7.
Interim-Visitationes.

mm) Inzwischen aber und bis dahin geschehen lassen, daß von dem Churfürsten von Maynz,

mm) Dieser §phus ist geändert, in Karl des VIIten Capitulation ist kein gewisser Termin zur Visitation gesetzet

Maynz, als des Heil. Reichs Ertz-Cantzlern, längstens ein Jahr nach angetretener Unserer Kayserlichen Regierung vorerst diese Visitation vorgenommen, damit alle drey Jahre so lange, bis in *Comitiis* ein anderes beliebet, continuiret, die bey der Visitation ergangene *Acta* jedesmahlen der Reichs-Versammlung vorgeleget, auch, woferne darunter der geringste Mangel erscheinet, so fort *in Comitiis* gemessene Vorsehung gemacht werde.

§. 8.

Interims-Reichs-Hofraths- und Visitations-Ordnung.

Wie dann auch von Unserm Reichs-Hofrath sowohl, als denen verordneten *Visitatoribus*, bis von Uns und dem gesammten Reich eine denen heutigen Umständen gemäß eingerichtete vollständige Reichs-Hofraths-Ordnung verfasset werden kan, *in modo procedendi*, die alte Reichs-Hofraths Ordnung, nebst demjenigen, was der von Unserm von nächsten Vorfahren im Reich *Anno* 1714. dieser wegen ausgelassenen Verordnung aus denen *Monitis Statuum* inseriret worden, *pro regula* angenommen, und aufs genaueste beobachtet, auch, daß solches geschehe, mit allem Ernst und Nachdruck von Uns besorget werden solle.

§. 9.

gesetzet worden. Von den Worten, die bey der Visitation bis zu Ende ist ein neuer Zusatz.

§. 9.

Rang zwischen den Reichs-Hofräthen.

Sodann sollen und wollen, Wir verfügen, daß in Unserm Reichs-Hofrath auf der nn) Ritterbanck zwischen denen vom Ritter-Stand, welche zu Schild und Helm Ritter- und stiftmäßig gebohren, und denen Grafen und Herrn, so in denen Reichs-Collegiis keine Session oder Stimm haben, oder von solchen Reichs-Session habenden Häussern entsprossen und gebohren seynd, in der Raths-Session, dem alten Herkommen gemäß, kein Unterscheid gehalten, sondern ein jeder nach Ordnung der angetretenen Raths-Dienste, ohne einigen von Stands wegen suchenden Vorzug, verbleibe.

§. 10.

Ihr Rang gegen andern ⁊c.

Sonsten aber soll wegen der Reichs-Hofraths-Stell, Präcedenz und Respect, deme nachgelebt werden, was dießfalls in der Reichs-Hofraths-Ordnung versehen, und Deroselben Stand gemäß ist.

§. 11.

Reichs-Hofraths-Präsident und Vice-Präsident.

Wir sollen und wollen auch bey ernanntem Unserm Reichs-Hofrath keinen zum Präsidenten oder Vice-Präsidenten bestellen, es seye dann derselbe ein deutscher Reichs-Fürst, Graf, oder Herr, in demselben ohnmittelbar, oder mittelbar angesessen und begütert,

§. 12.

nn) In Kaisers Karl des VIsten Wahl-Capitulation stunden hier die Worte, Ritter-Bänken.

§. 12.

Jenes Directorium.

Und diesem Unserm Reichs-Hofraths-Präsidenten sollen und wollen Wir in der ihme zustehenden Reichs-Hofraths-Direction in Judicialibus von niemand, wer der auch sey, eingreifen lassen, noch gestatten, daß ein anderer sich solcher Direction anmasse.

§. 13.

Alles in pleno *zu verhandeln.*

Uebrigens sollen alle und jede vor Unsern Reichs-Hofrath gehörige Sachen allezeit *in pleno* abgehandelt, und weder zuvor, noch hernach, vor einige *Deputationes,* Hof-Commissionen oder was dergleichen ausserordentliche Wege sonst für Nahmen haben mögen, nimmermehr gezogen, noch deren gerader Rechts-Lauf unterbrochen oder gehemmet werden.

Articulus XXV.

§. 1.

Chur-Mayntzische Bestellung der Reichs-Canzley.

In Bestell- und Ansetzung der Reichs-Hof-Canzley, sowohl des Reichs-Hof-Vicecanzlers, als deren oo) Reichs-Referendarien, Reichshofraths-Secretarien und aller andern zu der Reichs-Hof-Canzley gehöriger Personen, sollen und wollen

---

oo) In Kaysers Karl des VIsten Wahl-Capitulation stunden hier die Worte, Sekretarien und Protocollisten.

len Wir dem Churfürsten zu Maynz, als Ertz-
Canzlern durch Germanien, in der ihme allein diß-
falls zustehenden Disposition, unter was Vorwand
es sey, inskünftig keinen Eingrif, Aufschub oder
Verhinderniß thun, noch darinne einig Ziel oder
Maaß geben.

§. 2.
Cassation alles Widrigen.

Es soll auch, was darwider vorgangen, und
ferner gethan, oder verordnet werden möchte, vor
ungültig gehalten werden.

§. 3.
Verbotene Eingrif gegen der Reichs-Canzley.

Ingleichen sollen und wollen Wir keinesweges
gestatten, daß der Reichs-Canzley wider die Reichs-
Hofraths- auch Canzley-Ordnung einiger Eintrag
geschehe, es sey von wem und unter was Schein
es immer wolle.

§. 4.
Alle Reichs-Sachen gehören dahin.

Insonderheit sollen und wollen Wir die
Kayserliche und Reichs-Angelegenheiten, als
die Reichs-Tags-Geschäfte, die *Instructiones*
Unserer Kayserlichen Gesandten inn- und ausser
Reichs, die Erstattung ihrer Relationen in
Reichs-Sachen, nicht weniger die Reichs-
Kriegs- und Friedens-Geschäfte betreffende
Negotiationes und Schlüsse an und durch nie-
mand anders, denn durch den Reichs-Vice-
Canz-

Canzler, gehen, nicht aber dieselbe zu Unserer Erb-Land Hof-Canzley ziehen lassen.

§. 5.

Der Reichs-Hofräthe Besoldung.

Sollen und wollen auch die unverlängte gewisse Ordnung thun, damit sowohl aus Unserer Hof-Cammer, als denen bey dem Reich eingesetzenden Mitteln, vor allen andern Ausgaben, den würklich bestelten Präsidenten Reich-Hof-Vicecanzlern, als zugleich würklich bestelten Reichs-Hofräthen ihre Reichs-Hofraths-Besoldung richtig und ohne Abgang bezahlt.

§. 6.

Und Zoll-Steuer u. d. g. Freyheit.

Wie selbige dann auch wegen der Zöll, Steuer und anderer Beschwerden Befreyung, denen Cammer-Gerichs-Assessoren gleich gehalten werden,

§. 7.

Ihre und anderer Exemtion vor andern Jurisdictionen.

Und sie sowohl, als auch deren Ständen Gesandte Residenten und Agenten, von Unserem Hof-Marschall-Amt, Unserer Lands-Regierung und anderer Gerichten und Beamten, Jurisdiction, auch, soviel die Obsignation, Sperrung, Inventur, Editiones der Testamenten, Versorgung ihrer Kinder und deren Tutelen und dergleichen betrifft, weniger nicht von allen Personal-Oneribus, allerdings befreyet seyn,

§. 8.

§. 8.

Ihr freyer Abzug.

Auch diejenige, so sich von Unserem Hof anders wohin begeben wollen, keinesweges aufgehalten, sondern frey, sicher und ungehindert, auch ohne Abzug und anderen Entgeld und vorenthalt ihrer Haab und Güter, fort gelassen und ihnen zu dem End, auf Begehren, behörige Paß-Briefe ertheilet werden sollen. pp) K)

Articulus XXVI

§. 1.

Die Belehnung des Königs von Sardinien als Herzogen von Savoyen mit dem Montserrat.

Insonderheit aber sollen und wollen Wir dem König von Sardinien, als Herzogen von Savoyen, durch die Person seines rechtmäsigen Gewalthabern, die nach dem zu Münster und Osnabrück aufgerichteten Instrumento Pacis §. Caes. Maj. etc. frey und unbedingt, neben anderen gebührende, folglich von Unsern

Vor-

---

pp) Der in Kaysers Karl des Sechsten Wahl-Capitulation befindliche ganze 26ste Artikel, von der dem Herzoge von Savoyen dem Friedensschluß gemäß versprochenen Beleihung mit dem Montserrat, und zugesagten Schützung der in Italien habenden Vicariats-Gerechtigkeit ward in Karl des Siebenten Capitulation weggelassen.

K) Dieser ganze 1742. ausgelassene XXVIste Artikel ward 1745. wieder eingerücket.

Vorfahren am Reich geleistete Belehnungen des Montferrat, auf die Form und Weiß, wie sie von Weyl. Röm. Kayserl. Majestät Ferdinando II. dem Herzogen von Savoyen Victori Amadeo ertheilt, so bald Wir nach angetretener Unserer Kayserlichen Regierung hierum gebührend ersucht und angelanget werden, denen Reichs-Constitutionen und Lehen-Rechten gemäß, zumahlen ohne Anhang einiger ungewöhnlicher General= oder Special-Reservatori= Salvatori= oder dergleichen Clausul, samt übrigen allem, was in gedachten Instrumento Pacis, und dem darin confirmirten Tractatu Cherascensi, dann hiernächst weiter dem Hauß Savoyen mehrers zu gutem verordnet, und zugesagt worden, mithin daßelbe vom Reich lehenrührig, innen hat, erfolgen laßen, ihme darzu auch durch Unser Kayserliches Amt executive verhelfen,

§. 2.

Sothane Belehnung unter keinem Prätext aufhalten.

Keines aber solches unter einem eigenem Schein, Ursach oder Vorwandt, sonderlich die Belehnung des Montferrat, wegen der von dem König in Frankreich dem Herzogen von Mantua schuldig gewesener vier hundert vier

und

und neunzig tausend Cronen, wovon der §. Ut autem omnium etc. disponirt, und das Hauß Savoyen allerdings davon befreyet, im geringsten verschieben oder aufhalten, damit mehr gedachter König von Sardinien, als Herzog von Savoyen, seiner Ihme in dem Montferrat zustehender Jurisdiction gebührend und ruhiglich genießen möge.

§. 3.
Dessen Widerhandlung verbieten.

Wie Wir dann nicht weniger darob seyn und durch Ausfertigung ernstlicher Pönal-Mandaten verfügen wollen, daß niemand demjenigen deswegen mehrgedachten Montferrats und sonsten für das Hauß Savoyen in vorangezogenem Friedens-Schluß und dieser Unserer Capitulation begriffen in einige Weiß zuwider zu handeln sich unterstehe.

§. 4.
Den Herzogen von Savoyen bey der Vicariats-Gerechtigkeit in Italien handhaben.

So thun Wir auch dasjenige, was das Churfürstliche Collegium unterm 4ten Junii 1658 an damahligen Herzogen zu Mantua wegen Annulir- und Aufhebung des dem Hauß Savoyen zum Nachtheil unterfangenen Kay-

serlichen Reichs-Vicariats und Generalats in
Italien geschrieben, hiermit allerdings bestätigen, dergestalten, daß Wir, ob desselben Begrif vestiglich halten, und den König von Sardinien, als Herzogen von Savoyen, bey der
habenden Vicariats-Gerechtigkeit und Privilegien gebührend schützen und handhaben wollen.

Articulus XXVII.

§. 1.

**Der auswärtigen Schutzbriefe über mediate Reichs-
Glieder nicht zu bestätigen.**

Als auch in Veranlassung deren von Weyland
denen vorgewesenen Röm. Königen und Kaysern
etlichen Auswärtigen, von des Heil. Röm. Reichs
Jurisdiction eximirten Fürsten und Potentaten über
Immediat und Mediat Städte und Stände vor
Alters gegebenen, oder von ihnen selbsterworbenen,
und angenommenen, oder sonst usurpirten, Schutz-
und Schirm Briefen, indem sie sich deren jeweilen
auch wider ihre eigene Landes-Obrigkeit in Civil-
und Justitz-Sachen, des Heil. Reichs Satzungen
zuwider, bedienet, nicht geringe Weiterungen und
Zerstörung gemeinen Land-Friedens entstanden, dadurch dann des Heil. Reichs Jurisdiction, Autorität und Hoheit merklich geschwächt, dieselbe auch
mit Entziehung ansehnlicher Glieder gar interver-
tirt worden; als sollen und wollen Wir zu Abwendung obverstandener gefährlicher und der gemeinen
Tranquillität des Heil. Röm. Reichs schädlicher Zer-
gliederung

glieberung und Mißverstand, dergleichen Protection
und Schirm-Brief über mittelbare Städt- und
Landschaften denen Gewalten und Potentaten, so
des Heil. Reichs Zwang und Jurisdiction, wie
gemeldet, nicht unterworfen, nicht allein nicht ertheilen, noch solche zu suchen und anzunehmen gestatten, noch auch die, so vom vorigen Röm. Kay-
seyn, in etwa anderwärten der Sachen und Zeiten
und Zustand und Consideration, ertheilt und von
Mediat-Ständen aufgenommen worden, durch Re-
scripta oder auf andere Weiß confirmiren.

§. 2.

Sondern abzuthun, oder wenigstens einzuschränken.

Sondern vielmehr darob und daran seyn, damit vermittelst Unserer Interposition, oder durch
andere erlaubte Mittel und Weg, obermeldte von
vorigen Kaysern allbereits gegebene, oder auch an-
genommene, Protectoria aufgekündet und abgethan, oder wenigst in die Schranken ihrer Kayserl.
und Königl. Concessionen, wo die vorhanden, ohne
einige fernere deren Extension reduciret,

§. 3.

Kayserlicher allgemeiner und alleiniger Schutz.

Also männiglich forthin in Unserem und des Heil.
Röm. Reichs alleinigen Schutz und Verthädigung
gelassen, und Churfürsten, Fürsten und Stände
des Heil. Reichs, (die unmittelbare Reichs-Ritterschaft mit begriffen) und allerseits angehörige Unterthanen, ohne Imploration inn- und auswärtigen Anhangs und Asistentz bey gleichen Schutz und
Admi-

Administration der Justitz, in Religions- und Profan-Sachen, denen Reichs-Satz- und Cammergerichts-Ordnungen, Münster- und Osnabrückschen Friedens-Schluß und darauf gegründeten Executions-Edict, arctiori modo exequendi und Nürnbergischen Executions-Receß, wie auch nächst vorigem Reichs-Abschied gemäß, erhalten.

§. 4.
Verbotene Evocationes auſſer Reichs.

Die hierwider eine Zeithero verübte Mißbräuche, da zum öftern die Rechtfertigungen von ihren ordentlichen Richtern des Reichs ab- und an qq) andere ausländische Potentaten gezogen werden, rr) abgestellet, insonderheit aber die aus der angemaßten Brabantischen güldnen Bull, zu unterschiedlicher Churfürsten, Fürsten und Ständen mercklichen Nachtheil, herrührende Evocations-Proceß gäntzlich aufgehoben, wie auch das An. 1549 bey damahligem Reichstag verglichene Gutachten vollzogen, und denen, durch gedachte Brabantische Bull gravirten Ständen, auf erforderten Nothfall, durch das Ius retorsionis kräftige Hülf geleistet werde. ss)

Articu-

qq) In Karl des VIsten Wahl-Capitulation stehet nach Holland Braband, und 2c.
rr) Dieses Wort ist in Karls des VIIten Capitulation neu hinzugekommen.
ss) Was in Karl des VIsten Capitulation wegen der dem Reiche zu restituirenden zehn vereinigten Städte in Elsaß, und dabey vorbehaltenen österreichischen Jus præfecturæ provincialis enthalten, blieb in Karl des VIIten Capitulation weg.

Articulus XXVIII.

§. 1.

Verbotene Einmischung frember Gesandten in Reichs-Sachen.

Wir sollen und wollen auch zu Verhütung allerhand Simultäten und daraus entstehender gefährlicher Weiterung, nicht gestatten, daß die auswärtige Gewälte oder deren Gesandten sich heimlich oder öffentlich in die Reichs-Sachen einmischen,

§. 2.

Und derselben Aufzug mit bewehrter Garde.

Vielweniger zulassen, daß dieselbe Bothschaften an Unserem Hof, oder bey Reichs-Deputationen, oder andern publicis conventibus, mit bewehrter Guarde zu Pferd oder zu Fuß auf der Gassen und Strassen aufziehen und erscheinen mögen.

Articulus XXIX.

§. 1.

Beschwerung gegen die Reichs-Post wegen der Post-Meister.

Und demnach wider die im Heil. Röm. Reich verordnete Post nicht geringe Beschwerde geführt, selbe auch, nach Anweisung Instrumenti Pacis, auf den Reichs-Tag ausgestellt worden, so wollen Wir, mit Beobachtung dessen, keinesweges gestatten, daß Churfürsten, Fürsten und Ständen in ihren Landen und Gebieten, wo dergleichen Kayserliche Post-Aemter vorhanden und hergebracht, solche Personen, welche keine Reichs-Unterthanen seynd, und deren Treu man nicht versichert ist, angesetzt, oder dieselbe, ausserhalb der Personal-Befreyung von dem Beytrag gemeiner Real-Beschwerden eximirt und befreyet werden.

§. 2.
Der Posten und des Post-Gelds abzuthun.

Nicht weniger wollen Wir den Reichs-General-Postmeister dahin halten, daß er seine Posten mit aller Nothdurft wohl versehe, die getreue und richtige Brief-Bestellungen, gegen billiges Post-Geld, so in allen Post-Häusern, zu jedermans guter Nachricht, in offenen Druck beständig angeschlagen seyn solle, ohnverweßlich befördere und also zu keiner fernern Klag und Einsehen Ursach gebe.

§. 3.
Einschränkung der Land- und Reichs-Städten-Boten.

Dagegen, soll denen gemeinen Land- und Reichs-Reichsstädtischen Boten unter Wegs und zwischen denen Orten, wo aus und hin ein Bote seine Commißion hat, die Mitbringung und Sammlung derer Briefe, Wechslung derer Pferde, und Aufnehmung derer Personen und Paquete nicht zugelassen, sondern die Reichs-Städte und deren gehende, reitende und fahrende Boten hierunter, denen bereits in Annis 1616, 1620 und 1636 ergangenen Kayserlichen Decreten, Patenten und Rescripten sich gemäß bezeugen und solchergestalten dieses Botenwesen so wohl der Chur-Mayntzischen Reichs-Post-Protection, als dem General-Reichs-

Reichs-Erb-Postmeister und sonsten männiglichen ohne Nachtheil seyn.

§. 4.
Manutenenz des Reichs-Post-Amts.

tt) Wir sollen und wollen auch die beständige Verfügung thun, daß Unser General-Kayserlich- und Reichs-Postamt in seinem *Esse* allenthalben erhalten und zu dessen Schmählerung nichts vorgenommen, verwilliget oder nachgesehen, mithin dasselbe sowohl bey Unserer Kayserlichen Person und Hof-Statt, als sonsten im Reich, jederzeit in ruhiger Einnehm-Bestell- und Austheilung aller und jeder Briefe und Paqueter, gegen erhebendes billiges Post-Geld, gelassen werde.

§. 5.
Reservation wegen dieses Artikuls.

Jedoch sollen und wollen Wir auf diesen Artickel, das Postwesen belangend, in so lang halten, auch halten lassen, bis von Reichs-wegen ein anders beliebt werden wird.

Articulus XXX.

§. 1.
Wer auf die Capitulation zu verpflichten.

Damit auch die Reichs-Hofräthe, wie auch das Kayserliche Cammer-Gericht, in ihren Rathschlagen,

tt) Dieser ganze Sphus ward in Karls des VIIten Capitulation etwas geändert.

schlagen, Expeditionen und sonsten sich nach dieser Capitulation richten, sollen und wollen Wir ihnen sowohl, als andern Unsern Ministris und Räthen, dieselbe nicht allein vorhalten, sondern auch ernstlich einbinden, solche, so viel einem jeden gebühret, jederzeit vor Augen zu haben, und darwider weder zu thun, noch zu rathen, solches auch ihren Dienst=Eyden mit ausdrücklichen Worten einverleiben lassen.

§. 2.
Capitulatio perpetua zu befördern.

Sodann sollen und wollen Wir, gleich nach angetretener Unserer Regierung, das Negotium Capitulationis perpetuae, (wobey sich jedoch die Churfürsten das Jus adcapilandi vorbehalten haben,) bey dem Reichstag vornehmen, und selbiges, so bald möglich, zu seiner Perfection bringen lassen.

§. 3.
Beobachtung der Churfürstlichen Collegial-Schreiben.

Auch sollen und wollen Wir die in vielen wichtigen Angelegenheiten von dem zur Wahl versammelten Churfürstlichen Collegio durch besondere Schreiben an Uns erstattete Gutachten fordersamst zum würklichen Vollzug bringen und darauf die Behörde beobachten.

§. 4.
Beschwörung der Capitulation durch Bevollmächtigte.

Demnach Wir auch, wegen Unserer Abwesenheit, die Wahlcapitulation gleichselbst zu beschwören nicht vermögend gewesen, so haben Wir Unseren Commissariis deshalben völlige Gewalt gegeben, daß sie solche in Unserem Nahmen und Seele vorgängig beschwören sollen.

§. 5.
Und in eigner Person.

Wir versprechen und geloben aber sothane Beschwörung der Capitulation, vv) noch vor Empfahung der Cron, in eigener Person selbst zu leisten und uns zu Festhaltung besagter Capitulation nochmahls zu verbinden,

§. 6.
Bis dahin verschobener Regierungs-Antritt.

Auch ehe Wir solches gethan, Uns der Regierung nicht zu unterziehen, sondern geschehen zu lassen, daß die in der güldnen Bull benahmte Vicarii an statt Unser die Administration des Reichs continuiren.

§. 7.
Verspruch wegen Festhaltung der Capitulation.

Solches alles und jedes haben Wir obgedachter Römischer König den Churfürsten des Reichs vor Sie und im Nahmen des Heiligen Römischen Reichs geredet, versprochen und bey Unsern Königlichen Ehren, Würden und Worten, im Nahmen der Wahrheit, zugesagt, thun dasselbe auch hiemit und in Kraft dieses Briefs; Immassen Wir dann das mit einem leiblichen Eyd zu GOtt und dem heil. Evangelio beschworen, dasselbe stät, fest und

---

vv) In Karl des VIsten Capitulation stand nach damaligen Umständen, so bald wir in das Reich und Teutschland kommen.

und unverbrochen zu halten, deme treulich nachzukommen, darwider nicht zu seyn, zu thun, noch zu schaffen, daß darwider gethan werde, in einige Weiß oder Wege, wie die möchten erdacht werden, Uns auch darwider einiger Behelf oder Ausnahm, Dispensationes Absolutiones, geist= oder weltliche Rechte, wie das Nahmen haben mag, nicht zu statten kommen sollen.

§. 8.
Exemplarien der Capitulation.

Dessen zu Urkund haben Wir dieser Briefe xx) L) Neun in gleicher Form und Laut, fertigen und mit unserm anhangenden grossen Insiegel bekräftigen, auch jedem M) Churfürsten einen überantworten lassen. Gegeben in Unserer und des heil. Reichs=Stadt Frankfurt, den N) 13 Monats=Tag Septembris, nach Christi Unsers lieben HErrn und Seeligmachers Geburt im 1745 Jahr.

Johann Wilhelm Graf von Wurmbrand, hierzu bevollmächtigter Königlicher Chur=Böhmischer erster Wahl=Botschafter.	Johann Joseph Graf Khevenhüller, hierzu bevollmächtigter Königlicher Chur=Böhmischer zweyter Wahl=Botschafter	Carl Ludwig Hillebrand, Freyherr von Prandau, hierzu bevollmächtigter Königlicher Chur=Böhmischer dritter Wahl=Botschafter.

(L. S.)

Rever-

xx) In Karl des Sechsten Capitulation stund sechs.
L) In Karl des Siebenten Capitulation stund sieben.
M) Das Wort obgemeldten blieb 1745. weg.
N) Karl des Siebenten Capitulation war den 24sten Jenner 1742. unterzeichnet.

Reverſales

Ihrer Röm. Kayſerlichen Majeſtät Franciſci I.

Wir Franz von GOttes Gnaden, erwehlter Römiſcher König, zu allen Zeiten Mehrer des Reichs, auch in Germanien und zu Jeruſalem König, Herzog zu Lothringen und Baar, Groß-Herzog zu Toscana, Marchis, Herzog zu Calabrien, Geldern, Montferrat, in Sileſien zu Teſchen, Fürſt zu Charleville, Marggraf zu Pont a Mouſſon und Romeny, Graf zu Provinz, Vaudemont, Blankenberg, Zütphen, Saarwerden, Salm, Falkenſtein ꝛc. ꝛc.

Bekennen öffentlich mit dieſem Brief, als am Tage Unſerer Wahl zum Römiſchen König, welcher ware der drenzehende jetzt ablaufenden Monats Septembris, die von Uns vermöge Unſeres Ihnen deshalb unter Unſerem Inſiegel zugeſtelten beſondern Gewalts gevollmächtigte Geſandte und Gewalthabere, Johann Wilhelm Graf von Wurmsbrand, Johann Joſeph Graf von Kherenhüller und Carl Ludwig Hillebrand Freyherr von Prandau, mit dem Hochwürdigſten Fürſten Johann Friedrich Carl zu Mannz Erz-Biſchoffen, des Heil. Röm. Reichs durch Germanien Erz-Canzlern, Unſerm lieben Neven und Churfürſten, wie nicht weniger mit denen von wegen und an ſtatt deren reſpective und Hochwürdigſten, Durchlauchtigſten auch Großmächtigen Fürſten, Franz Georg zu Trier und Clement Auguſt zu Cölln Erz-Biſchoffen ꝛc. ꝛc. Marien

rien Thereſien zu Hungarn und Böheimb, Königin, von wegen der Chur-Böheimb ꝛc. ꝛc. Maximilian Joſeph, Churfürſtern in Bayern ꝛc. Friedrichs Auguſt, Königs in Pohlen, als Churfürſten in Sachſen ꝛc. ꝛc. und Georgen, Königs in Groß-Britannien, als Churfürſten zu Braunſchweig-Lüneburg ꝛc. ꝛc. des Heil. Röm. Reichs reſpective durch Gallien und das Königreich Arelat, auch Italien, Erz-Canzlern, Erz-Schenken, Erz-Truchſeſſen, Erz-Marſchallen und Erz-Schatz-Meiſtern, Unſern lieben reſpective Neven, Gemahlin, Oheimen, Brüdern, Vetteren und Churfürſten, bey mehrgedachter Unſerer Wahl erſchienen Bevollmächtigten Botſchafteren Dieterich Carl Grafen von Ingelheim, genannt Echter von Meſpelbrunn, Ferdinand Grafen von Hohenzollern, Johann Wilhelm Grafen von Wurmbrand, Joſeph Franz Maria Grafen von Seinsheim, Johann Friedrich Grafen von Schönberg und Gerlach Adolphen von Münchhauſen, GOtt dem Allmächtigen zu Lob, dem Heil. Röm. Reich zu Ehren und um gemeinen Nutzens willen etlicher Articul Gedings- und Pacts-Weiß in Unſerm Nahmen und an Unſerer Statt ſich vereiniget, bewilliget, vertragen, angenommen und zu halten bereits endlich zugeſaget haben, wie die alle in eine offene Form geſtellet und Ihnen unter Unſerem Nahmen und angehängten Inſiegel übergeben ſeynd, alſo lautend:

Wir Franz von GOttes Gnaden erwählter Römiſcher König zu allen Zeiten Mehrer des Reichs ꝛc. ꝛc. (das Datum ſtehet) Gegeben in Unſerer und des Heil. Reichs Stadt

Stadt Frankfurt den dreyzehenden Tag Monats Septembris, nach Christi Unsers lieben HErrn und Seeligmachers Geburt im Eintausend Siebenhundert Fünf und Vierzigsten Jahr.

Und aber gedachte Unsere gevollmächtigte Botschaftere und Gewalthabere dabey obberührten Unseren An- und Abwesenden lieben Neven, Gemahlin, Brüdern, Vettern und Churfürsten Zusag gethan, daß Wir selbige Artikulen bevor Wir die Regierung des Reichs würcklich antreten, persöhnlich erneuern, mit Unserm Eyd bestätigen und bekräftigen wollen ꝛc.

Daß Wir demselbem nach jetzo zu hiesiger Unserer Ankunft und vor empfangener Königlichen Crönung alle und jede Puncten und Artickuln, davon obgemeldet, und wie durch mehrgedachte Unsere Gevollmächtigte Botschafter und Gewalthabere mit berührten Unseren lieben Neven, auch deren abwesenden Churfürsten gegenwärtigen Gesandten, bedungen, bewilliget, angenommen und zu halten, dazu auch sonsten alles das zu thun, was Uns als Römischen König gebühret, zu GOtt und denen Heiligen geschworen haben, und thun dasselbe hiermit wissentlich in Kraft dieses Briefs, alle Urglist und Gefährde hierinnen gäntzlich ausgeschieden. Dessen zu Urkund haben Wir Uns eigenhändig unterschrieben, und Unser Insiegel an diesen Brief hangen lassen. Der gegeben ist in Unserer und des Heil. Röm. Reichs Stadt Franckfurt den fünf und zwan-

zigsten

zigsten Monats-Tag Septembris in Siebenzehen-
hundert fünf und vierzigsten Jahre

Frantz Mppr.

(L. S.)

vt Rudolph Graf von
Colloredo Mppr.

Ad Mandatum Sacrae Regiae
Majeſtatis proprium
Andreas Mohr.

No. II.

Ew. Churfürſtlichen Gnaden iſt vorhin ſattſam
und gnädigſt ſchon bekannt, was groſſe Beſchwerde zeithero des hierunter Maas und Ziel ſe-
tzenden Weſtphäliſchen Friedens-Inſtruments von
Zeit zu Zeit gegen die Kayſerliche Wahl-Capitulationes von dem fürſtlichen Collegio geführet und wie
wenig darauf bey denen nach und nach ſich ereigne-
ten Interregnis und errichteten neuen Wahl-Capitulationen von denen hohen Herren Churfürſten und
deren abweſenden fürtreflichen Herren Geſandten
reflectiret worden ſey? alſo zwar, daß es faſt das
Abſehen habe, ob wäre man vielmehr bemühet geweſen, die gegen die vorigen Wahl-Capitulationes
mit gutem Fug geführten Beſchwerden gleichſam
zum Grunde der nachgefolgten zu legen, ohne die
den Alt-Geiſt- und Weltlichen Reichs-Fürſtenſtand
gebührende Würde, Rang und Ehren, auch übrige
in denen älteſten Reichs-Grund-Geſetzen ihnen zuer-
kannte Befugniſſe in die geringſte Conſideration zu
ziehen,

ziehen, ja sogar die zwischen beyden hohen Collegiis mit so vieler Mühe im Jahr 1711 verglichene perpetuam gegen alle reciprocirliche Verbindlichkeit ausser Augen zu setzen, und dieselbe, so oft sich nur der Casus ereignet, für sich allein und ohne Concurrenz des übrigen Reichs mit neuen in die potestatem ferendarum et interpretandarum Legum einschlagenden und dahero Reichs-Constitutions-widrigen Zusätzen zu vermehren.

Es kan dahero das Fürstliche Collegium aus gnädigstem Special-Befehl sich nicht entbrechen, und muß alle die gegen die vorige Capitulationes eingewandte Declarationes in genere allhero wiederhohlen, nebst denen aber in specie auf die sub litt. A. anliegende so gemeinsam als besondere in der letzten Wahl-Capitulation enthaltene Gravamina, wie auch den übrigen Inhalt, sich beziehen. Ew. Churfürstliche Gnaden aber als des Heil. Röm. Reichs Ertz-Cantzlern und Reichs-Directorem geziemend und unterthänigst ersuchen, die gnädigste Verfügung zu thun und dieses alles dem Churfürstlichen Wahl-Collegio zu dem Ende ad notitiam bringen zu lassen, damit dermahleins allen so sensiblen Beschwerden aus dem Grunde abgeholfen und das Fürstliche Collegium in seiner Gerecht- und Reichs-Constitutions-mäßigen Befugniß nicht weiter verkürzet werde.

Womit ꝛc. Actum Franckfurt den 28 Jul. 1745.

Ew. Churfürstl. Gnaden

unterthänigst gehorsamster N. und N. der Fürsten und Stände publice anwesende Räthe, Botschaffter und Gesandte.

A.

*Gravamen commune Collegii Principum contra
Capitulationem Caroli VII.*

Wie solches nach denen von disseitigen hohen Ständen überhaupt geäussert und vorgekommen, hiernächst auch denen den 25 April 1742. der letzt höchstseeligsten abgelebten Kaiserlichen Majestät von denen Alt-Fürstlichen Häusern übergebenen und nachhero dem Fürstlichen Collegio vorgelegten Beschwerden auf vorhergegangene Deliberation und Vereinigung verglichen und dem Churfürstlichen Wahl-Convent im Namen und von wegen des Fürstlichen Collegii zu übergeben beschlossen worden.

Obschon das Instrm. Pac. Westphal. als eines der ersten Fundamental-Reichs-Gesetzen vermag, daß in proximis imperii Comitiis von einer beständigen und perpetuirlichen Wahl-Capitulation gehandelt, und diese zu Herstellung eines bessern Verständniß und Vermeidung schädlichen Mißtrauens im Reich, zum gedeyhlichen Schluß gebracht werden sollen, sothanes Geschäfte auch würcklich comitialiter vorgenommen und zwischen beyden höhern Collegiis per Re- et Correlationem so gut als absolviret worden und obschon das Churfürstliche Collegium in denen zwey letztern die neuerwählte Kayser mit denen dürren Worten zu dessen gänzlicher Endschaft, die auf nichts mehr als Absolvirung der Re- und Correlationis mit dem Städtischen Collegio und Formirung des Reichs-Gutachtens bestehet, verpflichtet zu seyn erkennet, mithin sich auch selbst darzu verbunden hat; so hat man doch an Seiten des

Fürst

Fürstlichen Collegii in so geraumer Zeit zu gröster
Beschwerde bis diese Stunde darzu, daß entweder
dieses Geschäfte ganz und gar geendiget oder doch
ad interim wenigstens das Project perpetuae, so
wie es zwischen beyden höhern Collegiis collegialiter per Re- et correlationem verglichen worden,
zum Fundamento der neuen Wahl-Capitulation wäre genommen worden, nicht gelangen können; Hingegen ist weder auf ein noch das andere die vorgeb-
lich angehofte Rucksicht gemacht, sondern vielmehr
Beschwerde mit Beschwerden gehäuft worden.

Da man an Seiten des Churfürstlichen Wahl-
Collegii, ohne Concurrenz derer übrigen Stände,
nicht ohne merckliche Abänderung der Systemati-
schen Verfassung des deutschen Reichs die Potestatem ferendarum Legum Imperii, auch die Negotia
Pacis et Belli, Vectigalium und anders mehr, sodann was bey dem letztern Interregno mit einseitiger
Suspendirung der Chur-Böhmischen Wahl-Stim-
me geschehen ist, sich allein zueignen wollen, aner-
wogen so oft sich der Casus eines Interregni zuträgt
und eine Capitulation verfasset wird, die Erfahrung
zeiget, daß von dem Westphälischen Frieden her
die zwischen beyden höhern Collegiis per Commune duorum verglichne und hoc respectu wenigstens
in so weit verbindliche perpetua de An. 1711. in
vielen Stücken gäntzlich ausser Augen gesetzet und
über dieß denen vorigen Capitulationen noch neue
Additamenta, welche zum Theil auf eine in vorigen
Zeiten nicht angewohnte Vergrösser- und Erweiterung derer Prärogativen des Churfürstlichen Collegii, hingegen aber zu unleidlicher Verkleinerung

des

des Fürstlichen insbesondere aber derer von denen ältesten Zeiten her allezeit in hohen Ansehen gewesenen Alt-Fürstlichen Ertz- und Hoch-Stifter, wie auch Weltl. Alt-Fürstlichen Häuser und überhaupt zu nicht geringem Präjudiß des gantzen Fürstlichen Collegii abzweckenden Textui Capitulationis selbst, nicht anders, als wenn es schon verglichene Sachen wären, inseriret, um dadurch die Gräntzen des dem Churfürstlichen Collegio eingeräumten Iuris adcapitulandi, die sich überdem unter beyden höhern Collegiis verglichenen Epilogum, der wörtlich besaget: Diesemnach hat das churfürstliche Collegium auf obgesetzte gewisse und beständige Kaiserliche Capitulation, welche ohne gesammter Stände Bewilligung nicht zu ändern, bey allen künftigen Wahlen, sie geschehen zu Lebzeiten oder nach Absterben eines Römischen Kaysers, den Eligendum zu verpflichten, daferne aber bey vorgehender Wahl ein Churfürstlich Collegium mit dem Eligendo noch weiters zu capituliren und demselben in gemeinen Reichs-Geschäften, oder andern die Communia statuum nicht betreffende Sachen, (jedoch der güldnen Bulle, dem Münster- und Osnabrückschen Friedens-Schluß gesammten Ständen Iuribus gegenwärtig beständiger Capitulation, denen Reichs-Constitutionen und was in obberührten gemeinen Reichs-Geschäften, mittelst einer allgemeinen Reichs-Satzung inskünftige anders statuiret, und geschlossen werden möchte, ohnabbrüchig,) zu des Reichs-Wohlfahrt zu verbinden, vor nöthig erachten würden, soll er auch dazu obligiret seyn und verbleiben.

Wo nicht alles, was mit so vieler Mühe über das Ius adcapitulandi und dessen Limites verhandelt worden, unkräftig und folglich das Ius adcapitulandi an und vor sich selbsten, widerstreitig und ungültig werden soll, nicht erstrecken dürfen, offenbar überschritten, mithin denen darüber verglichenen Comitial-Handlungen aller Fides und Kraft benommen worden, da doch dem Churfürstlichen Wahl-Collegio nicht unbekannt seyn kann, wie es den neuen Kayser nicht allein für sich, sondern für gesammte Churfürsten und Stände des Reichs in der Wahl-Capitulation verbinde und verpflichte, auch dahero erforderlich seyn will, daß man dem Fürstlichen Collegio und übrigen Ständen von der errichteten Wahl-Capitulation die legale Communication wiederfahren lasse.

So zeigen auch die letztere und vorige Wahl-Capitulationes, wie weit man über die zwischen denen beyden höhern Collegiis verglichene perpetuam hinaus, und in wie viel Sachen, so in die Iura communia Statuum eingeschlagen, oder, wo es auf eine Extension gedachter perpetuae ankomme, mit Vorbeygehung der übrigen, und ohne ehevor mit ihm gepflogener Communication, denen vim pacti habenden Comitial-Handlungen entgegen, zu Werck gegangen sey, allermaffen, so wenig man von Seiten des Fürstlichen Collegii von selbigen abzugehen, und dem Churfürstlichen Wahl-Collegio das Ius adcapitulandi an sich in Zweifel zu ziehen gemeynet ist, wann nur solches an seinen in oballegirtem Epilogo und desselben Parenthesi enthaltenen an sich selbst gesetzten Schrancken bleibet; Eben so wenig, nachdem

dem es jedoch bey der verglichenen perpetua keineswegs den Verstand gehabt, daß dieselbe sich zugleich auf die Iuris Communia statuum und in so weit als Churfürsten und Stände unter sich ein vereinigtes Corpus ausmachen, extendiren solle, vielmehr der buchstäbliche Inhalt der in nur allegirten Textu der perpetuae, selben selbst das gerade Widerspiel an die Hand giebt, sich dahin bringen lassen kann, die Capitulationes, die eigentlich nichts anders seyn sollen, als eine dem erwehlten Kayser, zu Conservation der Reichs-Gesetze und gesamter Stände Freyheiten und Gerechtsamen vorgeschriebene norma regiminis zu einem Recht und Gesetz angedeyhen zu lassen, vermittelst welchen das Churfürstliche Collegium sich in die Possession einer freyen Disposition über der übrigen Stände Rechte und Freyheiten setzet und de Iure Tertii verfüget; Wannenhero dann, nachdem allen diesen nicht nachgegangen und denen gegen die bisherige Wahl-Capitulationes eingewandten Beschwerden des Fürstlichen Collegii, die man hiemit bis auf den letzten Buchstaben anhero wiederhohlet, nicht allein nicht abgeholfen, sondern diese, wie gemeldet, nur mit neuen vermehret, und die vorige bereits comitialiter abgethane Beschwerden, gleichsam zum Grund der letzten Carolinischen ge..... worden seynd; So hätte das Fürstliche Collegium sich zwar wohl entäussern können, von denen, so in der letzten Wahl-Capitulation Reichs-Constitutions-widrig eingeflossen sind, in so lange eine besondere Meldung zu thun, bis nicht vorhero denen vorigen aus dem Grunde abgeholfen wäre. Gleichwohl aber,

um

um nichts zurück zu laſſen, und die gantze Welt zu überzeugen, wie wenig ihm möglich ſey, da man in dem ſchon gewohnten jedoch allemahl widerſprochenen tramite circa poteſtatem ſerendarum legum earumque interpretationem an Seiten des Churfürſtlichen Wahl-Collegii zu jeder Präjudiz der übrigen Reichs-Stände ohne Ziel und Maaß fortzufahren gedencken ſolte, darzu ſtille zu ſchweigen, und ſich ſo graztete Capitulationes als verbindliche Leges imperii aufdringen zu laſſen; So hat man nicht umhin gehen woſſen, auch die vermehrte beſondere Gravamina, die dem Fürſtlichen Collegio durch die letztere Wahl-Capitulation infligiret werden ſollen, die aber ſelbiges ſich nie wird aufbringen laſſen, ad ſeriem articulorum in extenſo darzulegen.

ad Art. III. §. 15. vsque 19.

Die neuerlich inſerirte Circumſcriptio Iurium et poteſtatis Vicariorum iſt eine Sache, ſo in die Reichs-Verfaſſung tempore interregni einſchläget, worinn dem Churfürſtlichen Collegio nicht allein, ſondern dem geſamten Reich, Verordnungen zu machen, zukömmt, und die dahero zwar ein res Comitialis, nicht aber des Wahl-Convents iſt, und müſte demnach, wann dergleichen nöthig ſeyn ſolte, entweder ad Comitia verwieſen, oder es hierüber bey der Perpetua gelaſſen werden.

ad §. 21. eiusd. Art.

Iſt eine noch nie erhörte, am allerwenigſten aber jemahl geſchehene oder mit einem Präjudicio jubielo zu bewähren seyende Sache, daß ein Alt=Geistlicher Reichs=Fürst, Ertz= oder Bischof, oder Alt=Welt=Fürst einem Churfürstlichen Gesandten, ausser in actu momentaneo functionis bey Wahl= und Crönungs=Tagen, oder aber in Comitiis, wo man Collegialiter zu erscheinen pflegt und hoc respectu die Gesandten derer Churfürsten von Deroselben hohen Personen sich nicht trennen lassen, an dem Kayserlichen oder andern Hof, oder auch andern Zusammenkünften, wenn er auch schon primi ordinis gewesen, den Rang, oder Vorgang gelassen habe, oder auch von diesen verlangt worden wäre, wo hingegen in Anmerkung dessen die Churfürsten selbst an ihren Hoflagern denen Alten Geist= und Weltlichen Fürsten in Person den Rang und die Hand, die Sie daselbst einem Churfürstlichen Gesandten noch nie eingeräumet haben, nicht weniger und also dem Collegio Electorali, so wenig a primordio bey der Leopoldina erlaubt seyn mögen, denen Alt=Geist= und Weltlichen Fürsten, die durch ihren Fürstlichen Rang, Würde und all übrige ihrem hohen Stand anklebende Rechte, entweder durch canonische Wahl oder Geburt, eben sowohl als die hohen Herren Churfürsten immediate von GOtt haben an ihren hergebracht und in Instr. Pac. bestätigten Prärogativen was zu nehmen, und sich hingegen, ohnangesehen, daß dieses gravaminen durch die Handlungen super perpetua zu breyen verschiedenen mahlen abgethan, und dieser anstößige Passus mit ihrer Bewilligung aus selbigen herausgelassen worden, neuerlich ein mehrers zuzulegen und nur angeführte verbindlichste Handlungen beständig aus=

ser

ser Augen zu setzen, als denen Fürsten zuzumuthen
ist, gegen das Herkommen denen Herren Churfürsten einen mehrern Vorzug, als daß Sie primi in
ordine seyn, einzuräumen, am allerwenigsten aber
Sie in propria caussa für einen Richter zu erkennen, oder sich mit ihren Gesandten in Competentz
stellen zu lassen, mithin muß es hierüber bey der
Perpetua verbleiben, oder doch allenfals wenigstens
mit Auslassung der Worte: ohne Unterscheid,
und an deren Statt gesetzet: auch aller auswärtigen Republiquen Gesandten und Fürsten in
Person, der Sache eine solche Gestalt gegeben werden, woraus erscheine, daß Sie hierunter die Teutschen Reichs-Fürsten nicht gemeynet seyn; Allenfals gedenken die Alt-Geistlich-und Weltlichen
Fürsten diesen ohne Grund eingeschobenen Passum
nun und nimmermehr von sich auslegen zu lassen,
so werden ihre Rechts-Befugsamkeit und Dignität
auf alle Reichs-Constitutions-mäßige Art und Weise
zu manuteniren ohnermangeln.

ad §. 23. ciusd. Art.

Weil die immediaten Reichs-Prälaten je und
allezeit mit denen Reichs-Grafen concurriren, also
daß, was einem Recht, dem andern auch billig
seyn müsse, die Sache auch zwischen beyden höhern
Collegiis bereits verglichen worden; So wäre auch
derselben und zwar in ihrer Ordnung, gleich derer
Reichs-Grafen zu gedenken gewesen.

ad Art. IV. §. 2. & Art. VI. §. 2.

Hätte es bey dem Buchstaben der perpetuae
lediglich bleiben sollen und müssen.

ad

ad Art. VIII. §. 23.

Wäre es wegen künftig nicht ertheilender Privilegien auf die Stapel-Gerechtigkeit, simpliciter ebenfals bey der Perpetua zu lassen gewesen; gleiche Meynung hätte es auch

ad §. 26. 27. eiusd. Art.

Wie man denn überhaupt gegen alle einseitige per leges et observantiam imperii communem statuum consensum erfordernde Verordnungen des Churfürstlichen Collegii sich verwahret, und selbige ein für allemahl ausser allen Kräften und Verbindlichkeit zu halten declariret haben will.

ad Art. X. §. 6.

Nachdem der Kayser in diesem Artikul sich verbunden, wegen der ausser Reichs verpfändeten oder veräusserten Herrschaften, Lehen und Güter sonderlich in Italien und sonsten Sorge zu tragen und darob zu seyn, damit dieselbe auf das fördersamste wieder herben gebracht werden, zu dem Ende auch übernommen hat, derentwillen eigentliche Nachforschung anzustellen, wie es mit solchen Alienationen bewandt sey? und dann bekanntlich das Hochstift Costantz in der Eydgenossenschaft nahmhafte und fast die mehreste Aemter, so von Kayser und Reich zu Lehen rühren, besitzet, darunter aber von denen Schweitzerischen Cantons sehr beeinträchtiget wird: So hätten der Perpetuae zufolge die Worte: in Italien, ferner: in der Schweitz beygerücket und nicht gegen deren klaren Text ausgelassen werden sollen. Welcher Abgang dann künftighin

tigkin nicht allein zu ersetzen wäre, sondern auch ein
Churfürstlich Wahl-Collegium ohnehin nicht ent-
stehen wird die Anliegenheiten des Hochstifts Costantz auf gleiche Art, wie An. 1711 & 1742. bereits
geschehen, zu des gesamten Reichs Nutzen zu secundiren.

ad §. 7. eiusd. Art. X.

Ist billig bey der Perpetua zu lassen, weil derselben ein gantz anderer Sensus in Capitulatione no-
vissima gegeben und in jener von dem Churfürstlichen Collegio kein vorläufiger Rath, Hülf oder
Beystand, sondern vom gesamten Reich verlanget
wird.

ad §. 9. Art. X.

Wird von nöthen seyn, daß, wenn nebst denen
Churfürsten auch der Reichsfürsten-Stand in dem
gesetzten Fall etwas zu erinnern finden solte, derselbe, Innhalts der perpetuae, ebenfals nach seiner Concurrentz darüber gehöret werden müste.

ad Art. XI. §. 7.

Hätte die Parenthesis als vltra perpetuam gäntzlich weggelassen, so fort auch keine einseitige Auslegung der A. B. unternommen werden sollen.

ad §. 19 & 21. ibid.

Muß es bey der perpetua um so mehr bleiben,
als das Churfürstliche Collegium nimmermehr wird
darthun können, daß es jemahlen bona Imperii mit
Ausschluß der übrigen Stände zu veräussern für sich
allein befugt gewesen sey.

ad

ad Art. XIII. §. 7.

Die in diesem §. enthaltene Parenthesis läuft gegen die generale Disposition des Instrum. Pac. Art. 8. §. 2. und greifet die fürnehmste Wesenheit des Fürstlichen Collegii an, welches sich einer einseitigen Cognition oder Censur des Churfürstl. über der Fürsten und Stände übergebende Memorialia nicht submittiren, noch demselben das Moderamen über die Comitial-Dictatur oder eine Prädeliberation über selbige einräumen kann.

ad §. 9. dicti Art. XIII.

Obschon ex ipsa natura rei eine Capitulation kein anderes Object haben kann, als formam et jura regiminis revelecti, noch vllo modo abzusetzen ist, mit was Bestand ein Kayser auf Casus, die erst nach seinem Tode existiren sollen, verbunden werden könne; so ist doch in des letzverstorbenen Kaysers Majestät Capitulation wegen einer Minorennität Fürsehung geschehen, auch wie es bey denen Interregnis, in deren Casu jedoch die jura majestatica sowohl als das Ius praescribendi formam regiminis nicht auf das Churfürstliche Collegium allein, sondern das gesamte Reich zurück fallen, mit der forma et activitate Comitiorum gehalten werden solle, statuiret werden wollen, da doch, wenn es auf die Frage ankommt, was mortuo Caesare circa praerogationem oder convocationem Comitiorum zu thun sey, und denen hohen Herren Vicariis dabey zukommen könne? diese nothwendig für das gantze Reich um so mehr gehöret, als davon noch kein Lex vorhanden ist, mithin auch

darüber

darüber von dem Churfürstlichen Collegio allein per Capitulationem mit Vorbeygehung der übrigen Stände dergleichen nicht gegeben werden kann, vielmehr diese Sache durch ein vom gantzem Reich zu fassenden Schluß zu determiniren ist.

ad Art. XVI. §. 4.

Daß, nachdem die Churfürsten von denen unglimpflichen Ausdrückungen derer Reichs-Gerichte mehr als andere Stände ausgenommen seyn sollen, kein Reich-Gesetz obhanden, so wäre auch solche Exception als eine allgemeine Beschwerde anzusehen.

ad Art. XVII. §. 2.

Obgleich ohne Dispute, daß die Interpretatio R. I. noviss. und ob der darin aufgehobene Effectus revisionum auch ehe und bevor die Revisiones ordinariae als caussa cassans dictae legis im Gange seynd, Platz greife? Ingleichen ob die Revisores oder die Cammer über den Cautions-Punct zu erkennen habe, dem gantzen Reich und keinesweges dem Churfürstlichen Collegio gebühret, die Sache auch würcklich in comitiis pendet; so ist doch auch hierin den allen Ständen gemeinsamen juri leges ferendi et interpretandi eingegriffen und etwas einseitiges zu statuiren versucht worden.

ad Art. XVIII. §. 5.

Hat das Churfürstliche Collegium so gar in Reichs-Deputations-Sachen mittelst einseitig angemaßter Ergäntzung der Reichs-Deputation und zwar nachdem ein Deputatus Imperii als des gesamten

ten Reichs Bevollmächtigter auch von dem gantzen Reich und nicht a Collegio Electorali allein, so die übrigen Stände hierunter zu vertreten keine Gewalt hat, beliebt seyn muß, sich eines Praedecisi unternommen und denen übrigen Ständen ihr liberum suffragium et jus collectionis abschneiden und das zum Vorstand einiger Reichs-Stände bereits in Anno 1666. den 5 Martii erstattete Gutachten einseitig abändern wollen, desgleichen hat auch

§. dicti Art. XVIII.

Wegen des zu Prosecution der Revisionen fürgeschrieben werden wollenden Fatalis denen übrigen Ständen ohne deren Consens und Miteinwilligung nichts beliebt, noch sie daran gebunden werden können, in ihre Concurrentz ad potestatem legislatoriam ein abermahliger Eingrif geschehen wollen.

ad Art. XX. §. 7 & 8.

Ist der Passus intermedius der Perpetuae, so von denen Land-Ständen und Land-Steuern disponiret, ausgelassen worden, und es dahero bey der verglichenen perpetua zu lassen.

ad Art. XXVII. §. 3.

Das Postwesen gehöret ohnedem ad Comitia, wohin es auch zu remittiren und bis dahin in Conformität der perpetuae in suspenso zu lassen, indessen aber dem Anno 1670. in Comitiis gemachten Concluso und Anno 1711. zwischen beyden höhern Collegiis getroffenen Vergleich zu inhäriren, auch in dieser das gesamte Reich und dessen Rechte in

Corpore

Corpore angehender vor die Reichs-Gerichte gar nicht, sondern ad Comitia gehörige Sache denen Ständen mit Mandatis beschwerlich zu fallen nicht zu gestatten seyn wird,

ad Art. XXIX.

Hat der Kayser zum Theil so gar ad ignota oder zu solchen Dingen verbunden werden wollen, welche erst nach der Wahl von dem Churfürstlichen Collegio, wie die 12 Collegial-Schreiben, deren Contenta jedoch man eben nicht verwerfen, sondern nur, wie hierdurch beschiehet, sich gegen den modum verwahren will, seyn mögen, verglichen worden, zu gantz deutlicher Probe, wie weit man das jus ad capitulandi, obschon das instrum. Pacis davon nichts wissen will, zum Präjuditz der übrigen Stände zu erstrecken gedenke. Ob man nun schon zu der bekannten Aequanimität des Churfürstlichen Wahl-Collegii das gäntzliche und vollkommene Vertrauen setzet, dasselbe werde nach seiner erleuchteten Einsicht von selbsten geneigt seyn, das Fürstliche so billigen Dingen bey Errichtung einer künftigen Wahl-Capitulation durchgehends seiner Beschwerden zu entheben, auch sonst in die vorseyende Kayserliche Wahl-Capitulation contra et praeter perpetuam nichts mit einfliessen lassen, so denen Iuribus communibus Statuum präjudiciret und nicht die erforderliche gemeinsame Einwilligung für sich hat, oder überhaupt in sothane Iura Communia Statuum einschlägt, vielmehr darob seyn, damit ihrem eigenen schon zum zweytenmahl geäusserten Verlangen nach die Perpetua dermahleins zu seiner vollständigen

Richtig-

Richtigkeit gebracht, auch sonst allen schädlichen Weiterungen hinlänglich vorgebogen werde, so muß man doch in omnem licet insperatum euentum hiermit und zwar ein für allemahl declariren, wie das Fürstliche Collegium an all demjenigen, was zu Präjudiz des Reichs-Fürsten-Standes und seiner bishero von denen ältesten Zeiten hergebrachten Würden, Rang und andere Rechte in der letztern sowohl als all übrigen Wahl-Capitulationen überhaupt mit eingeflossen und der perpetuae wie auch denen Reichs-Constitutionen zuwider ist, für sich keinen Theil nehme, noch so lange und so viel als nach Inhalt des Instrum. Pacis die perpetua communi omnium Statuum consensu, wozu man so gerne als willig zu concurriren erbietig ist, und sich in allen nur thunlichen Sachen schiedlich finden lassen wird, nicht völlig zum Stand gebracht worden seyn wird, die letztere Wahl-Capitulation so wenig, als alle vorherige oder zukünftige weiter, als sie der perpetuae gemäß, oder man sich speciatim darzu verstanden, erkenne und annehme, noch von dem billigen Postulato, daß selbige, gleich mit der präjudicirlichen Leopoldina auch geschehen, ad Comitia gebracht, nach der Perpetua und ihren etwa sonst noch habenden Monitis verglichen, und dadurch sowohl das Negotium perpetuae an sich selbst einmahl geendigtet, als auch das Ius adcapitulandi, an dessen freywillige Einräumung das Fürstliche Collegium anderer Gestalt nicht gehalten, noch bey dessen fernern Extendirung ad literam Instrum. Pacis zurück zu gehen behindert seyn kan, in seine behörige Gränzen gesetzet werden, abgehen, oder

aber,

aber, bis solches alles geschehen, sothane Capitulationes pro lege Imperii halten und erkennen, oder sich von denen Tribunalibus Imperii darnach richten lassen könne noch werde.

No. III.

Im Jahr 1745. übergaben 3 derer Reichsgräfflichen Collegiorum denen Fürstlichen in der Capitulations-Materie correspondirenden Gesandten folgende Schrift, so den 19 Jun. priuatim per Salzburg dictiret wurde.

Ex parte derer hohen Gräflichen Collegiorum in Schwaben, Franken und Westphalen;

Trift man förderst demjenigen bey, was bey letzterem Interregno ab Seiten derer Alt-Fürstlichen zu Offenbach versammleten Häuser so standhaft und zu Aufrechthaltung derer Besorgnissen des gesammten Fürstlichen Collegii ausgearbeitet und gehörigen Orts übergeben worden, mit dem ohnmaßgeblichen Davorhalten, daß nach dem General-Inhalt dessen nicht allein alles, was in der neuen Capitulation vltra vel contra tenorem Perpetuae, wie sie inter Electores et status verglichen, hisce inuitis vel inconsultis eingeschaltet worden, auf keinerley Art zu agnosciren, sondern in dem Fall, da ein oder anderer Fürst oder Stand nach solchem neuerlichen Articuln oder Clausuln beschwert, oder wider ihn verfahren werden wolte, sofort von gesammten Fürstlichen Collegi wegen causu communi-

L 2   aus

auf alle denen Reichs- Satz- und Ordnungen gemäße Art zu machen sey.

Die dießseitige besondere Monita et respectiue Grauamina nun ad seriem der neuesten Wahl-Capitulation betreffend: so ist eine der Grund-Verfassung des Fürstlichen Collegii zuwider laufende und dem hohen Reichs-Grafenstand, nach selbstig hochvernünftiger Einsicht und Ueberlegung nicht einst zuzumuthende Sache, daß in neuern Zeiten bey Recipirung neuer Fürsten in das Fürstliche Collegium solche jedesmalen denen Hochgräflichen Collegiis vorgesetzet worden, wie in denen dießerhalb distribuirten kurzgefaßten Rationibus mit mehrerem ausgeführet ist. Da nun in der neuesten Wahl-Capitulation

Art. 1. §. 5.

wegen sothaner Aufnahm neuer Fürsten in den Fürsten-Rath überhaupt Vorsehung geschehen, so hoffet man, dahin unterstützet zu werden, damit ad finem dicti §. hiernächst angefüget werde, daß künftighin keinem in dem Fürsten-Rath bereits vorhandenem Mitglied durch dergleichen Aufnahm an seinem bereits habenden und lang hergebrachten Voto und dessen Ordnung auf einigerley Art präjudiciret werde.

Hiernächst und obgleich

Art. 1. §. 9.

Fürsten und Ständen in Ansehung ihrer hergebrachten und erworbenen Privilegien, Verträgen, Unionen, Concessionen ꝛc. bereits generaliter prospiciret

spiciret ist: So stellet man doch zu collegialischem Ueberlegen anheim: ob nicht, in Betracht besonderer Umstände, rathsam und mehrern hohen Ständen daran gelegen seye, den gemeldten Articulum besonders auf diejenigen Concessiones, Privilegien, Confirmationes ꝛc. namentlich zu verfassen, welche unter dem letzt verstorbenen Kayser erhalten worden.

Art. 3. §. 25.

Es ist zwar an und vor sich schon billig und der Reichs-Ständigen Dignität gemäß, daß würkliche regierende Reichs-Grafen, welche durch ihre Vota curiata so wohl, als durch so nahmhafte Praestationes in publicis, an allen Reichs-Vorfallenheiten so nahmhaften Vortheil haben, den Rang und Vorgang vor denenjenigen, welche nicht anderst, als blosse Ministri angesehen werden können, mithin vor Kayserlichen und andern Räthen haben und behalten; so ist auch diese Befugniß in dicto articulo virtualiter und dadurch gegründet, da es heisset: und zwar gleich nach dem Fürsten-Stand, vor allen andern ꝛc. Damit aber dieser Vorzug, wie manchesmahl mißbräuchlich geschehen, um so weniger geschmälert, oder in Contestation gezogen werden könne, so wäre dicto loco derer Kayserlichen Geheimen Räthe hiernächst nahmentliche Meldung zu thun. Dem hohen Reichs-Fürsten-Stand ist hieran um deswillen mit gelegen, weilen widrigen Falls die Kayserlichen Ministri so fort nach dem hohen Reichs-Fürsten-Stand so zu sagen die nächste und immediate Classe ausmachen.

Art. II. §. 7.

Daß bey letzterem Interregno das damahlig gemeinschaftliche Churbayrische und Churpfälzische Vicariats-Gericht die Reichs-Grafschaften und ihre Lehen um deswillen, weilen sie in neuern Zeiten nicht coram Throno empfangen, in die ihme competirende Investituren zu ziehen, so mit selbige promiscue und eigenmächtig unter die feuda minora herunter zu setzen gesucht, solches ist Reichskundig, an sich aber dem hohen Reichs-Grafen-Stand um so präjudicirlicher, als nach der distribuirten Deduction solches a) denen bewährtesten Nachrichten zuwider laufet; b) zwischen Fahnen-Lehen- und Thron-Lehen ein merklicher Unterscheid obwaltet und eines ohne das andere bestehen, c) die äusserliche Solennitäten aber die innerliche und eigentliche naturam Feudi nicht immutiren; auch d) da man diesseits alle Reichs-Gräfliche Lehen vor Fahnen-Lehnen auszugeben niemalen gedenket, eben so wenig doch auf der andern Seiten, daß alle Grafschaften keine Fahnen-Lehen seyen, behauptet werden mag. Da nun, benebenst diesem allem, zum wenigsten dieses ausser allem Zweifel ist, daß es darunter auf Interpretationem Aureae Bullae ankomme, welche sich das höchstlöbliche Churfürstliche Collegium allein nicht anmassen kann; so wird darauf angetragen, daß die Clausul aus der hiernächstigen Wahl-Capitulation weg und bey der Perpetua es gelassen werde, und verspricht man sich die durchgehende Aßistentz des gesammten Fürstlichen Collegii um so mehr, als doch zwischen Alt-Fürstlich- und Gräflichen Fahnen-Lehen die merkliche

Distin-

Distinction und Prärogativ allezeit bleibet, daß jene auch per Mandatarios coram Throno empfangen werde, solches aber bey diesem nur alsdann noch gesuchet und behauptet wird, weilen ein Graf seine Grafschaft und Feuda Imperii in Person empfängt.

ad Art. XVI.

Seynd zwar die Gebrechen des Reichs-Hof-Raths aller Orten her schon erinnert und sowohl inter Monita als Gravamina angebracht: Nachdeme aber neuerer Zeiten wider verschiedene Reichsgräfliche Häuser solche Proceduren zu Schulden gekommen, welche nimmermehr zu justificiren seyn, worzu unter andern das Verfahren in der Neu-Wieder Brücken-Sache gehört und wovon vor der Hand, in Betracht auf den illegalen modum procedendi, die hierbey distribuirte Deduction das nähere ergiebet, so wird wohl in diesem und andern hieher gehörigen Gravaminibus so lange und eheder keine Remedur zu hoffen seyn, als bis ein Monitum commune daraus gemacht und nachhero in gemeinschaftlichen Zusammenhang darauf bestanden werde.

ad Art. 21. §. 1.

Auf was Veranlassen dieser §. in der neuesten Wahl-Capitulation mit einer sehr weit aussehenden und mindermächtige Reichs-Stände, sub praetextu einer lehnherrlichen Iurisdiction, einem völligen Landsassiatui mit der Zeit exponirenden Clausul vermehret worden, auch mit was harten Proceduren ex parte einiger Churfürstlicher Lehen-Höfen darauf hin und wieder gegen dergleichen immediate Reichs-Vasallen de facto verfahren und dieser Art. 21. zum Grunde geleget werden wollen? solches ist Reichs-kundiger, als daß man Ursach haben solte, die Exempel hier umständlich anzuführen. Kommt es bey dieser anmaßlichen Lehens-Jurisdiction auf das Ius in thesi an, so müssen die Churhäuser, so dergleichen prätendiren, solches auch von Seiten der Stifter und Häuser, von denen sie Lehen haben, gegen sie gelten lassen; da es aber, weilen solches schwerlich geschehen wird, mehr auf Macht ankommen solte, so wird es auch, wann dieser Articul nicht remediret wird, bey dem Reichs-Grafen-Stand, welcher seithero fast alleinig der Gegenwurf der Sache gewesen, sondern ohnfehlbar die Folge davon mit der Zeit weiter treffen, mithin ist um so weniger zu zweifeln, es werde hieraus ein Gravamen commune gemacht und diese Clausul unter diejenige, welche ein gesamtes Reichs-Fürstliches Collegium nicht erkennen könne, gesetzet werden.

ad Art. 22.

Obschon dieser Articul Kayserlicher Majestät in Ihrem Reservato conferendi dignitates einige Einschränkung nicht giebet, als daß solcherley Standes-Erhöhungen nur wohl-meritirten und sonst qualificirten Subjectis angedeyhen und dem Iuri territoriali Statuum unnachtheilig seyn sollen; so verdienen doch die in neuern Zeiten fast allzu frequent gewordene Erhebungen in den Reichs-Grafen-Stand allerdings pro futuro um so mehr den abhelflichen Betracht, als Chur- und Fürsten selbst daran gelegen,

daß

daß die Ihnen am nächsten kommende Dignitas eigentlicher Comitum Imperii durch die so allgemein werdende Comitiven nicht vilescire und Leuten, welche kaum vor kurzem den Adel=Stand erworben, nicht Gelegenheit gegeben werde, sich durch dergleichen Standes=Erhöhungen denen höhern Statibus Imperii auf einmal zu nähern.

ad Art. 24.

In diesem ist gantz deutlich enthalten, daß diejenige Grafen und Herren, so in denen Reichs=Collegiis keine Seßion oder Stimme haben, oder von solchen entsprossen und gebohren seyn, mit andern auf der so genannten Herren=Banck in Conlilio aulico nach Ordnung der angetretenen Raths=Dienste roulliren sollen. Da nun per argumentum a contrario hieraus folget, daß diejenige Grafen und Herren, welche in denen Reichs=Collegiis Seßion habenden Häusern entsprossen und gebohren sind, mit andern auf der Herren=Banck sitzenden Reichs=Hofräthen sich nicht nach der Ordnung ihrer angetretenen Raths=Dienste zu achten, sondern indistincte den Rang und Sitz vor andern, wann solche auch gleich die gräfliche Würde erlangt, zu nehmen haben, womit auch die Reichs=Hofraths=Ordnung Tit. 1. §. 9. übereinstimmet; so wird dahin angetragen, auf Festhaltung dieses Puncts communiter zu bestehen.

Ausser diesem inhaeriret man hiemit in specie demjenigen, was abseiten Costantz sowohl ad Generalia, als insbesondere ad Art. 4. §. 2. Art. 8. §. 8. et 10. Art. 9. §. 9. Art. 10. §. 7. et 9. wie nicht weniger

niger ad Art. 11. §. 8. Art. 13. §. 7. et 9. Art. 16. §. 1. 5. et 10. moniret worden und behält sich übrigens Vlteriora, so ferne noch etwas in tempore benzubringen, bevor.

Wir Franz von Gottes Gnaden erwählter römischer Kaiser zu allen Zeiten Mehrer des Reichs, in Germanien und zu Jerusalem König, Herzog zu Lothringen und Baar, Großherzog zu Toscana, Fürst zu Charleville, Marggraf zu Nomeny, Graf zu Falkenstein.

Thun hiermit zu wissen. Nachdem Unsere herzlich geliebte Gemahlin der Kaiserin Königin apostolische Majestät Liebden, gleichwie Wir, aus besonderer Zuneigung für den Militarstand, und um dessen so vielfältig bezeigte Treue, Tapferkeit und Klugheit vorzüglich zu belohnen, für gut befunden haben, zu Beförderung des Kriegswesens einen neuen Militarritterorden zu stiften, und denselben mit allen denjenigen Vorzügen auszuzieren, welche zu Erreichung Unseres vorgesetzten Endzwecks etwas beitragen können. So haben Wir in Rücksicht auf einen so wichtigen Gegenstand das Großmeisterthum dieses militarischen Maria Theresia Ordens über Uns genommen; wie Wir Uns dann hiermit nochmals und öffentlich zu dessen Chef-Oberhaupt und Großmeister erklären, und von jedermann dafür gehalten wissen wollen.

In dieser Eingenschaft haben Wir durch die solenne Aufnahme Unseres vielgeliebten Bruders des Herzogs Carl zu Lothringen Liebden, und des

Feldmarschalls Grafen von Daun zum erſten und
zweyten Großcreuß, nicht nur einen erwünſchten
Anfang dieſes Ordens gemacht, ſondern auch durch
die nachher erfolgte Promotionen deſſen ferneres
Wachsthum zu befördern Uns angelegen ſeyn laſſen.
Es will Uns aber als Großmeiſtern nunmehr weiter obliegen, die innerliche und äuſſerliche Verfaſſung dieſes Militarordens, förderſamſt durch gewiſſe Grundregeln veſt zu ſetzen, deſſen weſentliche
Beſchaffenheit und Unterſchied von allen anderen
Ritterorden dieſer Art zu beſtimmen, und durch
Unſere Vorſicht alles dasjenige möglichſt zu erſchö-
pfen, was zur Aufnahme Beförderung und Dauer,
ſowohl als zum Anſehen und Glanz deſſelben gereichen mag.

Vermöge obberührter Abſichten haben Wir
durch Unſern Ordenscanzler nachfolgende Statuten
und Satzungen entwerfen laſſen, ſolche auf das
reiflichſte erwogen, und aus großmeiſterlicher
Macht und Vollkommenheit gnädigſt begnehmet, der-
geſtalt, daß dieſelben in allen Ordensanliegenheiten
zur unveränderlichen Richtſchnur genommen, und
in ewige Zeiten bei Unſerm Ordensarchiv aufbehalten werden ſollen. Unſere gnädigſte Willensmeynung iſt demnach, daß

1) Dieſer neue Ritterorden von dem 18. Junii
des 1757 Jahrs an, für geſtiftet und eröfnet angeſehen, auch militariſcher Mariä Thereſiä Orden
genennet werden ſolle, um andurch die vielfältigen Verdienſte Unſeres Wi.. .. .. .. gnädigſte Zufriedenheit öffentlich .. .. legen,
und hiernächſt das ruhmv.. .. .. .. ſeines

Wohlverhaltens bis auf die späteste Nachkommenschaft zu bringen.

Zu desto grösserer Zierde dieses Ordens soll
2) das Großmeisterthum desselben, nach Unserem Ableben, hinführo jederzeit dem Regierer des Erzhauses Oesterreich und Beherrscher dessen sammentlichen Erbkönigreichen und Länder eigen seyn und verbleiben, auch weder durch Uns noch Unsere Nachfolger aus irgend einer Ursache jemals von dem Besitz derselben getrennet, oder abgerissen werden.

3) Setzen Wir zur unverbrüchlichen Grundregel, daß niemand, wer der auch seye, wegen seiner hohen Geburt, langwierigen Diensten, vor dem Feind überkommenen Blessuren, oder wegen vorhergehender Verdiensten, noch viel weniger aber aus blosser Gnade, und auf das Vorwort anderer, sondern einzig und allein diejenige in den Orden aufgenommen werden sollen, welche nicht nur nach Ehre und Pflichten ihrer Schuldigkeit ein völliges Genügen geleistet, sondern sich noch über das durch eine besondere herzhafte That hervor gethan, oder kluge, und für Unsern Militardienst ersprießliche Rathschläge nicht nur an Hand gegeben, sondern auch solche mit vorzüglicher Tapferkeit ausführen geholfen haben.

Von dieser Regel soll niemals abgewichen, noch in Ansehung derselben eine Ausnahme gestattet werden, so daß Wir selbst Uns hierinnen die Hände zu binden gnädigst entschlossen sind.

4) Verstehen Wir unter denenjenigen, die den Orden überkommen können, alle Unsere Oberofficiers von der Infanterie und Cavallerie, der Huß-
saren,

ſaren, Gräniker, der Artillerie, Minirer, und Jngenieurs von dem höchſten bis zum niedrigſten, mithin incluſive der Fähndriche und Cornets, ohne auf ihre Religion, Rang, und andere Umſtände im mindeſten zurückzuſehen.

5) Soll dieſer militariſche Ritterorden ſich an keine gewiſſe Zahl binden, ſondern jederzeit aus ſo vielen Großcreutzen und Rittern beſtehen, als ſich darzu würdig machen werden, ſintemal je höher ihre Anzahl ſteiget, deſto mehr die dabei vor Augen habenden nützliche Abſicht erreichet wird.

6) Sollen die Ordensglieder aus zwey Claſſen nämlich aus Großcreutzen und Rittern beſtehen, und zu Rittern alle diejenige aufgenommen werden, welche ſich durch eine ausnehmend tapfere That vor anderen verdienſtlich machen, dahingegen die Großcreutze nur jenen zugedacht ſind, welche ihre Tapferkeit mit einem klugen und ſolchen Betrag vereinigen, der in den glücklichen Ausſchlag einer oder anderen Kriegsunternehmung von erſpießlichen Einfluß geweſen iſt.

7) Sollen die Großcreutze ein goldenes weiß geſchmelztes achteckigtes Creutz, deſſen Mittelſchild auf der einen Seite Unſern und Unſere herzlich geliebten Gemahlin der Kaiſerin Königin apoſtoliſchen Majeſtät und Liebden Namen in Chifre mit einem Lorberkranz eingefaſſet, auf der andern Seiten aber das erzherzoglich-öſterreichiſche Wappen mit der Unſchrift Fortitudini vorgeſtellet, an einem ponceau rothen in der Mitte mit einem weiſſen Streif verſehenen handbreiten Band von der rechten zur linken en Echarpe, die Ritter hingegen eben ein ſolches

jedoch

jedoch kleineres Creutz, an einem zwey Finger breiten Bande von der nämlichen Farbe, in einem Knopfloch des Rocks oder Weste auf der Brust tragen. Damit aber

8) Die vorzüglichen Verdienste Unserer Generals und übrigen Officiers nicht nur durch dieses öffentliche und in die Augen fallende Ehrenzeichen kenntbar gemacht, sondern auch ihnen zugleich ein Zufluß zu ihrem Gehalt, und mithin ein besseres Auskommen verschaffet werde, so haben Wir einer Anzahl von zwanzig Großcreutzen eine jährliche Pension von funfzehen hundert Gulden, so dann einer anderen Anzahl von einhundert Rittern eine jährliche Pension von vierhundert Gulden dergestalt bestimmet, daß sie selbige von dem Tage ihrer Aufnahme an geniesen, die übrigen Ordensglieder aber, im Fall schon alle Pensionen verliehen wären, bey deren sich ergebenden Eröfnung alsdann, zu Folge ihres bey dem Orden habenden Ranges, in solche nachrucken, und so viel die Ritter insonderheit betrift, diejenigen, welche bisher eine Pension von 400. fl. gezogen, in die Pensionen von 600. fl. die andern hingegen, welche noch gar keine Pension genossen, in die Pensionen von 400. fl. der Ordnung nach eintreten sollen. In Verfolg dessen haben Wir nebst Unserer geliebten Gemahlin, der Kaiserin Königin apostolischen Majestät und Liebden

9) Diesem militarischen Mariä Theresiä Orden einmal hundert und funfzigtausend Gulden jährlicher Einkünften angewiesen, welche einstweilen zu Errichtung der Ordenscasse, und zu Bestreitung
derer

derer Pensionen, wie auch alles übrige bey dem Orden nothwendigen Aufwands hinlänglich seyn können. Ob nun zwar

10) Solchergestalt die Anzahl derjenigen Ordensglieder, welche Pensionen geniessen, von nun an vest gestellet wird, so beziehet sich doch dieses nur auf die von Uns bestimmte Pensionen, keineswegs aber auf die Verleihung des Ordens; massen in denselben so viele Großcreutze und Ritter aufgenommen werden sollen, als sich nur immer hierzu würdig machen werden. Um in den Orden aufgenommen zu werden, sind

11) Vorläufig drey wesentliche Stücke erforderlich, nämlich daß 1) die tapfere That, so das Recht zum Orden giebet, zureichend beschrieben; 2) Die Beschreibung mit hinlänglichen Beweisthümern bestärket; und dann endlichen 3) von dem Ordenscapitul die unpartheyische Untersuchung angestellet werde, ob nicht nur an dem Beweiß nichts ermangele, sondern auch ob die beschriebene That von der Beschaffenheit seye, daß sie entweder das grosse oder kleine Creutz verdiene. So viel nun

12) Die Beschreibung und Bescheinigung der That anbetrift, haben bereits Unsere herzlich geliebte Gemahlin der Kaiserin Königin apostolische Majestät und Liebden den gemessenen Befehl an Dero Armeen ergehen, und bekannt machen lassen, daß keinen Oberofficier, von dem höchsten bis zum niedrigsten, welcher sich durch eine besondere That zu dem neuen Orden würdig gemacht zu haben glaubet, verwehret, oder die geringste Hinderniß in den Weg geleget, sondern vielmehr aller Vorschub gegeben

geben werden solle, desfalls den behörigen Beweiß
beyzubringen, welche gemessene Vorschrift Wir auch
hiemit nochmals erneuern, und bestätigen. Weilen
aber

13) die Kriegsthaten meistentheils unter vieler
Augen geschehen, und bey deren Zeugenschaft ein
gewisses Maaß zu halten ist; so muß sich auch hie:
bey nach Unterschied der Fälle gerichtet, und inson:
derheit darauf gesehen werden, ob der probführende
General oder Oberofficier zur Zeit, als er sich durch
seine Tapferkeit und kluge Veranstaltung hervorzu:
thun die Gelegenheit erhalten, unter eines andern
Commando gestanden seye, oder selbst das Com:
mando geführet habe?

In dem ersten Falle ist fordersamst von dem
commandirenden Officier die Zeugenschaft abzufor:
dern, und der Aufsatz des Facti sowohl von ihm
commandirenden Officier, als von fünf andern Ober:
officiern mit ihrer Handunterschrift und Pettschaft
zu bestätigen, so daß in Ermanglung derselben vor
jeden als Zeugen abgehenden Officier, zwey Unter:
officiers oder Gemeine gerechnet werden müssen.
Sollte aber

14) der commandirende Officier sich mit der Un:
wissenheit des Vorgangs entschuldigen, oder abwe:
send und verhindert seyn, oder auch der Ordens:
candidat selbst das Commando geführet haben, so
erfordern Wir solchenfalls die Zeugenschaft und
Unterschrift von sechs Oberofficiers oder vor einen
jeden, der an dieser Zahl abgehet, von zwey Un:
terofficiers oder Gemeinen, die der Action mit bey:
gewohnet haben. Wäre hingegen

15) der

15) Der Fall so beschaffen, daß nicht so viele Zeugen, als bereits erwähnter maassen vorgeschrieben sind, aufgeführet werden könnten, so sollen in der Beschreibung des Facti die Umstände desto genauer bemerket, und diejenigen, welche die That mit Augen gesehen haben, zur Unterschrift ihrer Aussage gezogen werden.

16) Die auf obbeschriebene Art ausgefertigte Attestata und Ritterproben sind sodann nebst der Species Facti dem von Uns bevollmächtigten Großcreuß verschlossener zuzusenden, damit dieselben in dem Ordenscapitul behörig geprüfet werden können.

17) Da sich auch jezuweilen der Fall ereignet, daß einige unserer Generalen und Officiers sich bey den Armeen Unserer Bundsgenossen befinden, und deren dortigen Feldzügen beywohnen, so wäre unbillig, wenn denenselben die Gelegenheit zu diesem Orden zu gelangen dadurch entzogen würde. Wofern sich demnach selbige bey einer der alliirten Armeen durch eine tapfere und kluge That hervorzuthun Gelegenheit bekommen, und deren Beschreibung nach den oberwehnten Requisitis einschicken; so soll hierüber auf die nämliche Art, als wäre die That bey unserer Armee vorgefallen, Ordenscapitul gehalten, das Factum untersuchet, und beurtheilet, auch der Ordenscandidat, wenn er würdig befunden wird, in den Orden ohnweigerlich aufgenommen werden. Was nun ferner

18) die Instruction und Anweisung belanget, nach welcher das Capitul Unseres militarischen Mariä Theresiä Ordens gehalten werden soll, so ist hiebey Unsere gnädigste Willensmeinung, daß, so oft

ein Capitul angestellet wird, jederzeit alle bey der Armee anwesende Großcreutze und Ordensritter dazu beruffen werden sollen, derjenige aber, welcher von Uns die Commißion bey dem Capitul zu präsidiren überkommet, hat vorzüglich darauf zu sehen, daß dasselbe, ausser ihm, annoch wenigstens aus sechs Großcreutzen oder Rittern, im Fall nämlich derer nicht mehrere bey der Armee zugegen sind, zusammengesetzet werde. Wann so fort

20) keinesweges zwelfelen, daß diejenigen Großcreutze und Ritter, aus welchen das Capitul bestehet, nachdem sie selbst durch ihre Thaten sich des Ordens würdig gemacht haben, am besten im Stand seyn werden, anderer Verdienste zu beurtheilen, so haben Wir dannoch nicht für undienlich erachtet, Unserem Ordenscapitul die wesentliche und ganz besondere Eigenschaft dieses militarischen Ordens nochmals begreiflich zu machen; Und weil es nicht wohl möglich ist in eine ausführliche Beschreibung derer so vielfältigen Kriegsthaten, die bey verschiedenen Gelegenheiten, und auf mancherley Art vorkommen können, einzugehen, so wollen wir hier nur überhaupt gewisse Grundregeln vestsetzen, damit das Capitul eine Richtschnur haben möge, nach welcher es seinen Betrag abmessen könne. Es ist zwar an dem, daß alle Unternehmungen der Generalität sowohl als derer Officiers zu Beförderung Unseres Dienstes eine natürliche Folge ihrer Obliegenheit sind; Es hat aber auch die Schuldigkeit und Tapferkeit in dem Militari so zu sagen ihre Stuffen, welche eine That mehr oder weniger verdienstlich machen, nachdem sie der Vollkommenheit näher,

oder

oder von derselben entfernter ist, gleichwie dann auch die eigentliche Absicht dieses Ordens dahin abzielet, die Pflicht und den Diensteifer des Militaris in der Ausübung selbst auf einen höheren Grad zu bringen, und diejenige zu ausserordentlichen Thaten aufzumuntern, welche sich sonst begnüget haben würden, ihrer Schuldigkeit nur dem allgemeinen Begriff nach ein Genüge zu leisten. Dannenhero kommt es bey diesem Orden nicht schlechterdings auf eine solche Verhältniß zwischen dem Facto und der Belohnung an, die sich auf eine geometrische Art ausmessen lässet. Dann wollte man die Schuldigkeit eines Kriegsmannes in so genauen Verstande nehmen, so würden entweder gar keine militarische Facta oder doch sehr wenige, zu diesem Orden tüchtig machen, der Diensteifer aber dadurch erkalten, und folglich der grosse Endzweck, den man sich bey Errichtung des Ordens vorgesetzt hat, hinweg fallen. Weilen es jedoch

21) in der That schwer fället, derley Facta nach allen Umständen gründlich zu prüfen, und ihren Werth richtig abzuwiegen, indessen aber hinlänglich seyn kann, wenn man in solchen Fällen alle mögliche und vernünftige Vorsicht anwendet, so halten Wir für unumgänglich nöthig, Unserem Ordenscapitul als eine unwandelbare Richtschnur vor Augen zu legen, daß alle diejenigen Thaten, welche ohne Verantwortung hätten unterlassen werden können, aber dannoch unternommen worden, des Ordens würdig sind, zum Beyspiel: wenn ein Officier ohne besonderen Befehl einen Angriff waget, und nicht nur mit gesetztem Gemuth alle Veranstaltun-

gen machet, sondern auch dabey eine persönliche Herzhaftigkeit bezeiget: wenn er durch seinen Vorgang die unterhabende Mannschaft anfrischet, eine Schanze, Batterie oder sonst einen besetzten Ort übersteiget; wenn er eine Oefnung zwischen den feindlichen Truppen wahrnimmet, und sich dieses Vortheils ohne Erwartung der Ordre zum besten Unseres Dienstes bedienet, wenn er sich zu einer gefährlichen Unternehmung freywillig anbiethet, und selbige ihm gelinget; wenn er in dem Treffen auf seinem Flügel, mit seiner Brigade, Compagnie, oder Commando von sich selbst eine Bewegung machet, woraus einem Corps oder vielleicht der ganzen Armee ein besonderer Vortheil erwächset; wenn er ein thunliches Militarproject, oder sonsten eine neue Entdeckung machet, und durch deren Ausführung einen wirklichen Nutzen zu Wege bringet, u. s. w. Maaßen einem jeden Militarofficier bey der Armee und bey allen Corps derselben erlaubet seyn soll, seinen commandirenden Generalen oder Staabsofficier dasjenigen vorzutragen, was ihm die Gelegenheit verschaffen kan, wider den Feind etwas vortheilhaftes zu unternehmen, und dadurch dieses Ehrenzeichen zu erwerben. In allen dergleichen Fällen, welche nicht leicht vorausgesehen, noch alle nach der Reihe angeführet werden können, ist jedennoch

22) Nur auf das kleine Creutz anzutragen, mit dem grossen Creutz hingegen überaus sparsam zu verfahren, und nur alsdann damit vorjugehen, wenn nebst der Herzhaftigkeit ein ausserordentliches kluges Betragen in der nämlichen That sich vereinbaret

haret befindet. Solchergestalt können nach diesen beyden Grundregeln, welche die Natur des Ordens selbst mit sich bringet, alle tapfere Thaten untersuchet, und die Zierde des Ordens in ihrem Werth und Glanz erhalten werden. Es ereignen sich aber auch ferner

23) In Betracht der Ritterproben verschiedene Bedenklichkeiten, massen theils ihre Authenticität und theils die Zeugenschaft derselben zweifelhaft seyn kann. Um demnach der Verwirrung auszuweichen, hat das Ordenscapitul ein für allemal bey der Regel zu verbleiben, und die Untersuchung der Ritterproben nach Ordnung der Zeit, in welcher das Factum geschehen ist, auf die vorgeschriebene Weise vorzunehmen, damit man wegen ihrer Legalität vollkommen gesichert seyn, und keiner, der für dißmal ausgeschlossen wird, mit Bestand der Wahrheit sich über Partheylichkeit oder Ungerechtigkeit beklagen möge. Dann da Unsere gnädigste Willensmeinung dahin gehet, daß ohne Ansehung der Person, ohne Gunst oder Mißgunst, mit dem einen wie mit dem andern verfahren, und jedem der Weg offen gelassen werde, sich durch neue Unternehmungen des Ordens würdig zu machen, so ist es keine Schande, mit diesem Ehrenzeichen noch nicht ausgezieret zu seyn, vielmehr sind Wir der gnädigsten Zuversicht, daß ein rechtschaffener Officier seinen Eifer verdoppeln werde, um endlich einen Preiß zu erhalten, der nur dem vorzüglichen Verdienst allein gewidmet ist. Und hierinnen lieget eben die wesentliche Eigenschaft dieses Ordens verborgen, welche wenn sie genau, und Unserer Absicht gemäß vor Augen behalten wird,

für Unseren Dienst die größten Vortheile verspricht. Wir können also diese Betrachtung nicht oft genung wiederholen, und versehen Uns anbey

24) Zu Unserm Ordenscapitul gnädigst, daß selbes bey Untersuchung der Militarthaten mit allem möglichen Bedacht und mit einer vernünftigen Schärfe zu Werke gehen, auch von denen obangezeigten Maaßregeln im geringsten nicht abweichen, insonderheit aber die Attestaten, ob sie vollständig authentisch und gültig sind, auf das vorsichtigste prüfen, und für niemanden weder einige Rücksicht noch besondere Freundschaft hegen, sondern einzig und allein die Ehre dieses Ordens, und die Beförderung Unseres Dienstes, als die wahre und einzige Hauptabsicht, zur Richtschnur nehmen werde; gestalten Wir dessen vorzügliche Reinigkeit, nicht in der Menge derer Richtern, sondern in der Belohnung der wahren Kriegstapferkeit suchen, so daß jedermann bey Erblickung dieses Ehrenzeichens alsobald den untrüglichen Schluß machen könne, es müsse dessen Besitzer solches durch eine ausserordentliche tapfere militarische That erworben haben, ein Vorzug, dessen Werth durch die daraus fliessende allgemeine Hochachtung noch mehr erhoben wird, und woran mithin allen Militarpersonen von dem größten bis zu dem kleinesten unendlich viel gelegen seyn muß, maassen einem jeden, der mit dem Ordenscreutz gezieret wird, zum ausnehmenden Vorzug gereichet, daß solches niemanden anderst, als nach vorgängiger genauer Untersuchung, folglich einzig und allein den wahren und geprüften Verdiensten verliehen werde.

Wenn

Wenn Wir nun alles obige voraussetzen, so wird

25) Unser Ordenscapitul sich hoffentlich im Stande befinden, von allen und jeden vorkommenden militarischen Factis ein gründliches Urtheil zu fällen, und mithin einzusehen, ob wegen angezeigter Verdiensten der Orden mit Recht kann begehret, Uns als Großmeistern zur Aufnahme des Candidaten angerathen, und sofort auf das grosse oder kleine Creutz angetragen werden, oder ob das Factum gar keiner Rücksicht würdig sehe. Solchemnach soll

26) Ein jeder derer anwesenden Großcreutzen und Rittern, und zwar so, daß man von den jüngern anfange, und bis zu dem ältesten hinauf steige, über die in denen Memorialien angeführte Verdienste sowohl als über die Gültigkeit derer Attestaten seine Meinung ad Protocollum eröfnen, sodann aber

27) Der Praeses Capituli die Stimmen sammlen, secundum Majora das Conclusum machen, und Uns dieses Capitulargutachtens nebst denen Memorialien, denen Attestatis, und dem geführten Protocoll, worinnen eines jeden Votum bemerket ist, zusammen in Original einschicken, damit Wir Unserem Großmeisterlichen Endschluß darüber fassen, und des Capituls Vorschlag entweder bestätigen oder abändern, oder sonst die weitere Befehle geben können, sintemal Wir Uns als Großmeistern den endlichen Ausspruch allein vorbehalten, das Capitul hingegen nur zu dessen Vorbereitung dienet, und nichts zu entscheiden hat. Da Wir aber

28) Die

28) Die Commißion bey dem Capitul zu präsidiren einem der Großcreutzen, welcher bey der Armee gegenwärtig ist, nach gut befinden allezeit auftragen werden; erachten Wir zugleich nöthig, damit erwehntes Ordenscapitul nie ausser Activität kommen möge, denselben im Fall einer Unpäßlichkeit oder Hinderniß, mit der Substitutionsvollmacht zu versehen, welche Substituirung jedoch allemal schriftlich, und auf keinen anderen als einen Großcreutz, auch allezeit auf den ältesten, wenn er nicht abwesend oder verhindert ist, zu verfügen seyn wird. Im Fall nun

29) Von Uns als Großmeister die Bestätigung des Capitularschlusses, und die Promotion derer Ordenscandidaten durch eine von Uns eigenhändig unterschriebene Liste einlaufet, so ist unser gnädigster Wille, daß dieselben Candidaten Unser Großmeisterlichen Gnade auf die feyerlichste Art versichert werden. Demnach hat derjenige, so von Uns die substituiren und bevollmächtigen wird, denen Candidaten ihre bevorstehende Ritterpromotion durch besondere Zuschrift wissend zu machen, und anben sowohl den Tag als die Stund zu bemerken, wann diese feyerliche Handlung vor sich gehen solle. Sodann ist

30) Tages vorher bey der Parole öffentlich kund zu machen, daß Wir die mit Namen zu nennenden Generals und Officiers, wegen ihres klugen und tapferen Betrags würdig befunden, in den Orden theils als Großcreutze theils aber als Ritter auf- und angenommen zu werden, und daß zu Folge Unseres gnädigsten Befehls die Promotion folgenden

den Tags in dem Hauptquartier um die bestimmte Zeit vollzogen werden solle, zu welchem Ende sowohl die übrige Generalität als Staabs- und Oberofficiers sich daselbst einzufinden, und der feyerlichen Aufnahme in den Orden beyzuwohnen hätten. Hierauf soll

31) Folgenden Tags der bevollmächtige Großcreuz der Versammlung durch eine kurze Rede Unserer Großmeisterliche Endschlüssung in Ansehung der besondern Verdiensten derer Candidaten bekant machen, und bey dem Schluß das Ordenszeichen denen Großcreutzen en Echarpe denen übrigen Rittern aber an ein Knopfloch des Rocks oder der Weste unter Trompeten und Pauckenschall, und Ablesung folgender Formul anhangen:

Auf Allerhöchsten Kaiserl. Großmeisterlichen Befehl empfangen dieselbe aus meinen Händen das Zeichen des militarischen Mariä Theresiä Ordens. Dieses dienet zum Beweiß ihrer Thaten und Aufnahme in diesen Orden, der allein der Tapferkeit und Klugheit gewidmet ist. Gebrauchen Sie sich dessen zur Ehre Gottes, zum Dienst des Durchl. Erzhauses, und zur Vertheidigung des Vaterlands; Sodann die Candidaten allerseits unter einem anständigen Glückwunsch umarmen, welches Großcreutz und Ritter ebenfalls gegeneinander zu befolgen haben. Was aber

32) Diejenigen Ordens-Candidaten belanget, welche sich bey der Armee nicht gegenwärtig, sondern auf Commando, oder aus andern erheblichen Ursachen von dem Hauptquartier abwesend befinden, und folglich ihr Ordenszeichen aus den Händen des präsi-

direnden

dirigirenden Großcreutzes nicht persönlich empfangen können, so befehlen Wir hiermit gnädigste, daß noch vor dem Receptions-Actu in der Anrede, an die Versammlung ihrer namentlich gedacht, das Ordenszeichen hingegen ihnen entweder durch die in der Nähe befindliche Großcreutze angehänget, oder im Fall wegen weiter Entfernung auch dieses unthunlich wäre, von dem präsidirenden Großcreuz, mittelst eines besondern Schreibens, zugefertiget werde. Hiernächst ist

33) Nach vollendeten Receptions-Actu einem jeden Großcreuz und Ritter sein Promotionspatent von der Ordenscanzlei Tarfrey auszufertigen, denen Abwesenden aber durch ihre Agenten oder Bestellte zuzusenden.

34) Um nun auch den Rang derer Ordensglieder unter sich ein für allemal festzusetzen, so ist zuforderst unsere gnädigste Willensmeynung, daß ungeachtet die bey der ersten Promotion vom 7den Merz 1758 creirte Grands Croix und Chevaliers aus Ruckficht, daß sie die ersten waren, den Rang in den Orden nach ihrem Militarcharacter bekommen haben, dannoch inskünftige dieses zu keiner Folge angezogen werden möge, sondern daß, gleichwie überhaupt die Grands Croix denen Chevaliers vorgehen, also beide hinwiederum unter sich und bey dem Orden den Rang schlechterdings nach der Zeit ihrer Ritterthat zu nehmen haben, folglich dieselben gleichsam so viele besondere Promotionen ausmachen, als nach chronologischer Ordnung Epoquen ihrer Ritterthaten vorhanden sind.

Hingegen sollen diejenigen Ordenglieder, so von der nämlichen Epoque sind, nach ihrem Militarcharacter raeter, und im Fall mehrere von gleichem Militarcharacter zusammentreffen, nach ihrer Ancienneté und derselben anklebenden Rang den Vorzug haben. Woraus sich dann von selbsten ergiebet, daß diejenigen neuen Großcreuze, welche bereits vorher Ritter gewesen sind, denen übrigen Großcreuzen von der nämlichen Promotion auch im Range vorgehen, massen diese Ordnung in der Natur des Ordens selbst gegründet ist, und mithin nicht nur zu dessen Dauer und Zierde gereichet, sondern auch die genaue Beobachtung der von Uns gleich bey Anfang desselben vestgesetzten Grundregel bestätiget, daß bey Verleihung dieses Ritterordens einzig und allein auf die Militarverdienste, und zwar nach Ordnung der Zeit, so wie die Thaten derer Candidaten sich ereignen würden, zurückgesehen werden solle.

35) Unter denen Grands Croix und Chevaliers bey allen Gelegenheiten, wo sie als Ordensglieder erscheinen, der Rang nach unserer jetzt erklärten Vorschrift seine Richtigkeit hat, also wollen wir ferner aus vorzüglicher Achtung für die Mitglieder Unseres Ordens, daß sowohl die Ordensritter als Großcreutze an Unserem Hoflager, im Fall sie entweder bey uns oder bey Unserer herzlich geliebten Gemahlin der Kaiserin Königin Apostolischen Majestät und Liebden Audienz suchen, solche ohne sich vorher bey dem Obristcammerer diesfalls anzumelden, und zwar in der Burg in der Retirade, zu Schönbrunn hingegen in dem Spiegelzimmer zu erhalten, die Ehre genüssen. Auf gleiche Weise soll denen Großcreutzen je und allezeit, denen Rittern aber nur allein an dem Tag des jährlichen Ordensfestes,

festes, wie auch alsdann, wenn sie bei ihrer Ankunft oder Abreise zum Handkuß gelassen werden, der freye Eintrit in die geheime Rathsstube gestattet seyn.

Hiernächst sollen alle und jede Großcreutze und Ritter dieses Militarordens den Vorzug haben, nicht nur bey denen Hoffesten, und Ordinariapartements, sondern auch bey denen sogenannten Spieloder kleinern Apartements gleich denen Generalspersonen eingelassen zu werden. Und gleichwie

36) Das Ordenscreutz allen Großcreutzen und Rittern, eo ipso daß sie in den Orden aufgenommen werden, den Ritterstand, wenn sie sich darinnen noch nicht befinden, beyleget, also haben auch Unsere herzlichgeliebte Gemalin, der Kaiserin Königin Apostolische Majestät und Liebden, an Dero Erbländische Stellen den gemessenen Befehl ergehen lassen, daß dieser Ritterstand von jedermänniglich anerkannt, und denen Ordensgliedern durchgehends solcher Qualität gemäß begegnet werde. Nebst deme aber soll nicht minder

37) Denenjenigen Großcreutzen und Rittern, welche es begehren, der Herrenstand, nämlich das Baronat ertheilet, und das gewöhnliche Diploma ohnentgeltlich ausgefertiget werden. Aus welcher Betrachtung auch

38) Unsere herzlichgeliebte Gemahlin der Kaiserin Königin Apostolische Majestät und Liebden Dero Erbländischen Stellen ferner anbefohlen haben, daß dieselben bey allen vorfallenden Expeditionen und anderen Gelegenheiten, denen Großcreutzen und Rittern die ihnen gebührende Ordenstitulatur

titulatur beyzulegen nicht ermanglen sollen. Gleichwie dann auch

39) Die Großcreutze und Ritter selbst sich von ihrer Ordenswürde zu schreiben, und das Ordenscreutz in ihren Wappen oder auf ihren Sigillen und Petschaften zu führen, berechtiget sind.

40) Da nun einem solchen Orden, der allein durch ausnehmende Tapferkeit und Kriegsverdienste erworben werden kann, kein andrer in der Hochschätzung vorzuziehen ist, so haben wir auch für gut befunden, bey der Regel des goldenen Vließordens, daß nämlich neben demselben kein anderes Ordenszeichen getragen werden könne, einzig und allein in Ansehung des militarischen Mariä Theresiä Ordens eine Ausnahme zu machen, und verordnen demnach hiermit gnädigst, daß dessen Ehrenzeichen zugleich mit und neben dem goldenen Vließ getragen werden, hingegen kein Ritterorden einer auswärtigen Puissance eben so, wie bey dem goldenen Vließ, nebst dem militarischen Mariä Theresiä Orden Platz finden könne und solle. Uebrigens wird

41) Einem jeden Großcreutz und Ritter vergönnet, auf seine eigene Kosten sich mehrere Ordenscreutze anzuschaffen, jedoch daß davon jedesmal dem Ordenscanzler vorläufige Nachricht gegeben werde.

42) Wenn von Unseren Großcreutzen und Ordensrittern catholischer Religion einer oder mehrere in Feldschlachten und Scharmützeln umkommen, oder sonst mit Tod abgehen; so soll für dieselben ein eigenes Seelenamt in der Augustiner Hofkirchen gehalten, deren hinterlassenes Ordenszeichen aber von denen Erben, oder wer es sonsten zu

Handen

Handen bekömmet, dem Ordenscanzler behändiget oder zugeschicket werden.   Hiernächst aber haben Wir

43) Ferner mildest verordnet, daß nach erfolgten Absterben derer Großcreutzen und Rittern, die Hälfte der genossenen Pension von ihren hinterlassenen Wittwen lebenslang beybehalten, und aus der Ordenscassa gezogen werden solle. Nachdem Wir auch

44) Für nöthig erachtet haben, diesen Ritterorden mit einem Canzler zu versehen, so ist Unsere gnädigste Willensmeinung, daß das Ordenscanzellariat allemal von dem Hof- und Staatscanzler zugleich bekleidet und geführet werde. So oft Wir nun hinführo in eigener Person Großcreuße oder Ritter creiren, soll

45) Der Ordenscanzler die Anrede an die Versammlung halten, und zu Folge des bey dem ersten sollennen Receptions-Actu beobachteten, und hier sub N. I. angebogenen Ceremoniels Uns das Ordenszeichen für jeden Candidaten behändigen, auch sonsten überhaupt Uns von allen, was in Ordensanliegenheiten vorfället, mündlichen oder schriftlichen Vortrag thun, aus welcher Ursache Wir hiemit

46) Befehlen, daß alle an Uns gestellte Memorialien und Schreiben in Ordenssachen sowohl, als die Capitularberichte und Gutachten, Unserem Ordenscanzler sub volanti beygeschlossen, und zugesendet werden sollen.

47) Unter dem Ordenscanzler sollen die Ordensbeamte, nämlich der Tresorier und Greffier stehen, welche Wir und unsere Nachfolger, als Großmei-

ster, auf des Ordenscanzlers Vorschlag jederzeit ernennen wollen. Ihre beederseitigen Verrichtungen aber bestehen in folgenden:

48) Der Ordens-Tresorier hat nicht nur vor die Zurichtung der Ordenszeichen zu sorgen, und selbige bey solennen Receptionen, die Wir in eigener Person verrichten, dem Ordenscanzler zu überreichen, sondern auch die jährlich dem Orden ausgesetzte einmalhundert und funfzig tausend Gulden zu erheben, hiervon die Pensionen der Ritter und Besoldungen der Ordensbeamten auszuzahlen, und sowohl über diese als andere Ordenskosten jährliche Rechnung abzulegen.

49) Der Ordens-Greffier soll ein documentirtes Protocoll führen, und in selbiges alles dasjenige, was in Ordensgeschäften merkwürdiges vorkommt, nach Ordnung der Zeit an behörigen Ort eintragen, Unsere Rescripte und Befehle an das Ordenscapitul sowohl als die Patenten derer von Uns ernannten Großcreutzen und Rittern ausfertigen, sodann bey jeder Promotion die Listen derer Ordenscandidaten nach ihrem bey dem Orden habenden Rang verfassen, nicht minder auch die Memorialien derer Ordenscandidaten und übrige den Orden betreffende Schriften registriren und in besonderen Fasciculn bey dem Ordensarchiv aufbehalten, und überhaupt alle Expeditionen durch den eigents hierzu bestellten Canzellisten abschreiben und mundiren lassen.

50) Um schlüßlichen das Andenken von der Stiftung dieses Ordens zu verewigen, haben Wir gnädigst verordnet, daß das Ordensfest alljährlich den 15ten October, als am Fest der heiligen Theresiä,

und

und zwar zu Friedenszeiten bey Unserem Hoflager nach dem hier sub. No. II. anschlüßigem Ceremoniali zu Kriegszeiten aber in dem Hauptquartier der Armee feyerlichst begangen werden soll.

51) Gleichwie Wir Uns nun so wohl zu Unserem Großcreutzen, als zu allen übrigen Ordensrittern zum voraus mildest versehen, daß die von Uns hier festgesetzte Ordensregeln und Statuten stets unverbrüchlich von ihnen werden beobachtet, und andurch derjenige grosse Endzweck, welchen Wir Uns bey Errichtung dieses Ordens vorgesetzet, nämlich die Aufnahme des Militaris, in voller Maaß erreichet werden; also befehlen Wir allen Ordensgroßcreutzen und Rittern die genaue Befolgung obstehender Statuten hiermit ernstlich und gnädigst, tragen auch zugleich Unserem Ordenscanzler auf, seine ohnabläßigste aufmerksamste Sorgfalt dahin zu richten, daß diesen Ordenssatzungen in allen ihren Articteln nicht nur von denen Ordensgliedern durchgehends nachgelebet, sondern auch von allen zu dem Orden gehörigen Personen pflichtschuldigste Folge geleistet werde.

Urkund dessen haben Wir gegenwärtige Statuten eigenhändig unterschrieben, und Unser größeres Ordensinsiegel daran hangen lassen. Geschehen in Unsere kaiserlichen Residenzstadt Wien, den 12. Decembr. im 1758sten Jahr.

Franz.

Gr. Kaunitz, Rittberg.

Num. I.

Ceremoniale.

Welches bey solenner Installirung Sr. Königl. Hoheit des Durchlauchtigsten Herzogs Carls zu Lothringen Generalgouverneurs derer Oesterreichischen Niederlanden, und des commandirenden Feldmarschalls, Grafen Leopold von Daun, in dem militarischen Mariä Theresiä Orden am Kaiserl. Königl. Hoflager zu Wien den 7 März 1758. beobachtet worden.

Nachdem Ihre Röm. Kaiserl. Majestät als Großmeister des neugestifteten militarischen Mariä Theresiä Ordens allergnädigst entschlossen hatten, denen beyden ersten Großcreutzen, nämlich des Durchlauchtigsten Herzogs Carl zu Lothringen Königl. Hoheit, und des Feldmarschalls Grafen Leopold von Daun Excellenz selbst in allerhöchster Person diesen Orden zu ertheilen; So ward

1) Durch den Ordenscanzler, auf allerhöchsten Befehl, denen beyden Ordenscandidaten Ihre Ernennung, mittels einer besondern Zuschrift, kund, und Ihnen zugleich der Tag und die Stund wissend gemachet, an welchem Ihro solenne Installirung vollzogen werden solle. Sodann ward

2) Allen hier anwesenden Generalspersonen und Staabsofficiers durch die Behörde angedeutet, daß

daß selbige am bestimten Tag, und zu bemerkter Stunde sich bey Hof in Charactermäßigen Uniforms einfinden, und gedachter solennen Ritterfunction mit beywohnen möchten. Denen Cammer-Thürhütern ward anbey anbefohlen, daß sie auch alle Militaroberofficiers, und sonsten alle diejenige, welche den Zutritt zum Apartement haben, in die zwente Anticamera, als woselbsten diese Solennität vor sich gehen würde, einlassen sollten. Nachdem nun

3) Diese Zeit erschienen, haben Se. Majestät der Kaiser als Großmeister in Dero Uniform unter Vortretung der Ordensbeamten, Cammerherren, geheimen Räthen, und obersten Hofämtern, (welchen zu dem Ende die behörige Ansage in Campagnekleidern um die anberaumte Stunde zu erscheinen, geschehen war) dann unter unmediater Vorgehung des Obristen Hofmarschalls mit dem entblößten aufrecht tragenden Staatsschwerd, und in gewöhnlicher Begleitung der Capitaines des Gardes, wie auch des Obristen Cämmerers, nach der zwenten Anticamera allwo die Generalität, Staabs- und andern Militaroberofficiers versammlet waren, folgsam dieser feyerliche Actus begangen werden sollte, sich verfüget, und daselbst in Dero unter dem Baldachin auf der Estrade oder dem breiten Staffel noch mit drey Staffel erhabenen und wie bey denen Kaiserl. und Reichsbelehnungen zubereiteten Thron mit bedecktem Haupt niedergelassen: da übrigens der Hofstaat, der Ordenscanzler, die Generalität und Staabsofficier, ingleichen die Ordensbeamte

densbeamte Ihren Platz, nach Ausweiß des hierneben anliegenden Schematis genommen haben.

Al. dann hat der Kaiserl. Obrist Cammerer die Candidaten, welche in der Erzhogl. Josephinischen Anticamera indessen sich aufgehalten und gewartet hatten, abgehohlet, und bis in die zweyte Anticamera an die Estrade oder den breiten Staffel des Throns geführet, auf welche Estrade Ihre Königl. Hoheit der Durchlauchtigste Herzog Carl von Lothringen sich sofort hinauf begaben, Ihren Platz, wie in dem Sch..nate angezeiget, nahmen, und daselbst stehend die Rede des Ordenscanzlers anhöreten, auch währender Ordensreception des Feldmarschalls Grafen Leopold von Daun daselbsten stehen verblieben: Dahingegen der erstgedachte Feldmarschall Graf von Daun allezeit unter der Estrade gegen Ihrer Majestät der Kaiser über, seinen Platz stehend beybehalten, bis denselben der Ordenscanzler zur Umhangung des Ordenszeichen berufte.

4) War auf der rechten Seiten des Kaiserl. Throns unter der Estrade an die Wand ein mit rothen Sammet bedecktes Tischlein gesetzet, auf welchem 4 rothsammete, mit Gold bordirte Pölster, und auf denselben die zwey Patente und Ordenszeichen lagen, und woben der Tresorier und Greffier des Ordens stunden, wie aus dem Schemate ad No. 9. 10. et 11. warzunehmen.

5) Sobald die Candidaten an ihrer obangeführten Stelle sich befanden, und der Obristcammerer an seinen Platz getreten war, näherte sich der Ordenscanzler dem kaiserlichen Thron, und kniete auf

dem obersten Staffel nieder, um die allerhöchste kaiserl. Befehle zu vernehmen, und da er selbige empfangen hatte, gieng er zuruck, blieb auf der Estrade an dem im Schemate sub No. 8. angezeigten Ort stehen, und hielt sodann eine kleine Anrede an die Versammlung, und insonderheit an die beyden Ordenscandidaten, worinnen sowohl die Stiftung und der Endzweck des Ordens überhaupt, als die Verdienste derer Ordenscandidaten nebst ihrer Benennung kürzlich angeführet wurden.

6) Hierauf ward durch ein gegebenes Zeichen des Ordenscanzlers der erste Ordenscandidat, nämlich des Durchlauchtigsten Herzogs Carl von Lothringen Königl. Hoheit vor dem Thron beruffen, und knieten auf dem obersten Staffel des Throns zu denen Füssen Sr. Röm. Kaiserl. Majestät auf einen rothsammeten mit Gold bordirten Polster, den der Obercammerfourier vorläufig dahin geleget, auf beyde Knie nieder.

7) Der Ordenscanzler nahm sodann aus denen Händen des Tresorier das Ordenszeichen, und überbrachte es gleichfalls Sr. Majestät dem Großmeister, welche solches höchsterwehnte=Durchl. Candidaten mit folgenden Worten umhiengen:

„Euer Liebden empfangen aus Unseren Händen das Zeichen des militarischen Mariá Theresiá Ordens. Dieses dienet zum Beweiß Ihrer Thaten, und machet Sie zum Mitglied dieses Ordens, der allein der Tapferkeit und Klugheit gewidmet ist.

Gebrauchen Sie Sich dessen zur Ehre Gottes, zum Dienst Unseres Hauses, und zur Vertheidigung des Vaterlandes. „

Se-

Se. Majeſtät haben ſodann den annoch knieten Durchlauchtigſten Herzog embraßiret, welcher ſich zuruck an dero vorigen Ort auf der Eſtrade verfügte, der Polſter aber, darauf Se. Königl. Hoheit gekniet, wurde von dem Obercammerfourier hinweggenommen. Nachdem nun auch

9) Die Inſtallirung des zweyten Großcreutzes auf gleiche Weiſe vollzogen worden, haben Sich Se. Röm. Kaiſerliche Majeſtät, nach alſo geendigter Solennität von Dero Thron erhoben, und im voriger Ordnung wieder nach Dero Retirade begeben.

Schema

Der Zubereitung und Platznehmung in der zweyten Anticamera bey der Militar-Ritter-Ordens-Inſtallirungs-Solennitaet.

```
18                      3
   17.16.15.13   6  4    1   5  7    9
18 17.16.15.13                       10. 11.
   17.16.15.13                       13. 15.16.17
18 17.16.15.13                       13. 15.16.17
18 17.16.15.13                       13. 15.16.17
   17.16.15.13                       13. 15.16.17
                      2        8    13. 15.16.17
   17.16.15.14.14.14.14.14.14.14    16. 17
      17.15.15.15.15.15.15.15.15        17
      16.
          16.16.16.16.16.16.17
      17.
          17.17.17.17.17.17.17
          17.17.17.17.17.
```

Expli-

Explicatio Numerorum.

1) Ihrer Römisch Kaiserl. Majest. über die Estrade oder den breiten Staffel, noch drey Staffel hoch erhabener, und wie bey denen Reichsbelehnungen unter dem Baldachin zubereiteter Thron.

2) Platz, wo Ihre Königl. Hoheit der Durchlauchtigste Herzog Carl von Lothringen währender Rede des Ordenscanzlers und währender Ordensreception des Feldmarschallen Grafen Leopold von Daun gestanden.

3) Platz des Obristen Hofmarschalls, wo derselbe mit dem blossen Staatsschwerd stunde.

4) Platz des Obristen Hofmeisters.

5) Platz des Obristencammerers.

6) Platz des Hartschiren Leibgardehauptmanns.

7) Platz des Trabanten Leibgardehauptmanns und Schweitzergarde Obristen.

8) Platz des Odenscanzlers.

9) Ein mit rothen Sammet bedecktes Tischlein unter der Estrade worauf vier rothsammetne mit Gold bordirte Pülster, und auf selbige die zwey Ordenszeichen und zwey Patente lagen.

10. und 11) Platz, wo die zwey Ordensbeamte.

12) Platz, wo der zwente Candidat, nämlich der Feldmarschall Graf Leopold von Daun unter der Estrade oder dem breiten Staffel stunde, bis er zur Ordenszeichens Umhängung Ihrer Kaiserl. Majest. zu näheren, von dem Ordenscanzler beruffen wurde.

13) Die Generalität und Staabsofficiers.

14) Die geheime Räthe.

15) Die Cammerherren.

16) Die Hartschirenleibgarde in einer Reihe postiret.

17) Die

17) Die übrige Cavaliers, Militarofficiers, und die im Apartement sonsten den Zutritt haben, vermischter.

18) Eine erhabene Loge für Ihre Kaiserliche Königliche Majestät, die Durchlauchtigste junge Herrschaften, und die Dames, um diesem Actui zus und die um den Kaiserl. Thron stehende übersehen zu können.

No. II.

Mit was für Ceremonialien das Titularfest des militarischen Mariä Theresiä an dem bestimmten Tag alle Jahr feyerlich begangen werden soll.

1) Sind die allhier anwesende Großcreutze und Ritter zu diesem Ordensfest durch die Behörte förmlich vorzuladen.

2) Sollen an diesem Tag nebst denen Großcreutzen dieses Ordens auch die sämmtliche Ritter des Mariä Theresiä Ordens in die Rathstuben die Entree haben, von dannen Sie Se. Kaiserl. Majest. den Allerdurchlauchtigsten Großmeister nach der Hofkapellen oder Hofkirchen zu begleiten die Gnade geniessen werden.

3) Soll die erst erwehnte Begleitung in die Hofkapelle, oder Hofkirchen in folgender Ordnung vor sich gehen.

Erstlichen: Die Edelknaben.

Zweytens: Die Cammerherren nnd geheime Räthe in Campagnekleidern.

Drittens: Die Ritter und Großcreutze nach ihrer Ancienneté mit ihren Ordenszeichen, und respective

spective grossen Ordensband auch mit ihrer Regiments = oder Generaluniforme angekleidet.

Viertens: Der Allerdurchlauchtigster Großmeister dieses Ordens, ebenfalls in reicher Uniforme, und nebst den am rothen Band abhangenden goldenen Vließ, mit dem grossen Ordensband umgeben, so daß beede anwesende ältere Großkrentze dieses Ordens ihren allergnädigsten Großmeister Se. Kaiserl. Majestät zu begleiten, hiernächst auch der Obristcammerer und die Hartschieren und Trabanten Gardehauptleute Se. Kaiserl. Majestät zu diesen Kirchgang so wie sonsten zu bedienen haben.

Fünftens: Folgen die Botschafter immediate nach ihrer Kaiserl. Majestät und werden sich allerhöchstdieselben mit dieser Begleitung hinunter in die Hofkapellen oder nach der Hofkirchen erheben.

4) Soll der Hofkapellen oder Hofkirchen vorderer Chor mit rothen Damast, wie am Weynacht= und heiligen drey Königstag ausspallieret und für Se. Majestät den Kaiser der Camon zubereitet werden.

5) Ist die übrige Zubereitung in der Hofkapelle und Hofkirchen, wie sonsten gewöhnlich zu veranstalten, nur mit der alleinigen Ausnahme, daß für die Grands Croix eine lange Bank, für die Ritter aber mehrere Bänke über zwerch gestellet werden, wie an denen Dankfesten und Te Deum laudamus für das Militare bey St. Stephan zu geschehen pfleget.

6) Nach der Predigt und dem hohen Amt soll sosobann der Zurückgang ebenfalls auf obbeschriebene Art vollzogen werden.

www.ingramcontent.com/pod-product-compliance
Lightning Source LLC
Chambersburg PA
CBHW021226300426
44111CB00007B/438